本书出版得到上海市大学生科技创业基金会资助

EVOLVING
ENTREPRENEURIAL
EDUCATION
INNOVATION IN THE BABSON CLASSROOM

揭秘百森

百森商学院创业教育的创新与进化

[美]
维多利亚·L.克里滕登　波士顿学院
Victoria L. Crittenden

卡瑟琳·埃斯坡　百森商学院
Kathryn Esper

纳森尼尔·卡斯特　百森商学院
Nathaniel Karst

罗莎·斯莱哲思　百森商学院
Rosa Slegers

著

张静　汪忠　施永川　译

机械工业出版社
CHINA MACHINE PRESS

百森商学院在创业教育方面所取得的成就为世人所瞩目，其本科教育连续 18 年、研究生教育连续 21 年在美国排名第一。本书由百森商学院近 50 名具有不同学科背景的教育者共同编写，书中提供了深入且详细的关于创业思维与行动®要"如何去做"的相关指导。

本书分为四篇。第一篇——教育学术的作用，探索教育学术的创造、转化及共享过程；第二篇——跨学科教学和学习，刻画了创业思维与行动®的广度和深度，提供了跨学科教学的具体案例；第三篇——为创业思维与行动®以及自我与情境意识而创新教学法，描述了从课程创新到过程创新，再到项目创新的各种教学创新，提供了创新教学技能的细节；第四篇——各中心在加强教育环境中的作用，重点突出了校园内的几大中心，各中心利用百森商学院的核心能力、教学方法和对高质量教学的重视，为提升商务技能、创新教育项目，以及活动和研究的教学提供了资源。

本书堪称是精品课堂创新和教育学术中的精华。本书的每一章都注重创造和传递教学知识的细节，内容与所有教育者紧密相关。本书不仅通过教育工作者感兴趣的案例来提供课堂教学工具和技术，而且跨学科的课程设计也会给各学科的教育工作者提供有价值的指导。

This edition of *Evolving Entrepreneurial Education: Innovation in the Babson Classroom* by Victoria L. Crittenden, etc. is published by arrangement with Emerald Group Publishing Limited, Howard House, Wagon Lane, Bingley, West Yorkshire, BD16 1WA, United Kindom

此版本仅限在中国大陆地区（不包括香港、澳门特别行政区及台湾地区）销售。未经出版者书面许可，不得以任何方式抄袭、复制或节录本书中的任何部分。

北京市版权局著作权合同登记　图字：01-2016-9709

图书在版编目（CIP）数据

揭秘百森：百森商学院创业教育的创新与进化/（美）维多利亚．L.克里滕登等著；张静，汪忠，施永川译. —北京：机械工业出版社，2021.11

书名原文：Evolving Entrepreneurial Education: Innovation in the Babson Classroom

ISBN 978-7-111-69894-4

Ⅰ.①揭… Ⅱ.①维… ②张… ③汪… ④施… Ⅲ.①高等学校—创造教育—研究—美国　Ⅳ.①G640

中国版本图书馆 CIP 数据核字（2021）第 275632 号

机械工业出版社（北京市百万庄大街 22 号　邮政编码 100037）
策划编辑：裴　泱　　　　　　责任编辑：裴　泱
责任校对：张　力　张　薇　　封面设计：王　旭
责任印制：刘　媛
涿州市般润文化传播有限公司印刷
2023 年 10 月第 1 版第 1 次印刷
184mm×260mm・23 印张・2 插页・483 千字
标准书号：ISBN 978-7-111-69894-4
定价：128.00 元

电话服务　　　　　　　　　网络服务
客服电话：010-88361066　　机　工　官　网：www.cmpbook.com
　　　　　010-88379833　　机　工　官　博：weibo.com/cmp1952
　　　　　010-68326294　　金　书　网：www.golden-book.com
封底无防伪标均为盗版　　　机工教育服务网：www.cmpedu.com

推 荐 序 一

创业教育可以有"理"有"具"
——阅读书稿及对百森商学院的所知所想

介绍美国百森商学院（Babson College）创业教育的各种资料有很多，我也看了不少，对百森商学院还有亲身的体验。2006年，南开大学和百森商学院联合举办了创业教育研讨会，会后我请蒂蒙斯教授（蒂蒙斯模型的提出者）和斯皮内利教授（现任百森商学院校长）共同给老师们讲授如何教创业；2012年开始，南开大学创业研究中心陆续派了10多位年轻老师和博士生赴美或在线上参加百森商学院的师资培训项目；2019年夏天，我和田莉教授一起在百森商学院学习体验了两周；我们翻译出版了《如何教创业——基于实践的百森教学法》一书并在国内推广使用。因为和百森商学院有这样的渊源，本书译者张静老师之前就请我看过译稿，临近出版我又通读了书稿。本书收集了百森商学院创业教育实践的研究成果，告诉我们百森商学院的师生开展什么样的创业教育、怎么开展的、效果怎么样，这些创业教育实践不是停留在创业如何教和教什么上。我用有"理"有"具"概括我的阅读收获，"理"是理论依据，"具"是工具，既有理论高度，又有工具辅助落地。

我国也在大力推动创业教育，希望达到激发大学生创业，培养创新创业型人才的目的。创业教育还有一个重要的任务是推动高等教育教学改革。本书要从教育而不是教学层面研读、思考。其实，没有教育理念和理论基础的教学含金量不高。研究型教学不只是研究型大学的事情，在网络盛行、学习便利的时代，只满足于教书匠不行了，教学也是学术，创业教育更是如此，因为创业教育更难开展。如此思考，更有助于开展教学，也更有助于达成创业教育的目的。

百森商学院开展创业教育的独特之处

就凭超过20多年连续占据全球创业教育排名第一的位置这一点，就足以说明百森商学院创业教育做得好。百森商学院为什么能在创业教育领域做得这么好，哪些是我们暂时做不到的，哪些是我们可以做到的，哪些是可以创新的，都值得研究。我的看法有以下几点：

首先，百森商学院有一个极大的优势——他们面向全世界招收具有创业潜质的学生进行培养。

创业者是天生的还是后天培养的？我的判断是，天生的成分超过50%，但也绝对不是

100%。那么，创业者是否可以被识别或被挑选出来？我的判断是没有十足的把握，但可以筛选。借助知名企业家传记开展大量的研究总结出一些规律，可以发现一些隐性的独特现象，如罗辑思维联合创始人兼CEO脱不花发现，真正的创业者身上都有一个重要的标志，"他可能没什么老朋友"。也是，创业者要不断结交新朋友。我们可以从创业的本质出发进行推理并不断在实践中得到验证，如碳九资本创始人冯新总结创业者的三个基本素质，或者说企业家精神的基本特征：冒险和创新（创业的本质，变不可能为可能）、领导力（政治家、军事家、企业家不同于思想家、艺术家，需要把人组织起来共同完成目标）、学习能力（面对不确定性和遇到新问题，如改变世界，没有前车之鉴）。克里斯滕森等人发现，创业者需要具备五项技能，分别是质疑（质疑现有状况，思考新的可能性）、观察（观察细节可以想到新的方法）、建立社交网络（不同环境下和各种人交流可以从多个视角看问题）、试验（新的尝试、测试新的创意等）、联想（把看似无关的事物联系起来，强化创新思维）。我观察创业者多数属于不安分的人。那么，创业教育应该面向创业者还是非创业者？通过什么方法教？能改变多少？教育针对普通人，创业教育当然也应该针对普通人，对他们施加影响，激发和强化他们的企业家精神，也应该因材施教，我的观点是面向所有师生开设企业家精神课程，而不是基于过程或技能的创业基础课程，企业家精神也不仅仅用于创业，不必要只从创业活动中体验学习，尽管基于创业体验的学习效果会更好一些。如果能够针对具有创业潜质的学生开展创业教育，效果会更好。当然创业教育不是一门课或几门课，是创业教育生态系统。

　　百森商学院面向一年级的本科生直接开展实战性的创业教育。据百森商学院网站上发布的《2019~2020影响力报告》（Babson College Impact Report 2019-2020）中的数字显示，2020年百森商学院入学本科生603名，来自35个国家和地区，49%的学生是有色人种，21%是国际留学生；在百森商学院，100%的学生都要参加创业课程，一年级学生需要参加两学期的管理与创业基础（Foundations of Management and Entrepreneurship，FME）融合课程——一开始就为学生打下扎实的创业基础；一个班级最多40名学生，每10人分成一组，每个组能得到由学校提供的最多3000美元的贷款作为启动资金，而创业的想法来自学生；每支创业团队都要贡献80小时的社区义务服务，以强化其社会责任⋯⋯

　　其次，能够挑选学生的不只百森商学院一家，但定位于创业教育且常年不变、举全校之力开展创业教育的可能只有百森商学院一家，为什么百森商学院能长期排名第一？这和百森商学院的历史、定位、使命分不开。百森商学院1919年由企业家罗杰·百森（Roger Babson）出资创建，到百森商学院参观，随处可见罗杰·百森的照片和他的名言，他的两段话很能体现百森商学院的办学理念和定位："我越来越觉得坚持的勇气与改变的意愿都是必要的。表面上看两者相悖，实则相合。一个是锁、一个是钥匙，离开对方则无用。""当你做一些新的事情或者做得更好或者与众不同的时候，整个世界都会从中受益。"百森商学院创业教育的历史源自创始人罗杰·百森的愿景，1967年面向研究生开设创业课程，1978年开始开展创业教育、创业实践项目和课外教学活动，创业被列为全体学生的学习目标，至今未变。百森商学院在其战略规划中明确提出:"我们是百森,我们相信:创业精神是我们人类的核心,我们每个人都有巨大的潜力创造新的解决方案,以积极而有力的方式影响世界。百森可以释放和放大这种产生影响的潜力,我们的学习、教学和操作方法必须不断得到发展,创业精神就是这种积极变革的最强大的驱动力。"每位进入百森商学院的人,不管是谁,都清楚地知道这里是开展创业和培育企业家精神的地方。"百森商学院非常重视教学,这是第一优先要务,你不善于教学,将不得不离开。教学既是一种智力创造,又是一种表演艺术"。

第三,百森商学院研究教育及创业教育,也就是我说的理。大学的首要职责就是人才培养,培养能够引领和改变世界、让人类生活更美好的人才。科研难、教学易的认识是个大错误,教学也是学术,课程设计与讲授本身就是大学问,更需要研究。我的同事兼好友王迎军教授一次在系里组织的教学研讨会上提出这样的问题:"我们现在是否像一个有雄心的企业一样,把课程、课程体系作为精良的产品来设计?我们是否把讲课内容作为送给学生的有意义的礼品?我们是否在以恰当的方式送出这些礼品?"如果觉得这些问题太宽泛,可以看一个具体的问题:学生(也包括我们教师)手机不离手,作为教师,在你的课堂上面对一排排低头看手机的同学,你怎么办?回到创业教育,您又没有创业过,凭什么教我们创业?我又不想创业,为什么要学创业?创业者能教吗?每位讲授创业及相关课程的老师都会思考和研究这一系列问题,但我相信多数老师都在思考具体问题,深入研究创业教育的老师少,多数的创业课程没有教育理论支撑。本书收集的每一篇文章都是先介绍为什么做,理论依据是什么。这是我们所缺少的,应该下力气改进的。每位教师都应该把自己当成教育家,从教育规律、专业理论、知识基础等多方面精心设计课程,助力学生提升基于理论知识的技能,在此基础上提升学生的综合素质,鼓励学生参与课程设计,共创价值。

百森商学院创业教育中的"理"

我认为研究型大学和教学型大学的教学有些区别:前者每位教师开设的课程门数少,讲授遍数多,有把自己的研究融入课程的欲望(有的教师不管什么课程,也不顾课程的基本知识体系,只讲自己的研究,也是值得注意的问题);后者教师讲授课程门数多,教学工作量大,知识传播的作用更大,虽然讲授遍数也不少,但由于没有时间等多方面原因而缺乏迭代和研究。如果看到是介绍百森商学院创业教育的书,便想看到具体的做法,可以理解,但收效不会大,而这本书的精华首先在于理。

先看一个具体的事例。2006年,蒂蒙斯教授在南开大学讲学时告诉我们,要把教室(Classroom)改造成碰撞室(Clashroom),这个空间里的师生要从熟记(Learning by Heart)、个体学习(Individual Learning)、记笔记(Taking Notes)转向"做中学"(Learning by Doing)、团队学习(Team Learning)、采取行动(Taking Action)。本书介绍百森商学院开设出"设计区",成为创新创造空间,用于学生需求发现、创想、原型设计。我国很多大学建有创业学院(独立性不足),有众创空间,教室也是阶梯状,老师可以随时走近学生,多数教室可以任意摆放座椅，也组织案例讨论，争论也是热火朝天，但为什么感觉还是不一样？从教室到碰撞室到设计区，为什么变化？依据是什么？什么样的学生适合在这里？都值得深入思考。

每位教师都知道教学相长的道理，意思是师生可以相互促进，师生关系有如企业和用户的关系，当然可以扩展到利益相关者的广度，本书就是从利益相关者分析开始，不能脱离学生设计课程和培养方案。再举个例子。不少高校施行本科大类招生政策，本科生入学一年后再选专业，这种设计的初衷是好的，让经历应试教育的高中生在大学能够根据自己的爱好和长处选专业。结果，多数学生都选财务管理或会计专业，而工商管理专业受冷落。2013年，我们在工商管理专业开设了全英文授课班，在培养方案中选择了十几门课程进行全英文授课，教材、授课全程、考试等全是英文，不允许双语教学，让全院同年级学生自愿报名，只依据外语水平一项挑选，不看学分绩等其他因素，明确要求用外语学专业，而不是通过专业学外语。第一期招收了25名同学，授课教师教学记3倍工作量。效果不错，不少年轻教师主动要求在其他专业开展全英文授课。在这个过程中，教师的能力没有问题，而没有经过挑选的学生能否接受是个问题，也是申请开设全英文课程的教师没有考虑的问题。学生上课，接收率和接受率差异很大。高中生是因为应试教育限制了自己的爱好和选择，进入大学的学生包括研究生有多少人能明确知道自己的爱好？学生又能否把爱好变成职业？后来，高校又探索大类招生大类培养，有的高校搞起了书院，推动综合素质教育，大量的事实发现本科生学什么专业和后续职业发展没有什么直接的联系。这是一个小的例子，也可以说明教学与教育的区别。教育体系首先要考虑教育对象，百森商学院的学生来自全球，高度多元化，超过40%的本科生表示自己来自家族企业、研究生的比例也大致相同……百森商学院针对学生（包括校友及其他利益相关者）设计超前性的课程及教育体系的探索，在本书中随处可见。

这本书共有四篇、29章内容，每一章都有理论依据和参考文献，其中第二篇和第三篇更加明显。为什么要组织跨学科教学和学习，创业者是专才更是通才。对于创业，百森商学院突出创业技能及其普遍性，强调"创业是一种思考、推理和行动的方法，它不仅要关注机会，还要求创业者有完整缜密的实施方法和讲求高度平衡技巧的领导艺术"。尽管百森商学院专注于创业教育，但他们统计学生毕业几年后创业的人数和比例，很多人都想知道他们的学生创业的比例有多大，我在百森商学院也问过这个问题，他们回答不知道，也不统计。

培养创业领袖，为什么要把创业教育与组织行为学整合起来？运营管理与管理会计学为什么整合到一起？市场营销学和信息技术与系统又为什么要整合……整合是趋势，不局限于创业教育。"商学+""+商学"已经成为国内不少商学院的发展战略。关于创业教育与组织行为学的整合，他们的理由是："创业者不太可能单枪匹马地成功驾驭创业过程，创业领袖的角色就是要平衡团队、机会和资源，以建立团队并促进其发展。率领一个高效的团队需要高超的技能，决定录用什么人，成员间如何精诚合作，怎么发掘和优化团队潜能，都是要在完全不同的环境中决策的。"阅读百森商学院跨学科教学和学习经验，可以明显地感受到通过教育提升学生能力的可能性。

创业教育首先也是教育，要研究教育规律，运用好相关理论。本书介绍的一些项目很重视学习理论，重视学生自主学习，注重研究学习效果。例如布鲁姆教育目标分类法、身份认同理论、学生参与层次等等，非常广泛，而且关注得很具体。如第 22 章专门讨论怎么开始你的课程，因为"每门课程的开始都是最重要的环节之一，有时也是最具挑战性的环节。如何能以互动的形式开始课程，从第一天开始就让学生们参与到主题讨论中来"。创业教育要围绕创业开展教育。百森商学院有创业中心、艺术中心以及吸引了众多学者和机构参与的基础应用型研究项目，如 GEM、STEP、PSED 等等，还有更多的基于实践的探索，进而打造出具有百森特色的创业教育方法论。这方面中国高校也取得了显著的进展，随着创业研究队伍的壮大和创业研究的深入，用一般管理课程、职业发展课程等简单代替创业课程的现象得到了很大改变。创业教育又要超越创业本身，至少超越以创办企业为标志的狭义的创业。这样理解，创业教育就会不局限于创业基础课程，领导力、沟通、艺术、历史等都可以在创业教育体系中，就该思考创业教育与德育、美育、体育等的关系，结果会走上创业教育生态系统。百森商学院围绕创业开展全校层面的高等教育，自然在创业教育生态系统建设方面会走在前面。

百森商学院创业教育中的"具"

从教学角度看，百森商学院海迪·内克（Heidi M. Neck）教授牵头编写的《如何教创业——基于实践的百森教学法》有很多可以直接使用的练习。本书侧重研究百森商学院的创业教育，但也有不少可以借鉴和直接用于教学的"具"——游戏、案例、课程设计程序、课外活动体验等，有的具体做法可以在我们的教学中采用重复试验以便验证的思路展开。如第 20 章"体验翻转课堂"，这一章总结了百森商学院的试验，体现了用创业精神开展创业教育的理念。创业需要不断验证、反思、迭代，创业教育也是如此。这一章很具体地介绍了百森商学院的翻转课堂是怎么做的，可以一步步地实践。不少章节都这样。

百森商学院开展创业教育，和实业界的"隐形冠军""专精特新""小巨人""独角兽"等有相似之处，聚焦小的领域但瞄准的是全球大市场。为此，百森商学院特别注重全球品牌的项目建设，GEM、STEP、创业研讨会等都注重全球化运行。2019 年在百森商学院，我当面询问了多位教师，包括已经回百森商学院担任校长的斯皮内利教授，为什么百森商学院能够有这么多全球性的研究项目？有没有什么特殊的支持政策？得到的回答很简单且朴素，百森商学院鼓励教职员工设计面向全球的项目，因为要面向全球招生，需要全球品牌。这些项目没有专门的项目培育经费，运行后符合学校发展战略的项目会学校会给予资源支持，按照正常的预算管理。顺着这样的逻辑分析，除了研究项目外，输出教育体系，面向全球范围的教学培训等项目就会孕育而生，具体如何开展创业教育教学工作，本书有大量可操作和工具性的介绍。

教师自然会关心怎么教学，但别忘了学生，还要记住自己所教的只是学生学习中的很少一部分,所以要授人以渔,引导学生更多的自主学习也是教师的责任。创业教育不同于体育、美育,只利用操场和运动设施基本可以强身。创业要开放,要深入实践,要想,更要行动。针对学生的教育项目设计同样重要,本书在课外活动、学生社团、自主学习以及创业实战等方面都有介绍,值得学生看,更值得教师看。

结语

  偶尔写序,这次写得很长。在教材著作方面,机械工业出版社对于推动国内的创业教育做出了非常大的贡献,出版了非常多经典的、优秀的教材,我们编写的《创业管理》教材自2008年出版以来已经修订到第5版,期间一直得到机械工业出版社的支持。合作过程中,双方都能从推动创业教育事业出发,关注社会价值,像《如何教创业——基于实践的百森教学法》《创业研究经典文献述评》以及这本研究创业教育和学术研究的著作,读者群体不可能很广泛,但出版社还是给予了很大支持。机械工业出版社和张静老师希望我能给这本书写序,我欣然接受,仔细通读书稿,花了不少时间多次修改这篇和读者聊天式的文章。

  阅读上面的文字,相信读者能够判断出哪些可以借鉴、哪些可以直接用、哪些不适合。百森商学院在创业教育方面走出了自己的路,形成了特色,树立了品牌,值得研究和学习,但我们的路还得自己走,创业教育就是创业,要创新、承担风险、整合资源、验证、精益、迭代、低成本试错、改变、价值创造……创业实践中的有效方法在创业教育中都可以尝试。

  企业家精神/创业精神是社会最宝贵的财富和战略性的稀缺资源,很多组织乃至个人都在努力地探索如何强化和培育企业家精神。政府、高校、企业甚至个人都行动了起来,各种各样的探索和尝试,构成了我国的创业教育生态系统,已经在助力创新驱动发展国家战略方面发挥了巨大作用。注重国内外经验对比分析,提出更具普适性的创业教育理论和方法,会对社会做出更大贡献。

  从事创业教学的我们,多数不会成为一名创办企业创造就业机会的创业者,但可以用心设计课程,注重教育和教学的区别和联系,在创新创业人才培养方面做出贡献。

教育部"长江学者"特聘教授

南开大学创业研究中心

张玉利 教授、博导

推荐序二

作为创业教育领域的一名老兵，18年来，我亲历和见证了中国创业教育的萌芽、探索和波澜壮阔的发展。

2004年，我有幸参与了共青团中央、全国青联与联合国国际劳工组织合作引进KAB（Know About Business）创业教育项目，并于2005年起面向中国大学生全面推广。作为共青团组织通过国际合作服务青年学生创业就业工作的一项探索，KAB创业教育开创了我国创业教育之先河。

2010年，教育部高等学校创业教育指导委员会成立，我有幸被聘任为副主任委员，并兼任教育部《普通本科学校创业教育教学基本要求》专家组组长，负责组织研究和起草我国首个创业教育教学的规范性文件和"创业基础"课程教学大纲，并由教育部于2012年正式颁布。同时，我承担了教育部高教司组编的首部《创业基础》示范教材和教学手册的编写任务并担任主编。作为教育部一系列创业教育教学的基础性工程建设的参与者，我真真切切地看到了我国创业教育教学在制度化和规范化建设发展上迈出的坚实步伐。

然而，18年来的创业教育生涯使我感触更深的是：我国的创业教育教学需要在更高质量、更大格局和更深程度上下真功夫。我们中国人是善于学习的，而学习的一般规律大抵需要经历"模仿—内化—迁移"等几个阶段。从我们国家改革开放以来的伟大实践的历史经验总结来看，我们也经历了"引进—吸收—创新"等几个阶段。我想，我国的创业教育发展也应如此。

应该用全球视野学习国际创业教育的先进经验

我国的创业教育从起步开始，就是在面向世界学习和借鉴的基础上发展起来的。其中，百森商学院作为全球创业教育领域首屈一指的大学，几十年来，引领了创业教育教学发展创新，并将其在创业教育教学方面成功探索出的理论和实践输出到了世界各地，深刻地影响了全球范围的创业教育。被誉为创业教育之父的该校知名教授杰弗里·蒂蒙斯在20世纪60年代就预见了全球范围内即将兴起一个新的时代，即"创业一代"；以其名字命名的"蒂蒙斯模型"至今仍然是创业教育教学的经典模型；源于该校的"基于实践的百森教学法"提出了一组创业课堂中可以采用的与真实创业相吻合的创业教育实践方法，深刻影响了创业教育的课堂教学；由该校主导的全球创业观察项目（Global Entrepreneurship Monitor，GEM）被公认为规模最大、发展最完善的创业研究项目，GEM研究报告已成为全世界认识创业活动、环境、政策等的重要信息来源；百森创业教育者研讨会（Price-Babson Symposium for Entrepreneurship Educators，SEE）被认为是国际上最具行动导向的教师培训项目之一。作为全球创业教育的领导者和高校创业教育的典范，如今其成果汇集于《揭秘百森——百森商学院创业教育的创新与进化》一书，系统地介绍了百森商学院开展创业教育的方方面面，清晰地呈现了其运行的机制，并能由此理解它的成功从何而来。

由衷感谢机械工业出版社具有远见卓识地引进和译介此书，使我们能够系统地学习百森商学院的做法。我们可以学习到，百森商学院是如何确定自己独特的战略，确定自己的愿景、使命，并将其编织进整个生态系统和每一门课程中。例如，百森商学院的使命是培养能够在各行各业创造巨大经济价值和社会价值的创业领袖，在这样的使命牵引下，如何设计培养方案和课程体系，以培养一个创业领袖必备的创业思维、冒险精神、全球化视野、积极行动和面对不确定的能力。我们可以学习到，百森商学院如何构建创业教育的生态系统。例如，如何通过利益相关者的相互作用促进卓越教育学术成果的产生，如何在课堂以及社区中打造多元文化环境，使学生得以感知认知和身份的多元化，各个中心在支撑教学与实践中如何发挥作用。我们还可以学习到，百森商学院如何开展跨学科教学和学习。例如，如何整合管理与创业基础和组织行为学、商业模式画布、运营管理和管理会计学、市场营销和信息技术与系统这些课程，如何开展多学科融合的项目式课程，如何运用"设计区"、电影、商业模拟、慕课开展教学。可以说，其中的每一篇文章，都是大量理论思考和实践探索的结果，对我们国内的创业教育、商科教育和多学科教育都具有很好的借鉴意义，很值得仔细研读，深入学习。

需要结合中国国情勇于探索和实践

在学习国外创业教育先进经验的同时，我们也要看到，由于国情有所不同，其中的一些先进理论和成功实践还需要我们根据自己的国情进行实践检验和创新发展。由于我国有自己的组织优势和动员机制，因此，我国的创业教育无论在发展速率上还是实施规模上都在全球占有一席之地。特别是自2014年李克强总理在夏季达沃斯论坛上提出"大众创新，万众创业"以来，我国掀起了"大众创业，万众创新"的热潮，也开始了人类历史上最大规模的创新创业教育。

高等学校作为国家高层次人才培养的主阵地和蓄水池，理应坚守为党育人、为国育才的初心和使命，进一步提高人才培养质量。大学作为培养社会主义建设者的摇篮，需要对大学生进行创新创业教育，培养创新创业精神，推动大学生的创新创业实践，赋予新时代大学生发展进步的精神动力和实践能力。因此，聚焦创新创业的学习和教育，使之转化为高质量人才培养的实际成果，是我国高等学校共同努力的目标。

他山之石可以攻玉。《揭秘百森——百森商学院创业教育的创新与进化》一书给我们的一个重要启示是：优秀的教学既是艺术，也是科学。教学知识是优秀教学的奠基石，不断学习教学以及展示教学知识对教师发展至关重要，因为参与教学和展示教学知识需要具备丰富的教学知识积累用以借鉴。书中提供了三个虽然不同但相互关联的教学领域，即：教学引导知识、课程知识和教学法知识。教学引导知识注重实际课堂教学中所使用的策略，课程知识注重解决为什么要用某种方式教学，教学法知识注重理解学生是如何学习的。本书将这三个知识点融合进了不同章节。

如今，我国高校需要创造性地借鉴这些教学引导知识、课程知识和教学法知识，并与我国的实际情况相结合，积极探索形成自己的特色：一是需要探索有利于培养学生创新创业的教育方式，注重个性教育，培养创新意识，提升创新创业能力，塑造创业者人格。二是需要营造创新创业氛围，把重视专业建设的文化氛围与突出创新创业的文化氛围有机结合，形成具有专业特色的创新创业课程体系。三是要提升创业教师素养，优化师资结构，鼓励高校教师进行自主学习实践进行自我提升，培养和激发高校教师自身的创新创业潜能。同时，应根据现实需要将社会优秀创新创业人才或者是本校创新创业成功的学生聘请到学校，成为兼职教师。通过专业教师与兼职教师双管齐下，做到以理论与实践相结合，弥补高校创新创业教育的短板，提升专兼职教师的创新创业教育教学能力。

努力构建基于双创教育的"中国模式"

改革开放以来，我国走出了一条适合自身国情的发展道路，用几十年时间走完了发达国家数百年走过的发展历程，创造了世界奇迹。随着改革开放不断深入，我国的经济、社会与文化都已经或正在经历着重大变革，大众创新，万众创业的中国实践规模空前，我们的创业教育也从萌芽，到初步探索，到全面开启，再到加速发展，已经跑出了创新创业教育的"中国加速度"。

习近平总书记指出，新时代改革开放和社会主义现代化建设的丰富实践是理论和政策研究的"富矿"。只有以我国实际为研究起点，提出具有主体性、原创性的理论观点，构建具有自身特质的学科体系、学术体系、话语体系，我国哲学社会科学才能形成自己的特色和优势。哲学社会科学工作者要走出象牙塔，多到实地调查研究，了解百姓生活状况、把握群众思想脉搏，着眼群众需要解疑释惑、阐明道理，把学问写进群众心坎里，把论文写在祖国大地上。

未来，我们需要努力建立创新创业教育的"中国学派"，打造创新创业教育的"中国模式"，为世界高等教育变革和创新创业教育发展贡献"中国智慧"和"中国方案"，为国家发展和民族振兴提供源源不断的创新创业动力。

在此，我要特别感谢和致敬本书的译者张静、汪忠、施永川和策划编辑裴泱，他们都是因从事创新创业教育而与我结缘多年的诤友。我有幸目睹了他们因热爱创新创业教育事业而成长为业内的资深专家，并且能够在百忙中不辞辛劳地合作翻译和出版了本书，为国内的创新创业教育同行献上了一份大礼。我相信因为这份大礼，一定会有更多的教育工作者能够更清晰地了解国际顶尖创业型大学和商学院的教学范式,以及他们如何培养面向未来的创新创业人才,也相信一定会更好地赋能我国创新创业教育的新发展。

国际劳工组织 KAB 创业教育中国研究所所长

教育部首届高等学校创业教育指导委员会副主任委员

中国高等教育学会高校学生管理与就业创业研究分会副理事长

李家华　教授、博导

译者的话

自1997年入职英国驻华大使馆文化教育处以来,我一直从事与中英教育相关的政府间交流、高等教育政策比较研究以及项目合作等,未曾想这一干就是18年。18年间,我陆续走访了近100所英国大学和高等教育管理机构,对英国高等教育的体系、政策、管理、科研及教学等有着较为全面的了解和系统的认识,这其中就包括英国的创新创业教育。2013年,我开始探索在中英两国间开展创新创业教育合作的可行性,并与我国教育部教育发展研究中心及中国高等教育学会创新创业教育分会进行了多轮磋商。经过数月努力,在2014年4月召开的中英教育部长峰会上,两国教育部长正式签署了《中英创新创业教育合作研究谅解备忘录》,从此开启了中英两国创新创业教育合作的先河。非常巧合的是,李克强总理在5个月后的夏季达沃斯论坛上,第一次提出了"大众创业、万众创新",随后"双创"开始在中国呈燎原之势蓬勃发展起来。

2016年秋季,一个偶然的机会获知机械工业出版社购买了本书的中文版权,正在物色译者团队。出于对百森商学院的崇拜,更出于对美国创新创业教育的好奇,我毫不犹豫地主动请缨。希望借此对美国和英国的创新创业模式进行充分对比,也想深入探究百森商学院连续近20年在全美双创教育排名第一的奥秘。

本书共分为29章,由百森商学院近50位教师从不同视角合作撰写而成,串接起来恰是百森商学院创业教育的发展史。因此,各章又可独立成册,不同学科背景的教育学者抽丝剥茧,分享自己的宝贵经验,集结成册后可以说是一部关于创业思维与行动®(Entrepreneurial Thinking and Action®,ET&A®)的详细指南。ET&A®是百森商学院的灵魂,对我国的创业教育工作者有着宝贵的借鉴意义。

我国的创新创业教育虽起步较晚,但发展迅猛,取得了令人瞩目的成绩。我们当前所面临的诸多挑战,都能在本书里找到答案。例如:如何建立创新创业教育的生态体系?如何调动学生参与的积极性以激发他们主动学习?如何平衡研究和教学之间的关系,以及理论如何与实践相结合?纵观整本书,令我印象深刻的主要有三点:一是社区的概念。书中多处提及百森社区,它是百森校园内所有部门和参与人员的统称。创新创业教育不是某个部门的事情,而是社区内所有人员都要参与,同时也都会从中获益。二是社会责任感。只有对社会和环境有益的企业才会有可持续性,因此无论企业还是个人,都应将社会责任放在突出位置。三是注重教学,这体现在百森商学院员工的录用、考核、培训、课程反思和改进的方方面面。

感谢湖南大学的汪忠教授和温州大学创新创业学院的施永川院长,他们分别负责翻译本书第一篇和第四篇，第二篇和第三篇的翻译工作由我完成，全书统稿工作也由我负责。

非常感谢上海市大学生科技创业基金会对本书的翻译出版给予的大力支持及公益资助。感谢机械工业出版社给我提供了一个向世界顶级创业教育机构深入学习的机会，让我在研究英国和欧盟创新创业教育的基础上，对美国的双创教育模式也有了深入了解。我相信，通过借鉴国际上双创教育的成功经验，并结合我国国情不断完善和提高，我国的创新创业教育一定会做得越来越好。

张　静

前　言

> 教室里，一节课是否成功，学生是否真正学到了重要的东西，关键在于教师的创新能力。
> ——斯塔福德（Stafford）（2006）

提升学生的学习能力是教育的基础，需要广泛的人才。真正卓越的教育者，在保持高水平的课堂表现的同时，还会通过良好的方法来激发学生的求知欲，促进其成长。这种激励和刺激需要在课程和项目开发、交付和课堂表现方面付出大量努力。格拉西克（Glassick）、休伯（Huber）和梅罗夫（Maeroff）（1997）认为，出色的教学需要的不仅是教学行为，还需要教育工作者探索学生学习的新方法，并公开分享这些探索的细节，以便促进同行评议和反思。

虽然市面上可以找到一些刊登有关创新教学理念和教育学术的商科教育期刊（如《管理学学习与教育学术期刊》《市场营销教育学术期刊》《营销教育评论》《创新教育决策科学期刊》《教育商业期刊》《国际商务教学》《创业教育期刊》等），但教育者要想找到教学和学习方面的文章还是需要一些时间和技巧的。本书汇集了有关教师和学生在创业领袖学习过程中不同角色的教育学术文章，为那些寻求高质量课堂教学内容的教育者提供了一站式学术支持。

在格林伯格（Greenberg）、麦科恩（McKone-Sweet）和威尔逊（Wilson）（2011）的书中，着重讲述了培养创新领袖的智慧之旅。那本书发行的时候，创业思维与行动®（ET&A®）的主题还处在融入百森商学院课程体系的早期整合阶段。培养个体创业领袖是创业思维与行动®的核心。本书提供了关于创业思维与行动®要"如何去做"的深入且详细的指导，也就是作为创业思维与行动®支柱之一的自我与情境意识，是如何在百森商学院创立和应用的。乔治·卢卡斯教育基金会的研究人员曾说：伟大的老师能教导出伟大的学生（Edutopia Team, 2008）。在百森商学院，我们相信：伟大的老师能使学生认知自我和不同的情境。

在本书中，不同学科背景的教育学者分享了自己的经验。他们既把教学看作严肃的责任，又看作绝好的机会。他们创造了学习环境，提升了学生的知识水平，取得了实践成果。简而言之，这本书是由教育者写给那些想在课堂中培养出下一代领袖的同行的。

教学知识

毫无疑问，优秀的教学是一门艺术，也是一门科学。根据马扎诺（Marzano, 2007）所言，在课堂上使用哪些教学策略是一门科学，而何时使用它们以及与谁一起使用就是一门艺术了。无论教学是艺术还是科学，教学知识都是优秀教学的奠基石。科里波尔（Kreber）和克兰顿（Cranton）（2000）认为，不断学习教学以及展示教学知识对教师发展至关重要，因为参与教学和展示教学知识需要具备丰富的教学知识积累用以借鉴。科里波尔（Kreber）和克兰顿（Cranton）（1997）提供了三个虽然不同但相互关联的教学领域：教学引导知识、课程知识和教学法知识。教学引导知识注重实际课堂教学中所使用的策略，课程知识注重解决为什么我们要用某种方式教学，教学法知识注重理解学生是如何学习的。本书将这三个知识点囊括进了不同章节。

本书第一篇——教育学术的作用：引导创新过程，探讨与世界各地的同行分享教学知识的重要性与责任。贝利（Bailey）、撒帕里托（Saparito）、克雷塞尔（Kressel）、克里斯滕森（Christensen）和霍立季伯格（Hooijberg）（1997）认为，教学和研究是相辅相成的，功能类似，都可以被视为对知识实践的反映。本书第一篇主要在于探索教育学术的创造、转化以及共享过程。在百森商学院，我们对各方面进行了研究：从与我们互动的读者，到使百森商学院成为创业教育第一名的因素，再到我们是如何与学生一起创造学习和教学的机会。书中这部分内容以非常广阔的视角介绍了教与学，以及如何将其转化为教育学术。

本书第二篇——跨学科教学和学习，刻画了创业思维与行动®的广度和深度。创业领袖所应有的批判性思维，不应局限于一个特定的学科；相反，这种技能需要通过多种跨学科努力，激发意识觉醒来创造。从本质上讲，百森商学院的学生获得的是真正的跨学科教育，并没有因为创建跨学科的学习环境而陷入执行困难（Crittenden，2005）。本书的第二篇提供了跨学科边界的教学与学习的具体例子。

百森商学院的教学环境培养了教师的一系列责任，以确保我们的学生获得增值的教育体验。要成为成功的教育工作者，我们必须创造和提供严谨的、以实践为导向的学习体验，这种体验必须组织良好，利用最有价值的学习材料和学习领域的最新思想。这个创新教学法的过程跨越了各种场景。

第三篇——为创业思维与行动®以及自我与情境意识而创新教学法，描述了从课程创新到过程创新，再到项目创新的各种教学创新，并且提供了教师能够在课堂上使用的创新教学技术的细节。与此同时，我们在宽泛的教学方法框架内提供了案例，为教育理论的实践和应用提供了坚实的后盾和支撑。

百森商学院设有很多中心，不仅为学生和教师提供机会，还对校内及全球教育学有所影响。本书的第四篇——各中心在加强教育环境中的作用，重点突出了校园内的几大中心。各中心通过利用百森商学院的核心能力、教学方法和对高质量教与学的重视，为提升商务技能、创新教育项目，以及活动和研究的教学提供了资源。

本书重点描述了精品课堂创新和教育学术中的精华，注重创造和传递教学知识的细节，且每一章都经过双盲审核，因而能抓住教育学术传统需求的本质。本书的内容与所有教育工作者均紧密相关，不仅通过教育工作者感兴趣的例子提供课堂教学工具和技术，而且跨学科的课程设计也会给商科和通识学科领域的教育工作者提供有价值的洞察。

学习与教学参与中心

秉承着百森商学院的理念，即我们下一代的领袖需要优秀的教师，我们在学习与教学参与中心（CELT）的大力支持下完成了本书。CELT 的使命是，通过发行"百森精选"（Babson Cellection）教学资料，深化教学法对校内教师的影响，以及对全球高校的影响。如图 0-1 所示，CELT 参与与教师发展、教学创新和案例/教学材料开发相关的活动。

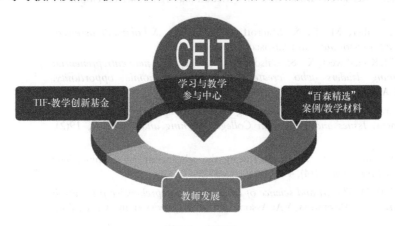

图 0-1　CELT

CELT 的组织机构、出版物、员工和项目不断发展壮大，其目标始终是继续保持和深化百森商学院业已强大的教师社区和文化。CELT 服务于那些积极寻求机会整合、鼓励和促进创新的学习与教学的教育工作者，它注重：①在坚实的基础教学法中注入创新的血液；②跨学科；③体验式学习。

内部项目和外部机会支持卓越的教学方法和教学资料。例如，教师发展计划每学年都会支持并资助一小部分项目"深化和精炼"，因为这些项目要在有较高发展潜力的教师和前沿的教学方法上投入时间、金钱和精力。我们特意控制其数量，保持资源的聚焦，这就为教学创新的反思和跨学科发展提供了所需的时间、空间和架构。

CELT 也提供规模较大的项目，本书就是在一个长达一天的教师学习和分享会上决定编写的——这是个有关教师发展的年度会议。那年，教师学习和分享会的主题是"教学法到教育学术的转化"，其目的是给百森商学院的教师提供一个机会，向众多教师分享创新课堂的教学经验。当天的主题是教育学术，从实践（教育学术是什么、为什么和怎么做）到灵感（百森商学院课堂那些具体的、创新的案例）再到交互（一些课堂创新改革是跨专业，甚至是跨学科的）。正是由于这个活动，本书开始初有雏形，关于百森课堂创新的 29 章就是因 CELT

提供了机会才取得的成果。

参考文献

Bailey, J. R., Saparito, P., Kressel, K., Christensen, E. W., & Hooijberg, R. (1997). A model for reflective pedagogy. *Journal of Management Education, 21*, 155–167.

Crittenden, V. (2005). Cross-functional education: The need for case development. *Journal of Business Research, 58*, 955–959.

Edutopia Team. (2008). *Why is teacher development important?: Because students deserve the best.* Retrieved from http://www.edutopia.org/teacher-development-introduction

Glassick, C. E., Huber, M. T., & Maeroff, G. I. (1997). *Scholarship assessed: Evaluation of the professoriate.* San Francisco, CA: Jossey-Bass.

Greenberg, D., McKone-Sweet, K., & Wilson, H. J. (2011). *The new entrepreneurial leader: Developing leaders who create social and economic opportunity.* San Francisco, CA: Berrett-Koehler.

Kreber, C., & Cranton, P. A. (1997). Teaching as scholarship: A model for instructional development. *Issues and Inquiry in College Learning and Teaching, 19*(2), 4–13.

Kreber, C., & Cranton, P. A. (2000). Exploring the scholarship of teaching. *The Journal of Higher Education, 71*(4), 476–795.

Marzano, R. J. (2007). *The art and science of teaching: A comprehensive framework for effective instruction.* Alexandria, VA: Association for Supervision and Curriculum Development.

Stafford, J. T. (2006). The importance of educational research in the teaching of history. *Canadian Social Studies, 40*(1), 1–8.

目　录

推荐序一
推荐序二
译者的话
前　言

第一篇　教育学术的作用：引导创新过程

第 1 章　学术学识：利益相关者分析 ………………………………………………… 2
第 2 章　走在前列：百森商学院是如何实现卓越教学的 …………………………… 11
第 3 章　基于实践的创业教育 ………………………………………………………… 27
第 4 章　管理教育多元化的生态系统方法 …………………………………………… 41
第 5 章　目的地：跨文化发展 ………………………………………………………… 51
第 6 章　将学生作为研究对象到底错在哪里——将学生作为研究对象的详尽
　　　　指南概要 ……………………………………………………………………… 63

第二篇　跨学科教学和学习

第 7 章　培养创业领袖——在第一年中整合创业教育与组织行为学 ……………… 73
第 8 章　将商业模式画布作为框架，整合运营管理和管理会计学课程 …………… 88
第 9 章　市场营销学—信息技术与系统的课程整合：培养下一代经理人 ………… 102
第 10 章　把科学教育作为创业思维与行动®方法 …………………………………… 116
第 11 章　引领创业行动项目（LEAP）：三学科融合的项目式课程 ………………… 128
第 12 章　课程中使用环球电影：叙事想象和教学创新 ……………………………… 140
第 13 章　为创新创造空间：商学院中开设出一块"设计区"的作用 ……………… 157
第 14 章　百森商学院 MBA 课程欢迎你：与 TechMark 商业模拟相融合的
　　　　　课程体系 …………………………………………………………………… 169
第 15 章　在线传播创新思维与技能：从创建名为"像创业者那样去引领"的
　　　　　慕课中获得的体会 ………………………………………………………… 179

第三篇　为创业思维与行动®以及自我与情境意识而创新教学法

第 16 章　创新与试验：承担风险，从失败中学习，勇往直前 ……………………… 194

第 17 章　使用变革性学习理论来开发一门可持续创业课程……………………202
第 18 章　培养创新精神：在创业选修课中构建创新身份………………………217
第 19 章　我不是一个统计数据（即使其他人都是）：跨学科的活动……………231
第 20 章　体验翻转课堂……………………………………………………………240
第 21 章　使用 VoiceThread 来使视频课程社交化………………………………250
第 22 章　以"你知道什么"的调查开始你的课程…………………………………261
第 23 章　"Quickfire"！利用限时的竞争性课堂活动提高学生的参与度………268
第 24 章　用 SEERS 方法分析影响：使用生态研究项目评估产品生命周期
　　　　　可持续性……………………………………………………………………284
第 25 章　性别主义和性别营销：探索市场营销课上的关键问题………………292

第四篇　各中心在加强教育环境中的作用

第 26 章　百森商学院创业实践的核心：亚瑟·M. 布兰克创业中心………………304
第 27 章　艺术与创业者：索伦森艺术中心…………………………………………316
第 28 章　中心正在践行的创业思维与行动®：一个有关百森商学院刘易斯
　　　　　研究所课程设计、书籍创作和不断探索的故事……………………………324
第 29 章　女性创业领导力中心：商学院校园内外性别启蒙的创建………………337

第一篇

教育学术的作用：引导创新过程

第1章
学术学识：利益相关者分析

维多利亚·L·克里滕登（Victoria L. Crittenden）和凯瑟琳·霍奇基斯（Carolyn Hotchkiss）

教学是教育者认知"我们是谁"和"我们做什么"的基础。遗憾的是，教学和科研始终被视为教育者职业生涯中不可调和的一对矛盾，教育者只能优先专注于其中一项（Balkin 和 Mello，2012）。最大的冲突是时间，有时间搞教学就没有时间做科研，反之亦然（Loyd，Kern 和 Thompson，2005）。然而，贝利（Bailey）、撒帕里托（Saparito）、克雷塞尔（Kressel）、克里斯滕森（Christensen）和霍立季伯格（Hooijberg）（1997）却认为，教学和科研不仅是互补的，彼此间的相互交融还使它们在功能上趋于一致，可被视为互为反思性实践。但是，本章的目的不是理清关于教学和科研之间的紧张关系，正如贝利（2006）所指出的，否认这两者之间的紧张关系是言不由衷的。本章从各利益相关者的角度对问题进行了探讨，重点讲述各种类型的学术成就如何服务于不同的公众对象，以及对他们又产生了何种影响。

按照百森商学院的宗旨，我们所说的学术成就指的是能影响并吸引各利益相关者参与其中的各种类型的教学、研究和学习。全球范围内的知识和信息共享在持续发生着变化，打破了教学、研究和学习的边界，而这种边界将抑制我们在知识和信息共享方面的创造力。因此，我们选择跨界而不是设置边界，从而团结一切可以团结的力量展开教学、研究和学习上的创新。

在本书中，我们将以百森商学院为背景探讨教学、研究和学习之间的关系。百森商学院是一所以培养"无论身处何处，都能创造巨大经济和社会价值的创业领袖"为使命的商学院。为本章供稿的两位作者都在商学院担任行政职务，也参与学生们的课堂互动，并通过研究和服务继续活跃在专业领域。因此，除了文献研究外，他们在后续的讨论中也提供了丰富的第一手经验。

1.1 有关教学、研究和学习方面的学术

从历史的角度看，正如巴尔金（Balkin）和麦洛（Mello）（2012）所描述的，教学和传统形式的学术之间的矛盾在于那种根深蒂固的观念：研究必须具有科学、理论和实践意义，而教学法或应用研究则不需要有这样的影响。正因为如此，商学院倾向于将基于学科的研究优先于教学，就好像两者需要不同类型的教师。巴尔金和麦洛（2012）提出了导致教学和基于学科的研究之间关系紧张的三因素。

（1）惯例。学院的评价体系将教学、研究和服务作为三项独立且不同的活动与职责。

（2）博士生培养。博士课程的重点是为研究做准备，对其教学却没有做相应的准备。

（3）资源分配。更多的资源分配给了与研究相关的活动，而不是与教学相关的活动（哪怕是与学术研究相关的教学活动）。

然而，这种教学的艺术与科学和传统研究之间的紧张关系也许并不是由哪个高层领导强加给教师的。即便是与教学相关的出版物中也常常会将教学艺术与科学研究并列。例如，沃尔克（Walck）（1997）认为"教学是一门艺术"；比克福德（Bickford）和范弗利克（Van Vleck）（1997）将教学比喻成艺术，说它是师生深度参与的、具有创造性的、完整的协作学习过程；戴乐（Dehler）和韦尔什（Welsh）（1997）讨论过"艺术性教学"。然而，洛伊德（Loyd）、柯恩（Kern）和汤姆逊（Thompson）（2005）通过引入一种叫作课堂研究的新的研究范式，提出了科学方法，被认为是在课堂上推动知识前沿的一种方式。这样一来，即使是教师自己在思考和写作的时候，往往也会将艺术和科学对立起来。

无论是教学、研究和学习的艺术性还是科学性，其对广大受众的效果和意义都是博耶（Boyer）（1990）所关注的，在他的《对学术的重新思考》的报告中以及在 1997 年后续出版物《学术评估》（Glassick, Huber 和 Maeroff, 1997）中均有所体现。教学作为学术工作的重要性在商业研究中开始占据主导地位，教育工作者可以将自己在教学、教育学方面的出色表现看作学校使命的一个重要组成部分，而不会损害自己的学者风范（Bailey 等，1997）。

格拉斯克（Glassick）等人（1997）认为卓越的教学不仅仅需要教学实践，还需要教师探索学生学习的新方法，并公开分享这些探索的细节，以便于同行评审和反思。不仅同行评审过程对卓越教学的宣传至关重要，而且广泛的利益相关者（如招聘者、学生和执业经理）的意见也可以帮助教师在课堂上展现卓越的教学水平（Behrman 和 Levin，1984；Linder 和 Smith，1992）。

各利益相关者已经开始寻找教学实践和学生学习/业务影响之间关系的证据（Dean 和

Forray，2014）。因此，在教学、研究和学习的学术中终身学习和教育研究得到认可和奖励，创造出了一个利基市场。其中教学和研究之间的兼容性现在被认为是商学院成功的关键（Fukami，1997）。

根据哈庆思（Hutchings）和舒尔曼（Shulman）(1999)所说，教学和学习的学术研究不仅局限于卓越教学。无论是设计新课程、组织课堂项目活动或过程创新，还是其他纲领性贡献，进入学术范畴都意味着要与他人分享见解，并让其他利益相关者参与到更加广泛的实践中（Hutchings，Huber 和 Ciccone，2011）。正如麦肯尼（McKinney）(2006)所指出的，教学和学习的学术研究涉及向公众分享这些工作。在这个关键时刻，传统的研究思维开始在教与学的口头和书面交付中产生成果。因为涉及教育学术的理论框架，学者需要使用学术研究方法来完成。

正是这种教育学术的公平分享拉动了从利益相关者的角度来理解学术成果的需求。将利益相关者分析范式应用于教学和学习的学术研究中，描述了教育学术对大学会产生何种影响，这类大学的使命是培养能够在各行各业创造巨大经济和社会价值的创新领袖。

1.2 利益相关者分析

人们对高等院校的本质存在一个普遍误解，认为它们只是为了进一步发现新知识而存在。虽然这确实是某些高等院校的职能之一，但对许多拥有其他存在理由的优秀高等院校而言，并非如此。在百森商学院，从广义来讲，学院存在的原因有很多，从发现新知识到对学生生活的影响，再到改变商业实践。百森商学院致力于培养善于思考、注重实践、富有创造性的学生，希望他们学成之后可以改变世界。百森商学院不仅在整体学术课程中遵守新英格兰院校协会（NEASC）的标准，在商科教育课程中遵守国际高等商学院协会（AACSB International）和欧洲质量改进体系（EQUIS）的标准，还将责任管理教育原则（PRME）作为教育实践指南。因此，我们必须用广阔的视野来评估教学和学习。

根据以上使命，百森商学院遵循纯粹、传统的学术模式是没有意义的。如果把我们的教师限制在基于学科的学术发现研究上，将会扼杀教师的创造力，而这种创造力正是我们希望在学生身上迸发出来的；相反，我们集体选择了就智力活力展开一场不同的对话。为此，格劳斯（Gross）和高德文（Godwin）(2005)认为，利益相关者分析法是一种商业策略，迫切需要在学术领域中应用。

利益相关者理论

利益相关者理论表明，机构必须积极与众多的组成团体打交道，其管理层应拓宽自身职责愿景，将各方所关心的事情纳入其中（Freeman，1984；Mitchell，Agle 和 Wood，

1997）。根据唐纳森（Donaldson）和普雷斯顿（Preston）（1995）所说，利益相关者理论确定了一些不同的参与者（即利益相关者），他们往往有多个不一致的目标。该理论的目的是解决"哪些群体是应当获得或需要管理层关注的利益相关者，哪些群体不是"这个关键问题（Mitchell 等，1997，855 页）。此外，在描述这些关系时基于四种假设：①公司与拥有不同权利、目标、期望和责任的众多利益相关者存在一定的关系，而每个利益相关者都有能力影响绩效；②决策由高层管理者制定；③各利益相关者之间的不同利益可能无法协调，并会导致冲突；④竞争压力能够对行为产生影响，但是不称职行为在短期内不一定会受到惩罚（Hult、Mena、Ferrell 和 Ferrell，2011）。

众多的利益相关者可以分为主要或次要两类（Hult 等，2011）：主要利益相关者受资源依赖理论的驱动（Pfeffer 和 Salancik，1978），并且通常非常容易辨别，因为公司希望回应这些主要利益相关者的需求；次要利益相关者是"影响公司或受公司影响，但不是公司生存所必需"的那些人（Clarkson，1995，107 页）。从本质上说，次要利益相关者可以通过煽动公众舆论来支持或反对组织的行动和做法（Hult 等人，2011）。

关于主要和次要利益相关者，赫尔特（Hult）等人（2011）发现没有同时对多个利益相关者进行的分析。塞斯蒂亚（Sisodia）、希斯（Sheth）和沃尔夫（Wolfe）则认为，利益相关者"处于庞杂的利益网络之中，在相互依存的矩阵中发挥着作用"。商业环境中的利益相关者理论确定了客户、员工、股东、监管机构、供应商和社区这六个主要利益相关者，以及特殊利益集团、竞争对手、贸易协会、大众媒体和社交媒体这五个次要利益相关者（Hult 等人，2011）。就百森商学院的学术成果进行整体利益相关者分析时，我们必须同时考虑主要利益相关者和次要利益相关者以及上述有关关系的四种假设。

1.3　百森商学院学术成果的整体利益相关者分析

利益相关者理论的实证方法试图描述和解释各种利益相关者的相互作用（Hult 等，2011），这正是百森商学院在教学、研究和学习方面遵循的描述性/实证方法。遵循这种方法需要两个行动：①每个教师都为自己的工作确定主要和次要利益相关者；②每个教师创建指标，以显示自己的工作对预期受众的影响。因此，根据教师为每个利益相关者创造的价值来评估他们。然而，学院从利益相关者的角度来看待学术成果这一方法的底层假设首先必须要解释清楚。

商业环境中有关利益相关者关系的四个假设必须加以调整以适应学术背景。关于利益相关者的影响，个人对学术成果的目标定位很大程度上取决于各利益相关者的期望。例如，如果一项学术成果与教育学相关，其成功与否将取决于目标利益关联者的目标、期望和责任。大学不会试图管理目标设定的过程；相反，每个教师都必须具备理解不同利益相关者需求的能力。话虽如此，大学管理者都已经做出承诺，对于与各种利益相关者相互作用所产生的优质成果都会承认并加以赏识。因此，每个学科中没有规定哪些期刊被认可，避免了引文索引的使用与博弈。对于那些只被某一个利益相关群体（即其他学者）使用的期刊，尽量少计算其影响因子。

大学管理者已经十分清楚地表明，每项学术成果的价值必须通过教师认定的指标来评估。这一指标与市场中的不称职行为密切相关，教师不应该冒险在低质量期刊上发表学术成果，因为这可能对教师和学院的声誉有潜在的危害。最后，教师必须认识到，不同的利益相关者可能不会喜欢类型相同的学术成果，百森商学院的教师必须能够与各类受众沟通来完成学院的使命。

百森商学院的教师和管理者没有试图将企业对利益相关者的分类强加到学术领域，而是自行确定了四个主要的和三个次要的利益相关者群体。主要利益相关者包括学科和跨学科的基础研究的教师、从业人员、学生/教师和公共政策制定者；次要利益相关者是公众、媒体和作为竞争对手的教育机构。大家都知道，利益相关者可能在学术生涯中不断发生变化。学院的任务是确保教师工作的整体平衡以使之支持学院使命，而教师的任务是创建自己的工作事例和不断优化质量的衡量标准。

与商业界的评估不同，这里没有一个利益相关者群体是至高无上的。例如，韦伯斯特（Webster）（1992）认为客户关系是最重要的商业资产，但百森商学院对任何将"客户"列为利益相关者的做法都进行了抵制。我们鼓励每个教师为其学术研究确定利益相关者，并制订计划，通过满足其需求来取得成功。此外，这种拥有系列指标的做法已经被纳入了国际高等商学院协会（AACSB，2013）的业务标准之中。

1.3.1 主要利益相关者

1. 进行学科和跨学科基础研究的教师

百森商学院教师的学术工作解决了学者同行所关注的问题，可以通过双盲审查来评价这一群体所关注的基础研究。根据贝利（Bailey）、海尔（Hair）、赫曼森（Hermanson）和克里滕登（Crittenden）（2012）的研究，在同行评审期刊上发表文章对教师职业生涯的成功至关重要；而且对于学院来说，教师在同行评审的学术期刊中发表文章也会关系到学术机构的声誉。

在这里，教师通常依赖于传统的衡量影响力的因素——通过各种顶级期刊列表衡量的期刊质量、同行评审过程、影响因子分析、引用指数（如谷歌学术）以及为学术工作设置的奖项和荣誉，这些价值衡量在学术机构中是相当标准并且可以公开获得的。

2. 从业人员

从业人员是整个百森商学院一个重要的利益相关者。商科本质上是一个实践学科，广泛应用于各个领域。百森商学院有一个规模庞大的、活跃的和全球性的高管与企业教育学院，旨在影响和改变商业实践。非商科的一些教师也有机会构建他们的工作以影响从业人员。例如，一位民族音乐学家所创造的乐谱，可能会被纳入职业歌手的作品集；应用数学家和统计学家所探索的研究问题，可能会应用于技术、运动、医药和其他实践领域。百森商学院在其对学术活力的定义中，明确认可了面向从业人员的工作。

这里的问题是如何评估质量。在某些情况下，各专业协会已经制定了测量标准和对等条件。例如，高等教育戏剧协会（ATHE，2014）制定了一系列要求，当满足这些要求时，则表明导演对公众开放的戏剧制作等同于同行评审期刊。在商科中，则是使用 SSCI 影响因子和读者人数来进行评价。

3．学生和教师

百森商学院教师的学术工作的第三个利益相关者群体是学生和教师。百森商学院是一个重视教学的机构，而教学往往能激发教师讨论的兴趣。CELT 存在的目的是深化教师对教学的影响，在校内是通过支持课改项目，在校外则是通过将"百森精选"中的案例和教学材料集锦分享给世界各地的高等院校。

总的来说，我们明确了自己所珍视的出版物是那些有关教育学学术和针对学生群体的著作。关于这个利益相关者群体，我们依赖各种衡量影响力的因素。在教育学期刊上发表的学术著作依赖于传统的衡量影响力的因素，例如期刊排名和引用指数。对于课本或案例等材料，我们则根据销售数据和行业数据来衡量其在目标受众中的受欢迎程度。本书就是一个将其他教师视为利益相关者的鲜活实例。

4．政策制定者

百森商学院认识到，学术研究可以（并且应该）为那些做出公共政策决策的人提供有用的基础数据。例如，金融研究可以为交易所、国会委员会和监管部门提供有用的数据，在商法中，教师的研究可以被法庭摘要和司法意见引用；此外，教师具有从其研究中得出合理意见并提供专业意见的能力。在百森商学院，诸如全球创业观察（GEM）等研究项目为创业者创造就业机会、了解创业条件提供了宝贵的参考价值。例如，美国国务院商业和经济事务局（2014）于 2014 年 8 月在"庆祝非洲 WECREATE 中心伙伴关系启动"的演讲中，就引用了全球创业观察（GEM）项目中的观点。

指标方面，全球创业观察（GEM）等项目的报告获得了成千上万的下载量、数以千计的媒体报道，为政府做出关于创造就业机会的决策提供了支持。百森商学院认可教师从事与公共政策制定相关的数据收集、组织和报告方面所做的努力。

1.3.2 次要利益相关者

次要利益相关者与组织之间存在不同类型的关系，这些关系可以是合作关系，也可是对抗关系（Arenas、Lozano 和 Albareda，2009）。因此，对于利益相关者的各类参与价值往往往难以评估。对于百森商学院的次要利益相关者，如果有可能用评估指标衡量的话，一般公众通常是最容易评估的，而媒体和竞争高校却很难或无法评估。

正如汉德尔曼（Handelman）、阿诺德（Arnold）（1999）以及拉姆莱特（Drumwright）（1996）所指出的，消费者对一个机构的支持可以提升其形象，所以，社区成员通常被认为是机构的主要利益相关者（Hult 等，2011）。然而，百森商学院认为，社区成员对学术成果缺乏直接影响，因此在控制力和影响力方面只能算是次要利益相关者。但是，百森商学院有些教师的工作受众中可能会包括一般公众。例如，一位历史学家可能会写一本畅销的传记，一位管理学教授可以为投资者写一个专栏，其他教授可能在顶尖商业刊物撰写群组博客或就热门话题开通个人博客。此外，诗人的诗歌也可能会被配上音乐，公开表演。尽管一般公众只是次要利益相关者，但他们能够辨别质量，还能够增强学院对外部世界的影响力。

当一名教师通过其积极的行动或通过受邀评论而被媒体关注时，给学院带来的好处是巨大的。因此，百森商学院为学院营销团队投入了大量的时间和精力，以确保尽可能突出有新闻价值的事件以及教职工能够得到媒体的关注。而媒体报道反过来也提高了学院和教师的社会声誉。

最后，百森商学院认可的关于教师学术追求的另一个次要利益相关者是竞争机构对百森商学院教师的看法、给予他们的认可度和对其专业学识的评价。因此，百森商学院的教师受邀在竞争对手的校园中进行公平演讲或做各种类型的报告是非常重要的。当然，这样做所要担心的是竞争对手会诱使教师跳槽，邀请发言是竞争对手吸引人才的一种方式。但是，百森商学院还是愿意承担这个风险的，因为被邀请在竞争者那里发言是一种荣誉。

在次要利益相关者中，评估为一般公众、媒体和竞争对手提供的学术成果是个有些困难的过程。然而，学院承认与这类公众互动确实能够在个人和专业层面上有好处。这种情况下，教师个人可能需要靠流行新闻出版机构的出版物、销售数字、数字媒体的订阅者、演讲邀请以及整体"市场化"的情况来证明其在次要利益相关者中的影响力。

1.4 结论

我们发现，利益相关者分析使百森商学院的教师们能够理解自己在教学、研究和学习方面的努力所产生的更大影响。创造性思维是百森商学院的标志，对教学、研究和学习的价值进行创造性思维能够使教师的研究与学院的使命相一致。然后，我们根据利益相关者的价值/影响对支持学院使命的学术活动进行表彰和奖励。在百森商学院，将教师限制在基于学科的学术研究中是没有意义的，因为这会扼杀教师和学生的创造力。

同时，我们认识到，利益相关者分析是百森商学院招聘新教师的一个与众不同之处。例如，一位受到纯粹的基础研究训练的、几乎将教学作为副业的申请人，可能不会在百森商学院取得成功（甚至不会快乐）。因此，我们必须密切关注招聘过程，努力为申请人的学术工作确定合适的利益相关者。然后，我们必须就这个人与学院和利益相关者之间的关系做出艰难的决定。

虽然我们知道每个高校在主要利益相关者和次要利益相关者的划分方面会有所不同，进而导致在教学、研究和学习之间存在不同的平衡，但我们强烈主张在教师参与和教师评估里使用利益相关者分析法。让教师为自己的工作考虑多个且可替代的受众群体，会激发他们对质量、相关性和影响等问题的公开讨论。

◀ 参考文献

AACSB. (2013). *Examples of impact metrics in support of documentation*. Retrieved from http://www.aacsb.edu/en/accreditation/standards/2013-business/appendix/

Arenas, D., Lozano, J. M., & Albareda, L. (2009). The role of NGOs in CSR: Mutual perceptions among stakeholders. *Journal of Business Ethics, 88*(1), 175–197.

ATHE. (2014). *Tenure and promotion guidelines*. Retrieved from http://www.athe.org/?page=TP_Guide

Bailey, C. D., Hair, J. F., Hermanson, D. R., & Crittenden, V. L. (2012). Marketing academics' perceptions of the peer review process. *Marketing Education Review, 22*(3), 263–278.

Bailey, J. R. (2006). From the editor: Integrating the professorial mission. *Academy of Management Learning & Education, 5*(2), 149–151.

Bailey, J. R., Saparito, P., Kressel, K., Christensen, E., & Hooijberg, R. (1997). A model for reflective pedagogy. *Journal of Management Education, 21*(2), 155–167.

Balkin, D. B., & Mello, J. A. (2012). Facilitating and creating synergies between teaching and research: The role of the academic administrator. *Journal of Management Education, 36*(4), 471–494.

Behrman, J. N., & Levin, R. I. (1984). Are business schools doing their job? *Harvard Business Review, 62*, 140–147.

Bickford, D. J., & Welsh, J. (1997). Reflections on artful teaching. *Journal of Management Education, 21*(4), 448–472.

Boyer, E. L. (1990). *Scholarship reconsidered: Priorities of the professoriate*. Princeton, NJ: Carnegie Foundation for the Advancement of Teaching.

Clarkson, M. (1995). A stakeholder framework for analyzing and evaluating corporate social performance. *Academy of Management Review, 20*(1), 92–117.

Dean, K. L., & Forray, J. M. (2014). How do we know what we know … and how do we show it? *Journal of Management Education, 38*(6), 779–783.

Dehler, G. E., & Welsch, M. A. (1997). Discovering the keys: Spirit in teaching and the journey of learning. *Journal of Management Education, 21*(4), 496–508.

Donaldson, T., & Preston, L. E. (1995). The stakeholder theory of the corporation: Concepts, evidence, and implications. *Academy of Management Review, 20*(1), 65–91.

Drumwright, M. E. (1996). Company advertising with a social dimension: The role of noneconomic criteria. *Journal of Marketing, 60*(4), 71–87.

Freeman, R. E. (1984). *Strategic management: A stakeholder approach*. Marshfield,

MA: Pitman Publishing Inc.

Fukami, C. (1997). Struggling with balance. In R. Andre & P. J. Frost (Eds.), *Researchers hooked on teaching*. Thousand Oaks, CA: Sage.

Glassick, C. E., Huber, M. T., & Maeroff, G. I. (1997). *Scholarship assessed: Evaluation of the professoriate*. San Francisco, CA: Jossey-Bass.

Gross, K., & Godwin, P. (2005). Education's many stakeholders. University Business. Retrieved from http://www.universitybusiness.com/article/educations-many-stakeholders

Handelman, J. M., & Arnold, S. J. (1999). The role of marketing actions with a social dimension: Appeals to the institutional environment. *Journal of Marketing*, 63(3), 33–48.

Hult, G. T. M., Mena, J. A., Ferrell, O. C., & Ferrell, L. (2011). Stakeholder marketing: A definition and conceptual framework. *AMS Review*, 1(1), 44–65.

Hutchings, P., Huber, M., & Ciccone, A. (2011). *The scholarship of teaching and learning reconsidered*. San Francisco, CA: Jossey-Bass.

Hutchings, P., & Shulman, L. E. (1999). The scholarship of teaching: New elaborations, new developments. *Change*, 31(5), 10–15.

Linder, J. C., & Smith, H. J. (1992). The complex case of management education. *Harvard Business Review*, 70, 16–33.

List, A., & Pinard, M. (2014). *On the wing: A celebration of birds in music and spoken word*. Retrieved from http://www.babson.edu

Loyd, D. L., Kern, M. C., & Thompson, L. (2005). Classroom research: Bridging the ivory divide. *Academy of Management Learning & Education*, 4(1), 8–21.

McKinney, K. (2006). Attitudinal and structural factors contributing to challenges in the work of the scholarship of teaching and learning. *New Directions for Institutional Research*, 129, 37–50.

Mitchell, R. K., Agle, B. R., & Wood, D. J. (1997). Toward a theory of stakeholder identification and salience: Defining the principle of who and what really counts. *Academy of Management Review*, 22(4), 853–886.

Pfeffer, J., & Salancik, G. R. (1978). *The external control of organizations: A resource dependence perspective*. New York, NY: Harper & Row.

Sisodia, R., Sheth, J. N., & Wolfe, D. B. (2007). *Firms of endearment*. Upper Saddle River, NJ: Wharton School Publishing.

U.S. Department of State Bureau of Business and Economic Affairs. (2014). Retrieved from http://www.state.gov/e/eb/rls/rm/2014/230362.htm

Walck, C. L. (1997). A teaching life. *Journal of Management Education*, 21(4), 473–482.

Webster, F. E., Jr. (1992). The changing role of marketing in the corporation. *Journal of Marketing*, 56(4), 1–17.

第 2 章
走在前列：百森商学院是如何实现卓越教学的

安德斯·里奇纳（Anders Richtne'r）

2.1 引言

根据"教学是所有职业中最复杂、最重要、最严谨的工作之一，成为一名高效的教育工作者需要多年的努力和不断的反思与对话"（Bennett，2010，67页），我们可以提出两个问题：第一，教师在教学中如何提高教学水平？第二，什么样的环境会有助于他们达到卓越的教学水平？本章将从微观角度（Salvato 和 Rerup，2010）对组织惯例进行剖析，以回答这两个问题。

组织惯例（Organizational Routines），被定义为相互依赖的行为的可重复模式，是组织理论的核心构成（Nelson 和 Winter，1982）。从微观角度来剖析组织惯例的一个强大动机是，它能够帮助我们了解是什么导致了企业行为和绩效的差异（Felin，Foss，Heimeriks 和 Madsen，2012）。研究表明，对理解惯例以及它们如何在组织层面发生变化方面的研究都取得了进展，但潜在的微观基础仍没有得到足够的重视（Felin 等人，2012）。英特尔公司的"精确复制"（Copy Exactly）就是一个关于组织惯例的著名例子，即复制该公司最好的制造程序作为改进方案（Szulanski 和 Winter，2002）。然而，许多组织没有办法找到并复制某程序（Bresman，2013），因为他们的工作条件的特点是不断变化、资源稀缺和短期视野（Brown 和 Eisenhardt，1997）。此外，许多组织依赖个别专家负责关键工作（Zellmer-Bruhn，2003）。在这样的环境下，我们所面临的挑战很少是在新领域当中复制有用的惯例，更多的是要持续发展现有的惯例（Bresman，2013）。

在本章中，我对组织惯例的知识进行了延伸，通过研究组织惯例是如何被尝试和改变的来扩展我们对组织惯例以及它们如何在微观层面上变化的知识（Felin 等人，2012）。本文将解决以下两个研究问题：教师如何通过改变惯例来发展卓越教学，而他们的教学环境又会如何影响惯例的变化。为了回答这个问题，我以菲林（Felin）等人（2012）近期的研究进展为基础，他们认为微观基础包括三个结构模块：个人（Individuals）、流程（Processes）和结构（Structure）。

本章采用定性的研究方法（Yin，1994）研究百森商学院的教师在教学中如何实现卓越的教学水平，以及教学环境是如何影响他们的教学水平的。之所以选百森商学院为例，首先是因为尽管处在一个高度动态和竞争激烈的环境下，但在市场中它一直表现最佳：该学院本科创业教育连续 18 年，研究生创业教育连续 21 年全美排名第一。其次，百森商学院以创业精神和方法为傲（Greenberg，McKone-Sweet 和 Wilson，2011），它希望而非要求教师不断改变那些常规教学方法。学院期望和激励教师们采用效率更高效果更好的教学方法，并与百森的教学社区分享这些变化。这为研究教学方法的改变提供了一个真实场景。我观察教师们是如何开发、交付并跟进自己的课程，采用归纳法来总结其教学模式的变化。基于我的观察，我提出用过程模型来解释创建卓越教学方法的动态过程。

从该模型中产生的一些洞察，形成了当前组织惯例理论和其微观基础水平上的模块构建。首先，关于个人层面，我的发现反映了最近的集体层面的研究结果，即探究新惯例的方法从简单的直接复制（Szulanski 和 Winter，2002）到广泛的适应（Bresman，2013）。该研究还表明，教师所处的环境有很大影响，因为个人的信念和期望是由组织中的其他行为者塑造的，这会决定哪些惯例会被改变，进而上升到群体层面，以及这一切是如何发生的（Felin 和 Zenger，2009）。其次，关于教学过程和交互作用，我发现正规的流程随着时间的推移是稳定的，这导致了许多相当僵化的惯例。然而，这些稳定的正规流程与组织内对灵活性的期望是互补的，使得教师可以"实时地"改进课程。这有助于在惯例内寻求正规流程的稳定性与适当调整和变化之间的平衡。

2.2 理论背景

2.2.1 卓越教学

卓越教学的定义及其组成是人们激烈争论的问题（Harden 和 Wilkinson，2011）。这也许令人惊讶，因为教师的教学技能被视为学校效能的关键（Marzano，2010b）。有一些研究关注教师个人的教学水平，但关注学校如何在群体层面实现卓越教学方面的研究却很少。

在个人层面，贝恩（Bain）（2004）解释了哪些因素能够使优秀的大学教师对学生的思维和行为方式产生持久、重大和积极的影响。他观察到了六类情况。①教师非常了解自己的学科，相信除非学习能对学生的行为、思维和感知方式产生重大可持续影响，否则没什么意义。②每节课都被视为一次智力干预，需要认真准备。③相对于大多数教师对学生不太"高"的期望值，这些优秀教师对学生有"更多"的期许，这表明教师的目的是帮助每个学生在个人层面上学习和发展。④教师的目标是创造一个自由的学习环境，在这个学习环境中，学生可以尝试、失败并获得反馈，但同时也要激发学生的好奇心和学习动力。⑤高效的教师认为学生想要学习并且有能力学习，他们对待学生有着最起码的尊重。⑥教师系统地评估自己的表现并做出适当的改变，主要集中在学习目标上。

贝恩研究中的关键主题是强调学生的学习，而不是教师的教学。还有很多学者持类似的观点。惠顿（Whetten）（2007）指出了课程设计的重要性，认为学生学习的预测因子反映了课程设计过程中的选择。马扎诺（Marzano）（2010a，237页）的研究更进一步表明"成功教学的最终标准必须是学生的学习"。克里勃（Kreber）（2002）指出了教学的本质，它不仅包括成为教学专家，而且还要以能够使其他教师进行评审和使用的方式与大众进行分享。

与上述观点一致，我将卓越教学定义为一种有目的地促进学生学习的方式，其中教师"利用源于正式的和个人的教学知识，有效地结合学科知识，构建教学内容，通过自我调节的学习过程不断地深化这些教学内容，并由同行评审和验证他们的教学内容"（Kreber，2002，18页）。虽然教师在个人层面上努力并取得了进展，知道如何实现卓越教学，但是需要指出的是，他们关注的重点仍然在于自己掌握的知识，而不是如何促进了学生学习（Weimer，2013）。

奈（Nye）、康斯坦托普洛斯（Konstantopoulos）和赫奇斯（Hedges）（2004）研究了教学效果，发现教师在引导学生获得成就方面存在着很大的差异。但是很少有人研究如何系统地发展和再现卓越教学（Marzano，2010a）。为了回答这个问题，我们必须首先了解卓越教学背后的组织惯例是什么，以及它们是如何随时间变化的。

2.2.2 组织惯例

以前的研究将组织惯例定义为"组织行为、认知和绩效中的规律"（Salvato 和 Rerup，2010，472页）或"群体活动的周期性模式"（Becker，2004，645页）。组织惯例被认为是"需要努力的成就"（Pentland 和 Rueter，1994，488页），它涉及多个个体，并由多个个体执行（Becker，Lazaric，Nelson 和 Winter，2005；Feldman，2003；Feldman 和 Pentland，2003），这使得参与个体及其之间的互动成为组织惯例思想的核心。因此，个体可以在被动地遵守组织惯例或者调整组织惯例（Feldman 和 Rafaeli，2002；Pentland 和 Rueter，1994）之间进行选择。由于个体可以适应和创建组织惯例（Witt，2011），因此，组织惯例表现出既稳定又有所变化的特性（Feldman，2003）。

早期的研究已经从组织层面上分析了组织惯例随时间的迁移而变化的方式（Becker，Knudsen 和 March，2006），但是却很少有人从起源的微观层面（Felin 等人，2012）进行研究。因此，我们了解如何复制生产程序（Szulanski 和 Winter，2002），但是对于在充满变化、资源稀缺或短期视野为特点的工作条件下或者依赖个别专家来执行关键任务的组织惯例下（Zellmer-Bruhn，2003）会发生什么变化（Brown 和 Eisenhardt，1997），我们却无从知晓。这样的环境使得识别和复制既有的程序有些困难（Bresman，2013）。

本研究聚焦于教师如何改变自身的惯例以发展卓越的教学，以及教学环境如何影响这种变化。通过探究这个问题，我们可以研究惯例是如何被开发、试运行和改变的，以响应组织中其他教师的反馈的。我们关注的不是教师个人的日常任务——他们如何处理电子邮件，去参加哪些会议等，而是个人和组织如何创造一个对卓越表现出需求和期望的环境，以及分享关于卓越的知识。

基于菲林（Felin）等人最新的研究进展（2012），我研究了组织惯例的三个微观基础模块：个人、过程和交互、结构。正如作者们所指出的，这些模块并非是在真空中运作，而是彼此相互作用的。为了探讨它们如何促进个人和教学环境方面发展卓越的教学，我选择了一种定性研究方法，概述如下。

2.3 研究方法

我选择了定性案例研究设计作为归纳理论发展的基础，因为现有的文献没有考虑到演绎假设发展（Edmondson 和 McManus，2007）。具体来说，我试图用理论来解释教师的卓越教学是如何实现的。因此，我需要关于教师的动机和行为的详细数据，这些数据最好从访谈等定性数据来源收集（Yin，1994）。通过定性研究方法，我可以挖掘多个互补的数据源，并产生一个关于卓越教学的全面分析。

我的研究场景是位于美国马萨诸塞州的百森商学院，一所专门研究创业教育的商学院。百森商学院一直被《财富》杂志、美国《新闻与世界报道》、《普林斯顿评论》和《企业家》杂志等权威机构评为该领域的第一名。而且，这个成绩的取得不是一蹴而就的。百森商学院在过去 20 年来一直被美国《新闻与世界报道》评为全球领先的商学院（2014）——连续 18 年被评为最佳本科创业学院，连续 21 年被评为最佳研究生创业学院。

自从 1919 年成立以来，百森商学院基于其延伸创业概念的能力，一直追求差异化战略，并且多年来不断改变和创新其工作方式。目前，它推崇"创业思维与行动®"的概念（Greenberg 等，2011）。百森商学院独特的文化强调让学生为进入真实商业世界做好准备，注重实践体验，而不是讲课。这种方法可以追溯到其创始人罗杰·百森的早期影响。他希望创建一所采用完全不同的商业教育方式的大学，其目标是通过将真实与理想形式融为一体来直达学生内心，罗杰·百森称之为"实用的理想主义"（Mulkern，1994）。在这种持续颠覆和外向适应的情境下，我们有理由相信惯例是可以被打破的。因此，百森商学院非常适合研究教师如何改变他们的惯常做法，以实现卓越教学的。

在实验场景中，可以在课程的整个生命周期中找到惯例，包括课前、课中和课后。课前的工作包括开设课程网站、创建课程大纲和制定学习目标；课中，教师授课，并对布置的作业给予讲解和反馈。课后，教师评估学生和自己的表现。一些惯例，如实施标准化课程评估，可以用相同的方式年复一年地执行；还有一些是课程过程的一部分，但根据教师和语境的不同，它们的执行情况也有所不同，教师讲课就是一个例子。

2.3.1 数据采集

数据的主要来源是半结构化的个人访谈。我做了 14 次访谈，以及许多后续的和非正式的讨论。所有访谈都会被录音，访谈持续时间从 45～90 分钟不等，通常约 60 分钟。我用是否曾获得百森商学院优秀教学奖作为选择标准，对受访者进行抽样调查。每年，百森商学院都会为教学表现优秀的教师颁奖。获奖人是基于学生意见调查、创新教学、在综合和跨学科方面的教学技能，以及参与课程和课程设计来进行评选的。因此，该奖项不仅限于教学表现，还包括教学学术（Kreber，2002）。优秀教学奖分为五类：兼职教师、本科生层次、研究生层次、高管教学项目，以及其他教学项目。我列出了过去三年（2011 年—2013 年）该奖项的获奖者，并增加了 7 位在过去 10 年中获得多个奖项的教师。总共有 16 名教师同意参加这项研究。

在访谈期间，我要求每位受访者详细介绍自己当教师的经历。我特别鼓励他们把重点放在具体活动上，描述在课堂上什么有用，什么没用，以及在课前、课中和课后发生了什么。我使用了一个基于六个首要主题的采访指南，这个指南以前是用来判定其是否为优秀教师的（Bain，2004）。

我对其他来源的访谈进行了三角测量（Triangulate）（Jick，1979）。首先，我观察采访对象，我会去听他们的课。这种观察会持续 1.5～3 个小时。随后，我进行非正式访谈（不录音），以获知教师对这节课的看法。第二，我浏览了 Blackboard（课程系统），其中包括与课程相关的所有内容，如大纲、通信/邮件、演讲幻灯片、练习和开卷试题。在我无法访问 Blackboard 的情况下，我可以看课程大纲。第三，我收集了存档文件，例如教材及参考读物、课后练习和教师写的案例，以及新闻公报、报纸报道和公众访谈的公开信息。表 2-1 总结了数据源及其在分析中的应用情况。

表 2-1 数据来源

数据的来源	数据类型	分析中的应用
访谈	与荣获 2011—2013 年度院长教学奖的教师和多年来获得多个奖项的教师进行了十四次访谈。所有采访均录音	收集有关如何创造卓越教学、相关环境（Relational Context）、学习历程（Learning Journey）和知识体系（Knowledge Base）的数据。寻找这些教师间的共性规律

(续)

数据的来源	数据类型	分析中的应用
听课观察	听课 12 次。不是所有教师在研究期间都有课程安排	对关于"为什么"、课堂活力（Dynamics in the Classroom）、相关环境和学习历程的数据进行三角测量
课程网站/课程大纲	访问课程网站（Blackboard）：7 门课，包括课程大纲、讲义、课程公告等 课程大纲：5 门课	对关于"为什么"、课堂活力、相关环境和学习历程的数据进行三角测量
历史叙事	教材（3 本）、Babson.edu 网站、有关百森商学院教学发展的叙事纪录	对相关环境的数据进行三角测量；提供关于卓越教学、学习历程和知识体系的线索
内部文件	内部文件（30 份），如从网站和图书馆（外部和百森商学院内部）收集的产品宣传册、演示文稿和报告	对相关环境的数据进行三角测量；提供关于卓越教学、学习历程和知识体系的线索

2.3.2　数据分析

为了理解定性数据，我使用选择性编码（Selective Coding）来识别循环出现的主导性主题（Neuman，2000；Strauss，1987）。首先，重新阅读每个访谈记录，人工识别出对卓越教学的实现和评估有所影响的通用做法和主题。然后将这些实证观察（Empirical Observation）进行比对，找出共存的规律。其次，我通过识别哪些实证观察被体现、利用或纳入其他观察结果，形成理论观察（Theoretical Observation），来确定交互作用。最后，我通过创建理论范畴来解释观察到的动态。我通过在原始访谈数据和组织惯例的现有理论概念之间反复迭代，精炼和改写我的观察，并建立理论观察，来发展我的理论（Gioia，Corley 和 Hamilton，2013）和理论范畴。在这个过程中，我需要反复阅读转录的访谈文件，并查阅二手资料和文献使我能够超越初始印象去探索——而不是预先判断或预先决定——如何实现和评估卓越教学（Glaser 和 Strauss，1967）。

2.4　研究发现

2.4.1　卓越教学动力的关键因素

为了解释卓越教学的动力，我将主要发现分为与课程直接相关的三类：课程准备、课程实施和课程总结，其次是与环境有关的三类：百森商学院的环境、课程开发环境和职业发展环境。

1. 课程准备

百森商学院的教师用两种方式备课。

第一种方式是，教师确定课程将要回答的"大问题"。惠滕（Whetten）（2007）和贝恩（Bain）（2004）都讨论了从与学生个人相关的明确的高阶学习目标开始的重要性。在采访中、课堂上以及课程大纲中，我都观察到教师的抱负几乎超越了课程本身的意图。例如，

"你将能够应用这个知识点,并能够评估你的生活可能会造成的生态影响……以及人类社会与技术的主要全球发展趋势"(课程大纲)。同样显而易见的是,教师们努力使课程内容与学生个人相关。一位教师指出,课程必须接地气、有用。有个课程大纲这样写:"无论你的最终目标是什么,我们都邀请你来加入这段学习旅程,来探索在职业生涯中将如何具有创新精神地去思考和行动"(课程大纲)。

第二种方式是,教师认真思考课程的"故事"或"流程"。许多人都谈到画出连贯画面的重要性,将课程设计为一个动态的旅程,而每堂课本身又都是一段独立的旅程。有人指出,"故事"需要开头、中间和结尾,而教师的工作是扮演讲故事的角色。虽然有些要点和理论是不变的,但是故事的讲述方式和其中的角色会随着时间而变化。正如一位教师所说,"他们学习的最终目标是一样的,但过程是有区别的"(教师12)。

主要研究结果是,首先,为了做到精益求精,教师们努力构建课程要回答的"为什么"(目的)。"为什么"可能会随着时间略有改变,但它始终存在。其次,这个"大问题"必须通过一个反映在课程流程中的引人入胜的故事来解决。所有这些元素都是在课程开始前就确定的,如果要对他们进行更改,对课程实施就会产生巨大影响。也就是说,惯例是否会改变取决于这些确定的内容。

2. 课程实施

文献为如何选择活动以促进积极的参与式学习提供了一些建议,包括基于问题的学习方法、安排时间进行反思等(例如 Whetten,2007)。参与研究的教师都懂得这些,并将其应用到课堂上。具体来说,许多人都谈到了课堂活力的重要性。一位教师说,这是轻和重之间的平衡;而另一位教师则谈到了不浪费学生学习时间的重要性。教师们采取不同的策略来保持课堂的活力,有些人把每堂课划分成 10 分钟的小块;有些人带着 10~11 个要点来上课,其中四个是"必选的",另外六七个是"可选的",但七个要点必须在每堂课里都讲到,以保证课程进展顺畅。

上述做法遵循了文献中关于如何在课堂中创建充满活力的教学氛围的建议。然而,无论是在访谈中还是在听课的过程中,我都发现了一个明显现象,就是教师和学生之间的关系非常融洽。融洽的关系不是自然发生的,而是在课程开始之前刻意培养起来的。正如一位教师所说:"当你走进你的课堂时,你应该知道你的学生是从哪里来的。我的意思是,要了解他们的生活和工作经历……不仅要记得他们的名字,还要根据他们各自的经历知道该叫谁谈谈以及什么时候叫,所以我在教学中会使用他们的个人背景信息"(教师10)。另一位教师说:"这是一种关系,可以是……我的意思是,如果你不真诚,对他们漠不关心,那么你所进入的课堂就会是一个可怕的地方……我想我的学生从课程一开始就知道我们在学习上是合作伙伴关系(教师11)。"其他教师说,在课程中发展成的关系在课程结束后仍然会继续:"我们每周只见两次面,但我们走得如此亲近,学生们之间也感觉很亲近,所以每当他们要去申请其他研究生院或接受工作面试时，他们总是来向我请教。我问：'为什么来找我？'他们说，他们觉得和我很亲近（教师12）。"

这种融洽的关系与学习密切相关。教师们解释说，一旦他们与学生建立了融洽的关系，他们就可以继续"激发学生的创造力"。这当然不是"在公园散步"，因为为了学习，人们通常必须先忘记学习。有些人指出，为了推动学生拓宽视野，为学生设置艰难的挑战，甚至是令人不安的问题是有必要的。教师的一个潜在任务是鼓励学生总结规律，这样学生就会知道如何在未来应对挑战。

我的主要发现是，教师在课程中努力创造活力。如何创造和维持课堂活力取决于教师。正如几位教师所指出的，做真实的自己很重要。这意味着，为了创造一个充满活力的教学环境，教师要不断地对教学结构和教学方法进行改变和实验，也就是说，惯例在持续不断地变化。

3. 课程总结

关于卓越教学的文献表明，最好的教学"既是一种智力创造，又是一种表演艺术"（Bain，2004，174页）。我将教师开发和评估卓越教学分成不同但不排斥的三类，包括课程结束、毕业后和终身学习。三个类别都提供了课程结束和之后知识创造的证据。一位教师说："有关课程评价，对于我来说最有趣的一句是'教师引发我思考'。我告诉学生，我的工作是激发他们，激发他们的思考。他们能给我的最高回报是对我教学的反馈，我十分强烈地渴望他们能反过来激发我的思维。"（教师10）

在培养终身学习方面，一位教师说："我总是试着给学生留下一点东西，使他们在课程结束后能够继续参与其中，并思考将会发生什么。"（教师7）。有几位教师还指出了在课程中进行适当调整的重要性，以便在不影响学习目标的情况下进行自发学习。正如一位教师所说："当我们到达我们应该到达的地方，或者当时间用完时（这可能更准确），每个人都觉得自己好像经历了一场变革，但到达的终点可能有所不同。"（教师3）。最后，很多老师都谈到了他们与学生的关系——在课程正式结束后的很长一段时间里依然保持联系。正如某位教师所言，"我试图做些什么使课程不会结束……你猜怎样？如果你的学生需要建议或帮助，他们完全可以找到你，所以要让他们知道有一个支持网络，但你要让他们自力更生，这样他们才能了解那里有什么"（教师7）。

一些教师还就课程的表现发表了评论，这通常涉及通过将课程结尾和开始相连"形成闭环"。有人说，课程结尾的样子取决于课程期间发生了什么，因此每次课程的结尾都会有所不同，需要教师有能力做出实时的、不断的变化。教师们一致认为，结尾应该总是鼓舞人心的，并且与这样一种抱负相联系：学习应该是一段永无止境的旅程，而课程则是这一旅程的起点。

主要研究结果是，优秀的教师相信并强调永无止境的学习。教师的首要目标是让学生重新思考和敢于质疑他们所学的知识，培养好奇心和求知欲。实现这一目标的方法因教师而异，也会随着时间的推移而有所变化，但总体目标都是要直达学生身心。这不是一项容易的任务，这就是为什么教师一直到课程结束之前一直都在做出改变，以确保学生在课程结束之后仍能继续学习。

4. 百森商学院的环境

参与这项研究的许多教师在来到百森商学院之前都曾在哈佛大学、麻省理工学院和斯坦福大学等知名学府任教或攻读博士学位，无一例外，他们都说百森商学院在以下几个方面表现突出。

首先，可能也是最重要的，百森商学院非常重视教学，这是第一优先要务。这是因为教学对于百森精神是至关重要的，许多教师因此提高了他们的教学技能。一些人提到了自我选择的作用。这也就是说，如果你选择来到百森，你就需要喜欢教学，并善于教学。自然选择也起到了这一作用：如果你不善于教学，你将不得不离开。例如，在终身教职道路上，教学水平是第一标准，如果达不到一定水平将导致得不到终身教职。几位教师都谈到了教师之间的竞争，如果你接手的班级原来是"摇滚明星教授"教的，那你就更得达到一定的标准了。

其次，百森商学院的教师通常具有创业经验，已经开创了自己的事业或曾参与创业，或具有重要的运营经验，这反映了课程当中对实用和相关知识的要求。

第三，学生也会在几个方面影响教学。学生们在其他课程的体验（通常是积极的）提升了他们对后续课程的期望值。教师们说，他们的学生以行动为导向，渴望尝试学校外的新鲜事物，这就强调了对可行动知识的需求。最后，学生处于人生的关键成型阶段，教师说他们有责任为未来的挑战做好准备，也帮助他们成为优秀的公民和富有同理心的领导者。

主要研究成果是，在百森商学院有一个（不断发展的）相关环境。对所有教师都应该做好行动准备的持续期望，产生了一遍又一遍审视教材的需要。因此，改进教学与其说是一个静态的目标，不如说是一个连续的过程。此外，教师们确实渴望学习以及受到启发，反思性教学确实受到了重视。最后，教师们积极寻找跨学科的工作机会，以避免在学术界和企业界经常出现的"竖井"心态。

5. 课程开发环境

在百森商学院，学生的学习历程一直受到密切关注。首先，教师不断从内容和过程两个方面进行创新。关于内容，参与研究的每个人都提到了需要及时更新课程材料。有些是非常系统的，并且他们每年特意改变 20%~30%的内容。在极端情况下，有一位教师每两年或三年就会把所有的东西（案例、教学笔记等）统统当作垃圾给扔掉，只为有一门最新的课程。其他人则谈到每当他们觉得内容变得乏味时，就选择抛弃它们。有时这意味着小的变化,有时则意味着彻底的变革。教师所说的关键是,没有什么东西是一成不变的,内容是需要不断更新的。关于过程,也就是在课程中发生的事情,一些教师会在课程期间通过学生的反馈来进行调整。一些教师会发放期中调查问卷,一些教师会要求学生对每节课进行反馈,还有人则谈及与学生进行非正式讨论的重要性。

参与研究的教师们还解释了如何通过与百森商学院其他教师合作来实现卓越教学。例如,许多教师透露,他们会去听其他教师的课以获得灵感;有些教师说,他们通过联合教学学到了很多;有些教师说学习的关键是学习其他人的课件,然后与该课件的作者讨论。一些教师在每堂课后都会非常系统地评估自己的表现。还有,在课程结束时,他们还会聚焦一个简单的问题:如果我再次教授这门课程,应怎样进一步改进和提升?最后,一些教师说自己在课后和课程全部结束之后会与同事讨论,这有助于他们了解哪些内容需要保留,哪些需要改变。

主要研究结果是,百森商学院的教师为了实现卓越教学,会不断地重新构建学习历程。这不仅影响了课程内容和教学过程,而且还影响了他们探询他人(学生和同行教师)意见的方式。

6. 职业发展环境

百森商学院的教师们要确保自己不仅在研究上,而且在实践上始终保持最新的思维方式。许多教师都谈到了广泛深入阅读的重要性,而且这种阅读远远超出了他们自己的学术范围。例如,百森商学院的校长送给一名教师史蒂夫·马丁所写的一本书——《为舞台而生:一个喜剧演员的一生》,并附言"请阅读,并思考教学问题"。许多教师还提到了"处于边缘"的重要性,这可以通过参加公司董事会、从事咨询工作、与整个社会进行合作来实现。几位教师会系统地浏览和阅读新闻,以找到可以带入课堂的东西。如前所述,同事和跨学科工作也是富有成效的思想来源。

主要研究结果是,作为百森商学院的教师,需要不断丰富(个人的)知识体系。据参与研究的教师们讲,"如何做到这一点"是个人的选择,但不这样做的选项是不存在的。

2.4.2 卓越教学的模式

实证材料中六个主要研究结果如图 2-1 所示,解释了随着时间的推移,卓越教学是如何实现的。过程模型的核心表明如何培养永不停止学习的组织惯例。关于是否在课程中改变组织惯例以创造活力的决定,是由课程的"为什么"触发的。教师在创造课堂活力的时候,把不断发展的相关环境和学习历程的重构结合起来。在课程中创造的活力也被用于决定如何发展永无止境的学习。最终,在教学中发展永无止境的学习形成了知识体系,随着时间的推移,新的知识被创造出来,随着新关系的形成,相关环境也随之形成。随着知识体系的发展,它塑造了学习历程和"为什么"的框架。所有这些因素必须都要考虑周全以了解组织惯例在个人层面上是如何改变的以及为什么发生变化。

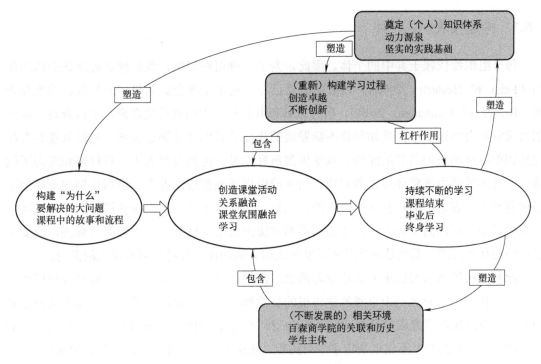

图 2-1　解释卓越教学动力的模型

2.5　讨论

尽管研究使人们对组织层面的惯例有了更深入的认识，但还是要呼吁拓展人们对组织惯例在微观基础或微观起源上的认知方面的研究，以及个体如何在组织中发展其惯例（Felin 等人，2012）。以前对组织惯例的研究都认为，惯例是由多个个体进行的（Becker 等人，2006；Feldman，2003；Feldman 和 Pentland，2003）"循环式的群体活动"（Becker，2004，645 页），使各主体及其之间的相互作用成了惯例的核心。但在当前研究中，为了实现卓越的教学，我开始通过研究组织个体如何改变其惯例，以及教师的行为环境如何影响这些变化来扩展这一认知。因此，这项研究有助于我们理解惯例是如何出现的（Felin 等人，2012；Salvato 和 Rerup，2010）及其在微观层面的再现（Brauer 和 Laamanen，2014）。

该研究使用归纳法，试图分析为达到卓越的教学，组织惯例是如何形成和不断发展的，这个新出现的模型揭示并说明了，教师如何随着时间的推移而改变自身惯例以及环境对惯例的影响过程。更确切地说，该模型不仅揭示了上述过程，还能解释组织成员间的相互作用，教师个体是如何教学的，以及整体结构最终是如何构建一个环境来使组织中的个人采取行动的。为了发掘此研究的理论意义，我以菲林（Felin）等人（2012）的研究为基础来构建此模型，他们认为微观基础由三个构建模块组成：个体、过程和结构。研究结果表明了对个体和过程的影响，但不包括结构。

2.5.1 构建模块一：个体

每个组织都依赖于其中的个体。因此，为了了解组织惯例，我们就必须承认个体的作用（Felin 和 Hesterly，2007）。以前的研究已经证明了个体会影响组织的行为、演变和表现（Brauer 和 Laamanen，2014），但并未解释其机理。本研究首先在展示了百森商学院在创造课堂活力的过程中，是如何将不断发展的相互关联的环境融进去的。通过借鉴具有相关知识的各种利益相关者的经验，从学生到研究人员，再到商界人士，教师们知道为了创造一个特定的活力课堂环境需要对现有的环境做出哪些相应的改变。组织惯例改变的例子是由利益相关者之间的相互作用产生的，包括：使用电子"按键"对关键问题进行表决；更多的是基于问题的学习方法；邀请演讲嘉宾提出挑战，然后由学生们努力解决；改变课堂之外的互动方式，无论是正式的还是非正式的，例如使用推特来回答学生的提问。

此外，通过展示鼓励永无止境学习的追求，塑造了相关环境和丰富教师自我知识体系的需要，我们可以看到一个卓越教学再现的良性循环。这与最近有关个人创建未来理论和想象出全新选项的研究成果是一致的（Felin 和 Zenger，2009）。本研究的模型还表明，教师自我知识体系的开发不仅仅决定了学习历程，还影响了"为什么"这一框架的构成。

2.5.2 构建模块二：过程和相互作用

过程是一系列独立事件的顺序。过程的执行需要个体之间的相互作用，个体和过程相互影响的方式便形成了惯例（Felin 等，2012）。有人研究了公司内部或跨公司间这种协调的正式运作（如标准操作程序）和非正式运作（经验、规范、价值观）（Becker，2004）。虽然这项研究工作很重要，但它只部分解释了惯例的微观基础（Felin 等人，2012），仍遗留了如组织惯例的刚性与柔性之间的关系及其各自的优势这些尚未解决的问题。本研究强调，随着时间的推移，正式的过程似乎保持着一个稳定的状态：教师们在某些方面会使用相同的方法，例如年复一年的教学安排和相同的课程评价体系等，这产生了许多相当固化的组织惯例。然而，这些正式的惯例通过依据实时变化来补充课程的内容，以增加其柔性。在这项研究中，教师们进行了几项简短的调查，以便能够调整和改变授课过程，并改变作业和阅读内容——前提是这样的改变不会违背整体的学习目标。这使他们能够平衡正式惯例与其适应性和灵活性需要之间的矛盾。

2.5.3 现实意义

本研究的成果为那些想培养卓越教学的人（包括个体和组织）提供了实践意义。首先，根据过程模型所示，必须承认发展卓越教学并不简单，许多元素可能或不可能共同形成一个惯例不断被创建的良性循环。惯例重建的根本原因是认为学习超越了课程本身的边界，其关键是了解和挑战学生思考、记忆和得出结论的方式（cf.Bain，2004）。这意味着有必要鼓励教师不断丰富知识体系，而且反过来又塑造了学习历程和课程框架的"大蓝图"，即预想学习成果（Whetten，2007）。这项研究还强调了这样一个事实：为了做出卓越的预测，我们必须知道要利用哪些相关环境，因为这会影响课堂的活力。

对教师的建议是，在过程模型中，以批判性的思维做好这三个步骤，并设想和考虑每一步应该做什么。在这个过程开始的时候，我们可以问两个关键性问题："这门课程可以帮助学生解答的最重要的问题是什么"，以及"这门课程可以帮助学生发展什么样的专业能力"（Bain，2004）。答案可能会影响这门课程中的多个惯例。做到这一点后，教师应该"缩小范围"，并询问（个人）知识体系是否应该发展以及如何发展，学习历程应该是怎样的，这些年是否有所变化，以及相关环境是如何影响课程的。这可能看起来微不足道，但本研究表明，由于模型中存在相互依存的关系，因此简单的问题也会产生复杂的结果。

2.6 结论

这个动态模型描述了高等教育机构关注的一个现象：如何发展卓越教学。分析表明，发展卓越教学依赖于重新创造惯例的能力，这不仅依赖个体在相关环境中的交互，且依赖个体扩展他们的知识体系。该模型也有助于说明如何平衡流程的刚性与柔性。组织可以制定正式的惯例和流程，而这些惯例和流程随着时间的推移是稳定不变的，与此同时，也会给个体灵活和自主的权力去开发和改变其非正式的流程。这样做的话，他们就可以创造一个不断产生卓越教学的良性循环。

2.7 致谢

本研究也得益于尼古拉斯·莫迪格（Niklas Modig）、帕·马滕森（Pär Mårtensson）、贾内尔·舒伯特（Janelle Schubert）、埃巴·索格仁（Ebba Sjögren），以及两个匿名评论家的意见。也非常感谢卡尔·斯尔文思（Carl Silfvéns）奖学金以及管理与技术研究所（IMIT）提供的资金支持。

参考文献

Bain, K. (2004). *What the best college teachers do*. Cambridge, MA: Harvard University Press.

Becker, M. C. (2004). Organizational routines: A review of the literature. *Industrial and Corporate Change, 13*(4), 643–678.

Becker, M. C., Knudsen, T., & March, J. G. (2006). Schumpeter, winter, and the sources of novelty. *Industrial and Corporate Change, 15*(2), 353–371.

Becker, M. C., Lazaric, N., Nelson, R. R., & Winter, S. G. (2005). Applying organizational routines in understanding organizational change. *Industrial and Corporate Change, 14*(5), 775–791.

Bennett, B. (2010). The artful science of instructional integration. In R. J. Marzano (Ed.), *On excellence in teaching* (pp. 65–91). Bloomington, IN: Solution Tree Press.

Brauer, M., & Laamanen, T. (2014). Workforce downsizing and firm performance: An organizational routine perspective. *Journal of Management Studies, 51*(8), 1311–1333.

Bresman, H. (2013). Changing routines: A process model of vicarious group learning in pharmaceutical R&D. *Academy of Management Journal, 56*(1), 35–61.

Brown, S. L., & Eisenhardt, K. M. (1997). The art of continuous change: Linking complexity theory and time-paced evolution in relentlessly shifting organizations. *Administrative Science Quarterly, 42*(1), 1–34.

Edmondson, A. C., & McManus, S. E. (2007). Methodological fit in management field research. *Academy of Management Review, 32*(4), 1246–1264.

Feldman, M. S. (2003). A performative perspective on stability and change in organizational routines. *Industrial and Corporate Change, 12*(4), 727–752.

Feldman, M. S., & Pentland, B. T. (2003). Reconceptualizing organizational routines as a source of flexibility and change. *Administrative Science Quarterly, 48*(1), 94–118.

Feldman, M. S., & Rafaeli, A. (2002). Organizational routines as sources of connections and understandings. *Journal of Management Studies, 39*(3), 309–331.

Felin, T., Foss, N. J., Heimeriks, K. H., & Madsen, T. L. (2012). Microfoundations of routines and capabilities: Individuals, processes, and structure. *Journal of Management Studies, 49*(8), 1351–1374.

Felin, T., & Hesterly, W. S. (2007). The knowledge-based view, nested heterogeneity, and new value creation: Philosophical considerations on the locus of knowledge. *Academy of Management Review, 32*(1), 195–218.

Felin, T., & Zenger, T. R. (2009). Entrepreneurs as theorists: On the origins of collective beliefs and novel strategies. *Strategic Entrepreneurship Journal, 3*(2), 127–146.

Gioia, D. A., Corley, K. G., & Hamilton, A. L. (2013). Seeking qualitative rigor in inductive research: Notes on the Gioia methodology. *Organizational Research Methods, 16*(1), 15–31.

Glaser, B. G., & Strauss, A. L. (1967). *The discovery of grounded theory: Strategies for qualitative research*. Hawthorn, NY: Aldine de Gruyter.

Greenberg, D., McKone-Sweet, K., & Wilson, H. J. (2011). *The new entrepreneurial leader: Developing leaders who shape social and economic opportunity*. San Francisco, CA: Berrett-Koehler Publishers.

Harden, R. M., & Wilkinson, D. (2011). Excellence in teaching and learning in medical schools. *Medical Teacher, 33*(2), 95–96.

Jick, T. D. (1979). Mixing qualitative and quantitative methods: Triangulation in action. *Administrative Science Quarterly, 24*(4), 602–611.

Kreber, C. (2002). Teaching excellence, teaching expertise, and the scholarship of teaching. *Innovative Higher Education, 27*(1), 5–23.

Marzano, R. J. (2010a). Developing expert teachers. In R. J. Marzano (Ed.), *On excellence in teaching* (pp. 213–245). Bloomington, IN: Solution Tree Press.

Marzano, R. J. (2010b). A focus on teaching. In R. J. Marzano (Ed.), *On excellence in teaching* (pp. 1−6). Bloomington, IN: Solution Tree Press.

Mulkern, J. R. (1994). *Continuity and change.* Babson Park, MA: Babson College.

Nelson, R. R., & Winter, S. G. (1982). *An evolutionary theory of economic change.* Cambridge, MA: Belknap Press.

Neuman, W. L. (2000). *Social research methods: Qualitative and quantitative approaches* (4th ed.). Boston, MA: Allyn and Bacon.

Nye, B., Konstantopoulos, S., & Hedges, L. V. (2004). How large are teacher effects? *Educational Evaluation and Policy Analysis, 26*(3), 237−257.

Pentland, B. T., & Rueter, H. H. (1994). Organizational routines as grammars of action. *Administrative Science Quarterly, 39,* 484−510.

Salvato, C., & Rerup, C. (2010). Beyond collective entities: Multilevel research on organizational routines and capabilities. *Journal of Management.*

Strauss, A. L. (1987). *Qualitative analysis for social scientists.* New York, NY: Cambridge University Press.

Szulanski, G., & Winter, S. (2002). Getting it right the second time. *Harvard Business Review, 80*(1), 62−69, 125.

USNWR (U.S. News & World Report). (2014). Retrieved from http://www.usnews.com/education

Weimer, M. (2013). *Learner-centered teaching: Five key changes to practice* (2nd ed.). San Francisco, CA: Jossey-Bass.

Whetten, D. A. (2007). Principles of effective course design: What I wish I had known about learning-centered teaching 30 years ago. *Journal of Management Education, 31*(3), 339−357.

Witt, U. (2011). Emergence and functionality of organizational routines: An individualistic approach. *Journal of Institutional Economics, 7*(2), 157−174.

Yin, R. (1994). *Case study research: Design and methods* (5th ed.). London: Sage.

Zellmer-Bruhn, M. E. (2003). Interruptive events and team knowledge acquisition. *Management Science, 49*(4), 514−528.

附录2 数据结构

实证观察	理论观察	理论范畴
将课程的首尾贯穿一致	课程结束后	永无止境的学习历程
为不同情况下的结尾制定不同的情境系统的自我评估		
培养学生成为学者在学生毕业后与学生保持联络	毕业后	
确保课程没有结束挑战并改变心理模型	终身学习	
在课程开始时多花时间去了解学生课堂上非常密来是建立在信任基础上的照顾和责任	融洽：课堂上的关系	创造课堂活力
汲取经验并应用至关重要的是了解观众和他们的精力	课堂上的能量	
追求的目标超越学生所追求的思想的挑战：呼唤学习和忘却	课程中学习	构建"为什么"
社会和领导能力挑战的坚实基础	大问题	
课程本身是个故事，每一堂课都是一段旅程需要成为课程的（路）的地图	建立课程的故事	（重新）构建学习历程
真诚地了解自己和人格反省不断发展讨论、观察、与他人创建课程	创造卓越	
内容不断更新在实现过程中创新	不断创新	
教学是百森商学院的精神并被认真对待对合作教学和跨专业对百森前非个人品牌的贡献	百森的关联和历史	进化的相关环境
高标准、高需求和高期望学生承诺付出行动	百森的学生主体	
丰富来源：书籍、参考文献、同事、出版社超越学术界	灵感源泉	构建（个人）知识体系
走进现实、花时间在公司上	稳固的实践基础	

第 3 章
基于实践的创业教育

坎迪达·布拉什（Candida Brush）、海蒂·内克（Heidi Neck）和帕特丽夏·格林尼
（Patricia Greene）

3.1 引言

这事想起来都觉得非常有意思。创业具有不确定性（Uncertainty）、实验性（Experimentation）和行动（Action）特征，然而创业教育最常用的方法竟然与此背道而驰（Kuratko，2005；Neck，Greene 和 Brush，2014a）。绝大多数的教学法、教材和教学大纲过度强调创业的线性过程方法，这会误导学生认为只要遵循一系列的步骤，就必然能获得创业的成功。一个典型的创业过程模型通常包括识别市场机会，进行优势与劣势分析，然后制订执行计划并抓住机会行动（Hitt，Ireland，Camp 和 Sexton，2001；Shane 和 Venkataraman，2000；Zahra 和 Dess，2001）。上课的重点通常会放在撰写商业计划书或者"规划"实施一个新企业的所有要素（例如财务预算、市场预测、团队计划等），然而"真正的"实践少之又少（Sarasvathy，2001）。换句话说，教育工作者注重的是书本的内容和遵循一定可预测的逻辑方法的准则，却很少关注实际的执行情况和如何去执行。然而当今世界竞争愈加激烈，不确定性因素不断增强且环境变化不断加速，因此教育工作者的责任也正在发生变化。每位商科教育工作者，无论教授哪个专业，都必须创造一个课堂，把"创新精神"当作一种基准行为。要创新，学生必须实干（即采取行动），而不是仅仅制订计划。实际上，在当前环境下，教授创业过程既不是最切实的，也不是最有效的方法。

为了满足更深层次的执行和行动的需要，我们认为创业方法是可以教的，"怎么教"和

"教什么"应当受到同等重视。但是这种方法需要实践，在学习与教学方法中要融入实践部分。这并不是说创业课程的内容不太重要，课程的内容的确是创业教育的核心部分。然而，人们在现实中常常较少关注实践的方法，因此本章重点阐述如何利用实践理论作为我们的理论基础来教授创业这门课程。

本章后面部分会简要介绍创业教育和教学法的历史背景，并详细阐释过程方法，将创业作为一种方法。我们从定义实践的理论中选取了这句话："它是构成职业的各种活动和互动的操作执行。"（Billet，2010，22页）。我们提出了创业教学方法的五种实践——玩耍（Play）、同理心（Empathy）、创造（Creation）、实验（Experimentation）和反思（Reflection）。无论在何种环境中，上述每项实践都是以多种学科中可操作的理论为基础，并且共同构成了能激发创业思维和行动的方法（Neck 等人，2014a）。从教育学术的框架出发，我们选用了一些案例，用以说明基于实践的创业教学方法能应用于不同的环境：独立的课程、高管教育、跨学科、课外环境和非学位课程。

3.2 创业教育和教学法简史

在过去的 60 年里，创业教育发展迅速，这主要是因为创业被认为是促进世界各地经济发展和创造就业的催化剂（Amoros 和 Bosma，2014；Xavier，Kelley，Kew，Herrington 和 Vorderwülbecke，2012）。自 20 世纪 60 年代初以来，高等院校和私营部门的教学课程被公认为是学习创业的有效手段（Timmons，1989；Vesper，1987）。到 1979 年，据估计已有 179 所学校提供创业课程，而今天，仅在美国就有 1600 多所高等院校提供 200 多门创业课程（Katz，2003）。同样的研究表明，几乎所有具有 AACSB（The Association to Advance Collegiate Schools of Business，国际商学院协会）认证的 MBA 课程或四年制学位的学校，以及几乎所有国家级的学校都在教授创业课程。国际上，创业课程的影响也呈火箭式上升。例如，马来西亚政府在 2010 年推出了高等教育创业发展政策，其目的是培养大学生更强的思考能力以及把创业作为"实现国家经济转型，即从中等收入至高收入的催化剂"的能力。

过去 60 年，创业教育经历了三个阶段的演变：起源阶段（the Genesis Phase）、学徒阶段（the Apprentice Phase）和学术阶段（the Academic Phase）。

起源阶段真正始于 1947 年哈佛大学经济史学院开设的第一批创业课程。1953 年，彼得·德鲁克（Peter Drucker）在纽约大学开始教授创业课程。在大多数早期课程中，学生们从演讲者那里了解到实际操作的种种经历，这种传授很有价值，因为它为学生们树立了榜样。但是，这种方法对学生实际创业能力的提高是有限的。此外，它与任何理论的联系也是非常微弱的，这主要是因为创业学术研究尚处于萌芽阶段。绝大多数课程都侧重于小企业管理或新企业的创办。1984 年，杰夫·蒂蒙斯（Jeff Timmons）在百森商学院举办了普瑞斯-百森创业教育者研讨会（Price-Babson Symposium for Entrepreneurship Educators，SEE），将实践者和学者聚集在一起，相互学习和探索有效的教学手段。早期的普瑞斯-百森创业教育者研讨会试图以更具体验感的方式明确地将实践和理论联系起来，即便在那个时期，创业理论的发展还没有赶上实践。如今，这个活动经改进后仍在百森商学院继续开展，并被认为是世界上最具行动导向的教师培训项目之一。

创业教育学的第二阶段，即学徒阶段，其特征是战略管理。在这一阶段中，案例教学法成为创业课程内容的核心。从哈佛商学院的一本开创性著作——斯蒂文森（Stevenson）、罗伯茨（Roberts）和格罗斯柏克（Grousebeck）（1989）所著的《新企业与企业家》开始，创业课程开始模仿战略和政策课程，将学生置于决策者或企业家的角色，或者类似于学徒模型（Neck 等人，2014a）。到 20 世纪 90 年代初，教育工作者编写了大量相关教学案例，学校也开始开设有关创业领导力、企业发展、家族企业和创业金融等方面的课程。

在 20 世纪 90 年代末的风险投资热潮之后，创业教育和教学法转向学术阶段——注重商业计划书，分析技能变得至关重要（Honig，2004）。教学的重点是做市场分析，目的是找到差距，写出包括详细的财务分析在内的冗长的商业计划、预期回报和市场份额。有关商业计划竞赛活动的一次快速调查显示，美国每年有 230 多项商业计划竞赛活动，并且在任何一年的一个月中，商业计划竞赛活动多达 30～70 项，包含许多阶段（报名、演说、最终演示、颁奖）。每年向这些比赛的获奖者颁发的奖金超过 950 万美元。如今，许多创业教育项目仍处在学术阶段。

虽然这三个阶段的创业教育是很多教材、案例和论文写作的基础，但它们都植根于极度线性的过程方法。在这种方法中，创业教育的第一步是识别机会，第二步是拓展概念，第三步是评估和获取必要的资源，第四步是开展业务，最后一步是销售或获得回报（Morris，1998）。这个过程看起来是可预测的，因为它认为人们可以识别机会、评估利弊，以及通过遵循可执行的计划来最终获得预期的效果（Neck 和 Greene，2011）。然而，这种方法可能会给过于乐观的创业学生们带来虚幻的希望和不切实际的安全感。

最近，学者和老师们对于更加开放的观点——把创业作为一种创造方法，产生了越发浓厚的兴趣（Neck 和 Greene，2011）。这种方法首先认为，每个人都拥有作为创业基础的初始资源库和与生俱来的天赋（Brush，Greene 和 Hart，2001）。沿着这条路继续走，萨拉斯瓦斯（Sarasvathy）（2001，245 页）推出了效果推理（Effectuation）理论，将这一过程阐明为在可能出现的效果之间的选择，而这些效果又可以由一套方法创造。换句话说，利用你所拥有的资源开始采取行动，而不是坐等别人送上门来。她认为，效果逻辑植根于企业家所拥有的事物、认识的人以及可承担的损失范围内。企业家不是偏向某一特定的目标或结果，而是通过行动，利用他们拥有的资源或手段创造环境，并和其他可以提供帮助的利益相关者合作（Dew，Read，Sarasvathy 和 Wiltbank，2009）。近期有关"拼凑"（Baker 和 Nelson，2005）和即兴创作（Hmieleski 和 Corbett，2006）的研究表明，创业行为的特点是尝试、失败、机缘巧合或其他创造性的方法。

创造性行动、识别机会的实验以及新利益相关者的发现都和社会环境息息相关（Burt，1992；Granovetter，1985；Jack 和 Anderson，2002）。创造性的创业行动会利用手头的资源和关系，以及"在触及的范围内"——无论是在创立过程中还是作为风险发展的过程——都与从先前创建的计划中开发和获得资源（例如人力资源、财政资源、物质资源）的想法相对立。创造性的方法暗示性地认为，所有的创业者都和社会密不可分，他们工作在其中，同时也塑造着其特殊的结构。总之，创业精神本质上是社会的，因此，在很大程度上人们是不能预测创业结果的。

区分创造性和预测性的推理很重要，因为它们代表了两种不同的思维方式和教授创业教育的方法。虽然预测逻辑主导着创业教育的学术阶段，但是创造逻辑代表着更加现代化和相关性更强的创业教育观。表 3-1 突出了对两种逻辑相互竞争的假设。

表 3-1　预测逻辑和创造逻辑

预测法	假设	创造法	假设
发现机会	可知的投入	自我理解	个人的技能或能力
识别和量化所需的资源	可知的成果	观察和反思	机会是可以被制造和创造的
系统地评估选项	可识别的步骤，精确的方法	召集利益相关者	互动性
创建计划	预测线性	行动和实验	创造性和迭代
执行和衡量结果	验证过	在结果上创建	资源驱动，投入不明

来源：节选自 Noyes and Brush（2012）。

尽管越来越多的兴趣和证据表明，企业家正在使用的是创造性和效果推理的方法（Baker 和 Nelson，2005；Dew 等人，2009；Hmieleski 和 Corbett，2006），但是创业课程中流行的教育方法仍然非常推崇预测的思维方式。当然，有些时候，预测方法是适当的和强制性的，此时，资源、时间和信息都可用来进行适当的分析（Ansoff，1988；Mintzberg，1978）。但是，这种信息在不确定的创业环境中并不那么容易获得。虽然人们一致认为，无论在任何背景下（社会、公司、家庭、初创企业），公司创建和成长过程中的某些方面，特别是在融资以及与供应商或客户签订合同时（Honig，2004）都需要预测方法、分析或启发式方法。但是，过分强调将预测逻辑作为教学法的基础意味着我们可能没有为学生提供最相关和最可靠的工具来鼓励学生的创业行为。换句话说，预测性的和更多过程驱动的方法主导了我们的教学法和教学方式，这阻碍了我们的学生进入充满创业机遇的领域发展。

3.3　从过程方法转移到创业方法

过程方法意味着如果我们遵循规定好的步骤，就能获得期望的结果。重要的是，"过程"一词的假设含义是人们知道要付出什么以及会得到怎样的结果。以汽车制造为例（Neck 和 Greene，2011）。设想在装配线上制造一辆汽车，设计的过程需要伟大的想法和工程技术，生产过程中所需的零部件都是已知的，如何组装这些部件也是有准确描述的，汽车下线时的样子也是确定无疑的。就是说，上述过程是完全可以预测的。我们真的能期待创业也是这样的过程吗？创业真的可以预测吗？答案当然是否定的。但是，战略管理和经济学对创业教育的强烈影响使得教育者在传统上接受了过程教学的观点。这是有问题的，因为过程方法可能不会在创业所处的动态变化的社会、技术领域和全球环境中行之有效。

我们认为，作为创业教育教学法的过程模型已经过时了，因为创业环境是不可预测、不确定和不明确的，因此需要一种特殊的思维方式。为了更好地管理这种类型的环境，我们建议创业教育中应包括一个能识别不同学习阶段的创造性推理过程。它需要将重点放在行动上，需要协作和迭代——把创业作为一种方法。创业学习需要学生在学习中投资，这不是指财务投资，而是对获得创业知识的精力投入程度；它也必须是合作性的，需要打破人们长久以来所持有的任何模式化观点，以便认识到与他人合作的价值。将创业作为一种方法来学习意味着需要教授一种基于一系列设想的思维和行动方式，这些设想会利用许多实践活动来鼓励创造。创业教学意味着将过程方法重新定义为一种促使学生超越理解、知道和空谈等层次的方法，因为创业教学需要使用、应用和行动。该方法需要不断的实践（Neck等人，2014a）。图3-1总结了方法和过程这两种教学法之间的差异。

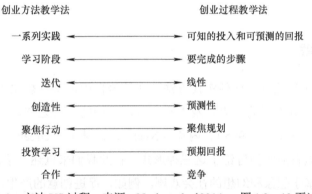

图 3-1　方法 VS 过程。来源：Neck et al.（2014a，图 1.2，12 页）。

创业教学作为一种方法，鼓励学生超越死记硬背一门学科的内容，而是驾驭这门学科。方法代表了一组能帮助学生制定一套实践规范的技能或技巧，要求学生更有创业精神地思考和行动。我们相信，把创业作为一种实践方法，与教科书中经常看到的内容一样具有影响力，甚至更为重要。基本信息在今天成了商品；因此，"我们需要教授的方法能够经受在内容和环境方面各种剧烈变化的考验"（Neck 和 Greene，2011，62 页）。

3.4　在实践中教授创业

我们认为，创业需要实践才能学会。我们提倡把以实践为基础的方法作为学习的模式，以便更有效地支持创业活动。创业教学作为一种方法，意味着它是一系列让学生从实践和体验中学习的实践活动（Kolb，1984）。在实践理论领域中，实践的定义是"构成职业的各种活动和互动的操作执行"（Billet，2010，22页）。通过实践来学习的研究传统由来已久。

学习可以通过特定类型的教学活动来得以加强。正如案例中所说明的，从业者需要用某种方式来体现他们的隐性学习。这种要求创造了一种内在的实践，到目前为止，其教学质量很高，因为它构建了各种知识结构，使隐性的东西变得明确，让人们对实践产生了更深刻的理解，但它只是通过实践，并不代表实践。（Billet，2010，29页）

实践理论的主导主题（Rouse，2006）给出了我们选择以实践为基础创业教育方法的原因。

1）实践是受社会规则和规范约束的有意义的表现。
2）实践创造文化，是社会建设的平台。
3）实践需要与他人和环境持续互动，让人们在实践中扩大知识结构和正念。
4）实践通过使用语言、框架、工具和常见经验在参与者中构建共同意义。

我们确定了五项特定实践，构成了创业教学的方法，通过不断的实践可以发展学生的创业思维，增强学生的创业实践能力。这五项实践分别是玩耍、同理心、创造、实验和反思。

3.4.1 玩耍的实践

第一种实践方法是玩耍。这种实践方法意在培养自由而富有想象力的思维，让人们看到丰富的可能性、充满机遇的世界以及更富于创新精神的创业之路。有三种代表着不同认知水平的游戏形式（Stone，1995）。内克（Neck）、格林尼（Greene）和布拉什（Brush）(2014b)通过创业教育的实例讨论了这三种形式，在此我们来重述一下。

第一种形式是基于想象和幻想的社会戏剧。例如，促进创意的产生，通过头脑风暴，鼓励学生尽可能地想出最奇特、奇怪、神奇、荒谬或无厘头的想法，以此来促进创意的产生。

第二种形式是功能性游戏，需要与环境相互作用，以流行的商业模式画布（Osterwalder和Pigneur，2010）为例。例如，使用商业模式画布的九个组成部分来创建一个纸牌游戏，让学生团队将这些纸牌按重要性从高到低依次排序。学生们需要不断调整卡片的摆放位置，讨论商业模式画布的各个组成部分，同时与其他团队竞争，看谁排得"正确"。

第三种形式是搭建式游戏。这种类型的游戏鼓励学生构建、创造或解决问题。例如流行的棉花糖挑战[1]，每组会获得20根干的意大利面条、约1米长的胶带、约1米长的绳子和一块棉花糖，他们需要搭建一个尽可能高的结构，并在结构顶部放上棉花糖。

在课堂上使用这三种游戏形式有助于学生投身游戏实践，从而帮助他们发展包括产生

---

[1] 详见 http://marshmallowchallenge.com/Welcome.html。

想法、横向思维、理解商业模式、团队合作、从尝试和失败中学习等技能。正如教育学家沃索曼（Wasserman）教授所说的那样（1992，137 页）："几乎所有重要的教学概念——无论是在初级、中级或研究生层面，还是在科学、数学、经济学或管理学——都可以通过认真玩耍的方式来教。"

3.4.2 同理心的实践

美国佛罗里达州奥兰多的一位老师在暑假里体验了一种无家可归、四处漂泊的生活。(Kavanagh，2014)。托马斯·塔布曼（Thomas Tebman）帮助无家可归者多年后，开始想了解无家可归的生活到底是什么样子的。只有通过同理心，他才能真正有所体会。尽管在大多数日子里受到威胁、恐惧和饥饿的折磨，但他没有想到会是那样的感受。塔布曼指出，"最大的问题是别人如何对待你，人们的日常言行让我吃惊"（Kavanagh，2014）。塔布曼的故事就是第二种实践——同理心。同理心涉及大量心理学、神经科学和设计思维等方面的知识，它被定义为"一种社会和情感技能，帮助我们感受和理解他人的情绪、境遇、意图、思想和需求，这样我们就能细致地感知他人的思绪，跟他们进行适当的沟通并给予他们支持"（McLaren，2013 年，11 页）。

学术研究领域的同理心起源于艺术史（Titchener，1909），而同理心曾被用来描述艺术家无法从所描绘的艺术对象中分离出来。随着其他学科开始研究同理心（神学、哲学、心理学、神经科学），同理心的结构开始变得越来越复杂（Preston 和 Waal，2002）。同理心确实需要实践，因为实践证明体验或场景可以慢慢催发同理心的产生（Kouprie 和 Visser，2009）。

鉴于同理心可以培养，因此这种同理心实践对创业教育至关重要，其中主要有两个原因（Neck 等人，2014a）。①为了更好地了解和感受企业家的生活，学生需要培养同理心。这样做，学生对成为一名企业家需要什么以及感受如何会有更现实的看法。开始的时候，可以给学生们布置一项简单的作业，让他们去采访一位企业家，这既可以帮助他们对实践企业家产生同理心，同时也对自己能否成为企业家进行评估。②为了识别未被满足的需求。这是创新的前提，学生需要以更有意义和更可靠的方式与客户、用户以及其他利益相关者接触和联系。向学生介绍设计思维（Brown 和 Katz，2009；Norman，1988）可以进一步培养他们的同理心实践，这是因为观察并随后理解人类的需求是设计思维的核心原则。给学生指定一个地方，让他们观察两个小时（不能说话），会激起他们惊人的反应。

3.4.3 创造的实践

创造的实践将效果推理理论（Sarasvathy，2001）和创造性理论（Amabile，1983；Csikszentmihalyi，1996；De Bono，1985）结合起来，与此相关的是"释放学生的创造能力，利用他们所拥有的一切去创造有价值的东西，而不是因为他们认为自己没有所需要的东西，所以不去创造"（Neck 等人，2014b，13 页）。这种实践是复杂的，其中包括机会创造、识别和开发利用，以及对世界的开放态度——创业思维。

创造力可以传授，每个人都可以在某些方面具有创造力（Amabile 和 Kramer，2011）。因此，创造的实践就是利用创造潜力，白手起家。想象这样一个练习，给学生团队 5 美元和 2 小时让他们去创造尽可能多的利润○。学生从这个练习中获得的经验教训包括从企业家的必要能力，到使他们意识到现金通常会成为创办新企业的障碍。如果一个人能够创造性地利用身边的资源，那么资源就比比皆是。帮助学生发展创造力的实践需要两个条件：①学生需要相信自己是有创造力的（或是有能力的），但必须通过沉浸感才能运用和释放。换句话说，创造性的实践打造创造性的能力。②这样的沉浸感需要能够帮助激发创造力的工具。认为新想法来自灵光一现的观点是错误的。"即使一个想法似乎是突然出现的，但实际上那也是我们的思维一直在努力的结果"（Sawyer，2006，474 页）。换句话说，新想法的产生需要发展和实践。

3.4.4 实验的实践

实验的实践包括尝试做点什么，看看结果是什么，从结果中学习，然后再次尝试。这种实践涉及与环境中的人、地点和对象的互动来获得新的知识（Fletcher，2009；Zahorik，1995）。实验的实践借鉴了基于问题的学习（Barrows，1985）、循证学习（Howard，McMillen 和 Pollio，2003）和意义构建（Weick，1995）等理论。

实验是一种预测性和创造性方法紧密相关的实践。基于问题的学习是建立在对学习产生刺激作用的认知冲突上的。有一种需要、一种关注或一个问题必须要得到解决，循证学习要从现有信息出发。检查已知的内容，包括辨别未知的内容来作为起点。找出这个"证据"意味着需要构建意义，对于学生来说，这是将其变得个性化的一种方式。这一步将赋予学生在他们生活和环境背景下的意义。维克（Weick）（1993）认为，意识构建是"一种持续的成就感，来自创造秩序以及对已发生的事情进行复盘"。通过各种各样的实验，学生们学会了采取行动、分析，从行动中获得经验教训，然后根据他们所学到的内容进行再次尝试（Schlesinger，Keifer 和 Brown，2012）。

对实验的实践最好的描述是"学生为了学习而行动，而不是在行动或应用之前学习"（Neck 等，2014b，15 页）。流行的创业教育工具，例如商业模式画布（Osterwalder 和 Pigneur，2010）或 Innographer Toolkit（Bruton，2014），都需要人们进行实验，走出去，收集新的真实信息来验证与新想法相关的假设并回答相关问题等行动。

○ 详见 http://ecorner.stanford.edu/authorMaterialInfo.html?mid=2268.

3.4.5 反思的实践

反思的实践实际上是将其他四种实践联系在一起。前四种做法（玩耍、同理心、创造和实验）都需要很多的行动和实践，因此，反思是非常必要的：让学生们停下来思考、整理和回顾自己的学习经历。这或许是所有实践中最具整合性的部分，因为有证据表明，反思实践可以带动其他所有的实践（Schön，1983）。

这种实践的理论基础来源于思康（Schön）对从业者工作的反思（1983），以及布劳克班克（Brockbank）和麦克吉尔（McGill）（2007）对高等教育深入、缜密的反思。反思的目的是超越表面学习进入深层学习，这需要批判性思维，使学生能够将概念、原理和想法联系在一起，这样可以带来长期记忆，并在未来派上用场（Case，2008）。

反思需要实践，因为没有经过指导的简单日志记录在创业教育中是不完备的。我们提供六种类型的反思（Brockbank 和 McGill，2007；Neck et al.，2014a），可用来从其他实践中获得所渴望的更深层次的学习。

1）叙事反思（Narrative Reflection）：学生描述在课堂上、练习或事件中发生了什么。

2）情感反思（Emotional Reflection）：学生关注自己的感受、产生感受的原因，以及如何在课堂上、练习或事件中控制好情绪。

3）感知反思（Percipient Reflection）：学生必须识别和考虑感知（自己以及他人的），以及这些是如何影响课程、练习或者体验的。

4）分析反思（Analytical Reflection）：学生解释课程、练习或体验的过程或重要元素，以及它们之间相互联系的方式。

5）评估反思（Evaluative Reflection）：学生评估课程、练习或体验，并确定评估标准。

6）批判性反思（Critical Reflection）：学生找出课堂上、练习中或体验中的可替代选项或矛盾选项，同时也反思在此过程中对自己的了解。

一般来说，每种类型的反思代表着不同级别的深度和学习水平。向学生提出与每种反思类型相关的问题，可以使他们产生更强烈和更相关的反思体验。反思也被认为是最重要的实践，因为它是强化从其他实践中学到的知识的工具。鉴于任何创业课程或项目都将包括一系列实践，反思能够使学生跨越任务、练习甚至课程来吸收和牢记他们所学到的东西。图 3-2 显示了玩耍、同理心、创造、实验和反思这五种实践的循环方式。

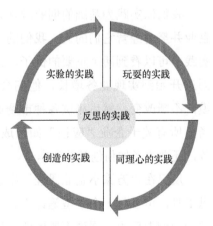

图 3-2 创业教育中的实践

来源：Neck et al.（2014a）。

3.5 在"正式课程"之外的创业实践

除了上一节中提供的课堂实践之外,我们接下来还要考虑各种创业实践的环境,以说明如何在传统课堂之外应用这五种实践。每种实践都与活动、教师角色和学习者评估一起来解释说明。

3.5.1 百森商学院暑期创业计划——课外活动

百森商学院暑期创业计划(Summer Venture Program,SVP)是一个为期 10 周的强化体验,旨在加速学生创业项目的发展。暑期创业计划支持来自百森商学院、奥林工程学院和威尔斯利学院中最有前途的研究生和本科生创业者。每年夏天大约有 15 个团队被选中参加这项计划。这些团队在接下来的 10 周内将获得住宿、工位、顾问、系列演讲和其他资源来帮助他们发展业务。该计划每年随着暑期创业展示而结束。这个活动是学生努力工作的结晶,让他们可以向专业投资者和当地社区展示他们的成果。

关键活动是参加"热座椅"(Hot Seat)环节:学生学习相互评判对方的演示,并培养有吸引力的销售和投资路演技巧。学生做路演展示,然后反思他们的学习和客户体验,来回答同学们和外部顾问的问题。同时,其他参与者对"热座椅"上的同学产生"同理心",因为接下来就该轮到他们了——他们利用同理心体验来为自己的路演做准备。体验式学习发生在学生学会倾听问题并对坐在"热座椅"上的创业者产生同理心的时候。

3.5.2 高盛投资的"万家小企业课程"[①]

我们以实践为基础的创业教学方法也适用于教授那些在传统课堂之外已经拥有自己的企业并努力经营它们的人。我们的"万家小企业课程"包括全套的实践。在玩耍和反思的实践中可以看到两个重要的例子。创业者通过名为"创意实验室"的练习指导,从他们的创意开始到实现业务增长,他们会仔细研究自己的创意——延伸或收缩业务到不同的规模,不断改变,然后测试各种市场假设。教师不仅指导练习过程,还鼓励创业者检验他们当前所有关于企业"应该"如何成长的假设。同时,他们不仅要思考如何创新产品或服务,还要思考如何创新业务本身。

反思在"万家小企业课程"中也起着关键作用。创业者都被要求选择最适合自己的反思工具,可以是一个小型笔记本、一个移动应用程序,或者介于两者之间的东西。教师带领着他们做反思,强调不要停留在所研究的现象描述上,而要考虑其他方法的重要性,例如改变视角(透过别人的眼睛)进行反思,或反思情绪上的变化以及这些情感出现的原

[①] Goldman Sachs10000 Small Businesses.

因。最后一步通常是"我现在该做什么"。创业者通常会觉得反思过程比较困难，认为自己需要"做点什么"。教学的挑战就是帮助他们认识到，反思和思考实际上是要有所作为。

3.5.3 百森创业教育者研讨会

百森创业教育者研讨会项目（SEE）在百森商学院和世界各地的国际校区授课。每个项目通常持续四天，目的是以"百森模式"培训和发展各类教育工作者的创业精神。课程参与者会沉浸在所有五项实践中，因为每节课的设计都会让参与者体验到做学生的感觉。换句话说，参与者扮演着两个角色：在学习的过程中，他们不但要作为教育者反思自己的实践体验；还要作为学生，体验他们相似的想法、感受、情绪和动机。参与者不仅玩游戏，同时也参与模拟活动。他们创造并推广加强创业教育的新想法。他们在参与那些令人不舒服、充满挑战甚至模糊不清的课堂讨论、作业和活动的时候，会对自己的学生产生同理心。我们会鼓励参与者尝试所学到的新方法，提醒他们改变和成长的唯一途径就是在课堂上进行实验。最后，参与者被要求在每天课程结束后用一个作业来进行反思。有时，参与者也会被要求将他们的反思结果上传到电子讨论板上；还有的时候，他们会被要求在第二天早上做报告。因为每次项目培训都是在模拟百森商学院课堂上的教学和学习行为，所以我们希望所有实践在整个项目中都会发挥作用。

3.6 结论

现在，创业教育变得越来越重要，因为个体表达了想要创建属于自己的机构的愿望，各级政府机构都将创业行动视为推动经济和社会发展的手段。虽然问"创业能不能教"的人少了，但是"创业如何教"的问题仍然至关重要。过度强调线性预测过程，实际上会伤害那些因真心想创业而报名学习的人。不论学生的教育类型或水平如何，以玩耍、同理心、创造、实验和反思五种实践为基础的教学组合，都会帮助每个学生打开他们自己的工具包来形成创业思维并进行创业实践。创业教学不再是高等教育的奢侈品，而是必需品。为了对所有能产生经济和社会价值的机会采取行动，现在比以往任何时候都更加需要具有创业思维和创业实践能力的学生和领导者。

参考文献

Amabile, T. (1983). *The social psychology of creativity*. New York, NY: Springer-Verlag.

Amabile, T., & Kramer, S. (2011). *The progress principle: Using small wins to ignite joy, engagement and creativity at work*. Boston, MA: Harvard Business School Press.

Amoros, J. E., & Bosma, N. (2014). *The 2013 global entrepreneurship monitor report*. Wellesley, MA: Babson College.

Ansoff, I. (1988). *The new corporate strategy*. New York, NY: Wiley.

Baker, T., & Nelson, R. (2005). Creating something from nothing: Resource construction through entrepreneurial bricolage. *Administrative Sciences Quarterly*, 50(3), 329–366.

Barrows, H. (1985). A taxonomy of problem based learning methods. *Medical Education*, 20, 481–486.

Billet, S. (2010). *Learning through practice: Models, traditions, orientations and approaches*. London: Springer.

Brockbank, A., & McGill, I. (2007). *Facilitating reflective learning in higher education* (2nd ed.). New York, NY: McGraw-Hill.

Brown, T., & Katz, B. (2009). *Change by design: How design thinking transforms organization and inspires innovation*. New York, NY: HarperCollins E-books.

Brush, C. G., Greene, P. G., & Hart, M. M. (2001). From initial idea to unique advantage: The entrepreneurial challenge of constructing a resource base. *Academy of Management Executive*, 15(1), 64–78.

Bruton, A. (2014). *The really big idea – The Innographer*. Retrieved from www.innographer.com. Accessed on February 16, 2015.

Burt, R. S. (1992). *Structural holes*. Cambridge, MA: Harvard University Press.

Case, J. (2008). *Education theories on learning*. Higher Education Academy Engineering Subject Center. Retrieved from http://exchange.ac.uk/downloads/scholar-art/education-theories.pdf

Csikszentmihalyi, M. (1996). *Creativity flow and the psychology of discovery and invention*. New York, NY: HarperCollins.

De Bono, E. (1985). *Six thinking hats*. New York, NY: Little, Brown & Company.

Dew, N., Read, S., Sarasvathy, S. D., & Wiltbank, R. (2009). Effectual versus predictive logics in entrepreneurial decision-making: Differences between experts and novices. *Journal of Business Venturing*, 24(4), 287–309.

Drucker, P. (1998). The discipline of innovation. *Harvard Business Review*, 76(6), 149–157.

Fletcher, J. D. (2009). From behaviorism to constructivism. In S. Tobias & T. M. Duffy (Eds.), *Constructivist theory applied to instructions: Success or failure?* (pp. 242–263). New York, NY: Taylor & Francis.

Granovetter, M. (1985). Economic action, social structure, and embeddedness. *American Journal of Sociology*, 91, 481–510.

Hitt, M. A., Ireland, R. D., Camp, M., & Sexton, D. L. (2001). Integrating entrepreneurship and strategic management actions to create firm wealth. *Academy of Management Perspectives*, 15(1), 49–63.

Hmieleski, K. M., & Corbett, A. C. (2006). Proclivity for improvisation as a predictor of entrepreneurial intentions. *Journal of Small Business Management*, 44(1), 45–63.

Honig, B. (2004). Entrepreneurship education: Toward a model of contingency-based planning. *Academy of Management Learning and Education*, 3(3), 258–273.

Howard, M. O., McMillen, C. J., & Pollio, D. E. (2003). Teaching evidence-based practice: Toward a new paradigm for social work education. *Research on Social Work Practice*, 1(2), 234–259.

Jack, S. L., & Anderson, A. R. (2002). The effects of embeddedness on the entrepreneurial process. *Journal of Business Venturing*, 17, 467−487.

Katz, J. (2003). The chronology and intellectual trajectory of American entrepreneurship education 1876−1999. *Journal of Business Venturing*, 18(2), 283−300.

Kavanagh, M. (2014). Teacher encounters good and bad in homeless experiment. *News 13*, July 18. Retrieved from http://www.mynews13.com/content/news/cfnews13/news/article.html/content/news/articles/cfn/2014/7/18/instead_of_taking_a_.html. Accessed on February 16, 2015.

Kolb, D. A. (1984). *Experiential learning: Experience as the source of learning and development*. Englewood Cliffs, NJ: Prentice Hall.

Kouprie, M., & Visser, F. S. (2009). A framework for empathy in design: Stepping into and out of the user's life. *Journal of Engineering Design*, 29(4), 437−448.

Kuratko, D. (2005). The emergence of entrepreneurship education: Development, trends and challenges. *Entrepreneurship Theory and Practice*, 29(5), 577−597.

McLaren, K. (2013). *The art of empathy: A complete guide to life's most essential skill*. Boulder, CO: Sounds True.

Mintzberg. (1978). Patterns of strategy formation. *Management Science*, 24(9), 934−948.

Morris, M. H. (1998). *Entrepreneurial intensity: Sustainable advantages for individual, organizations and societies*. Westport, CT: Quorum.

Neck, H., & Greene, P. G. (2011). Entrepreneurship education: Known worlds and new frontiers. *Journal of Small Business Management*, 49(1), 55−70.

Neck, H. M., Greene, P. G., & Brush, C. B. (2014a). *Teaching entrepreneurship: A practice based approach*. Northampton, MA: Edward Elgar Publishing.

Neck, H. M., Greene, P. G., & Brush, C. B. (2014b). Practice-based entrepreneurship education using actionable theory. In M. Morris (Ed.), *Annals of entrepreneurship education and pedagogy*. Northampton, MA: Edward Elgar Publishing.

Norman, D. A. (1988). *The design of everyday things*. New York, NY: Basic Books.

Noyes, E., & Brush, C. (2012). Teaching entrepreneurial action: Application of creative logic. In A. C. Corbett & J. A. Katz (Eds.), *Entrepreneurial action* (pp. 253−280). Advances in Entrepreneurship and Firm Emergence and Growth. Bingley, UK: Emerald Group Publishing Limited.

Osterwalder, A., & Pigneur, Y. (2010). *Business model generation*. Hoboken, NJ: Wiley.

Preston, S. D., & Waal, F. B. M. (2002). Empathy: Its ultimate and proximate bases. *Behavioral and Brain Sciences*, 25, 1−72.

Rouse, M. (2006, June). Enhancing effective inclusive practice: Knowing, doing and believing. Keynote address delivered at the *Learning for All: Enhancing Effective Practice in Special Education Symposia*, New Zealand.

Sarasvathy, S. D. (2001). Causation and effectuation: Toward a theoretical shift from economic inevitability to entrepreneurial contingency. *Academy of Management Review*, 26(2), 243−263.

Sawyer, R. K. (2006). Explaining creativity: The science of human *innovation* (1st ed.). Oxford: Oxford University Press.

Schlesinger, L., Keifer, C., & Brown, P. (2012). *Just start: Take action, embrace uncertainty, create the future*. Cambridge, MA: Harvard Business Review Press.

Schön, D. (1983). *The reflective practitioner: How professionals think in action*. New York, NY: Basic Books.

Schön, D. (1987). *Educating the reflective practitioner*. London: Jossey-Bass.

Shane, S., & Venkataraman, S. (2000). The promise of entrepreneurship as a field of research. *Academy of Management Review*, 25, 21−226.

Stevenson, H., Roberts, M. J., & Grousebeck, H. I. (1989). *New business ventures and the entrepreneur*. Homewood, IL: Irwin.

Stone, S. J. (1995). Integrating play into the curriculum. *Childhood Education*, 72(2), 104−107.

Timmons, J. A. (1989). *The entrepreneurial mind*. Andover, MA: Brick House Publishing.

Titchener, E. (1909). *Lectures on the experimental psychology of the thought processes*. New York, NY: Macmillan.

Vesper, K. H. (1987). Entrepreneurial academics—How can we tell when the field is getting somewhere? *Journal of Small Business Management*, 25(2), 1−25.

Wasserman, S. (1992). Serious play in the classroom: How messing around can win you the Nobel prize. *Childhood Education*, 68, 133−139.

Weick, K. (1993). The collapse of sensemaking in organizations: The Mann Gulch disaster. *Administrative Science Quarterly*, 38(4), 628−652.

Weick, K. E. (1995). *Sensemaking in organizations*. Thousand Oaks, CA: Sage.

Xavier, S. R., Kelley, D., Kew, J., Herrington, M., & Vorderwülbecke, A. (2012). Global entrepreneurship monitor: 2012 global report. Global Entrepreneurship Research Association. Retrieved from www.gemconsortium.org

Zahorik, J. A. (1995). *Constructivist teaching*. Bloomington, IN: ERIC Clearinghouse.

Zahra, S., & Dess, G. (2001). Entrepreneurship as a field of research: Encouraging dialogue and debate. *Academy of Management Review*, 26(1), 8−10.

第 4 章
管理教育多元化的生态系统方法

纳恩·朗格维茨（Nan Langowitz）和安贾利·鲍尔（Anjali Bal）

关于多元化（Diversity）的讨论往往带有政治色彩，可以激起学者、学生、商业领袖和大众媒体的无限热情。说到多元化，新闻中总是强调有关反歧视和配额的诉讼和抗议。然而，多元化远不止招生和招聘决策那么简单。当多元化涉及丰富课堂体验和挑战学生时，它对于学生学习的影响是巨大的。当学生考虑到平等和弱势群体利益时，这种重要的讨论便应运而生。

商学院尤其受到批评，因为学生拿到学位后可能并没有掌握适当的技能，不能在业务岗位上取得成功（Holland，2009）。此外，商学院还因课堂不够多元化而受到抨击（De Meglio，2013；Otani，2014）。企业的主要抱怨之一是学生既没有准备好应对在多元化环境中工作的挑战，又没有掌握在全球工作环境里有效的跨文化知识（Holland，2009）。随着全球化进程的加快、社会一体化以及目前的人口趋势，工作环境也会以新的方式变得多元化（Mor Barak，2011）。显然，多元化对于商业成功的影响是巨大的（Egan 和 Bendick，2008）。随着全球联系得越来越紧密，文化智力和与来自不同背景的人们相互交流的能力成为商业领袖的必备技能（Park，Fables，Parker 和 Nitse，2010）。有些人认为，商学院既没有培养学生处理商业人际关系的能力，也没有培养学生在日益多元化的世界中成为成熟且有效的领袖的能力（Datar，Garvin 和 Cullen，2010；Holland，2009）。

认可了商业领域的这一变化，认证机构，如国际商学院协会（AACSB）和欧洲管理发展基金会（EFMD），通过 EQUIS 认证体系——将多元化教育和文化接触作为认证的一个关键指标（Egan 和 Bendick，2008）。鉴于教育本就具有动态性，诸如此类认证机构的目的是要统一和提高众多高等院校的教育价值。多元化和跨文化能力是 AACSB 和 EFMD 对其认证学校提供全面教育的关键要求。

百森商学院采用了生态系统方法（Ecosystem Approach）向学生传授多元化。这种方法随着时间不断演变。最近，我们在教学中采用了把学校作为生活和学习的实验室这样的理念，学生的学习在课堂内外相互交织，对课程学习目标的整合和支持不只停留在正式的课程上。以生态系统方法处理多元化，就是学校的各个部门都在关注多元化方面发挥作用。通过课堂内外的教学活动，以及我们校内的倡议，百森商学院通过多元化的社区人口构成来专注塑造和培养社区成员的有效跨越差异障碍的能力。百森商学院运用生态系统方法来营造环境，使毕业生能够成为对差异性持开放态度的更加高效的全球公民。百森商学院认识到多元化对构建完整教育体验的重要性，因而在其战略使命中对其加以重点关注。这一使命表明百森商学院是一个拥有"多元化的、多元文化的、包容的社区，这里有富有才华的学生、教职工和工作人员，他们尊重、理解和欣赏所有人的独特性和价值"（摘自百森商学院网站）。为此，推出了许多倡议、团体、课程和个人体验，来鼓励学生发展全球思维和在多元化世界中有效工作的能力。

本章首先对现存文献进行概述，以构建我们对多元化看法的框架。然后，我们详细介绍百森商学院社区生态系统方法的主要内容，最后是对百森商学院多元化的一些思考。

4.1 什么是多元化

多元化的重要性是教育讨论中的前沿。多年来，对多元化的定义有很多，现在常见的分类是有形多元化和无形多元化：有形多元化是指可观察到的或易于辨认的特征，如性别、种族或某些身体残疾；无形多元化是指潜在的属性，如性取向、宗教、教育或社会经济地位。总之，要描述一个无形多元化的个体，需要在有形印象之外的额外、附加的信息（Mor Barak，2011）。多元化是指群体或者机构内思想或者身份的多样化程度（Milliken 和 Martins，1996）。此外，学者们还讨论了多元化的两个主要组成部分：认知和身份。认知多元化与人们如何"看待、分类和理解"他们周围的世界有关（Page，2008），身份是基于人口学、个人和社会群体以及信仰等对特定群体的感知联系（Randel 和 Jaussi，2003）。身份社区包括有形和无形的差异，例如性别、性取向、种族、民族、宗教和社会经济地位。一个多元化的群体将是异质的，由一系列有形的和无形的差异组成，通常具有交互效应。而认知多元化和身份多元化虽不是同一种测量方法，但它们是高度相关的。也就是说，人们观察和理解世界的方式在很大程度上会受到他们所在社区，以及由此所产生的信念的影响（Page，2008）。

长期以来，在高等教育领域，人们一直认为多元化有利于促进学习和人类发展。多元化对发展的影响已有广泛的研究，人们普遍认为，在关键时刻接触多元化会对社会发展产生巨大影响。成年早期是社会发展和认知形成的关键时期（Erikson，1956；Gurin，Dey，Hurtado 和 Gurin，2002）。在此之前，身份和信仰在很大程度上受到家庭的影响（Jones，Vaterlaus，Jackson 和 Morrill，2014）。虽然美国经常被称为"大熔炉"，但是研究显示，美国的中小学在种族、社会经济和宗教等方面是高度同质的。因此，高等教育往往是美国的学生第一次经历各种重要多元化的阶段。成年早期是人们开始摆脱家庭规范的时期，因为学生可以更加自由地尝试不同的社会角色和信仰（Gurin 等人，2002）。在成年早期，认知仍然有一定的可塑性，并且人们更愿意尝试不同的社会角色；这一时期的实验被称为心理社会性延缓（Erikson，1956；Gurin 等人，2002）。虽然不同的课堂环境为挑战信念提供了机会，但研究人员认为，大部分的心理社会性延缓发生在课外，通过学生们在宿舍和社会环境中交往而发生的（Antonio，1999；Gurin 等人，2002）。那些通过有组织的活动来营造多元化气氛的大学能够促进学生的发展及其身份的形成。拥有多元化学生团体的高等院校会为学生营造可以自由实验的环境，而这种实验促进了社会发展，并最终完成了学生身份的形成。

虽然多元化对社会发展的影响已得到充分证实，但对于其在团队和整体商业成功中的价值还存在争议。大量研究表明，不同团队成员的存在会提高创造力和解决问题的能力（Cox 和 Blake，1991；Page，2007；Watson，Kumar 和 Michaelsen，1993）。2011 年，《福布斯》杂志对 321 家公司进行了一项关于工作环境多元化的研究，发现 85%的受访者认为多元化是组织创新和创造力的重要组成部分。与此相反，一些研究者认为多元化可能会增加员工流动，并可能导致团队内部不团结（Milliken 和 Martins，1996）。团队内部不团结和成员之间缺乏联系通常被认为是异质群体不如同质群体成功的原因。还有研究人员发现，多元化的工作环境实际上减少了人员流动，而且有助于吸引有才华的员工（Forbes，2011）。另一项研究表明，异质群体成功的关键差异化因素是群体成员在多元化和包容性方面所接受的培训水平（Kochan 等人，2003）。此外，大量研究表明，认知多元化确实能提高解决问题的能力。佩吉（Page）（2007）也把认知多元化在团队中的益处比作投资组合管理的价值。拥有不同世界观的群体更有可能从多个角度来解决问题。换句话说，一个拥有多种看待世界方式的团队会更有能力去有效地处理复杂的情况，因为他们有丰富的观点和多种解决问题的方法。

针对商学院培训的大量批评表明，有着顶级 MBA 文凭的毕业生进入职场时缺乏文化意识（Data 等人，2010）。这些批评说明大学没有好好培训学生如何与多元化的团队成员一起工作。为了回应来自专业机构的反馈，商学院已开始将文化意识和多元化培训纳入它们的课程（Egan 和 Bendick，2008；Page，2007）。对商学院增强文化意识和理解多元化的做法的批判意见认为，培训限定在教室环境中，采用的多是突出西方文化的美国视角（Egan 和 Bendick，2008）。许多人对目前美国商学院的多元化培训持批评态度，他们建议以更全面的方式培养学生，从而鼓励学生挑战自己对社区差异性的认知。

4.2 百森商学院的生态系统

百森商学院对多元化的承诺体现在学校的方方面面。从招生、招聘到活动规划和课外活动，百森商学院把自己的战略使命编织进每一门课程且覆盖全校。为了丰富所有社区成员的经历，学院对来自"不同文化和国家以及拥有不同能力"的个人都热烈欢迎。百森商学院的生态系统是通过对资源的战略性投资来吸引多元化的人口而创立的，同时也设计并提供了使整个社区全面受益的学习环境和体验。

4.2.1 人口多元化

任何生态系统的关键要素都会包含社区内的成员。百森商学院通过注重教师、工作人员和学生群体的多元化，在构建强大的生态系统多元化方法方面已经取得了积极的进展。

1. 教师和工作人员

百森商学院在过去的几年里一直注重其教职员工的多样化。百森商学院有近 190 名全职教师，其中 20%从事通识教育。近年来，商科教师中的女性比例由 27%上升至 32%，女性教师占全部全职教师的 36%。相比之下，工作人员的构成主要是女性，占 58%。近年来，随着白人数量的下降——从几年前的 85%下降到 2014 年的 81%，工作人员的种族和文化多元化有所改善。教师的种族与文化多元化也有类似的进展，在 397 名全职和兼职教师中，白人从 2010 年的 87%下降到了 2014 年的 83%。

2. 本科生

随着时间的推移，百森商学院已经成功地发展了一个日益多样化的本科生群体。通过在全球范围内的招生活动，提供经济援助来吸引更多有经济需求的学生，与波塞基金会○合作，发展荣誉项目，女性领导学者计划和多元文化学者计划等，这些努力都对实现多元化做出了贡献。最近的统计数据表明，百森商学院的本科生中有 47%是女性，25%是国际学生（来自 43 个国家），31%多元文化的学生，在校园里使用语言多达 29 种。百森商学院有一个非常多元化的学生群体，创造了一个充满活力的学习环境和一个理想的社会心理环境。

3. 研究生

百森商学院的研究生群体在很多方面都比本科生更加多元化。研究生院提供四种形式的工商管理硕士（MBA）学位，包括两个全日制项目和两个在职人员项目。全日制的学生平均有 5 年工作经验，来自各行各业，承担各种岗位职责；参与非全日制晚间学习的学生

○ 波塞基金会是美国的一个非营利性组织，从美国的公立高中挑选、招收并培养学生领袖。

平均有 6 年的工作经验；参与线上线下混合学习的学员的平均工作经验是 9 年。与本科的策略相似，招生和奖学金制度为实现多元化提供了支持。全日制的学生组成是高度国际化的，在两年制和一年制的课程中，国际学生人数占 65%～75%。总体而言，MBA 学生来自 45 个国家，使用的语言超过 26 种。美国的研究生人口的种族和民族多元化也不尽相同，从在职人员项目的 21%～25%，到全日制项目的 33%～40%。同样，虽然各种项目中的性别多元化不尽相同，但百森商学院研究生群体中女性比例为 34%。

4.2.2 百森商学院多元化在行动中的体现

百森商学院多元化的生态系统方法遵循了我们的生活/学习实验室哲学，这样，学生就有机会通过一系列的教育体验来提高自己有效跨越差异的能力。

1. 本科生

在本科课程中，百森商学院秉承了整体教育方法的思想。学生在课堂内外都会遇到多元化问题。当学生还年轻时，他们的身份认知仍在形成的过程中。因此，百森商学院致力于心理社会性延缓的理念，挑战学生透过多元视角感知世界。在名为"从第一天开始"的迎新活动中，我们给学生提供信息和机会来了解自己和他人的多元化。百森商学院所有本科生都要学习通识（Liberal Arts）课程和管理学课程，才能获得管理学科学学士学位。在本科课程学习目标中，有三项都是有关帮助学生更好地面对差异，他们在日益多样化和相互关联的世界中将会面临的差异。上述三项本科阶段的学习目标是：

- 全球和多元文化的观点——你要了解自己所处的生活和工作环境的历史背景和文化背景，并迎接以多元文化和认识方式为特征的世界所带来的挑战。
- 伦理与社会、环境和经济责任——你要致力于不断发展道德和专业素质与能力，做决策时为利益相关者考虑，努力去创造和维持社会、环境和经济方面的价值。
- 领导力和团队精神——你要具备目标意识和身份意识，并善于在团队中有效地领导和运作。

这三个学习目标融入了百森商学院所有的课程中。此外，特定的选修课可以让学生通过学术视角进一步探索多元化问题。在一些最受欢迎的课程中，学生要走出自己的舒适区，通过别人的眼睛来看世界，这些课程包括"LGBTQ○的 T：对变性的研究导论""批判性种族研究""个人与政治：现代美国历史中的性别"和"拉丁美洲的种族和民族"等。

与生活/学习实验室方法相一致，百森商学院致力于帮助学生了解他们自己的身份以及他们与周围世界的关系。为此，学院鼓励和支持众多的校园课外活动，如多元文化教育

○ LGBTQ 是 Lesbian（女同性恋）、Gay（男同性恋）、Bisexul（双性恋）、Transgender（跨性别者）、Queer（酷儿），Queer 原本指"怪的、不同寻常的"。从 20 世纪 80 年代开始，酷儿包括了所有在性倾向方面与主流文化和占统治地位的社会性别规范或性规范不符的人。LGBTQ 指性少数群体。

周、东西方文化交流和马丁·路德·金纪念日,等等。或许更为重要的是,百森商学院给学生们提供正式和非正式的机会来讨论时事。例如,从麻木不仁的万圣节服装,学生团体举办的社交媒体活动,到2012年塔利班射杀巴基斯坦青年马拉拉·尤素夫扎伊(Malala Yousafzai),以及2014年密苏里州弗格森市警方射杀迈克尔·布朗(Michael Brown)案等事件引发的民权担忧。百森商学院还通过对宿舍管理员进行大量培训,面向所有学生的迎新活动,以及众多在多元化、国际化和多元文化教育方面具有扎实专业知识的工作人员来大力支持这项工作。此外,学校还为校园社区居民提供广泛的信仰和服务活动。

本科阶段的全面教育与学生的发展阶段是相对应的。大学生的身份认知仍然具有相对的可塑性,学生可能很少接触那些来自不同环境和背景的人。有意在学习群体中创造多元化,针对了解多元性的价值而设置课程学习目标,提供各种课外活动机会,以及对探索身份认知和不同观点的支持,这样的生态系统方法提供了一个丰富的学习环境。

2. 研究生

尽管百森商学院的研究生在入学之前通常都在工作中、本科学习中和个人经历中接触过不同的人群,但是百森商学院关于多元化的生态系统方法还是延伸到了研究生院。在那里,课程学习目标也同样专注于了解自己的身份认知,发展全球意识,重视不同的观点作为有效领导力和团队合作的重要组成部分。多元化的方方面面在一系列的必修课程和选修课程中都成了主题。下面这些学习目标贯穿各个MBA和管理硕士课程。

- 自我意识和环境意识:百森商学院的MBA毕业生要了解他们的目标、身份和所处的环境,并通过这种理解来帮助他们做决定。
- 在全球环境中的管理:百森商学院的MBA毕业生要能够将文化背景和在全球环境中管理相关的复杂性相结合,用以识别并评估全球机会。
- 领导力与团队合作:百森商学院的MBA毕业生要运用适当的领导力,重视多元的视角和技能,在不断变化的环境中协作,以完成组织目标。

在百森商学院14门MBA主修课程中,有7~12门课程都涉及这些以多元化为重点的学习目标,这些课程是支持性的还是有一定深度水平的,取决于具体目标。

虽然众多研究生选修课使得学生在多元化思维方面有所进步,但有一门名为"多元化工作环境管理"的课程,是专门设计来提高学生在组织生活日益多元化和全球化的世界中成为有效领导者的能力的。这门课程侧重于了解导致人才流失的因素。首先,课程分析了所谓的人才战争,以及有效的多元化人才库和领导梯队有效多元化的必要性和机会的背景。其次,课程分析了管理者的视角,看看社会身份如何影响个人以及他们为自己和管理角色做出的选择。最后,课程分析了可能会造成人才流失的潜在社会规范和组织障碍,研究了组织如何制定和实施政策,来吸引和维护多元化的人才储备以及应对这种境遇下所面临的挑战,整个课程的重点是如何提高多元化员工群体的管理绩效。因为这门课程是以混合在线模式来设计的,所以参加 MBA 四种模式学习的学生都可以参加,这个出发点就体现了不同 MBA 观点的融合。

这门课程的学习目标表明学生将能更好地做到以下几点。
- 了解并确定组织内多元化问题的概念框架。
- 增强他们对个人态度、隐性假设、偏见和刻板印象的自我觉察,并了解这些可能会对他们的行为和决策造成的影响。
- 在参与对话和利用个人差异(自己的和别人的)方面发挥更大的效力。
- 加强多元文化意识和跨文化能力。
- 了解并影响组织的政策和做法,以及这些政策和做法如何影响员工的奉献和包容精神。
- 提高他们在工作团队中的人际交往能力和领导能力。

这门课程包括重要的互动讨论、角色扮演和个人日记等内容,使学生能够探索自己的个人身份认知,以及考虑他们对其他同事或他们可能制定或实施政策的潜在影响。最终的小组项目是找一个团队特别感兴趣的真实事件,做出案例分析。小组会和全班同学分享他们的工作,以便在项目完成之前得到反馈。慢慢地,这种混合模式的价值就凸显出来了。因为学生通过最初的全天面对面在一起上课获得彼此信任,然后能够在网上论坛和个人日记里进行思考和反思,这样做不要求他们像标准课堂那样必须要积极参与,因此也就没有了压力。课程即将结束的时候,组员们再集合到一起,就项目和课程学习进行分享并提供反馈。

除了必修课程和前面提到的特定辅修课程外,研究生课程也会通过课外活动来发展全球性思维及有效管理和领导不同团队。与本科生课程类似,学校对那些侧重于理解和重视差异的正式和非正式活动都提供了支持。研究生从专业老师和全校活动中受益良多,同时也创建了自己的学习活动,包括拉丁美洲论坛、亚洲论坛,宗教和文化的庆祝活动,如开斋节、感恩节、排灯节和中国的春节,以及社会认同俱乐部举办的活动,例如 Net Impact、Out Network、百森商学院女性 MBA 协会,等等。

3. 社区

百森商学院的校园里举办许多活动来支持重视差异和在多元化的社区中生活、学习和工作的能力。整个社区范围内的活动支持有利于学生教育机会的生态系统方法。例如,美国教育委员会提倡制定跨校园的多元化战略方案(美国教育委员会,2013;Williams,2013)。随着 2008 年首席多元化和包容官员的任命,以及包容性和社区委员会的建立,百森商学院的多元化战略近年来取得了明显进步。该委员会由学校的教职员工代表组成,定期召开会议,讨论全校的重点问题,包括如何创建和维持包容性的课堂体验,如何支持同龄人多元化辅导的宿舍工作,制定偏见事件协议,以及为员工和教师提供持续的培训机会。

除了委员会的工作，百森商学院还支持员工资源小组，例如，LGBTQ 行动小组、老年护理资源小组、穆斯林联络小组和家长联络小组。LGBTQ 行动小组的举措包括为任何感兴趣的教职员工提供"安全区域"（Safe Zone[⊖]）培训，旨在帮助他们支持那些 LGBTQ 人士，赞助"薰衣草毕业典礼"，这是一个旨在表彰 LGBTQ 社区成员和盟友在毕业时所取得成就的仪式。

通过百森商学院的格拉文多元文化和国际教育办公室，我们为社区范围内的互动提供了大量的教育机会，包括选拔教职员工参加海外专业发展活动。负责多元文化和国际教育的副教务长的主要任务之一就是提高百森商学院社区居民的跨文化交际能力水平。这项工作包括在开学时为本科生和研究生举办的迎新课上，提供全球思维和跨文化发展培训。

除了社区这些有形的项目之外，还有由教师研究和社区成员兴趣激发的跨校园日常对话，这是无形的。这些讨论有时候是正式召开的，如每学期定期开展两次"多元化问题"和"性别研究"午餐活动，但往往这样的讨论只出现在教师、学生和工作人员关于研究、课程或时事的非正式讨论中。这样的谈话代表了学术界的精华，对于培养有效克服差异的能力的重要性不容低估。这些做法与校内其他支持多元化的举措一起，为百森商学院在管理教育中重视多元化的生态系统方法奠定了重要基础。

4.3 结论

百森商学院重视多元化的生态系统方法在学生和员工中都取得了巨大成功。无论是在课堂上还是在更大的百森商学院社区中，学生都能明显感受到认知和身份的多元化。百森商学院致力于增加多元化的核心思想是，为了正确地教育下一代商业领袖，学生们必须能够投身于多元文化的环境中，与不同的人打交道。这种方法是长期演变而来的，并且还将继续下去。为了取得更大的成果，保持这种方法的相关性和生机，需要不断地投入时间、资源和精力，还要愿意进行尝试。百森商学院作为一所专注创新，坚守高等教育是生活/学习实验室原则的高等教育机构，期望随着时间的推移和我们管理教育多元化的承诺继续蓬勃发展，我们能做出进一步的调整。所有可持续的生态系统都需要不断多元化、更新和支持。

[⊖] 安全区域（Safe Zone）是一个致力于为 LGBTQ 人士创造更多安全、包容的空间的项目。安全区域培训为参加者提供了解 LGBTQ 身份、行为，以及检查偏见的机会。

第 4 章 管理教育多元化的生态系统方法

◢ 参考文献

American Council on Education. (2013). *A matter of excellence: A guide to strategic diversity leadership and accountability in higher education.*

Antonio, A. L. (1999). Racial diversity and friendship groups in college: What the research tells us. *Diversity Digest*, 3(4), 6−7, 16.

Babson College Office of Diversity & Inclusion. (2014, May 13). *Diversity data report* [Internal document].

Babson College Website/About Babson/Diversity. *Diversity at Babson.* Retrieved from http://www.babson.edu/about-babson/diversity/Pages/home.aspx. Accessed on November 23, 2014.

Babson College Website/Admission/Graduate/Class Profile. *Graduate Programs Class Profile.* Retrieved from http://www.babson.edu/admission/graduate/class-profile/Pages/default.aspx. Accessed on November 23, 2014.

Babson College Website/Admission/Undergraduate/Class Profile. *Undergraduate Class Profile for Class of 2018.* Retrieved from http://www.babson.edu/admission/undergraduate/classprofile/Pages/default.aspx. Accessed on November 21, 2014.

Cox, T. H., & Blake, S. (1991). Managing cultural diversity: Implications for organizational competitiveness. *The Executive*, 5(3), 45−56.

Datar, S. M., Garvin, D. A., & Cullen, P. (2010). *Rethinking the MBA: Business education at a crossroads.* Boston, MA: Harvard Business Review Press.

Di Meglio, F. (2013). B-Schools get grades for diversity efforts. *Bloomberg Business.* Retrieved from http://www.bloomberg.com/bw/articles/2013-05-14/b-schools-get-grades-for-diversity-efforts. Accessed on February 18, 2015.

Egan, M. L., & Bendick, M. (2008). Combining multicultural management and diversity into one course on cultural competence. *Academy of Management Learning and Education*, 7(3), 387−393.

Erikson, E. (1956). The problem of ego identity. *Journal of American Psychoanalytic Association*, 4, 56−121.

Forbes. (2011). Global diversity and inclusion: Fostering innovation through a diverse workforce. *Forbes Insights.* Retrieved from http://images.forbes.com/forbesinsights/StudyPDFs/Innovation_Through_Diversity.pdf. Accessed on November 22, 2014.

Gurin, P., Dey, E. L., Hurtado, S., & Gurin, G. (2002). Diversity in higher education: Theory and impact on educational outcomes. *Harvard Educational Review*, 72(3), 330−366.

Holland, K. (2009). Is it time to retrain B-Schools? *The New York Times*, March 14, 2009. Retrieved from http://www.nytimes.com/2009/03/15/business/15school.html?pagewanted=all&_r=0. Accessed on November 25, 2015.

Jones, R. M., Vaterlaus, J. M., Jackson, M. A., & Morrill, T. B. (2014). Friendship characteristics, psychosocial development, and adolescent identity formation. *Personal Relationships*, 21, 51−67.

Kochan, T., Bezrukova, K., Ely, R., Jackson, S., Joshi, A., Jehn, K., … Thomas, D. (2003). The effects of diversity on business performance: Report of the diversity research network. *Human Resource Management*, 42(1), 3−21.

Milliken, F. J., & Martins, L. L. (1996). Searching for common threads: Understanding the multiple effects of diversity in organizational groups. *Academy of*

Management Review, 21(2), 402–433.

Mor Barak, M. E. (2011). *Managing diversity: Toward a globally inclusive workplace* (2nd ed.). Thousand Oaks, CA: Sage.

Otani, A. (2014). Rutgers business school accidentally hits an elusive diversity benchmark. *Bloomberg Business*. Retrieved from http://www.bloomberg.com/bw/articles/2014-10-10/more-than-half-of-new-students-at-rutgers-business-school-are-women. Accessed on February 18, 2015.

Page, S. E. (2007). Making the difference: "Applying a logic of diversity". *Academy of Management Perspectives*, (Fall), 6–20.

Page, S. E. (2008). *The difference: How the power of diversity creates better groups, firms, schools, and societies*. Princeton, NJ: Princeton University Press.

Park, J., Fables, W., Parker, K. R., & Nitse, P. S. (2010). The role of culture in business intelligence. *International Journal of Business Intelligence Research (IJBIR)*, 1(3), 1–14.

Randel, A. E., & Jaussi, K. S. (2003). Functional background identity, diversity, and individual performance in cross-functional teams. *Academy of Management Journal*, 46(6), 763–774.

Watson, W. E., Kumar, K., & Michaelsen, L. K. (1993). Cultural diversity's impact on interaction process and performance: Comparing homogeneous and diverse task groups. *Academy of Management Journal*, 36(3), 590–602.

Williams, D. A. (2013). *Strategic diversity leadership: Activating change and transformation in higher education*. Sterling, VA: Stylus Publishing.

| 第 5 章 |

目的地：跨文化发展

阿米尔·瑞扎（Amir Reza）

5.1 引言

参与留学项目的人数增长与管理此类项目所需资源的增加是一致的（国际教育研究所，2014）。此外，还有一批学者，他们更加关注留学的预期成果，以及当前的课程和学术结构是否能够提高学生的预想学习效果。在过去10年中，通过个案和少数纵向研究来评估长短期留学项目的定性和定量研究呈现出上升趋势。

出国留学和提升大学生跨文化能力并不是高等教育的一个新目标。然而在过去的10年中，随着高等院校的日益国际化，国际和多元文化视角作为学习成果的广泛表达，以及学习成果评估的更大压力，为国际教育的从业者创造了一个新的环境（Hammer, Bennett 和 Wiseman, 2003）。几十年来，出国留学是高校常见的工具：这个学习项目是带学分的，学生的母校是承认的。过去，只有一小部分学生能够在大三阶段出国留学（Hoffa 和 Pearson, 1997）。现如今，美国短期、一学期，以及一年的出国留学人数稳步增加（国际教育研究所，2014）。

支持者认为，通过在沉浸式体验中接触他人，学生将会对自己和他人有更深刻的了解，很可能会形成更强的人性意识。在国外留学领域，接触他人很重要这一假设由来已久。回顾20世纪80年代与90年代之间的文献，对此假设的研究评论几乎没有，大多仅仅是对留学历史的回顾（Vande Berg, Connor-Lindton 和 Paige, 2009），并且大多重点关注在该领域工作的专业人员的成长和准备指标（Gillespie, Braskamp 和 Braskamp, 1999）。除了对课程的评估，20 世纪 90 年代中期（和早期）发表的许多文章的重点是假设学生在国外获得了大量知识的指标（Vande Berg，Paige 和 Lou，2012a）。在留学者提供的日记中记载着很多轶事，证明留学经历使他们有所变化。最终，随着出国留学人数的增加，更多的学生因此发生了改变，并发展成为具有跨文化能力的全球公民。

今天，在培养全球化毕业生的目标激励下（Altbach 和 Knight，2007），高等院校在快速国际化。同时，"发展跨文化能力正成为许多国际化工作努力的核心焦点和成果"（Deardorff 和 Jones，2012，283 页）。尽管对世界公民教育的支持越来越多，但关于高等教育在培养世界大同主义（cosmopolitanism）的作用仍存在很多重要问题。出国留学是许多美国高等院校培养学生跨文化能力的主要手段，通常以在国外学习的学生数量或百分比作为评估这种日益重要的学习成果的指标。当然，出国留学还有其他相关的学习目标，如提升语言技能、了解历史和地区知识、做好职业准备、增强责任感和提高自立能力（Anderson，Lawton，Rexeisen 和 Hubbard，2006）。然而，仅简单汇报参与者的数量和百分比就能对跨文化发展进行充分评估吗？事实上，为了回应这个问题，在出国留学和留学评估领域的学者已经呼吁对留学学习成果的评估进行改进。（Bennett，2010；Comp 和 Merritt，2010；Deardorff 和 Hunter，2006；Gillespie，2002；Rubin 和 Sutton，2001；Vande Berg，2009；Vande Berg，Paige 和 Lou，2012b）

万德·伯格（Vande Berg）（2012b）等人认为，简单地衡量留学生的数量和百分比不足以回答更广泛的问题：出国留学是否如传统意义上假设的那样，能够培养学生的跨文化能力？如果是，那么出国留学的哪些方面最具影响力？如果不是，出国留学在培养学生的过程中存在什么缺点？我们如何能简单地将留学人数作为证据，说明跨文化发展的目标正在实现呢？

当前关于出国留学的文献表明，现有的许多未回答的问题以及过去研究的不同成果，并没有为实践者提供一条明确的道路。正如鲍克（Bok）（2009）所指出的，"教育者还远不能理解如何发展跨文化能力"。过去 10 年中，最全面的研究之一是乔治城联盟的研究（Vande Berg 等人，2009）。这项纵向研究为出国留学跨文化能力的发展提供了重要的实证证据，但不同的研究成果表明，出国留学在许多方面达不到预期的跨文化学习效果。

在加强问责制和资源竞争的时代，高等院校通过改进出国留学对培养具有全球思维的学生的影响的指标来衡量跨文化能力的学习成果至关重要。万德·伯格等（2012a）学者认为，应当改进对出国留学的跨文化目标的评估，因为它们是高等院校正在发展全球毕业生这一主张的核心。为了解决出国留学可能对跨文化能力产生影响的具体数据需要，本章将研究一个学期内在多个目的地学习的学生群体的跨文化敏感性。这种留学方式在某些方面具有独特性，因为它涉及多个目的地，且是由本校教职员工带队的。然而，这种方式包含了传统的学期留学项目中的很多方面，以及过去研究人员所发现的对参与跨文化发展的学生很重要的一些特征。虽然多目的地项目并不多见，但它们倾向于将短期方法与长期学习目标（与有关文化沉浸和适应相关）结合起来。

目前对于将跨文化发展作为出国留学成果的研究表明，结果喜忧参半（Vande Berg et al，2009）。同样显而易见的是，出国留学的条件因变量不同而有很大差异（Engle 和 Engle，2003）。因此，了解哪些条件能培养跨文化能力，哪些条件不能培养跨文化能力十分重要。本章将尝试（部分地）解决在一种独特的多目的地项目中对留学学习成果进行额外评估的要求，该项目具有先前研究（Vande Berg 等人，2012b）指出的许多有助于跨文化发展的特征。

对该项目的分析利用了跨文化发展量表（Intercultural Development Inventory，IDI）所测量的学生跨文化敏感性的前后水平，对整个学期学生所写期刊的审查，以及侧重于将学生的学习感知与项目特征联系起来的学生访谈，以探讨参与者的跨文化能力发展。其目的是探讨参加出国留学项目是否会影响学生的跨文化能力；如果会影响，就要探究这个项目的哪些特点影响了学生的跨文化能力。

5.2 项目和参与者概述

本章的重点是一组本科生参加一个由百森商学院的教师领队的为期一学期的项目，目的地有三个国家（俄罗斯、中国和印度）。在每个国家，学生们都参与了课堂讲座、研讨会、文化旅行和公司访问。在每个国家的课程都是由百森商学院自己的教师讲授。该项目的目标是让学生接触各种文化、商业实践和经济体，同时提高学生在不同文化背景中工作所需的知识和技能。

学生必须通过申请才能加入该项目，这项工作由百森商学院国际办公室牵头，审查申请的工作交由教师和行政人员完成。学生们还需要在 5 月份参加半天的先导会，并于 8 月份在学校参加为期一周的内容更加丰富的行前说明会。

24 名项目参与者中有 21 人同意参加此项研究，包括 11 名女生和 10 名男生。6 名学生自称是来自不同国家的留学生；此外，还有来自不同宗教（例如基督教、印度教、犹太教、伊斯兰教）、不同种族（例如非洲裔美国人、亚裔美国人等）以及具有不同社会经济背景的代表。其中 5 名参与者只会讲英语，而其他人可以讲两种或多种语言。8 名参与者表明他们能够说（流利程度不等）至少一个东道国（中国、俄罗斯、印度）中的一种语言（非英语）。10 名参与者在项目开始之前，就已经在国外生活了 6 个月甚至更长时间。两名参与者指出，他们在国外居住过，但时间不到 6 个月，其余 9 人在项目开始前从未在国外居住过。七名参与者表示，他们是自己国家的少数民族。有三名参与者是大四学生，其余的是大三学生。

该研究项目于 8 月下旬在校本部开始，随后在每个国家（中国、俄罗斯和印度）进行为期四周的学习，并于 11 月底在印度结束。成功完成本项目的学生可以获得等值一个学期的学分,以满足毕业要求。

这个多目的地项目被命名为"金砖国家"(BRIC),包括以下五门课程(标题来自百森商学院在网上公布的课程目录):

1)"遇见金砖国家:跨文化背景下的比较分析"(2学分)。
2)"现代俄罗斯:历史、政治和文化"(3学分)。
3)"俄罗斯的商业环境"(4学分)。
4)"中国的创新和新创企业"(4学分)。
5)"印度:世界宗教、意识形态与社会"(3学分)。

这些课程全部是由百森商学院校本部的教师全英文授课,还会穿插各个东道国的客座讲师授课(他们也用英语授课)。除了课程学习,参观重要地点和参加文化活动也为学生提供了学习机会。学生虽然没有注册国外院校的任何课程,但是他们被正式引荐给了圣彼得堡国立大学(俄罗斯)、复旦大学(中国)和新德里(印度)的多所大学的一些本科生。

表5-1提供了本项目的实施地点和时间表概要。

表5-1 "金砖国家"项目概述

课 程 名 称	时　　长	地　　点
"遇见金砖国家:跨文化背景下的比较分析"	8月20日—11月22日 每周一次	8月——美国 9月——中国 10月——俄罗斯 11月——印度
"中国的创新和新创企业"	8月30日—9月25日 大部分工作日	中国北京 中国上海
"俄罗斯的商业环境"	9月26日—10月24日 工作日	俄罗斯圣彼得堡 俄罗斯莫斯科
"现代俄罗斯:历史、政治和文化"	9月26日—10月24日 工作日	俄罗斯圣彼得堡 俄罗斯莫斯科
"印度:世界宗教、意识形态与社会"	10月25日—11月21日 每周三次	印度新德里 印度斋浦尔

5.3 定量结果

在项目开始之前和最后一周对参与者用跨文化发展量表(IDI)进行测试。IDI是一种被设计用来可靠测量跨文化敏感性发展模式阶段的工具(Bennett,1993)。最新版本的IDI(第三版)由哈默尔(Hammer)(2011)推出。该版本的IDI包括表5-2中概述的五个测量量表。

该项目开始时的IDI测量结果表明,大多数参与者(12名)处于"最小化"取向。有2名参与者以"拒绝接受"取向开始;2名处于"极化"取向;5名参与者处于"接受"取向。没有参与者的得分在"适应"取向内。图5-1是项目开始前的IDI测量(前测)结果。

第5章 目的地：跨文化发展

表 5-2 IDI 测量范围

跨文化发展连续性定向	定 义
拒绝接受（Denial）	一种可能认识到更明显的文化差异，但可能注意不到更深层的文化差异，并可能避免或逃离文化差异的取向
极化（Polarization）	是一种以"我们"和"他们"来看待文化差异的判断性取向。可以分为以下形式 • 防御——对自己的文化价值观和实践的非批判性观点，以及对其他文化价值观和实践的过度批判的观点 • 反转——一种对自己的文化价值观和实践的过度批判的取向，以及对其他文化价值观和实践的非批判性观点
最小化（Minimization）	一种强调文化共性以及共同价值和原则的取向，这种取向也可能掩盖对文化差异的更深的认识和欣赏
接受（Acceptance）	一种认识和欣赏自己和其他文化中的文化差异模式和共性取向
适应（Adaptation）	一种能够以文化上适当和真实的方式改变文化视角和行为的取向

来源：Hammer（2010）。

在项目结束时，我们请参与者再次进行 IDI 测量（后测）。结果表明，大多数参与者（10 人）处在"接受"取向上，而只有 5 人的前测得分在这个范围内。此外，没有参与者前测在"适应"取向上得分，但是却有 5 人的后测得分在这个范围内。其余 6 名参与者的后测得分属于"最小化"类别。没有参与者的后测得分处在"否认"或"极化"取向上。图 5-2 展示了这组参与者的项目后 IDI 取向。值得注意的是，发展模型上的两个最低得分的取向在该图上停止出现，这是成长的表现。换句话说，虽然 4 名参与者开始于跨文化发展连续体的民族中心主义阶段，但根据他们的后测结果，没有参与者在项目结束时还处于这一阶段。

图 5-1 项目开始前的 IDI 测量（前测）结果

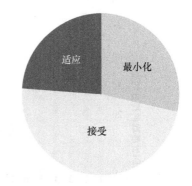

图 5-2 项目结束后 IDI 测量（后测）结果

表 5-3 以数字形式概述了项目前后 IDI 取向频率的变化。

表 5-3 项目前-后 IDI 取向频率

取 向	拒绝接受	极 化	最小化	接 受	适 应
项目开始前	2	2	12	5	0
项目结束后	0	0	6	10	5

IDI 提供了范围从 55～145 的发展取向（Development Orientation，DO）得分。前测得分 96.35 分表示 21 个参与者的平均 IDI 发展取向得分属于最小化取向。这种取向表明，大多数学生强调跨文化交际中的共性，而往往忽略差异性。属于该取向的个体极其尊重所有人的人性；然而，他们对待文化差异的取向也有不足之处。例如，在比较和对照各种文化群体时，他们对相似性的强调可能掩盖了重要差异。属于最小化取向的个体通常根据自己的文化视角来假设各种文化的相似之处，而事实上他们的文化视角可能并不普遍，这可能会导致一种种族中心观点的产生。当考虑跨文化发展时，关注相似性是很重要的；然而，关键是通过了解这些文化的相似性和差异性，以便在与其他文化的比较中真正了解自己的文化。这种理解可以导致跨文化交际中恰当、有效的适应性行为。参与者的发展取向后测得分平均增长了 24.45 分，达到 120.80 分。平均后测发展取向分数属于接受取向。这表明，平均而言，参与者将他们的跨文化能力发展到了一个对文化差异和相似性有更深层次理解的程度。这表明了民族观念在向跨文化感知和理解方向发生了显著的转变。属于接受取向的个体对文化差异感到好奇并且寻求理解文化差异。他们往往能够尊重和感知不同的文化习俗。这种意识的转变和 IDI 发展取向分数的显著增加，超过了其他研究参与者所获得的成果（例如 Engle 和 Engle，1999；Medina-Lopez-Portillo，2004；Vande Berg 等人，2009，2012b）。

每个参与者的 IDI 发展取向得分的变化如图 5-3 所示。显然，除了一个参与者外，其他所有参与者的发展取向得分都增加了，得分的变化范围为-9.62～49.22。

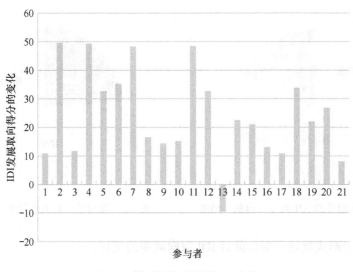

图 5-3 IDI 发展取向得分的变化

值得注意的是，与该领域过去的研究结果相比，本研究中的 IDI 发展取向平均得分的增幅更大（Vande Berg 等人，2012b）。在统计分析的背景下，了解参与者发展取向得分的增加也很重要。通过对成对样本 t 检验，比较前测和后测得分的均值。成对样本 t 检验程序通过计算研究中每种情况的两个均值差异来比较单个组的两个均值。t 检验的结果表明，在数据统计中，后测发展取向平均得分显著高于前测平均得分。

比较两个均值的另一种统计方法是通过计算 Cohen's *d*（Cohen，1988）来计算效应大小。这一点尤其重要，因为该研究中的样本量相对较小（21 人）。换句话说，虽然统计的显著性可能表明两个均值（前测和后测）之间的差异不可能仅仅因为偶然，但计算效应大小有助于我们确定均值变化的幅度（这可能归因于干预——"金砖国家"项目）。以下是本研究中的 Cohen's *d* 计算：

$$d = \frac{T_2 - T_1}{SD} = \frac{120.8 - 96.35}{14.55} = 1.68 \quad （Cohen's\ d\ 的值）$$

总之，在项目参与者（$N = 21$）中，前测得分（$M = 96.35$，$SD = 15.6$）和后测得分（$M = 120.8$，$SD = 13.5$）之间有统计学上的显著差异，$t = 7.011$，$p \leqslant 0.05$。此外，Cohen's *d* 效应大小值（$d = 1.68$）表明其具有很高的现实意义。

除了进行前后比较，IDI 数据还可以根据多个变量的收益来进行差异分析。单因素方差分析（ANOVA）是一种比较组间均值的统计技术，用于比较群体中男性和女性的 IDI 发展取向平均得分的增加值；比较那些表示在"金砖国家"项目开展前在国外居住 6 个月或少于 6 个月的人与在国外居住超过 6 个月的人员；比较美国国民与其他国家的公民；以及比较那些表示他们会说这些国家之一（中国、印度、俄罗斯）的语言（英语除外）与不会说的人。单因素方差分析结果表明，这些分组的平均 IDI 发展取向得分变化之间没有显著的统计学差异。这表明，跨文化发展连续体所取得的总体收益不一定取决于这些变量，干预（"金砖国家"项目）对参与者的影响是一致的。

5.4 定性结果

本研究的定量研究结果表明，参与者在跨文化发展方面取得了长足进步，然而目前还不清楚"金砖国家"项目中的哪些特征对他们的发展产生了影响。以下讨论和图表将总结本研究中定性数据的分析结果。半结构化的采访记录和每个参与者的 9 个日记条目都根据"金砖国家"项目的特点进行了编码，这些特征对他们的跨文化发展有影响。

综合起来，一共有 1482 个编码段的记录和日记条目，它们被分为"金砖国家"项目的 10 大特征。图 5-4 显示了编码的多种特征，以及对每个特征编码频率的可视化评价，其中最大的圆圈表示使用最频繁的编码。图 5-4 还说明了每个特征在定性数据中被编码的次数。在所有的访谈记录和日记条目数据中，出现频率最高的编码是便于与当地人的接触、学术，以及学生主动性。出现频率最低的编码是社交、住宿、行前培训和教练/辅导。与其他代码相比，出现频率中等的代码是多目的地、群体和课外活动。

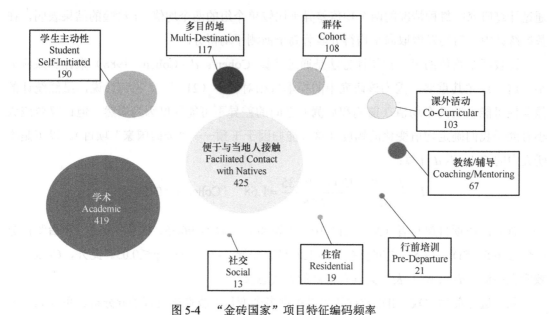

图 5-4 "金砖国家"项目特征编码频率

5.5 "金砖国家"项目特征的交叉点

整个定性分析中的共同主题是：大多数特征不能单独发挥提高参与者跨文化能力的作用。在访谈和日记条目中，经常会出现显性的和隐性的联系，这表明一个特征支持另一个特征的重要性。另外，它们还强调了一些特征对其他特征起负面作用的方式，从而降低了次要特征的可能性。例如，该项目在俄罗斯时突出了其学术特征，要求参与者学习两门必修课程，导致参与者要进行额外的课程阅读、论文和课外活动，因此，参与者在社交场合或正式场合进行独立探索或与当地人联系的时间就减少了，从而对该特征的潜在作用产生了负面影响。

对该项目特征的主题分析表明，学术特征对除社交特征之外的所有特征都有积极影响。"金砖国家"项目被设计为一个学术项目，通过密集短期课程提供完整的学习课程；因此，学术特征对其他特征有至为重要的影响就不足为奇了。同时，学术特征也受到所有其他特征的影响，因为参与者们应用了他们在课堂上学到的知识，而这些知识与在每个国家留学者的生活环境直接相关。

一些参与者评价了正在每个东道国开展的研究课题的强度和重点。他们谈到，当他们在本校报名参加一门学科的学习时，在任何一天当中，他们都可能会上课、读书、参与几个主题讨论（通常是彼此间毫无关联）。相比之下，在"金砖国家"项目进行期间，参与者们会专注于一个特定主题（如世界宗教），并在课堂内外进行研究、阅读和讨论，完成一个有关人种志[⊖]的项目，这需要通过在家庭环境中与宗教信仰者的讨论来探索宗教。通过阅读、教师专业知识和课堂讨论以及对所研究主题的人和背景的学习，这种三角化的理论学习方式有助于参与者每天对这些主题进行更深入的思考。

"金砖国家"项目特征的另一个交叉点是学术特征和多目的地特征中的"相遇"课程组件。"相遇"课程的目标是培养能使学生调整和适应不同文化背景的态度和技能。多目的地方法提供给参与者实验场所来进行实验。参与者的共同看法是，"相遇"课程为他们提供了工具，增强了他们的观察能力，并且超越通过探索行为、沟通和信仰的细微差别来探索一种新文化时能够观察到的显而易见的文化差异。这一点尤其重要，因为大多数研究对象的IDI取向都在最小化范围内，表明他们更有可能寻求与其他文化背景的共同点。"相遇"课程鼓励他们培养对差异的好奇心，即使这意味着他们必须离开自己的舒适区。多目的地特征将参与者带到全球三个截然不同的地区，这样文化差异就显而易见了，而"相遇"课程帮助参与者分析他们所经历和观察的事件。

对参与者叙事的分析显示了一张相互关联的特征网络，这个网络为学生提供了培养同理心、认识自己的偏见、挑战刻板印象和民族中心信仰并最终获得知识和技能的框架，使他们能够在跨文化情境中恰当地沟通和表现。虽然一些特征要求正式和结构化（即学术特征），但其他特征的结构呈现最小化，并为学生提供自己参与的机会（住宿、便于与当地人联系）。这种正式和非正式安排的结合，以及被要求与自愿参与的结合，同样意味着参与者之间的跨文化发展不均衡，正如在本研究的定量研究中所显而易见的。

便于与当地人联系、行前培训、群体、辅导/指导这些特征使得学生敢于冒险与当地文化的人和环境打交道，从而对模糊性有更大的容忍度。参与者不断提到，尽管他们过去曾经去过许多国家，但是"金砖国家"项目所设定的期望目标以及他们通过这些特征所获得的鼓励，都要求他们以极大的好奇心和最大的尊重来对待当地文化。他们特别提到，小组成员的互动创造了相互学习（群体特征）和相互挑战来秉承这些态度的机会。此外，他们的教师经常以身作则，允许他们在探索中理解人们在跨文化交流时可能犯错误，这是学习过程的一部分。

万德·伯格（2007）认为，出国留学项目成功地为参与者提供了认知和行为的跨文化工具，从而使他们能够在新的和具有挑战性的国外环境中反思自己的学习。这项研究的结果表明，"金砖国家"项目特征的组合和交叉使学生能够充满好奇心地去对比文化，同时保留自己的判断，深入了解他们所访问国家的当地文化，并磨炼他们的跨文化交流技能，因此项目是成功的。此外，"金砖国家"项目也提供了许多反思的机会。

⊖ 人种志（Ethnography），也译作民族志，是描述某个文化，以及从当地人的观点来理解另一种生活方式的。

5.6　结论

在过去 15 年来关于留学学习成果的文献中，一个显而易见的共同主题是要求践行者接受范式转变，以便有意识地进行干预，以确定学生的确是在国外学习，而不仅仅是偶然学到什么。

在大学的学术体系中确实有许多怀疑论者，他们不相信出国学习是一项有价值的尝试，也不相信学生可以获得目标能力（Hoffa 和 DePaul，2010）。另外，正如迪尔多夫（Deardorff）和琼斯（Jones）（2012）所指出的，跨文化能力发展正日益成为高等教育国际化努力的重心。本研究的结果和分析支持这样一种观点：教育者应通过有意识的教学模式进行干预，从而发展学生的跨文化能力，而不是假设只因为他们在国外，跨文化能力就能得以发展。

本研究的结果指出了一些对实践的启示。总而言之，教育工作者必须考虑为学生提供一系列参与机会，这些机会结合起来构成一个框架，推动学生远离他们的舒适区，让他们在国外时能真正融入当地环境。显然，如果没有课堂和结构化的学习，学生不能因此具备解释跨文化交流的复杂性的能力，那么他们所进行的独立探索就跟旅游差不多了。另一方面，如果学术内容在没有机会与"金砖国家"项目中三个国家的当地人接触的情况下交付给学生，那么学术内容可能不会那么有效。换句话说，学术界正在为进一步的探索埋下种子，并且提供将这种学习转化为即时应用的机会来加强学习，从而形成一个持续的循环。学生们提到了理论学习方式的重要性，因为这使他们能够了解每个东道国的文化、商业和社会制度背景。然后，他们将能够强化或挑战理论学习的经验带回课堂，并共同反思他们经历中最重要的部分。总而言之，当将学术课程、便于与当地人联系和独立探索结合起来，跨文化学习就会加速和内化。

作为学生接受高等教育的学习成果，跨文化能力的提高是 21 世纪培育公民的一个不可或缺的部分。这个重要目标不可能通过长期的设想就能实现的，即仅仅将学生送到另一个国家一段时间，学生就会具备跨文化能力。鉴于这种学习成果对未来全球经济和社会的重要性，班尼特（Bennett）（2010）建议我们"促进系统的、有意识的跨文化学习"（449 页）。本研究支持班尼特（2010）的这一观点：系统的跨文化学习可以产生深远的影响，这在"金砖国家"项目的结果中得到了证实。此外，这些结果使教育者更好地了解对学生发展最有效的因素。

最后应当指出的是，虽然本章的标题将跨文化发展作为一次性目标，但它实际上是一个复杂的、终身的追求，需要在没有特定终点的情况下持续学习。那些力求培养全球化思维的人都理解持续学习、体验和反思这一循环的重要性。

参考文献

Altbach, P. G., & Knight, J. (2007). The internationalization of higher education: Motivations and realities. *Journal of Studies in International Education, 11*(3–4), 290–305.

Anderson, P. H., Lawton, L., Rexeisen, R. J., & Hubbard, A. C. (2006). Short-term study abroad and intercultural sensitivity. *International Journal of Intercultural Relations, 30*, 457–469.

Bennett, M. J. (1993). Towards ethnorelativism: A developmental model of intercultural sensitivity. In R. M. Paige (Ed.), *Education for the intercultural experience* (pp. 21–71). Yarmouth, ME: Intercultural Press.

Bennett, M. J. (2010). A short conceptual history of intercultural learning in study abroad. In W. W. Hoffa & S. C. DePaul (Eds.), *A history of U.S. study abroad: 1965-present* (pp. 419–449). Carlisle, PA: Frontiers Journal, Inc.

Bok, D. (2009). Foreword. In D. K. Deardorff (Ed.), *The Sage handbook of intercultural competence* (pp. ix–x). Thousand Oaks, CA: Sage.

Cohen, J. (1988). *Statistical power analysis for the behavioral sciences* (2nd ed.). Hillsdale, NJ: Lawrence Erlbaum.

Comp, D., & Merritt, M. (2010). The development of qualitative standards and learning outcomes for study abroad. In W. W. Hoffa & S. C. DePaul (Eds.), *A history of U.S. study abroad: 1965-present* (pp. 451–489). Carlisle, PA: Frontiers Journal, Inc.

Deardorff, D. K., & Hunter, W. (2006). Educating global ready graduates. *International Educator, 15*(3), 72–83.

Deardorff, D. K., & Jones, E. (2012). Intercultural competence: An emerging focus in international higher education. In D. K. Deardorff, H. de Wit, D. Heyl, & T. Adams (Eds.), *The Sage handbook of international higher education* (pp. 283–303). Thousand Oaks, CA: Sage.

Engle, J., & Engle, L. (1999). Program intervention in the process of cultural integration: The example of French practicum. *Frontiers: The Interdisciplinary Journal of Study Abroad, 5*(Fall), 39–60.

Engle, L., & Engle, J. (2003). Study abroad levels: Toward a classification of program types. *Frontiers: The Interdisciplinary Journal of Study Abroad, 9*, 1–20.

Gillespie, J. (2002). Colleges need better ways to assess study abroad programs. *The Chronicle of Higher Education, 48*(43), B20.

Gillespie, J., Braskamp, L. A., & Braskamp, D. C. (1999). Evaluation and study abroad: Developing assessment criteria and practices to promote excellence. *Frontiers: The Interdisciplinary Journal of Study Abroad, 5*(Fall), 101–127.

Hammer, M. R. (2010). *The intercultural development inventory manual*. Berlin, MD: IDI.

Hammer, M. R. (2011). Additional cross-cultural validity testing of the intercultural development Inventory. *International Journal of Intercultural Relations, 35*, 474–487.

Hammer, M. R., Bennett, M. J., & Wiseman, R. (2003). Measuring intercultural sensitivity: The intercultural development inventory. *International Journal of Intercultural Relations, 27*, 421–443.

Hoffa, W., & Pearson, J. (1997). *NAFSA's guide to education abroad for advisers and administrators* (2nd ed.). Washington, DC: NAFSA, Association of International Educators.

Hoffa, W. W., & DePaul, S. C. (Eds.). (2010). *A history of U.S. study abroad: 1965-present.* Carlisle, PA: Frontiers Journal, Inc.

Institute of International Education. (2014). *Open doors 2014: Report on international educational exchange.* New York, NY: Author.

Medina-Lopez-Portillo, A. (2004). Intercultural learning assessment: The link between program duration and the development of intercultural sensitivity. *Frontiers, 10*(Fall), 179–199.

Rubin, D. L., & Sutton, R. (2001). Assessing student learning outcomes from study abroad. *International Educator, 10*(2), 30–31.

Vande Berg, M. (2009). Intervening in student learning abroad: A research-based inquiry. *International Education, 20*(4), S15–S27.

Vande Berg, M., Connor-Lindton, J., & Paige, R. M. (2009). The Georgetown Consortium Project. *Frontiers: The Interdisciplinary Journal of Study Abroad, 18*(Fall), 1–75.

Vande Berg, M., Paige, R. M., & Lou, K. H. (2012a). Student learning abroad: Paradigms and assumptions. In M. Vande Berg, R. M. Paige, & K. H. Lou (Eds.), *Student learning abroad: What our students are learning, what they're not, and what we can do about it* (pp. 3–28). Sterling, VA: Stylus Publishing, LLC.

Vande Berg, M., Paige, R. M., & Lou, K. H. (Eds.). (2012b). *Student learning abroad: What our students are learning, what they're not, and what we can do about it.* Sterling, VA: Stylus Publishing, LLC.

| 第 6 章 |

将学生作为研究对象到底错在哪里——将学生作为研究对象的详尽指南概要

理查德·C. 汉纳（Richard C. Hanna）和查尔斯·温里奇（Charles Winrich）

6.1 引言

  展开研究的关键挑战是寻找研究参与者。不是任何人都可以作为参与者，只有那些能够代表正在研究的现象或问题的人才能入选。不幸的是，寻找参与者可能既费时又费钱，并且在这个过程中还有许多其他挑战需要考虑。为了高效、经济地进行研究，许多研究者出于便利，选择学生研究对象（Student Subjects）作为样本来支持他们的研究活动。这样做不仅成本最低，而且进行起来也很容易。因此，两个最关键的挑战解决了。然而，现存的文献对此很有争议，并且从有效性和伦理两个视角举例论证了将学生作为研究对象的利弊。虽然学生可能无法完全解决大多数研究的需求，但好消息是，当涉及许多将教育学术作为核心的学术研究，重点关注教学法和与教育相关的过程时，最好的研究参与者就是学生。本章将介绍最常见的问题，并对如何引导学生研究对象进行教育研究提出相应的策略。

6.2 教育研究的定义

  广义的教育研究包括与教育项目、实践或政策的有效性（即对学生成绩的影响）相关的调查（美国教育部）。教育研究中包含的活动包括评估工具的开发、具体教学策略的评估，和对整个教育项目或课程的评估。在上述每一种情况下，将学生作为研究对象都可以贯穿研究工作的全过程。例如，在开发评估工具的过程中，对学生进行试点试验有助于确保问题的清晰性以及统一研究团队与学生对象之间对问题的解释。在对教学策略、教育项目或课程的评价中，可以向参与的学生提供评估工具（理想情况是在干预之前和之后），以衡量他们在知识、技能以及对课程和项目的态度方面的任何变化。因此，在各种有关教育项目的研究中，学生成了自然的研究对象，因为在这种教育研究中，学生的成绩或态度的变化是被测量的因变量，不同班级、项目或课程之间的差异则作为自变量。

6.2.1 为什么将学生作为研究对象受到批评

一、使用学生研究对象的有效性

在学术界，我们经常会使用学生样本，因为相对于非学生样本而言，学生样本既节省成本又方便寻找。然而，现有文献中非常关注将学生用于研究的可靠性和有效性。事实上，在20世纪80年代，对于研究中使用学生研究对象是否合适曾引起学术界的广泛争论（例如，Calder，Phillips和Tybout，1981；Gordon，Slade和Schmitt，1986，1987；Greenberg，1987；Lynch，1982），问题并没有得到很好的解决。虽然现在的相关争议较少，但在最近几年有关学生研究对象的有效性问题仍然备受关注，并且在评审过程中经常受到质疑（例如，Compeau，Marcolin，Kelley和Higgins，2012；Mortensen，Fisher和Wines，2012；Peterson和Merunka，2014）。

对学生研究对象最大的批判在于其缺乏外部有效性（Mortensen等人，2012；Peterson，2001）。例如，一些研究人员认为，学生研究对象缺乏非学生研究对象可能拥有的实践经验，因此会做出不同的决定。彼得逊（Peterson）（2001）通过使用学生研究对象进行的社会科学研究的二阶元分析发现，学生研究对象的反应比非学生研究对象的反应稍微缓和些。此外，彼得逊（2001）发现，大约每5次关系研究中会有一次使用学生研究对象与成年研究对象得出的结论不同。因此，彼得逊对使用学生研究对象进行研究，而没有使用非学生研究对象进行复制研究所得出的结果的可推广性提出质疑。

其他研究人员质疑学生是否缺乏相应的经验或知识来做出某些复杂的决定。阿卜杜拉·穆罕默德（Abdolmohammadi）和怀特（Wright）（1987）对经验丰富的会计师和一组由新员工和会计专业学生组成的缺乏经验的人员，在解决一系列结构化和非结构化任务的能力方面进行了比较。他们发现两组做出的决策存在显著差异，并且经验能单独作为决策的驱动因素。他们得出结论，在某些复杂或高级的决策环境中，学生研究对象可能不适合作为专业人士的替代者。休斯（Hughes）和吉布森（Gibson）（1991）在比较MBA学生和专业人士的战略决策时发现了类似的结果。然而，尽管经验在某些环境中可能至关重要，但在某些情况下，经验已被证明是一个决定性因素。例如，艾因霍恩（Einhorn）（1974）发现，实际经验会导致"专家"忽略某些线索或证据，或者忽略他们认为自己已经知道的事物，因此不能有最佳表现。

关于学生研究对象是否适合当前任务是所有批评的共同点。换句话说，对于这些研究来说，为了分析随后的行为，参与者的知识和经验是关键因素。然而，并不是所有的研究都注重行为，相反，有的研究更注重态度。实际上，卡德斯（Kardes）（1996）指出，在大多数社会科学研究中，我们关心的是解释变量之间的关系（即相对效应），而不是预测特定的行为（即绝对效应）。此外，贝尔特拉米尼（Beltramini）（1983）发现，虽然学生和成人研究对象在实际的行为决策上有显著差异，但是他们在潜在的心理过程或态度方面并没有显著差异。因此，对于注重心理过程而非具体行动或决策的研究，大学生可以作为大多数研究的合格替代者。事实上，由于大学生一般比典型的美国消费者更年轻，受教育程度更高，社会经验更少，且因为他们很少有偏见，因此他们是研究变量间关系的理想参与者。所以，使用学生作为研究对象，研究人员可以清楚地考察不同的研究过程；如果缺少某些特性，则可将该特性作为研究中的变量进行建模。

在广泛的行为研究领域中，关于使用学生研究对象是否恰当的争论可能还会继续下去，大多数研究人员会建议使用非学生研究对象进行复制研究，以便确认结果（参见 Compeau 等，2012）。然而，如前所述，在评估教育干预措施时，学生的知识、技能或态度的变化是调查中的因变量。因此，在这样的研究中，学生研究对象是唯一适合的，因为我们可以通过测量教育干预导致的学生变化来判断这种干预的有效性。然而，将学生作为教师研究项目的研究对象，教师对学生的权威增加了潜在的伦理影响。

二、使用学生研究对象的伦理问题

虽然学生通常是教育研究中最好的研究对象，但此类研究必须符合与人类研究相关的伦理标准。当教师在自己的课堂上或对自己的学生进行研究时，这可能是一个特殊的问题。研究中对人类研究对象的伦理保护可以追溯到第二次世界大战后对实验中囚犯待遇的关注（Smith，Cutting 和 Riggs，1991）。在行为研究中对人类研究对象伦理保护的关注起源于米尔格拉姆（Milgram）实验和斯坦福监狱（Stanford Prison）实验。1974 年，美国卫生与公众服务部（U.S. Department of Health and Human Services，HHS）颁布的《美国联邦法规》（Code of Federal Regulations）中第 45 篇第 46 部分对保护人类研究对象做出了规定。《美国联邦法规》的第 45 篇第 46 部分中的规定已经被 15 个联邦机构所采用，因此现在被称为"共同法则"，且于 2009 年更新。

共同法则的基本原则由《贝尔蒙特报告》（Belmont Report）提供。《贝尔蒙特报告》由美国卫生与公众服务部（HHS）保护生物医学和行为研究人类研究对象委员会于 1978 年发布（HHS，1978）。该报告概述了研究人员在对人类研究对象进行研究时应遵守的基本伦理原则：尊重个人原则、利益原则、公正原则。该报告还有一个章节介绍了每一条道德原则在研究实践中的应用。

1. 尊重个人原则（Respect for Persons）

《贝尔蒙特报告》在关于尊重个人原则的一节从以下内容开始："尊重他人至少包含两个道德信念：第一，个人应被视为自主行为者；第二，自主权被削弱的人有权得到保护"（HHS，1978）。这就引出了将学生作为研究对象的两个根本问题：第一，我们如何保证将学生作为自主行为者对待？第二，学生是否因为自主权减少而受到保护？

《贝尔蒙特报告》对第一个问题做出了部分解答。报告认为，尊重一个人需要允许他自由选择是否参与研究（HHS，1978）。为了帮助潜在研究对象了解相关信息，他们必须知道自己被要求参与一个研究项目，知道项目的目标以及他们需要完成的项目中的程序。潜在研究对象还必须被告知参与过程中可能会存在的风险。然而，仅仅告知潜在研究对象有关研究的内容是不够的，他们还必须理解提供的信息，然后可以选择是否自愿参与研究，而不会因拒绝而产生不良后果。

告诉学生一个研究项目非常简单。一般来说，教师也善于以一种易于理解的方式向学生提供信息。然而，研究对象是否自愿的标准直接导致了上述第二个问题。学生的自主权减少了吗？在教师为了研究项目而在自己的课堂里招募学生的情况下，学生可能会为了取悦教授而感到自己被胁迫参与，特别是在教师为了激励学生参与而提供额外的学分时（Leentjens 和 Levenson，2013）。在严格的法律义务方面，《美国联邦法规》第45篇第46部分不包括为学生提供额外保护的章节。然而，教师和高校需要意识到，无论是真实的，还是学生感觉到的，胁迫的可能性都是存在的，应使其最小化。最后，许多研究招募活动是作为课程的一部分进行的，因此参与研究可能会让学生感受到来自同伴（peer）的压力，同时向班级披露他们参加了研究项目会让他们感到隐私受到了侵犯。

2. 利益原则（Beneficence）

利益原则基于希波克拉底（Hippocratic）原则，要求不伤害研究对象的利益（HHS，1978）。《贝尔蒙特报告》增加了使利益最大化和研究损害最小化的义务。利益原则不要求研究对象必须直接受益于研究，但要求研究对象受到最小的潜在伤害，并且研究人员需要积极保护研究对象的福利。

当教师和高校将学生作为研究对象时，利益原则增加了道德困境。有一个隐含的契约，那就是高校和每一名教师都有教育学生的职责。当教师将自己的学生作为研究对象时，哪种关系应该优先，师生关系还是研究对象关系？这种角色混乱造成了教师的压力，特别是教师需要明确自己是在尽最大的努力教育学生，还是在以最大的努力成功完成研究（Lifchez，1981）。虽然一些人认为参与研究可能有教育价值，但应当注意的是，参与并不意味着学生研究对象对数据分析过程或研究结果会有深入的了解（Leentjens 和 Levenson，2013；Smith et al.，1991）。

除了提高研究对象的利益之外，利益原则还要求将风险最小化。虽然研究项目的利益和风险都难以量化，但《贝尔蒙特报告》特别建议要尽可能充分考虑研究对象在研究中的风险。该报告特别指出，在研究中研究对象可能存在心理、生理、法律、社会和经济风险。其中一些风险可能是参与研究过程中固有的，而其他风险可能是由于参与研究的研究对象信息的泄露。总而言之，任何研究都必须尽可能广泛地考虑利益和风险，并采取措施实现利益和风险的最优比例。

3. 公正原则（Justice）

公正原则将谁从研究中受益的问题与谁来承担研究责任的问题联系起来。对使用学生进行研究应特别考虑公正原则。即使学生可能从研究中得不到任何特定收益，他们也会被视为一个方便、可用的研究群体。在教学研究中，学生是从研究中获益的自然研究对象；然而，只使用学生进行研究会限制研究的普遍性，从而减少研究的收益。在学术环境中，研究也会给教师带来一些诸如职位晋升方面的利益。

6.3 解决问题的策略

上文提出的问题指出了使用学生进行研究可能存在的严重伦理问题。然而，这并不意味着在研究项目中，教师不能在道德范围内有效地使用学生作为研究对象。通过精心地制定研究流程，教师可以避免由于使用学生作为研究对象而产生的潜在伦理问题。本节讨论了可能出现的问题及其解决方案，如表 6-1 所示。

表 6-1 潜在伦理问题以及相应的规避策略

潜在伦理问题	规避策略
奖励参与的学生或惩罚不参与的学生	在研究中不要给课程参与者额外的学分
	不要要求课程中没有选择完成与研究相关的任务的学生完成额外的工作
学生在招募过程中有被胁迫感	不要让课程讲师招募自己的学生进行研究
	不要采取会让其他学生知道的方式招募学生研究对象
研究活动与教学活动之间的冲突	让独立调查员（即不是课程讲师）记录课堂活动的一切观察数据
	在为了研究目的评估学生工作之前，使用匿名身份

通过取消对学生参与研究的任何要求，可以将胁迫学生的问题降到最低。这使得是否参与研究完全由学生自主决定。然而，在非必需的研究活动中仍会出现胁迫问题。学生不应该因参与研究而在课程中获得额外的学分，教师也不应该要求没有参与研究的学生完成另外的作业，以弥补那些选择参加研究的学生花在研究活动上的时间。然而，这可能并不一直可行，更好的做法是要求所有学生完成相同的工作，并且只将参与者的工作用于研究目的。

假设一名教师希望利用自己班级的学生进行研究，那么在招募过程中就会存在潜在的胁迫。这些胁迫既有来自课堂招募中同伴的压力，也有来自教师在课堂上询问学生是否参与研究的压力。另一个减少学生参与压力的策略是，让与学生无关的教师在私人环境中招募学生。

可以通过采取细致的研究策略来减少研究者角色和教师角色之间的潜在冲突。上述要求所有学生参与同样活动的建议也有助于解决这个问题。这种情况下，什么是教育上适合于学生的和什么是研究项目所必需的之间的冲突就被最小化。在一个对学生的观察将成为数据的一部分的环境中，应有另一名研究者参与这些观察，以便课程教师能够专注于做对学生学习最好的事情。这两种策略都有助于保证学生不论是否参与研究，都对他们的教育影响最小。

最后，与任何研究一样，研究人员应仔细考虑研究的目标人群。一个基本的统计原则是，不能用从独立总体中抽取的样本来概括一个总体。因此，如果学生不是目标人群的一部分，则需要给出选择学生研究对象进行研究的理由。此外，如果学生仅构成目标人群的一部分，那么研究样本应该扩大到可以代表整个目标人群。

正如本节讨论的策略所表明的，教师与他们的学生研究对象进行的教育研究可以在合乎道德的情况下完成。下面我们给出了作者和学生研究对象一起参与研究的案例。我们强调了教师在使用自己的学生作为研究对象时避免伦理陷阱而使用的策略。

案例研究1：习得的道德态度（Learned Ethical Attitudes）

通过了解学生怎样学习和思考特定主题，人们可以更好地了解未来从业者会在该领域有怎样的作为。克里滕登（Crittenden）及其同事在一系列文章中探讨了不道德行为对未来商业领袖的影响（见Crittenden，Hanna和Peterson，2009a，2009b；Hanna，Crittenden和Crittenden，2013）。一项关于对道德和不道德行为的态度的调查问卷被分发给世界各地的商学院本科生，研究者收到了超过6000份反馈并对其进行了分析。学生数据是由世界各地不同学校的教师自愿收集的。该调查没有提供具体的奖励，学生自愿选择加入。克里滕登及其同事利用这些数据更好地了解了商科学生对道德和不道德行为的态度，以及在这些学生的受教育环境中，文化氛围和所处环境的腐败程度如何影响他们的态度。对于这项特别的研究，选择学生作为研究对象很自然，因为他们代表未来的劳动力，在当时，不会对工作环境的影响而有所偏见。此外，由于关注的焦点是社会影响和对道德行为的心理态度，因此对于使用学生研究对象的典型批判并不适用。

考虑到商业环境中不道德行为的增加以及商学院对伦理教育的重视，研究人员希望更好地了解不道德行为的影响，以及这些影响在多大程度上与社会环境相关。因此，在商科学生进入工作环境之前对其进行检查（即无偏见检查），将为了解学习环境对他们的影响提供理想视角。与社会学习理论（Bandura，1977）相一致，汉娜（Hanna）等人（2013）发现，大多数文化背景中的学生最容易受到榜样的影响。与此同时，对资本主义和风险的态度很少与不道德行为联系起来。换句话说，如果学生认为他们的经理经常有不道德的行为，他们更有可能妥协。这些同学是否相信资本主义，或者这种风险是否应该得到回报，都与他们对不道德行为的态度无关。这里的一个关键要点是，教育者需要意识到他们向学生提供了什么类型的榜样。虽然使用在职的非学生样本可能会得到相同的发现，但也许会有更多不同的意见和错误地把榜样影响简单归于商业文化或企业文化影响的可能性。

案例研究 2：对于话题的态度（Attitude toward a Topic）

拉普瑞斯（Laprise）和温里奇（Winrich）(2010)研究了好莱坞电影在科学课堂作业中的应用。研究目标是了解学生对课堂和科学的整体态度，这是观看和评论科幻电影这一特殊教学方法的成果。此外，研究人员想看看学生是否觉得他们通过观看和评论电影能够更有效地学习。作者所教班级的学生被招募为该项目的研究对象。学生们被问到，通过观看电影，他们是否觉得更好地学习了课程内容，以及观看电影后是否对课程有了更积极的态度。调查问卷是在学期末课程调查课上分发的，所以学生可以在教师不在场的情况下完成调查。教师分发了调查问卷并解释了研究项目，学生在教师离开教室后才真正地完成了调查，这样参与调查的潜在压力就被消除了。学生被要求以匿名形式完成调查，并将问卷留在房间里等教师课后收回，这样教师就不知道谁完成了或没有完成调查。同时使用机器评分的形式来消除识别学生笔迹的可能性。

虽然完成调查仍然存在同伴压力，但调查的整体完成率达到了 90%，因此一些学生确实可以随意跳过调查。研究中的课程包括必修课和选修课。总的来说，选修课上学生的报告显示，他们对科学的态度发生了统计上的显著变化，至少他们感觉通过观看和评论电影能更好地理解课程内容。虽然教师认为，在课堂上使用的教学方法对学生来说有趣且有效，但了解学生感受的唯一途径是让学生作为研究对象。在这个案例中，学生们报告说，他们不会因为完成了这次作业而增加自己将来从事科学或与科学相关的工作的可能性。

6.4 结论

关于使用学生作为研究对象是否恰当的争论可能仍会继续。在某些情况下，对于学生是否是最合适的研究对象可以提出很好的问题。然而，在教育研究中，学生作为研究人员感兴趣的人群这一点几乎没有提出什么问题。但是，当使用学生作为各种类型研究的研究对象时，都有可能出现伦理问题。

在许多高校，机构审查委员会（Institutions Review Board，IRB）将有助于保护从事学生研究的教师免受道德困境的侵害，保护学生免受潜在的伤害。然而，通过了解这些潜在的问题以及使这些问题最小化的策略，研究人员可以更有效地为机构审查委员会的审查做准备。首要问题是，学生是否是研究的合适目标人群；如果不是，那么研究者应该认真考虑是否可以对学生进行研究；如果可以，那么应该考虑教师在对自己的学生进行研究时存在的主要问题，并采取措施避免这些问题。虽然这些策略不能保证研究中不会出现问题，但提前规划与学生研究对象有关的伦理问题，应该有助于确保研究团队在问题真的出现时做好准备。

参考文献

Abdolmohammadi, M., & Wright, A. (1987). An examination of the effects of experience and task complexity on auditor judgments. *The Accounting Review*, 62(1), 1–13.

Bandura, A. (1977). *Social learning theory*. Englewood Cliffs, NJ: Prentice Hall.

Beltramini, R. F. (1983). Student surrogates in consumer research. *Journal of the Academy of Marketing Science*, 11(Fall), 438–443.

Calder, B. J., Phillips, L. W., & Tybout, A. M. (1981). Designing research for application. *Journal of Consumer Research*, 8, 197–207.

Compeau, D., Marcolin, B., Kelley, H., & Higgins, C. (2012). Research commentary—Generalizability of information systems research using student subjects—A reflection on our practices and recommendations for future research. *Information Systems Research*, 23(4), 1093–1109.

Crittenden, V. L., Hanna, R. C., & Peterson, R. A. (2009a). The cheating culture: A global societal phenomenon. *Business Horizons*, 52(4), 337–346.

Crittenden, V. L., Hanna, R. C., & Peterson, R. A. (2009b). Business students' attitudes toward unethical behavior: A multi-country comparison. *Marketing Letters*, 20(1), 1–14.

Einhorn, H. J. (1974). Expert judgment: Some necessary conditions and an example. *Journal of Applied Psychology*, 59, 562–571.

Gordon, M. E., Slade, L. A., & Schmitt, N. (1986). The "science of sophomore" revisited: From conjecture to empiricism. *Academy of Management Review*, 11(1), 191–207.

Gordon, M. E., Slade, L. A., & Schmitt, N. (1987). Student guinea pigs: Porcine predictors and particularistic phenomena. *Academy of Management Review*, 12(1), 160–163.

Greenberg, J. (1987). The college sophomore as guinea pig: Setting the record straight. *Academy of Management Review*, 12(1), 157–159.

Hanna, R. C., Crittenden, V. L., & Crittenden, W. F. (2013). Social learning theory: A multicultural study of influences on ethical behavior. *Journal of Marketing Education*, 35(1), 18–25.

Hughes, C. T., & Gibson, M. L. (1991). Students as surrogates for managers in a decision-making environment: An experimental study. *Journal of Management Information Systems*, 8(2), 153–166.

Kardes, F. R. (1996). In defense of experimental consumer psychology. *Journal of Consumer Psychology*, 5(3), 279–296.

Laprise, S., & Winrich, C. (2010). The impact of science fiction films on student interest in science. *Journal of College Science Teaching*, 40(2), 18–22.

Leentjens, A. F. G., & Levenson, J. L. (2013). Ethical issues concerning the recruitment of university students as research subjects. *Journal of Psychosomatic Research*, 75, 394–398.

Lifchez, R. (1981). Students as research subjects: Conflicting agendas in the classroom? *Journal of Architectural Education*, 34(3), 16−23.

Lynch, J. G. (1982). On the external validity of experiments in consumer research. *Journal of Consumer Research*, 9, 225−239.

Mortensen, T., Fisher, R., & Wines, G. (2012). Students as surrogates for practicing accountants: Further evidence. *Accounting Forum*, 36, 251−265.

Peterson, R. A. (2001). On the use of college students in social science research: Insights from a second-order meta-analysis. *Journal of Consumer Research*, 28(3), 450−461.

Peterson, R. A., & Merunka, D. A. (2014). Convenience samples of college students and research reproducibility. *Journal of Business Research*, 67(5), 1035−1041.

Protection of Human Subjects. 45 C.F.R. § 46 (2009).

Smith, D. L., Cutting, J. C., & Riggs, R. O. (1991). Use of students as research subjects: Institutional responsibility. *Research Management Review*, 5(1), 23−34.

U.S. Department of Education. (n.d.). Institute of Education Sciences, National Center for Education Research. Retrieved from http://ies.ed.gov/ncer/aboutus/. Accessed on December 8, 2014.

U.S. Department of Health and Human Services. (1978). *The Belmont Report: Ethical principles and guidelines for the protection of human subjects of research*. Retrieved from http://www.hhs.gov/ohrp/policy/belmont.html. Accessed on November 15, 2014.

第二篇

跨学科教学和学习

第 7 章

培养创业领袖——在第一年中整合创业教育与组织行为学

丹娜·N. 格林伯格（Danna N. Greenberg）和詹姆斯·亨特（James Hunt）

创业思维与行动®（Thought and Action，ET&A®）是百森商学院开发的一套独特方法，用于帮助个人识别并抓住机会，尤其是在持续变化和不确定的未知环境中。这套方法融合了两种完全不同的方式：预测逻辑和创造逻辑（Keifer、Schlesinger 和 Brown，2010）。预测逻辑包括收集数据、应用适当的概念来预测可能出现的结果的能力。创造逻辑的假设是我们的世界还存在很多未知，因为事情毕竟还都没有发生。在一个未知的环境中，想通过简单地使用已有的数据来预测一个新的想法或机会将对这个世界产生怎样的影响是不可能的。相反，创业领袖必须要通过做小型实验来学会如何处理可能出现的损失，如何带领团队不断从失败中学习，然后再次尝试。应用创业思维与行动®这套方法，人们通过实践、学习、建构的循环来推动新思路的发展（Neck、Greene 和 Brush，2014）。如果要把这套创业领袖必备的方法教给学生，我们需要在课程设计上挑战一些与创业教育相关的潜在假设。本章将讲述我们在重新设计所有大一新生都要学习的，也是百森商学院旗舰课程的管理与创业基础（Foundations of Management and Entrepreneurship，FME）这门课时，是如何提出和应对挑战的。更具体地说，我们介绍将创业学和组织行为学整合在一起的全新方法，以指导学生在追求新的机会时如何与他人合作。通过整合这两个学科，我们创建了新的教学法，促进学生熟练掌握创业思维与行动®的方法并以此将他们培养成创业领袖。

整合组织行为学与创业教学法的益处不应该令人惊讶，因为影响深远的蒂蒙斯创业模型是这样说的：初创企业需要整合并平衡机会、资源和团队（Spinelli、Neck 和 Timmons，2006）。正如洛克（Rock）在更早些时候（1987）所提出的，当产品的性质不可避免地需要发展，或者更进一步，企业必须回应所面临的压力和风险时，创业过程需要团队能够自由转动、变换路线。虽然创业者不太可能单枪匹马地成功驾驭这个过程，但一个优秀的团队是有机会的。创业领袖的角色就是要平衡团队、机会和资源，以建立团队并促进其发展（Spinelli 等人，2006）。

在创业教育中，没有将创业与组织行为看成是天然的合作伙伴有些讽刺意味，也许是不合适的。率领一个高效的团队需要高超的技能。企业创始人必须决定录用什么样的人，各成员间如何精诚合作，怎样发掘和优化团队的潜能，这些都是要在完全不同的环境中决策的。事实上，众所周知，许多企业创始人都会辞去领导职务，因为他们没有领导团队所需的技能（Boeker 和 Karichalil，2002）。

过去的三年中，管理与创业基础这门课经历了一次重大的重新设计。百森商学院有关组织行为的必修课，已经给大二的学生教了 15 年了，现在要和完整修订过的大一创业课程整合在一起。体验式学习是近年来商科项目课程的核心教学法，在这门课程中，由 15~20 名学生组成的团队，运用"设计思维"提出一个商业创意（Brown，2008），研究这个创意的商业可行性，以确定其是否真的是一个商业机会，然后从商学院申请初创企业贷款，启动并运营他们的企业，最后关闭项目，将所有的盈利捐赠给非营利性的社区合作伙伴。

这门课任务繁重，需要一定的学生参与度，从头到尾充满了挑战。正如一个初创企业一样，学生团队要实验和迭代。学生很可能需要反复审视自己企业的方方面面。即便是对最雄心勃勃的学生来讲，一个人单独完成工作的量也太大了。学生们需要学习与他人合作并构建一个高效的团队，以完成这项任务所涉及的一切。这样一来，学生们将不断面临机会和挑战：作为团队成员、领导者，或者一个更庞大组织的成员如何发展自己的创业能力。因此，该商业项目提供了一个理想的环境，用体验的方式来教组织行为学。

然而，这么早就教授组织行为学在教学上还存在争议，记住，这是大一的课程。即使是百森商学院的一些教师也会质疑学生是否已经积累了足够的生活经验供其借鉴，使他们能够理解工作环境中个人行为的复杂性。有趣的是，许多关于教授本科生组织行为课程的适当时间的共同假设在研究中没有依据。这个问题根本就没有探讨过。事实上，我们无法在任何高等教育商科课程中找到试图在学生的学习生涯中这么早就教授组织行为学的案例。因此，我们不得不启用我们所教授的创新思维：我们有了一个创意，该创意对包括以前的学生、校友和不同教职员工在内的很多利益相关者都是有意义的。我们先开展试点工作，从成功和失败中总结经验教训，不断进行迭代，并逐渐扩大项目规模。虽然这样看似简单，但实施这种教学法还是存在很高风险的。新生选择百森商学院的最主要原因是学院开设管理与创业基础这门课。此外，这门课的成本很高，需要 20 多名教职员工相互协调，在课程中的 14 个环节提供学术服务支持，还需要占用学院的大量课程预算。虽然我们预计到，启动这门修订过的课程，有很多东西需要学习，也会犯许多错误；但我们也意识到，课程的基本设计需要一个可行的方法。

本章将讲述我们称之为"管理与创业基础 2.0"的故事，介绍我们认为在此过程中所吸取的重要教训。我们先回顾课程的短暂历史，然后详谈是哪些因素激发了我们要对课程进行重大修订。自始至终，我们将解读教学法设计的重要底层逻辑，特别是与体验式学习相关的概念。我们还将提供管理与创业基础 2.0 的详细信息，以及创业教育、组织行为教学法与商业项目是如何促进学生学习的。最后，我们将讨论在此过程中吸取的有关教学法和教师角色的重大教训，这些教训能够广泛应用到创业教育当中。

7.1 管理与创业基础：课程历史及变革需求

管理与创业基础从 20 世纪 90 年代起，就已经成为百森商学院教学的核心课程。当时，学院正对课程进行深刻的反思。很多商学院同样也在对利益相关者的反馈做出回应，他们认为商科课程虽然能够使学生掌握财务和市场营销等实用技能，但是商科学生在跨学科概念整合方面的能力不足，甚至在与他人合作，尤其是在团队中的工作表现都不理想。于是，整合商业学科和人际交往能力以培养实际能力的教学任务，自然体现了体验式学习的课程设计的价值，即学生将理论学习与直接体验有机地结合起来的教育干预（McCarthy 和 Mccarthy，2006）。尽管体验式教育已经在百森商学院成为很多高级选修课的核心教学法，但还没有被广泛应用到核心课程的教学中。

基于体验式的创业教育课程设计借鉴了巴克内尔大学的约翰·米勒（John Miller）的做法（1991）。在米勒设计和实施的课程中，学生以小组为单位创建一个商业项目。米勒的课程设计部分是基于之前艾伦·科恩（Allan Cohen）（1976）的工作，他主张组织行为学课程最有效的教学方法不是案例和模拟实战，而是将教室构建成为一个组织（Cohen，1976）。这种观点没有讲授组织行为学的概念，而是让人们注意到，组织的动态变化也可以发生在课堂里。领导力、团队合作、倾听、影响力和其他行为概念对课程的有效性必然是重要的。这些现象可以被识别、讨论，甚至可以通过课堂体验进行探索。我们鼓励学生和教师反思如何利用他们在课堂上的行为来解释重要概念，以及他们怎样利用课堂体验来促进个人发展。

当时，百森商学院分管学术事务的副校长科恩与米勒取得了联系，并鼓励一群教师在他和米勒工作的基础上重新设计本科生课程。这项研究的成果是设计出一门以体验式为导向的课程，它超越了课堂的组织形式。在这门新课中，学生会利用学院的种子资金创办并经营一家企业。为了支持并利用这个项目达到教学目标，学院将向学生提供不同的商业学科的概念框架和工具支持，包括创业与组织行为学，还包括会计、运筹学和商法等。

此时，技术也正在成为商学院的教育重点。大一新生对技术知之甚少，也不太会应用。为了突出信息技术的重要性，我们决定将信息技术与系统课程和商业项目相整合，这在教学法上是合适的。试点课程获得了成功，我们决定所有大一新生都要上一整年的商业项目课，也就是管理与创业基础。除了课程学习以外，管理与创业基础已经成为学生融入百森文化，进入商界的一个核心要素。由学生、教师、校友和社区其他成员分享的成功、失败和压力的故事成了民间传说。每年春天大约有15家学生企业出现，几乎百森商学院社区的每一位成员都知道管理与创业基础，而且在某种程度上受到它的影响。

在这些故事中，人们听到的往往是学生商业项目团队"与人打交道"是多么困难；有关商业项目团队"CEO"高效或低效的领导方式的故事也很常见；团队冲突频繁发生，动力和参与方面的挑战经常出现，使项目运作脱离正轨。此外，学习压力和时间压力意味着学生往往在应对人际关系的挑战时缺乏有效的方法，甚至有时会越过道德底线。虽然课程中有一些组织行为学的内容，但是很少，因为我们要讲大量的其他商业概念。此外，尽管教师在课后也花很多时间指导学生团队，但教授管理与创业基础的老师中几乎没有人是组织行为学的教师，他们缺乏相应的技能和知识来为团队提供有力支持，帮助学生发展人际交往能力。随着时间的推移，百森商学院的学生个体发展逐渐多样化，团队也在努力地与来自不同文化背景的学生合作。虽然学生正在经受现实环境中组织行为的挑战，但我们并没有发现他们正在发展相关的技能和理念，以及理解工作中应当如何应对挑战以达到成功。

同时，我们对创业的理解也在不断发展（Costello，Neck 和 Williams，2011）。如上所述，根据蒂蒙斯创业模型（Spinelli 等人，2006）预测，新企业实际上将处于一个高度不确定甚至可能是未知的环境中，使得企业经营过程中的各个组成部分与商业创意一样重要。"商业计划书"的概念由于它固有的预测逻辑而越来越被质疑。"失败"将被视为是一个"有意的迭代"过程的核心。在此过程中，创业者经历挫折、出师不利、走弯路、犯错误，从这些经验教训中学习，做出调整，再向前推进（Neck，2014）。正如内克（Neck）所指出的，这不仅仅是文字上的变化，从"失败"到"有意迭代"还可以"让创业者能够发展应对他们面临的各种不确定所需的技能"（Neck，2014）。有意迭代的一个核心组成部分是与他人合作的内在联系。除了需要一个团队以外，创业思维与行动®方法还侧重于争取获得他人的帮助以获得前进的动力，并围绕错误和挑战进行调整。因此，社会资本逐渐被视为创业成功的关键因素。

2012年，本科学院院长委托几个委员会对管理与创业基础进行评审，这是大规模课改的一项工作。在对学生和校友进行的访谈中，他们都强调了"与人打交道的问题"在这门课程的经历和挫折中扮演的关键角色。虽然这些经验在下一年的中级课程的组织行为课程中进行了汇报，学生们还反思了他们在管理与创业基础课上的体验，以及由此发展的更有效的与人共事的技能，但这远远不够，而且也有点儿晚了。几乎所有的利益相关者，包括越来越多的教师，都认为在管理与创业基础的商业环境中教授组织行为学是很有价值的，这样学生能够从一开始就学到与他人合作的有效方法。

我们在思考组织行为学和管理与创业基础的潜在关系时，与重新考虑我们的信息系统与技术在学生教育中的地位时的过程相似。我们已经进入新世纪的第二个十年，现在的学生在进入大学时比 20 世纪 90 年代的学生拥有更强的技术能力。他们不仅能懂得基本的计算机操作，很多人还懂得如何建立网站和利用社交媒体。他们不再需要被反复灌输技术的重要性，所缺乏的是对大数据、企业级信息系统解决方案、移动计算等与市场营销紧密相关的主题的理解，市场营销通常会安排在后期讲授。在整个课程中，教师们也在探索如何应对与不断变化的社会价值观有关的引人注目的趋势。

像许多商学院一样，百森商学院也在努力研究越来越多的针对管理教育的批评，包括违反道德，将经济效益凌驾于社会效益和环境价值之上（Holland，2009；Khurana，2007）。教师们在考虑如何重新设计教育方法以支持学生的道德发展，帮助学生在面对与环境和社会价值创造相关的机会时如何认识商业的作用。这项研究的成果使学院将新的工作重点放在教育创业领袖上，这些人参与创业思维与行动（ET&A®），对自身和所处的环境有深刻的认识，能够在各个方面创造出社会价值和经济价值（Greenberg，McKone-Sweet 和 Wilson，2011）。管理与创业基础需要重新设计，以便更好地与学院的教学愿景相匹配。

所有这些问题都考虑到如何使管理与创业基础更有活力。凑巧的是，这样的重新设计也让教师有机会改变课程的其他几个方面，以便更好地模拟实际的创业实践。在每一个教学环节，参与的学生数量从 60 人减少到 40 人，这使项目团队更加轻巧灵活。团队人数减少后，所有的学生对自己的行为更加负责；此外，小团队能更准确地反映初创企业的实际情况。与此同时，学院开始彻底整修教学基础设施，为将在第二学期开展的商业项目提供支持，使学生可以更专注于对创业思维与行动®教学法的理解，并提高与他人合作的技能。

这些改变并不是没有风险或没有遭遇到阻力，我们提出的想法也遇到了一些教学上的阻力。对于很多人来说，在课程大纲里这么早地安排组织行为学的教学是有争议的，要知道，这是一门安排在本科第一年的课程。持有这种观点的人质疑学生是否已经足够成熟，并体验过足够的组织关系，能够理解组织行为的复杂性。如前所述，关于组织行为学教学最恰当时间的假设并没有进行过基础的研究。然而，我们也觉得他们的这种看法也符合常理，值得我们接纳和考虑。后来，我们所采取的替代方法是先不考虑在这种情况下能不能教授组织行为学，而是如何能够有效地教好。

7.1.1 管理与创业基础 2.0：培养创业领袖的教育方法

为设计管理与创业基础 2.0，我们必须要使用与自己要教的创业领导力一样的方法。我们有了一个想法，与众多的利益相关者见面，并组建团队。随着团队的精诚合作，该课程的框架不断演进到我们能够开展试点项目的要求。我们按照创业思维与行动®的循环周期开展活动、学习和构建，从试点中学习经验教训，进行迭代，并逐渐扩大规模。随着项目有所进展，我们不断展开活动、学习和构建的循环迭代，使这门课程成为培养创业领袖的核心课程。

学院院长和主席会议对管理与创业基础2.0的学习目标进行了重新定义，如下所述：

- 在综合性企业中体验商业的本质。
- 实践创业思维与行动®。
- 识别、开发并评估能够创造社会价值和经济价值的创业机会。
- 分析与创业机会相关的本地与全球环境。
- 探索自我、创业团队和组织与创业领导力的关系。

这些学习目标在很大程度上借鉴了我们对上述创业领导力的更深层次的研究和理解（Greenberg 等人，2011）。这些学习目标也与设计委员会制定的目标一致。

为了支持实现这些目标，我们制定了教学大纲，图 7-1 说明了学生为达成目标，学习所遵循的迭代和集成的过程。图 7-1 表明，创办一个新的公司并不是最终目标，而是教授上述学习目标的一个工具。横轴代表时间和能力发展，显示了我们课程的进展阶段，以及学生在概念理解及技能上是如何发展的。纵轴代表创业思维与行动®的两个要素：创造逻辑和预测逻辑，以帮助学生了解在课程学习的过程中，自己在哪里更有可能发展自己的创造思维，在哪里更有可能培养自己的预测思维。两条向上的曲线说明了创业课程的内容如何

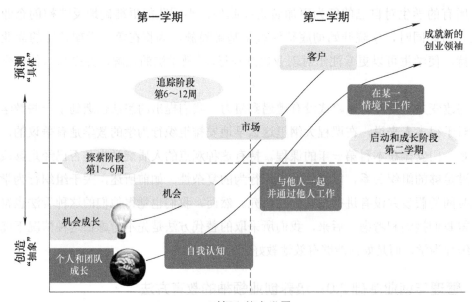

图7-1　百森商学院培养创业领袖详解图

来源：由海迪·内克教授制作，百森商学院，2011年，版权归百森商学院所有。

与组织行为学的内容相关联，下面将详细讨论该图。学习这些课程的主题不是仅仅为了通过"考试"，学生们在运营自己的商业项目时需要这些主题内容并在其基础上开展商业项目。

商业项目是该课程设计的核心要素，学生将经历三个不同的阶段：探索、追踪、启动和成长。在商业项目的探索阶段，从上课的第一天开始，学生被分成 4 个探索小组，每组 10 名学生。在小组中，学生们利用头脑风暴来共同制订一项商业计划。学生们首先要聚焦一个问题领域和机会空间，然后思考解决问题的方法。鼓励学生专注于广泛的潜在商业问题，包括从与产品相关到与社会相关和以服务为导向的问题。探索阶段以"火箭推销"方式结束，在这个活动中，学生用 3 分钟的时间推销他们认为是有潜在商业价值的创意。通常，每个10 人团队可以提出 2~3 条创意。全班 40 名学生从多个维度对这些机会点进行投票，从中选出 5~6 个创意并进入到第二阶段——追踪。

学生们重新组合成 5~6 个执行团队，对这些创意的可行性进行评估。虽然课程的探索阶段强调使用创造逻辑思维，但在追踪阶段则需要应用更多的预测方法，包括市场调查和财务分析，来研究这些机会点。另外，每个团队必须进行一项企业社会责任评估，以更好地了解这些潜在的商业机会对其他利益相关者和环境的影响。追踪阶段以"项目可行性演示"结尾。在这个活动中，学生们展示他们正在考虑的机会点的可行性报告，然后推选出 2~3 个团队的商业项目继续向前，进入到第三阶段——启动和成长。

在项目启动和成长阶段，13~20 名学生组成一个团队，每队将最多获得 3000 美金的贷款，以作为商业项目的启动资金。虽然这是可免除的贷款，学生也都非常清楚这一事实，但在课程进行中，这笔钱就像真的贷款一样。在启动阶段，学生团队将自己管理从学校获得的贷款，并进行经营管理，销售产品或服务，进行财务管理，设计市场营销活动，还需应对和处理内部人力资源和团队事务。不管商业项目是否是明确的社会企业，学生们都需要探索如何创造项目的社会价值和经济价值。初始贷款还清之后，所有的盈利都将捐给非营利性质的合作伙伴[⊖]。课程进展的节奏很快，很挑战人际关系，是个强度很大的学习过程，要求学生和全体教师在课堂内外都要有非同一般的投入。

在这个新的课程设计中，课程整合了两个学科的视角：创业/市场营销和商业敏锐度；组织行为学。两名教师一起来教这门课程，一名来自组织行为学，另一名教师则来自创业学或相关管理学领域。两名教师都参加所有课程，但会根据每天的教学重点，由一个人主讲，或两个人一同讲。无论采用哪种方式，概念性的内容都要教给学生，并与学生的商业项目相结合，以支持学生执行他们的创业项目。下面，我们将详细讨论每一部分的内容。

⊖ 虽然我们希望课程的大部分经营项目都能够达到盈亏平衡，但这不是必须的。学校承保的贷款和学生的成绩都不会因为学生的项目赚不赚钱而受任何影响！

7.1.2 创业/营销/商业敏锐度课程

创业/商业课程的设计目的在于在创业发展的各个阶段为学生提供支持。在探索阶段，课程的大部分内容集中在设计思维和创造逻辑上（Brown，2008）。学生学习确定一个问题范围，并思考一系列解决方案的过程。设计思维用于教导学生如何围绕他们感兴趣的问题进行头脑风暴，然后更深入地探索和研究这些问题和观点。创造逻辑通过行动、学习和构建来验证和具体化这些创意，为这门课程的教学提供指导。

在探索阶段，我们还会向学生讲述课程的两项核心原理——转移重心和有意迭代。当人们遇到障碍时，必须学会绕开障碍，迂回前进；对于不能逾越的障碍，人们可以寻找新的路径绕开它。有意迭代则是人们翻越障碍失败时所采取的措施。迭代不仅仅是重新再尝试一遍，还是评估人们在失败中学到了什么，并且在下一次碰壁时，应用之前获得的经验教训来解决问题。这两个原理都是创造逻辑的基础，也是学生理解和执行起来都不太容易的概念。

随着学生的项目进入追踪阶段，创业/市场/商业敏锐度等课程就将重心转移到了教学生怎样使用工具，对他们的业务进行可行性研究。学生学习市场调查、企业社会责任分析和财务分析，虽然所有的概念都是在基础水平上教授的，但这些都是大学一年级的学生，教授这些概念时，学生可以立即应用。此外，学习的重点不只是理解这些概念，而是学习如何将这些分析框架整合到创业思维与行动®的方法中。学生学习如何根据市场调查、财务分析和可行性分析来转移重心。

当学生的项目进入到启动阶段，预测逻辑成为课程教学的核心内容。学生现在开始真正地运营他们的商业项目并开始学习各种金融、销售和营销工具以建立他们的企业。此时，课程的重点是将以预测为基础的方法与之前的创造性方法相整合，培养学生在分析思维和具体行动之间来回切换时的平衡心态。通过一整年的课程，学生们强化和回顾了创造逻辑和预测逻辑，对创业领导力原则之一的创业思维与行动®有了更深入的理解，也掌握了重要的技能。

7.1.3 组织行为学课程

组织行为学课程的目的是将学生商业项目的探索、追踪和启动阶段连贯起来。虽然课程的内容遵循了从个人到团队再到组织层面的传统模式，但它的框架是以一种明确地将创业领导力和创业思维与行动®相联系的方式构建的。创业领导力的一项核心原则是在对自我和环境都有深刻理解的基础上采取行动的能力（Greenberg 等人，2011）。由三个问题支撑起自我和环境认识的概念，即"我是谁？""我认识谁？""我需要了解我工作环境中的哪些因素？"。通过回答这些问题，创业领袖能够更好地找到能够创造社会价值和经济价值的机会。探索这三个问题是组织行为学课程的基础。

组织行为学课程的第一部分重点放在"我是谁"这个问题上。学生们学会反思自己是谁，有哪些技能、知识和观点可以带进他们的商业项目。这些内容更注重传统意义上的个人层面的概念，如身份、行为方式、价值观以及个人动机或热情。当然，到了后面，就要和创业者决定如何支配时间和资源直接联系起来了。学生们必须努力思考"我想要创建什么样的企业"这个问题。

然后课程的重点会转移到"我认识谁"的主题上。创业思维与行动®的一个核心组成部分是怎样与他人合作，并使他们能够为新企业的发展做出贡献。创业者必须理解怎样与他人合作并通过他人开展工作。为了解决这些问题，组织行为学课程将侧重点转移到人际层面，学生学习如何分析和发展他们的个人和专业人际关系网，学习更有效地与人合作和通过他人工作的技能。本课程这部分介绍了领导力、人际关系、冲突管理和谈判等主题。组织行为学课程的最后一个主题探讨的是"我在哪里"，学生们学习和分析他们所处的工作环境以及环境对他们的行为会产生怎样的影响。因此，这一部分课程包含组织文化、组织设计和民族文化等主题。

组织行为学的其他内容也与课程的这些主题联系在一起，也是经营一个13~20人的公司的核心。在这一整年中，学生要学习如何接受反馈和提出反馈意见，并理解反馈意见对学习和发展的重要性。学生还要学习如何应对自己和团队的低潮、释放压力、能量管理以及参与度。到学年结束时，学生不仅在概念层面上理解了组织行为学，而且已经体验并实践这门课程，并看到了它与创业领袖自身成长之间的关系。

如上所述，管理与创业基础2.0对学生的参与度提出了很大挑战。对教师应对能力和教学水平也有一定的要求，因为这不是传统课程的特点。就如同一个初创企业，团队需要进行实验和迭代。他们很可能需要反复重新思考他们商业计划的方方面面的问题。虽然他们经常不清楚自己在做什么，但还是要义无反顾地投入其中。他们会产生无数次争议，其中甚至不乏非常严重的意见分歧，针对如何往前推进、如何决策、如何分配决策权、如何授权、如何进行沟通，以及在沟通的过程中如何处理迥然不同的文化视角，还有一些即便是由40多岁的人组成的成熟团队也会觉得棘手的问题。学生们会经常面对机会，挑战和发展自己作为团队成员、创业领袖以及较大型组织成员的工作能力。学生自己会证明组织行为学作为基础学科对于他们自己和教师的重要性，因为他们经常会立刻将从组织行为学中学到的内容应用到自己的项目团队中。然而，组织行为学的价值实际上远远超过传统范畴里的领导力、团队合作和组织职能的概念。

7.2 创业学与组织行为学的整合

如上所述，将组织行为学和创业学进行整合是本课程设计的基础，这样的融合是通过两个关键的教学主题来实现的。

首先，在这门课的整个过程中，创业学和组织行为学课程内容旨在利用体验式学习的力量（Kolb，1976）。体验式学习是一个迭代过程，包括概念学习，基于这些概念采取行动，反馈结果，或许也能从别人的反馈中获得帮助，反思某些方法以及基本概念的应用，总结经验，再次采取行动。在体验式学习中，为了获得持续的能力提升，学习的各个阶段缺一不可（Gruver 和 Miller，2011）。这些原则是每个课程设计环节的核心思想。在每个环节中，学生都会利用商业项目围绕一个特定的课程主题进行体验式学习，并与前面的教学环节联系起来。通过这种方法，课程的学习就超出了课堂的范围而形成了一个组织（Cohen，1976），又将组织变成了学习的课堂。

其次，这两门学科的观点都是基于创业思维与行动®定义的过程，涉及采取行动、小步尝试，暂停下来回顾在行动中都学到了什么，并将学习成果转化为下一步行动（Keifer、Schlesinger 和 Brown，2011）。课堂讨论和反思的引导使学生的学习体验不仅局限于他们自己的产品或服务，还可以更加深入地洞察到他们是怎样的个体，喜欢做什么，团队如何更加有效地合作，如何与外界产生关联。创业思维与行动®和组织行为学这两个方法论的相互融合为我们提供了绝好的机会来整合这两个学科。下面，我们将更充分地讨论其中的一些融合点。

正如上面所提到的，管理与创业基础一开始所关注的是对"我是谁"的理解。"我是谁"是创业领导力和创业思维与行动®的基本组成部分。抽象地说，学生往往搞不清个人层面的组织行为概念如何与创业领导力和机会创造这些更大的主题联系在一起。在管理与创业基础这门课中，我们设计的内容使这些联系更加明确。例如，学生在创业课程开始时进行头脑风暴和观察练习，将他们的身份认知、价值观甚至行为方式直接联系起来。学生了解到，从事与自我相关的商业项目是多么重要，因为这是他们为项目带来知识技能和热情的基础。随着学生继续探索他们通过头脑风暴所获得的创意，他们就会发现自己的行为方式对其思维方式和机会的探索有着怎样的影响。学生不仅要了解他们的行为方式是怎样的，还要开始了解他们的行为方式怎样直接影响其对机会的认知，以及他们如何看待挑战和潜在的机会。学生也开始学习与那些对机会持不同看法的人合作的重要性。虽然这些概念肯定可以以抽象的方式或者用案例分析的方法教给学生，但我们发现，当学生看到这些概念对他们的商业项目有哪些直接影响时，他们会更加自发地反思自己的行为方式和其他与自我相关的主题。

个体层面的概念，如社会认同和价值观也会与管理/创业课程的其他方面相关联，这样学生就可以理解这些主题怎样内在地影响着他们的商业项目。例如，我们在教市场调查这部分内容时，这些关联被明确地提出来，变得显而易见。在介绍社会认同的概念时，我们让学生关注社会认同怎样影响我们的群体关系和观点，并使我们对某些群体感到更自在。在讲授市场研究时，我们要求学生开展小组和市场调查，以便从新的视角获得创意灵感。

学生们通常会邀请那些与他们相似的成员参与他们的探索活动，而不是从那些与他们不同且观点相左的人那里获得反馈。我们发现，即便是当学生已经选定了一个与自己完全不同的潜在目标市场（尤其是年长人群），这种取向依然存在，这就使得他们可能无法围绕自己的核心诉求开拓许多可能的机会。当学生与教师一同检查市场调查的进展时，我们会提请大家注意这一行为取向，这为进一步讨论社会认同如何影响我们的行为和决策提供机会。对于很多学生来讲，这种与社会认同的关联使他们大受启发。

另外一个学科整合的例子是价值观与道德观概念的融合。通过这些内容，我们可以看到，随着商业项目的推进和挑战的出现，组织行为学与创业学的内容相融合也是以循环反复的方式发生的。有关价值观和道德观的概念材料在课程的开始就有涉及，这些想法都与"我是谁"这个主题有关。然而，随着商业项目在这一年的推进，会出现一些问题，这些问题会对学生的价值观和道德观提出质疑。曾经出现过的问题包括不与老师分享关键信息、串通同行评价或没有对客户关于产品的投诉做出适当的回应。当这些问题出现时，学生们就会面对这样的现实：他们预想要做的往往与真正所做的有所偏离。我们使用了金泰尔（Gentile）（2010）的"让价值发声"框架，这种基于行动的框架使学生学会如何能够有效地应对与同伴一起合作经营商业项目时产生的价值观上的分歧。随着学生在商业项目中的经验与之前的学习相联系，新的学习也随之产生，通过这些联系，学生能够更深入地理解课程的内容（Reis，2014）。第二学期的一个关键性环节是在每节 90 分钟的课程中，指定前 30 分钟为深入研究商业项目的问题和分享成功经验的时间。在这 30 分钟的时间里，老师组织全班学生就概念知识与实践活动之间更深入的联系展开对话讨论。

将两门学科的观点和视角相融合并应用在商业项目中，为大学本科生提供了实际经验，让他们能够从理解一个概念转移到思考如何基于概念进行评价并采取行动。例如，一些最难培养批判性思维的主题是宏观主题，如组织设计。本科生往往无法理解组织设计如何影响权力、文化和协作。他们可以在抽象的层面理解这种关系，但有限的工作经验使得他们很难理解组织结构如何从根本上改变人们的行为方式。很多年来，我们一直教授的是欧时力（Oshry）有关在组织上层、中层和底层的经典模拟课程（Oshry，2007）。通过这个模拟，学生们接受有关权力和组织结构的实践和反馈，使自己对这个主题有更深入的学习（Reis，2014）。但不幸的是，这个模拟实践一直都没有达到我们所期望的效果。

然而，当这个模拟练习在管理与创业基础框架下进行时，学生的体验完全不同。管理与创业基础中的商业项目不可避免地需要某种形式的组织结构，通常在职能结构上有一些变化，其中需要设立一些部门来完成某种类型的工作，如财务、营销和销售。学生的确可以感受到由于部门整合而带来的紧张气氛，并注意到权力被如何滥用以及一些由于划分等级而导致的动机问题。此时，欧时力模拟练习对于学生来说就成了真实的体验，因为它与学生们管理其商业项目的日常生活是相关的。当我们教授这样的练习时，我们可以迁移到高阶段的学习，期间学生可以对组织结构的复杂性进行反思，并根据自己的理解进行信息综合进而采取行动（Bloom，1956）。基于新认知，学生们常常会在他们的商业项目中试验并应用新的不同的组织方式，这就创造出了更好的合作和参与。

7.3 心得体会：设计和交付课程中的灵活性

以这种方式进行组织行为教学的确有挑战性，而且相当复杂。按照一个有明确日常计划的传统教学大纲进行教学更容易、更简单、耗时更少，对情感冲击也小。然而我们认为，对于参考有限的本科生，无论是大一学生还是大四学生，我们都很难在传统的课堂教学背景下，帮助学生达到较高层次的学习和对组织行为的批判性思考。要使本科生从简单的理解组织行为学的概念转变为将这些概念融入到他们的行动中，我们相信这些概念必须融入到学生的真实生活体验中。下面，我们来讨论一些课程的进展情况，以及教师们是如何以这种方式来讲授组织行为学的。

在这种教学方法中，灵活性成为课程和教师角色的核心。首先，教师们需要灵活处理组织行为调查课程的内容。正如前面所提到的，这门课程不是按照传统的教科书模式围绕个人、团队和组织层面分析设计的。一些传统的组织行为学教师或许认为对调查课程至关重要的某些主题，例如认知偏差和决策，这种教学方法都没有涉及。其他更有可能在人力资源或管理课程中讲述的一些概念，例如给予和接受反馈以及绩效管理等，都被融入到这门课程中，因为它们是学生经营商业项目的核心。作为一名教师，需要调整参照系，将关注点放在一个组织背景下，学习有效与他人合作的典型模式，而不是只记住这个模式概念要素。学生将对组织行为问题的架构进行深入学习，展开批判性思考，这往往会使学生超越课程中出现的概念范围，更多地激发他们进行自我导向的思考。

教师也必须在教学中发挥灵活性。如前所述的管理与创业基础框架的亮点，本课程的一个指导性假设是，当组织行为学的知识点与学生的商业项目的体验相联结时，学生对组织行为学主题会有更深入的了解。虽然可以在课程设计中包含讨论环节，但教师们仍然需要灵活地应对各种意想不到的情况。在课程的第二学期，我们在每节90分钟课程的前半个小时讨论商业项目。我们会给学生提出与课程相关的明确的问题，供他们思考；我们还让学生以结构化的方式分享他们在项目进程中的成功经验以及面临的挑战。然后，我们用这些书面和口头的材料作为提出问题或与全班讨论问题的基础。这些都不是光鲜亮丽的商业项目销售演示，而是致力于为学生在各个环节提供新的视角。在这些讨论中，教师永远不知道会出现什么情况。因此，教师必须反应灵活，敏捷应对出现的问题，并将新的学习内容与之前的学习连贯起来，向学生展示课程中的概念如何解决学生在他们商业项目中遇到的实际问题，或应对商业项目中的真正机会。然而不幸的是，30分钟的讨论时间往往不够长。意外情况经常出现，在30分钟内很难讨论清楚。教师在这种环境中能够取得成功，必须愿意放弃教学大纲规定的当天的授课内容，转而讨论和辩论学生面临的挑战。正是通过这些讨论，学生学习有了更多的收获，即使这意味着课上会少讲某些内容。

随着课程结构的变化，教师与学生的关系也随之改变。在现今的教学环境中，我们经常争论教师的作用，尤其是当我们讲到翻转课堂的时候（Berrett，2012），或试图整合"讲坛上的圣人"与"从侧面引导"两种竞争范式时（King，1993）。然而，以将组织为中心的课堂教学方法要求教师超越这两种二分法。在这个基于组织的环境中，教师的作用常常是在后面引导。在本课程中，虽然学习是在更传统的课堂范式中进行的，但如果教师能够密切关注课外所发生的事情，学生就能学到更多。

教师们需要与学生建立紧密的联系，使学生可以提出他们商业项目中组织行为的痛点。科恩（Cohen）（1976）提出，在这种组织行为模式中，教师需要认识到他们在许多方面是在发挥管理者的作用，给学生提供体验的机会，帮助他们相互学习，而不仅仅是教授课程。在这种模式中，教师不仅是管理者，还要是导师、教练和顾问。学生管理商业项目，为了有效地围绕项目展开教学，教师需要对学生进行教练。有时，教练的角色可以是温和的和建议性质的，而有时可能是严厉的和强制性的。在任何情况下，教师都需要在课堂内外为学生提供支持，以确保学生不断从错误和经验中吸取教训，并尝试新的行为和组织方式。

以这种方式进行教学是令人兴奋且充满活力的，但有时也会让人精疲力尽。学生在与同伴合作时，可能会犯非常严重的错误。当教师们看到学生在课堂上好像理解了某些内容，却没有将其融入商业项目的日常经营活动中时，经常会有挫败感。但是，教师们必须记住，他们不仅仅是在讲授创业思维与行动®，更是在用它来指导自己的教学活动。人的行为通常是混乱且没有规矩的。学生学习理论来指导自己的行动，然后在学习如何与他人合作的过程中尝试这些理论。当他们犯了错误时，必须学会转变和迭代，以寻求在一个组织环境中构建更高效的工作方式。以这种方式教学是反复迭代的，不是按照教学大纲的要求线性执行的。学生在学年结束的时候通常会认为，通过迂回路线进行学习和批判性思考是值得的。

当我们读到这些挑战时，可能会想起最初在课程设计中想努力回答的一个问题："能不能在大学一年级教授组织行为学？"虽然我们无法提供实验证据直接回答这个问题，但我们仍相信，基于目前的经验，答案是肯定的。管理与创业基础 2.0 在整个大一课程中实施之前，先在一部分试点课程中应用。在完成一年的试点后，教师与学生探讨在第一年教授组织行为学的问题。本科生都强烈地感觉到这是一次成功的学习体验。他们重视对商业项目中涉及的"人的问题"进行直接、深入的探讨。学生学习对自身进行批判性反思，并立即将所学应用到自己的商业项目中。从那时起，来自教师的质疑大大地减少了，大多数人对能够将组织行为学概念与商业项目联系起来表示满意。学生意见调查显示，他们对这门课程的满意度很高，与前一次迭代的课程版本相当，而且经常高于前一次。最重要的是，管理与创业基础 2.0 框架为培养学生成为创业领袖提供了坚实的教学基础。

辛格（Singh）和希克（Schick）（2007）等人提出了有关组织行为学在商学院课程中的相关性问题。企业领导者需要学习或应用自己在组织行为学课程中所学的知识吗？我们严重怀疑他们是否运用了复杂的动机理论或其他组织行为学课程中经常教授的概念？他们处理的是"人的问题"吗？自始至终我们都认为，强调理论在实践中的应用，有助于巩固组织行为的作用和价值。在创业环境中，如果伟大的团队胜过伟大的思想，那么组织行为的地位就是稳固的。

7.4 鸣谢

作者想在这里感谢许多来自百森商学院的，参与了管理与创业基础重新设计工作的教职员工。特别感谢鲍勃·侯赛（Bob Halsey）、大卫·亨尼赛（David Hennessey）、罗勃·考普（Rob Kopp）、海迪·内克（Heidi Neck）、菲利斯·施乐辛格（Phyllis Schlesinger）和山川雅一郎（Yasu Yamakawa），这门课是在他们工作的基础上完成的。

参考文献

Berrett, D. (2012, February 12). *How "Flipping" the classroom can improve the traditional lecture*. Retrieved from http://chronicle.com/article/How-Flipping-the-Classroom/130857/. Accessed on December 21, 2012.

Bloom, B. S. (Ed.). (1956). *Taxonomy of educational objectives: The classification of educational goals handbook I: Cognitive domain*. New York, NY: David McKay Company, Inc.

Boeker, W., & Karichalil, R. (2002). Entrepreneurial transitions: Factors influencing founders departure. *Academy of Management Journal, 45*(4), 818–826.

Brown, T. (2008). Design thinking. *Harvard Business Review, 65*(6), 84–92.

Cohen, A. (1976). Beyond simulation: The classroom as organization. *Journal of Management Education, 2*(1), 13–19.

Costello, C., Neck, H., & Williams, R. (2011). *Elements of the entrepreneur experience*. Wellesley, MA: Babson College, Babson Entrepreneur Experience Lab.

Gentile, M. (2010). *Giving voice to values*. New Haven, CT: Yale University Press.

Greenberg, D., McKone-Sweet, K., & Wilson, H. J. (2011). *The new entrepreneurial leader: Developing leaders who create social and economic opportunity*. San Francisco, CA: Berrett-Koehler.

Gruver, W. R., & Miller, J. A. (2011). *Teaching the unteachable?* Leadership Studies at Bucknell University. Retrieved from SSRN http://ssrn.com/abstract=1874113 or http://dx.doi.org/10.2139/ssrn.1874113

Holland, K. (2009). Is it time to retrain B-Schools. *New York Times*, March 14. Retrieved from http://www.nytimes.com/2009/03/15/business/15school.html

Keifer, C., Schlesinger, L., & Brown, P. (2010). *Action trumps everything: Creating what you want in an uncertain world*. Corte Madera, CA: Innovation Associates.

Keifer, C., Schlesinger, L., & Brown, P. (2011). *Action trumps everything: Creating what you want in an uncertain world*. Corte Madera, CA: Innovation Associates.

Khurana, R. (2007). *From higher aims to hired hands: The social transformation of American business schools and the unfulfilled promise of management as a profession*. Princeton, NJ: Princeton University Press.

King, A. (1993). From sage on the stage to guide on the side. *College Teaching, 41*(1), 30–35.

Kolb, D. (1976). Management and the learning process. *California Management Review*, XVIII, 21–32.

McCarthy, P., & Mccarthy, H. (2006). When case studies are not enough: Integrating experiential learning into business curricula. *Journal of Education for Business, 81*(4), 201–204.

Miller, J. (1991). Experiencing management a comprehensive "Hands-On" model for the undergraduate management course. *Journal of Management Education, 15*(2), 151–169.

Neck, H. (2014). Reframing failure as intentional iteration: New research on how entrepreneurs really think. *Babson Insights*. Retrieved from http://www.babson.edu/executive-education/education-educators/babson-insight/articles/pages/reframing-failure-as-intentional-iteration.aspx

Neck, H., Greene, P., & Brush, C. (2014). *Teaching entrepreneurship: A practice-based approach*. New York, NY: Edward Elger Publishing.

Oshry, B. (2007). *Seeing systems: Unlocking the mysteries of organizational life*. Oakland, CA: Berrett-Koehler.

Reis. (2014). *Tomorrow's professor Msg.#1363 learning fundamental principles, generalizations, or theories*. Retrieved from http://cgi.stanford.edu/~dept-ctl/tomprof/posting.php?ID=1363

Rock, A. (1987). Strategy vs. tactics from a venture capitalist. *Harvard Business Review, 65*(6), 64.

Singh, R., & Schick, A. (2007). Organizational behavior: Where does it fit in today's management curriculum. *Journal of Education for Business*, July/August, 82, 349–356.

Spinelli, S., Neck, H., & Timmons, J. (2006). The Timmons model of entrepreneurship. In A. Zackarakis & S. Spinelli (Eds.), *Entrepreneurship, the engine of growth* (Vol. 2). Westport, CT: Greenwood Publishing.

第 8 章
将商业模式画布作为框架，整合运营管理和管理会计学课程

詹妮弗·贝利（Jennifer Bailey）和本杰明·路易宝德（Benjamin Luippold）

8.1 引言

在本章中，我们将回顾一下，它是百森商学院二年级管理体验课程（Sophomore Management Experience，SME）的一部分整合的技术与运营管理（Techonology and Operations Management，TOM）和管理会计（Managiel Accounting Course，MAC）课程。这两门课程是在学生完成了一年的管理与创业基础课程（FME）后进行的。在管理与创业基础课程中，学生专注于创建、启动和管理新公司。管理与创业基础的关键学习目标包含机会识别、市场研究、组织结构设计和企业领导力（Neck 和 Stoddard，2006）。然而，在学习管理与创业基础课程期间，学生们认为他们公司的商业模式和价值链都是"黑匣子"（Black Box）。相比之下，在技术与运营管理以及管理会计整合课程中，学生有机会审视公司的商业模式和价值链细节。整合后的课程的独特之处在于，学生能够同时从两个非常不同但又互补的角度——运营管理和管理会计学角度，对商业模式进行研究。这样，学生就便有机会综合这两种不同学科的视角，对公司的运作有更完整和全面的理解（Ducoffe，Tromle 和 Tucker，2006）。具体而言，这种跨学科的方法使得学生能够更深入地了解取舍、矛盾，以及有时必须通过跨职能决策来管理有冲突的目标。

8.2 跨职能部门决策对创新的重要性

跨职能决策技能的重要性已经被公认为商学院本科生所需的核心能力。国际商学院协会（AACSB）多次呼吁提高商学院本科课程的整合水平。例如，在 2010 年一篇题为《商学院创新使命》的报告中，AASCB 特别指出，"创新需要更多的综合思维和综合课程"（AACSB，2010，25 页）。这突出了百森商学院课程体系中提供跨学科课程的重要性，因为我们的使命是教育和培养在各个领域创造巨大的经济和社会价值的创业领袖。这一使命包括培养和创造新的商业模式的创业领袖，以及那些已有企业中验证和实施现有商业模式中的新元素的创新带头人（Bell 和 Ansari，2014）。

本章，我们将通过商业模式画布（Business Model Canvas，BMS）（Osterwaldor 和 Pigneur，2010）来展示将运营管理和管理会计课程整合在一个框架下的重要性和相关性（见图 8-1）。商业模式画布是一个工具，它提供了与公司盈利能力以及成本管理相关因素的全景图。决定公司创收潜力的关键因素是其独特的价值主张、客户细分、客户关系，以及提供产品和服务的渠道。这些因素反映在商业模式画布中，对应的是 O1、O2、O3 和 O4 部分。此外，为客户提供价值还需要公司获得并管理核心资源、关键业务及重要伙伴，也就是商业模式画布中对应的 O5、O6 和 O7 部分。

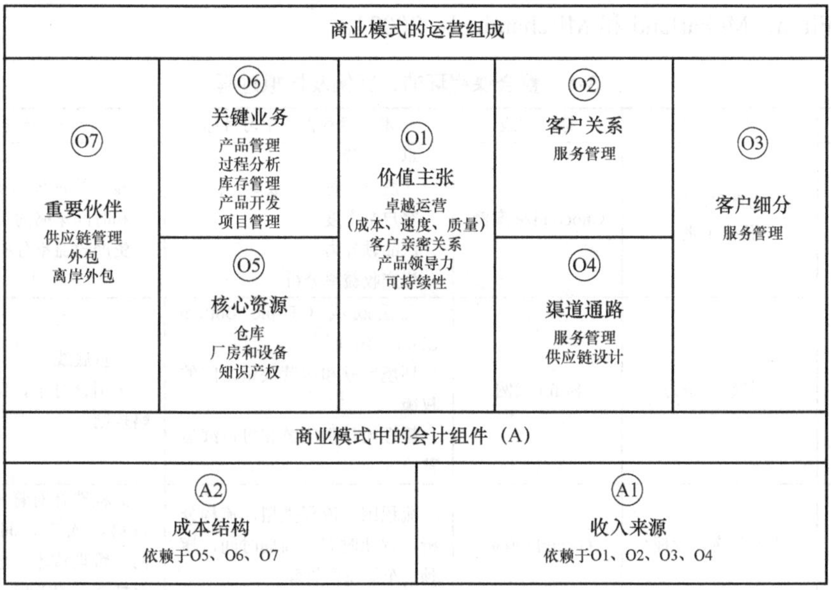

	商业模式的运营组成			
O7 重要伙伴 供应链管理 外包 离岸外包	O6 关键业务 产品管理 过程分析 库存管理 产品开发 项目管理	O1 价值主张 卓越运营 （成本、速度、质量） 客户亲密关系 产品领导力 可持续性	O2 客户关系 服务管理	O3 客户细分 服务管理
	O5 核心资源 仓库 厂房和设备 知识产权		O4 渠道通路 服务管理 供应链设计	
商业模式中的会计组件（A）				
	A2 成本结构 依赖于O5、O6、O7		A1 收入来源 依赖于O1、O2、O3、O4	

图 8-1 作为框架的商业模式画布

来源：Osterwalder and Pigneur（2010）。

在技术与运营管理课程中，我们讨论企业为客户创造并向其提供其独特的价值主张而必须做出的技术运营管理决策和权衡，我们首先探讨了公司的三个主要价值主张卓越运营、客户亲密关系和产品领导力（Treacy 和 Wiersema，1993），如商业模式画布中 O1 部分的。对于每个价值主张的选择，我们都会强调一些创造价值而必须做出的运营决策。我们在技术与运营管理课程中继续讨论与服务运营管理相关的问题，这些问题包括管理公司的客户群、客户关系以及为客户提供服务的渠道，如商业模式画布中的 O2，O3，O4 部分所强调的。O5 部分（核心资源）讨论的是公司必须投入的运营资源，例如仓库、厂房和设备。对于 O6 部分（关键业务），我们关注典型的运营管理活动，如生产管理、过程分析、库存管理、产品开发和项目管理。最后在 O7 部分（重要伙伴），我们讨论与供应链管理、外包和外包离岸等问题相关的运营管理主题。

同时，在管理会计课程中，我们向学生展示管理会计工具和技术，使他们能够衡量和分析各种经营选择对公司盈利能力的影响。收入流和相关成本（参见 A1 和 A2 部分），受到 O1～O8 部分的决策影响，这些决策基于对公司客户的价值主张以及技术与运营管理计划的假设。因此，在管理会计课程中，学生将深入了解如何衡量运营决策的有效性，包括其对收入、消耗的资源以及所需投资的影响（Gupta 和 Galloway，2003）。

在这两门课中，利用这种通用的商业模式框架向学生展示了运营管理和管理会计是商业模式中相互关联的输入和输出，这突出了跨职能决策的重要性。为了说明这些观点，技术与运营管理以及管理会计课程通过许多机制进行了整合，包括几个案例和模拟项目（见表 8-1）。教师和学生从各个学科的角度一起讨论这些案例和模拟项目（Ducoffe 等人，2006；Hamilton，McFarland 和 Mirchandani，2000）。

表 8-1 整合课程环节、案例及模拟过程

商业模式画布	主题	综合实践	技术与运营管理学习目标	管理会计学习目标
价值主张	选择和提供价值主张	Chocomize 案例	卓越运营（质量、时间、成本）；客户亲密度；产品领导力 资产收益率分析	显示管理数据支持质量、成本和时间策略的实施 资产收益率分析
	可持续竞争力	Sofra 案例	三重底线（Triple Bottom Line，TBL）[①] 环境问题和运营决策之间的权衡 管理闭环供应链和可持续运营	三重底线 平衡计分卡，绩效测量和战略规则
核心资源和关键业务	生产与库存管理	Gazogle 模拟	流程图，流程类型，流程分析，吞吐时间，周期时间，瓶颈，车间生产管理	流程选择对管理会计（直接材料、人工、间接费用、营销、管理成本、成本对象、库存种类）的影响

[①] 三重底线（Triple Bottom Line，TBL）是英国学者约翰·埃尔金顿（John Elkington）提出的术语，指经济底线、环境底线和社会底线，意即企业必须履行最基本的经济责任、环境责任和社会责任，以实现可持续发展。

（续）

商业模式画布	主　题	综合实践	技术与运营管理学习目标	管理会计学习目标
核心资源和关键业务	产品开发	有效载荷模拟	产品开发 项目管理 设计可制造性 目标成本 不确定环境下的决策	目标成本法 价值指标分析法 特征/功能成本法
重要伙伴	外包和离岸外包	Coloplast 案例	制造或采购决策中的操作注意事项 外包流程选择 外包的原因 外包和离岸外包的风险	决策方案之间的增量成本分析 与决策相关的成本 机会成本和沉没成本的影响

8.2.1 选择和交付价值主张：Chocomize 案例

商业模式的关键要素之一是企业对其价值主张的选择（见图 8-1，O1 部分）。价值主张是一个公司对其独特产品和服务的描述，企业基于该主张，在其目标客户群体内进行竞争。随着学生在整个学期的课程学习，他们会认识到价值主张是影响后续运营决策的核心问题，对企业的收入和成本结构有直接的影响。因此，要先讨论价值主张的选择，这是这两门课的其他后续内容的基础。

为了说明在创业的初期尝试开发一个可持续发展的商业模式时，整合的经营和财务决策可能会对公司产生影响，在本学期开始时，我们为学生介绍了一个名为 Chocomize（Bell，2012）的初创公司的分享案例。Chocomize 是一家线上巧克力制造商，产品已经进入市场，其价值主张是为客户定制产品。到讨论这个案例时，它的运营还是一个小批量、劳动密集型的过程。不过，创始人可以选择为一家大型欧洲奢侈品零售商在假期提供大量订单。学生通过思考各种问题来反思追求这个机会的意义，例如，描述公司当前和所希望的价值主张，解释每个价值主张需要什么运营活动、资源和合作伙伴，并论述每个选项对财务的影响。

1. 价值主张和运营管理综合学习目标

在技术与运营管理课程中，我们讨论了公司可以选择的三个关键价值主张：卓越运营、产品领导力及客户亲密度（Treacy 和 Wiersema，1993）。卓越运营是指为在运营成本效率、运营速度或可靠运营质量进行竞争的决策。我们强调流程分析和质量管理课程对于理解如何优化成本，提高产品和服务的交付速度和交付质量的重要性。这些流程分析的主题也正是 Gazogle 综合模拟项目的关注点（稍后会讨论）。产品领导力是指在提供创新产品和服务方面进行竞争的决策。在这个讨论中，我们强调高效的产品开发过程所具有的竞争优势。有效载荷模拟（稍后讨论）突出了许多与创新和产品开发相关的因素。客户亲密度是指为利基客户群体定制产品和服务来进行竞争的决策。Chocomize 案例说明了该公司的价值主张是建立在"客户亲密度"基础上的,告诉学生这个公司的每一名客户都可以进行私人定制。学生考虑各种必要的运营决策,以支持提供私人定制服务。因此,这一讨论激发了未来有关过程分析的学习目标,学生们要研究灵活运营的重要性,分析按库存生产与按订单生产的流程差别。

2. 价值主张和管理会计综合学习目标

在管理会计课程中,我们讨论执行每个价值主张所需的资源和每项价值主张产生的潜在收入。重要的是,我们还介绍了执行每项价值主张所需的各种流程、资源以及与资产相关的各种成本动因和成本结构。通过同时考虑运营决策和相关的收入与成本影响,学生们能够思考商业模式在多大程度上可以维持盈利。例如,Chocomize 案例说明了选择客户亲密度价值主张的潜在收益。学生们被要求在 Chocomize 网站上定制自己的订单,并将定制的巧克力棒的价格与普通巧克力棒的价格进行比较。

我们向学生们介绍资产回报(运营收入/资产)度量,它提供了运营与会计之间明确的相互依赖的例子。[①]在引导课中,学生们通过资产回报指标来检验影响财务绩效的各种运营因素。

例如,我们强调了选择关注客户亲密度(公司可以利用溢价定价策略)与选择关注低成本/卓越运营的影响。在前者中,提供定制产品和订单可能需要更高的人工成本(即可变成本),这可能限制公司扩大其经营收益。而在后者中,为了补偿低成本定价,公司必须经常关注大批量的运营策略,这可能需要投资昂贵的设备或者需要考虑可能影响运营成本或资产的替代供应链结构。所有这些关注点在技术与运营管理课程的引导课中都要加以强调,在此期间我们还讨论了资产回报的度量指标。

关于追求大批量低成本的价值主张的对话引发了后来关于外包和离岸外包的讨论,这些内容将在 Coloplast 案例中进行讨论。然而重要的是,我们通过 Coloplast 案例证明,在考虑外包和离岸外包选择时,成本降低只是考虑因素之一。例如,为了向奢侈品零售商交付订单,Chocomize 的创始人考虑外包;然而,潜在的外包协议要求明显更高的产量,这与其当前的低产量、大规模定制运营和价值主张不一致。我们让学生们思考,在考虑扩大经营以满足奢侈品零售商的订单的各种备选方案时,都需要哪类管理会计信息。另外,我们还鼓励学生考虑那些可能反应运营决策影响的非财务信息,包括与员工、利益相关者和环境有关的指标。就此,我们引入了绩效评估和平衡计分卡的概念,用来制定和监督公司的战略规划(Kaplan 和 Norton,2007)。通过在学期初的时候就触及到这个主题,我们强调了考虑非财务因素的重要性(例如环境影响),这些因素预示了后续关于可持续性的课程。后面的 Sofra 案例会涉及这个问题。

---

① 在管理会计课程中,我们还分析了资产收益率度量,并解释了它与销售收益率(经营收入/销售额)和资产周转率(销售额/资产)的函数关系。

8.2.2 可持续的价值主张：SOFRA 案例

除了讨论卓越运营、客户亲密度和产品领导力（见图 8-1，O1 部分）这三个传统的价值主张选择以外，我们还扩展了对价值主张的讨论，以考虑如何在可持续的基础上进行竞争。为了说明与可持续性竞争力相关的问题，我们引用 Sofra 案例进行讨论（Bell、Erzurumlu 和 Fowler，2010，2013）。Sofra 是一家大型跨国食品公司，主要为企业、教育机构和政府部门的客户提供服务。在 2005 年前后，Sofra 实施了两个重要举措，一个是为了提高可持续性，另一个是为了提高盈利能力。"光明未来计划"包含了 Sofra 的 10 项全球可持续性承诺，而"2015 计划"通过围绕基于活动的成本核算和组织效率的举措，重点关注站点层级的盈利能力。在北美，成立了可持续发展和企业社会责任办公室（OSCSR）来实施"光明未来计划"，并成立了一个专门的团队（主要由供应链管理人员组成）来实施"2015 计划"。

1. 可持续性和运营管理综合学习目标

在技术与运营管理课程中，对 Sofra 案例的讨论是从回顾之前对价值主张的讨论开始的。学生们注意到，Sofra 目前正在追求卓越运营的价值主张。然后，技术与运营管理讨论的重点是组织有效性战略和运营决策，以降低成本并提高盈利能力，包括降低交货频率、减少库存量单位（SKUs）和增加主要供应商采购。另一方面，学生们将认识到 OSCSR 推行的可持续性计划要求制定一项运营战略，要求从更多的小型供应商（而非主要供应商）那里进行本地采购，减少瓶装水或泡沫产品等不可持续物品的供应。供应管理团队将 OSCSR 的努力付出看作是对 Sofra 盈利能力的威胁，并反对其许多行动，他们认为这些行动在业务上效率低下且在经济上不负责任。这个案例的讨论使得学生能够研究可持续性的选择如何影响运营（Angell 和 Klassen，1999）和财务绩效（Caliskan，2014），并考虑同时管理这两项措施，以实现盈利目标、运营目标和可持续性目标。

2. 可持续性和管理会计综合学习目标

Sofra 案例向学生介绍了三重底线的概念，其中公司不仅需要考虑盈利，还要考虑各种经营决策对人类和地球的影响（Caliskan，2014）。在管理会计课程中，我们还使用 Sofra 案例来强调将有效的绩效评估与战略计划联系起来的重要性。通过案例讨论，学生们认识到，虽然 Sofra 专注于供应链效率和可持续性，而可持续性与绩效评估系统并没有联系。这也就是说，用于评估管理绩效的措施没有提及任何与可持续性相关的行动。我们将在绩效评估与平衡计分卡单元中讨论这个问题（Kaplan 和 Norton，2007）。平衡计分卡是一种从四个维度评估绩效的方法：①学习和成长；②内部流程；③客户；④财务。这些措施应当与公司的战略目标密切相关，并且应该作为判断公司能否实现其目标的主要指标。

在讨论了 Sofra 案例之后，学生们完成了一项与这个案例相关的作业。我们为学生提供了 Sofra 的平衡计分卡，要求他们根据现有的指标分析，独立找出他们认为有哪些可持续计划可能会被执行。他们发现很多可持续计划在目前的记分卡下根本无法执行。然后，我们将学生分成小组来比较答案。当学生们就哪些计划可能会被执行达成共识后，我们就让他们作为一个小组来检验记分卡，以确定现有的这套评估指标鼓励的是哪些行为和行动，以及原因。接下来，学生们讨论这些指标是否与可持续发展战略相一致。最后，如果学生确定这些指标不能促进可持续性行动，那就要求他们制定切实有效的可持续性措施。

8.2.3　核心资源和关键业务：Gazogle 生产与库存管理模拟

技术与运营管理和管理会计课程整合的第二个领域是考虑公司的核心资源和关键业务的管理（见 O5、O6 部分）。在这两门课程中，我们强调了这样一个信息，公司通过有效利用资源和有效执行活动保持盈利。为此，这两门课程的核心内容是如何分析和提高制造和服务过程的有效性和效率，公司通过此过程为客户提供价值。在技术与运营管理课程中，学生将接触到运营管理主题，例如过程流程图、过程类型选择（比如装配线、批量、车间作业流程）、流程分析、管理产能利用率、消除瓶颈和准时库存管理。同时，学生还能接触到与管理会计课程互补的主题，说明运营流程选择对各种管理会计概念的影响，如制造成本（直接材料、直接人工和制造费用）与非制造成本及成本行为（固定成本和可变成本）。

Gazogle 模拟（weiss，2006）是一个体验式生产管理游戏，使用乐高积木向学生演示运营管理和管理会计在实际生产系统中是如何整合和相互依赖的。基于团队的模拟需要学生生产产品并满足客户需求。团队对利润总额进行评估，等于收入（根据预先确定的质量水平，及时满足需求产生的）减去人工、设备和材料的成本。虽然这个练习有很多玩法，但在百森商学院，我们是把学生分成 10~13 人一组的团队，每组有 4 名装配工、2~4 名材料处理人员、1~2 名采购人员、1 名生产会计师、1 名客户、1 名供应商和 1~2 名观察员。团队通过生产和交付 Gazogle（一种由乐高制作成的产品），在 4 分钟的模拟循环中争取获得最大利润。每轮游戏代表一个月的生产。

团队在每个生产月都会产生一些成本。首先，团队对每个内部员工（劳动力资源）支付固定费用，并对每桌（代表生产地点）支付固定的占用成本。材料成本与生产 Gazogle 的乐高块的数量相关，因此该成本依赖所销售的产品数量的不同而变化。大的乐高积木材料成本比小的略高。此外，每当采购人员从供应商处采购乐高积木时，团队都要支付固定的采购费用，并反映在订单准备成本中。在生产周期结束时，团队合计仍在生产中但尚未在本轮结束时交付给客户的乐高相关的在制品库存的仓储和运输成本。生产会计负责收集报告月度利润所需的所有数据和信息。每轮游戏之间间隔 15 分钟，团队可以在此期间改进生产流程。这里强调跨学科决策的好处在于，团队利用他们的管理会计信息来确定生产流程的改进点，从而提高盈利能力。改进点包括减少劳动力、优化生产流程布局、重新设计产品，以及与客户和供应商合作来简化生产流程。改进必须由董事会（技术与运营管理和管理会计课程教师）批准，并可能需要支付额外的一次性或经常性费用，从而影响后续过程的盈利能力。

1. 生产与库存管理综合学习目标

Gazogle 模拟中有几个与分析和管理运营流程相关的学习目标。特别是模拟活动为学生团队提供改进流程的几个机会点，以便减少瓶颈并且改善吞吐时间。在模拟的初期（特别是在第一个月），团队往往不能及时地采购乐高的原材料并送到装配工人那里。而事实上，考虑到模拟一个月的生产只有 4 分钟的时间，由于在采购阶段形成的瓶颈，许多团队在第一个月没有能力生产任何 Gazogle 产品，此外，由于装配环节之间的距离较远，初始工艺布局设计是低效的，这就需要物料搬运工在装配环节之间运输材料。学生们能够认识到，在初始的配置下，他们的供应链提前期和装配提前期没必要那么长。因此在两轮之间，团队成员将通过头脑风暴的形式集体讨论解决方案，通过减少瓶颈和改善吞吐时间来改进他们的流程。然后，通过执行后续的模拟回合，学生们能够看出流程改进对他们的运营产生的影响。通常情况下，团队会重新配置他们的流程，使得生产线更加流畅，消除物料搬动，减少对工作台的需求。常见的措施还有，团队将工人从非增值岗位（例如，物料搬运工）重新分配到增值更高的工作岗位上（例如装配工）。有时，我们也会看到当学生的岗位被认为是不必要时被解雇⊖。团队还愿意重新设计 Gazogle，使用较少的乐高积木，这不仅降低了材料成本，而且减少了所需的装配时间。最后，我们看到的是与客户和供应商合作的变化。团队经常要求与客户在同一地点，以缩短成品 Gazogle 的交付时间。学生们还要求供应商进行改进，包括：①与供应商同处一地，以降低采购费用，缩短材料进入生产过程所需的时间；②供应商提供分装部件或配套材料。

2. 生产与库存管理以及管理会计综合学习目标

通过 Gazogle 生产模拟过程，学生能够直接观察到生产流程决策如何影响各种管理会计措施，并影响盈利能力。例如，如前所述，大多数团队在采购阶段都会遇到瓶颈，阻碍他们生产大量（或任何）Gazogle 产品。这使得学生能够体验到瓶颈所造成的财务影响，因为这不仅阻碍他们生产出任何 Gazogle 产品，而且限制了他们产生收益的能力。此外，由于模拟的许多成本是固定成本，与产量无关（例如劳动力成本、设备成本），学生还会看到

⊖ 在极少数情况下，被解雇的学生再组成自己的 Gazogle 生产团队。这为这些学生提供了一个独特的学习体验，他们可以从头开始构建自己的运营管理体系，而不用原始团队那样忍受之前流程中遗留下来的学习曲线障碍和遗留成本。

因为出现了瓶颈,尽管生产量很低,但成本依然相对较高。学生能很快意识到最大化生产的好处,从而最大限度地利用这些资源。一般来说,学生还是能够理解与低效流程相关的成本概念的。

8.2.4 关键业务:有效载荷产品开发模拟

技术与运营管理和管理会计课程整合中的另一个主题是考虑与产品开发过程相关的关键业务的执行(见 O6 部分)。在技术与运营管理课程中,需要讨论与"可制造性设计"(Design for Manufacturablity)概念相关的问题。在这里,学生们检查他们的产品设计决策对材料选择、工艺选择和供应链下游的影响。正如他们在管理会计课程中发现的,这些产品开发决策对项目成本、材料成本和供应链成本有直接影响,所有这些都会对最终产品的成本产生影响。此外,学生们还认识到,运营管理和管理会计在产品开发过程和活动的执行中也存在着错综复杂的关系,因为他们意识到在开发过程中,各种决策如何影响质量—成本—时间的权衡。

有效载荷模拟(Schmitt、Brown 和 Obermiller,2006)是一个体验式的产品开发游戏,改编自一个名为扔鸡蛋比赛的游戏。在比赛中,团队参加一个假想的美国航空航天局(NASA)赞助的比赛,开发并提交火星登陆舱的原型。每个产品开发团队由五名成员组成,包括 NASA 客户代表、业务发展代表、营销代表、设计工程师和制造工程师。团队按照以下的方法评估总收益,满足性能目标(质量)的收入减去开发成本,开发成本是开发时间(速度)和材料费用(成本)的函数。团队的每名成员都获得了与专业驱动因素相关的不同信息子集,团队必须一起工作以完全理解整个信息集合,这样就突出了跨职能决策在产品开发过程中的重要性。

业务发展代表的角色获得的信息是盈利和收入目标,负责做出项目预算以满足盈利目标。具体来说,公司的目标是实现 10%的盈利。如果有效载荷能够准确地命中着陆目标,根据接近目标的程度,它能够实现 20 万~200 万美元的收入,营销代表掌握了产品上市时间和开发成本的关键信息。例如,如果团队在 10 分钟内(相当于 10 周)完成开发,则其开发成本是 1 万美元。而如果团队在 60 分钟内完成开发,那么开发成本将呈指数方式增加到 200 万美元。最后,制造工程师掌握了与材料成本相关的信息。非独立零件产生固定成本(如一卷胶带),独立零件(如吸管、回形针、气球)产生可变成本。此外,鼓励使用通用部件,批量采购享受折扣并节省产品集成成本。例如购买单个气球需花费 6 万美元,购买两个气球则花费 9 万美元。

1. 产品开发和运营综合学习目标

有效载荷模拟提供了在产品开发过程中必须做出的典型运营决策的示例。在模拟过程中,设计和制造工程师代表运营管理的观点,他有 4 个主要目标:①减少开发时间,②增加零件通用性，③制造可堆叠产品，④制造绿色产品。第一个目标，即缩短产品开发时间，说明了产品开发团队和管理会计目标之间存在明显冲突。虽然较短的开发过程更具成本效益，但是更注重较长的原型开发时间会使得产品在最终竞争中有更好的表现。这次辩论为以后有效的项目管理策略的课堂讨论奠定了基础。第二个和第三个目标是增加产品的零件通用性，使产品更具可堆叠性，展示了运营管理如何通过设计产品成本为管理会计目标的达成做出积极贡献。一个宜家的课堂运营管理案例强化了这些课程内容。学生们讨论了宜家在设计过程中，为实现其目标成本使用的各种策略，包括：设计更具可堆叠性的产品，以降低运输成本；增加产品零件的通用性；在设计过程中尽早决定供应商，以优化价值链。模拟还促进了关于可持续性和创新问题的对话。设计工程师关注最终设计的"绿色"（即由可回收材料制成）程度。学生有多种材料可供选择，包括纸、木头、金属、泡沫塑料杯和塑料气球。然而，聚苯乙烯泡沫塑料杯和气球是最有浮力的，并因此使得有效载荷的原型具有更高的性能。但这也是最不可回收的产品，与产品设计的初衷产生了冲突。由于"绿色环保"能产生长期的经济利益，因此学生们必要要处理短期经营业绩和长期经济利益之间的紧张关系。

2. 产品开发和管理会计综合学习目标

我们向学生介绍目标成本法是一种战略利润和成本管理过程，其前提是，对于大多数组织来说，产品/服务的销售价格和资本提供者的要求回报是由市场决定的外生因素。即，目标成本=销售价格-利润。因此，目标成本管理组织中的可控因素（例如产品设计及其价值链的设计）。因此，管理层首先要确定新产品的目标成本，然后将该目标成本分解为相应模块和单个零件的成本预测。如果目标成本和基于当前的设计和制造能力的成本预测之间存在"差距"，则通过分析产品的设计、原材料要求、价值链安排、成本驱动因素和制造流程来寻求节约成本的机会。

有效载荷模拟突出了许多在管理会计和制造/运营管理的交叉点出现的目标成本经验教训。通过游戏，学生们认识到几个关键因素，如收入（价格）和利润率是由外部因素决定的，这突出了目标成本计算过程的重要性。此外，游戏使得同学们讨论资本短缺如何导致成本压力增加，因为产品开发需要预算10%或更高的销售收益率。

8.2.5 重要伙伴：Coloplast 外包/离岸外包案例

技术与运营管理和管理会计整合课程的最后一个主题是公司的重要伙伴对其价值主张和盈利的影响（见 O7 部分）。在本节中，学生将思考如何通过离岸外包和外包安排，利用各种合作伙伴关系，以获得补充资源和专业知识来执行关键业务。鉴于之前讨论的流程分析主题关注某一特定的制造或服务所面临的运营挑战，本课程的这一部分通过考虑与供应链设计和管理相关的问题来扩展公司的视野。在技术与运营管理课程中，学生们学习了

"制造与购买"决策框架,帮助他们面对公司是自己做还是外包的决策,为了在这些备选方案之间进行选择,管理会计课程的学生学习了增量成本分析框架,以检查哪些成本与外包/离岸外包决策相关,包括考虑各种机会成本或沉没成本。

为了说明与外包和离岸外包相关的概念,我们在技术与运营管理和管理会计课堂上讨论了 Coloplast 案例(Nielson 等人,2008)。Coloplast 是丹麦的一家医疗保健品生产商,其核心业务主要涉及造口术和失禁护理。在 21 世纪初,德国医疗改革导致公共补贴减少,致使公司面临财务困难。为了应对这些财务压力,Coloplast 实施了一项双重支柱战略,通过产品创新和流程优化,重点是将批量生产转移到匈牙利和中国,实现 90 亿丹麦克朗的销售额和 18%的利润率。Coloplast 的目标是其所有收入的 20%来自过去 4 年推出的产品。因此,Coloplast 在丹麦将继续进行产品开发和创新,而产品的批量生产将移至匈牙利。这个案例讲述了公司如何达成其向匈牙利迁移的决策。有几个成本因素使得匈牙利成为一个有吸引力的选择。例如,匈牙利的生产和劳动力成本比丹麦低 20%、建筑成本比丹麦低 50%;匈牙利的税收水平为 16%,而丹麦为 28%。然而,正如学生们发现的那样,成本并不是 Coloplast 唯一需要考虑的重要因素。透过这个案例,学生们研究了公司在过渡时期所面临的各种运营方面的挑战。该案例包含了几个技术与运营管理和管理会计的综合的学习重点。

1. 离岸外包和运营管理综合学习目标

作为讨论 Coloplast 案例的先决条件,学生需要阅读《正确进行离岸外包》这篇文章(Aron 和 Singh,2005),其中强调了在做外包或离岸外包决策时需要考虑的各种运营问题和风险因素。在讨论中,学生必须考虑外包/离岸外包决策对公司维持其价值主张的能力的影响,要通过保持对核心资源的控制,持续且高质量地执行其关键业务。例如,Coloplast 的外包决策主要是与成本相关的。然而,在做出决策时,更重要的是离岸地点能够生产出具有相同质量和精度的产品。在这方面,匈牙利似乎是一个有利的选择,因为那里不仅工资便宜得多,而且匈牙利也拥有技术上非常成熟的劳动力。然而,文化和运营上的差异给 Coloplast 迁往匈牙利的决策带来了挑战。在丹麦,生产以分散的方式进行,员工被赋予了大量的自主权,并且大部分的运营知识是心照不宣的。而在匈牙利,工人习惯遵循精确的订单,并使用文档详述的、高效规范的生产工艺。这就产生了潜在的运营风险,因为在丹麦工厂缺少生产指导文件,这意味着离岸外包安排将缺少明确的生产指南和指标,这可能导致与产品质量有关的问题(Aron 和 Singh,2005)。

此外,本案例结论指出,虽然将业务进行离岸外包是有益的,但也会因此而失去一些机会。首先,匈牙利工厂的所有原材料都通过 Coloplast 丹麦公司获得。然而后来发现,许多材料最初却来自匈牙利。但是,这些材料并没有直接送往 Coloplast 的匈牙利工厂,而是通过丹麦转送。这些讨论突出了在做出外包决策时考虑整个供应链的重要性,因为将业务迁移到匈牙利会导致 Coloplast 只有次优的供应链。

2. 离岸外包和管理会计综合学习目标

学生处在管理会计课程练习的初始阶段时，可以计算出在三个领域的成本节约情况：生产成本、管理成本和与修建额外设施相关的成本（设备在五年期间折旧）。在管理会计课程中，Coloplast 为我们提供了一个展示相关/增量成本分析重要性的机会。相关成本分析为外包决策提供了清晰的成本节约情况。在分析的第二部分中，我们讨论了未实现的成本节约，如果将一部分销售分销和材料采购转移到匈牙利就可以实现。[1]

在课堂上讨论 Coloplast 案例之前，我们通过讨论增加或减少生产线的决策所产生的影响来引入与成本核算相关的主题。在这节课中，学生们要学习这两种决策方案之间的成本差异。特别是向学生们展示了不仅根据成本行为（即固定成本或可变成本）进行成本分析，而且还分析了这些成本是否可直接归因于某些决策方案，或者这些成本是否常见并可以简单地分配到各个业务部门。此外，我们还强调沉没成本不应在任何决策中起作用；而其他隐藏的机会成本却可能是相关的，因此应该发挥作用。

我们还给学生们整理并布置了一项有关 Coloplast 的作业，从案例中提取特定信息，以便学生进行结构化增量分析。为了完成这项练习，学生们必须首先了解，决策的另一种选择是在丹麦还是在匈牙利进行业务扩展。所有与在匈牙利工作相关的成本支出都被视为在丹麦的成本节省。因此，通过建立前述的决策选择方案，学生们可以首先检查在丹麦进行业务扩展的增量成本，然后与将离岸到匈牙利的业务部分进行适当的比较。尤其是，Coloplast 81% 的生产运营将被迁移至匈牙利，并涵盖所有批量生产的产品运营，而与新产品创新相关的 19% 的业务将留在丹麦。因此，成本节约将仅适用于 Coloplast 的匈牙利离岸外包部分，因为其余部分仍然留在丹麦，离岸战略对其没有影响。Coloplast 案例提供了一种非常实用的方式来应用这些相关/增量成本分析概念。

8.3 结论

百森商学院的核心使命是培养未来的领袖。我们相信我们的综合课程为学生提供了在频繁变化的商业环境中所需的各种能力。"创业领袖"标签包括那些创造新的商业模式的人，以及那些在成熟的企业中进行创新以验证和实现现有商业模式新要素的人（Bell 和 Ansari，2014）。因此，我们的课程致力于帮助学生成为成功的创业领袖，他们能够创造新的商业模式以应对新的机遇，也能够调整现有的商业模式，以应对公司将要面临的商业挑战。

---

[1] 与技术与运营管理部分描述的低效采购流程类似，所有销往东欧的产品都通过 Coloplast 丹麦公司进行销售和分销，这意味着在匈牙利生产的产品要先被送往丹麦，然后再分销回东欧。

如前所述，国际商学院协会（2010）呼吁大学在他们的商业课程中进行更多整合。在百森商学院，我们从20世纪90年代中期就开始整合我们的核心课程。我们整合了技术与运营管理和管理会计课程，提供不同但又互补的观点，以便更加详细和透彻地了解公司的运营方式。我们以综合的方式教授这两门课程，并以商业模式画布作为我们的框架来讨论这些课程，以展示技术与运营管理和管理会计之间的相互依赖关系。

本章讨论了整个学期中的五个整合点。对于每一个整合点，都为学生提供机会通过两个不同的视角来审视运营情况（例如案例、模拟），并应用两种不同的"工具箱"来解决每种情况下的问题。在每个整合点中，技术与运营管理讨论公司向其客户提供其价值主张时的运营视角，而管理会计讨论了管理会计视角。这种对课程的整合方法为学生们提供了一个更加全面的商业模式视角，并使他们能够将多种视角融入到他们的商业决策中。

8.4 鸣谢

我们要感谢詹·贝尔（Jan Bell）、丹娜·格林伯格（Danna Greenberg）、凯特·麦考恩·斯威特（Kate McKone Sweet）、司南·尔族如木陆（Sinan Erzurumlu）、伊娃·摩根（Ivor Morgan）、菲尔·力卡利（Phil Licari）、保罗·苟密斯（Paulo Gomes），以及其他许多在设计综合课程方面做出巨大贡献的人。此外，我们还要感谢史蒂夫·富勒（Steve Fuller）的意见和建议，以及两位匿名审稿人，他们为本章的初稿提供了有价值的反馈意见。

参考文献

AACSB International. (2010). *Business schools on an innovation mission.* Tampa, FL: AACSB International.

Angell, L. C., & Klassen, R. D. (1999). Integrating environmental issues into the mainstream: An agenda for research in operations management. *Journal of Operations Management, 17*(5), 575–598.

Aron, R., & Singh, J. V. (2005). Getting offshoring right. *Harvard Business Review, 83*(12), 135.

Bell, J. (2012). *Chocomize: Case A.* Babson College.

Bell, J., & Ansari, S. (2014). *Management accounting in an ETA environment.* Babson College.

Bell, J., Erzurumlu, S., & Fowler, H. (2010). *Sustainable supply management at Sofra.* Babson College.

Bell, J., Erzurumlu, S., & Fowler, H. (2013). *Better tomorrow at Sodexo North America, AB146.* Wellesley, MA: Babson College.

Caliskan, A. O. (2014). How accounting and accountants may contribute in sustainability? *Social Responsibility Journal, 10*(2), 4.

Ducoffe, S. J. S., Tromley, C. L., & Tucker, M. (2006). Interdisciplinary, team-taught, undergraduate business courses: The impact of integration. *Journal of Management Education, 30*(2), 276–294.

Gupta, M., & Galloway, K. (2003). Activity-based costing/management and its implications for operations management. *Technovation, 23*(2), 131–138.

Hamilton, D., McFarland, D., & Mirchandani, D. (2000). A decision model for integration across the business curriculum in the 21st century. *Journal of Management Education, 24*(1), 102–126.

Kaplan, R. S., & Norton, D. P. (2007). Using the balanced scorecard as a strategic management system. *Harvard Business Review*, (July–August).

Neck, H., & Stoddard, D. (2006). *Babson college nominates the Foundation Management Experience (FME) for USASBE's innovative entrepreneurship education course.* Babson Park, MA: Babson College.

Nielsen, B. B., Pedersen, T., & Pyndt, J. (2008). *Coloplast A/S – Organizational challenges in offshoring.* London: Ivey.

Osterwalder, A., & Pigneur, Y. (2010). *Business model generation.* Hoboken, NJ: John Wiley.

Schmitt, T. G., Brown, K. A., & Obermiller, C. (2006). Conveying cross functional product development concepts: The Payloads 9.8 Mars lander exercise. *Decision Sciences Journal of Innovative Education, 4*(2), 293–299.

Treacy, M., & Wiersema, F. (1993). Customer intimacy and other value disciplines. *Harvard Business Review, 71*(1), 84–93.

Weiss, E. (2006). The Gazogle case. *INFORMS Transactions on Education, 6*(3), 46–47.

第 9 章
市场营销学—信息技术与系统的课程整合：培养下一代经理人

杜鲁夫·葛维沃（Dhruv Grewal），安妮·L. 罗格温（Anne L. Roggeveen）和加尼桑·山卡拉拉亚南（Ganesan Shankaranarayanan）

现代公司需要懂得营销、技术和分析的员工，他们能够帮助公司更好地服务客户。如今，几乎所有的公司都在积极地使用社交和移动媒体向客户推销他们的产品和服务。无论这些公司从事制造业或零售业，无论他们的客户是消费者还是其他企业，他们都使用互联网和各种形式的社交媒体进行沟通（Rapp，Bietelspacher，Grewal 和 Hughes，2013）。幸运的是，今天的学生都非常精通技术。他们精通使用社交、移动和网络传媒，并通过智能手机、平板计算机和笔记本计算机使用这些媒体。他们在网上花费的时间很长，在脸书和 Instagram 上发帖，通过电子邮件、短信或即时通信软件进行沟通，在 YouTube 上观看视频，发送推特，搜索信息以及在网上购物。

因此，学生们期望自己上课的时候也能够使用到这些技术，并用于提升自己的学习体验（McCabe 和 Meuter，2011）。但是，只是熟练使用社交媒体并不足以将学生变成具有吸引力和竞争力的员工。相反，现代企业需要跨职能业务的融合，鼓励不同部门的成员一起工作。类似的跨职能合作也是百森商学院的核心价值主张，是我们在课程中所强调的关键要素。

例如，在大二学生的管理体验课上，我们将市场营销学和信息技术与系统（Information Technology and Systems，ITS）整合起来，以获得战略收益。这样的整合引起的协同效应与那些依赖数据管理和分析、社交媒体、移动应用、本地化和在线呈现方面最新进展的大中小企业不断增加的各种营销努力是一致的。通过这种组合，我们可以讨论在两门课程中需要强调的知识点，从如何通过业务流程生成数据开始，到使用数据来检查业务绩效（包括数据分析），使用软件工具促进数据分析和实现可视化，分析面板的重要性，管理客户价值和客户关系（寻找客户与留住客户）以及社交、移动和在线渠道的独特作用。这种多角度整合和涵盖共同的知识点可以提升学生的参与感和学习动力。最后，按照百森商学院的创业思维，这种整合通过使用交互式数字资源、沉浸式模拟和案例讨论、实践活动和现实项目，强调了"在做中学"。

这种整合的市场营销部分强烈依赖数字资源来支持关键的学习体验，高效利用这些资源可以提高学生的自学能力（Dowell 和 Small，2011）。主要学习工具包括在线互动测验（例如，来自 Grewal 和 Levy，2014 的"关联营销"练习），LearnSmart®（一种适应性学习工具），大量相关互动工具和引人入胜的视频。课堂时间也用于相关案例分析和练习（例如，使用在线广告开发工具包设计广告，进行盈亏平衡分析）。大二管理体验的市场营销部分通过这种整合实现了三个关键的学习目标。

1）了解数据的价值，进而透过数据看到数据背后的可操作的见解。

2）强调数据分析的作用和经验模拟的作用。

3）认识到社交媒体日益增长的作用，以及营销—信息技术与系统接口对于帮助企业服务客户的至关重要性。

信息技术与系统的内容通过向学生展示如何为业务决策而生成、收集、存储、管理和分析数据，来补充营销学。通过使用各种形式的技术——从互联网到数据库，电子表格到多维数据集（Data Cubes），再到原型设计工具——信息技术与系统内容为提高学生的学习能力提供了实践学习体验。与营销学类似，信息技术与系统依靠基于团队的经验模拟和案例来促进互动和同伴学习（Peer Learning）。除了网站设计和搜索引擎优化的沟通策略，信息技术与系统课程强调在入站营销、品牌推广和客户关系管理方面使用社交媒体和 Web 2.0 的策略。因为未来的业务经理必须熟练掌握技术，信息技术与系统内容将通过以下方式支持市场营销学的关键学习目标。

1）了解业务流程和交易数据的生成是具有跨职能性质的，以及它们在业务决策中的作用。

2）使学生接触不同的数据操作和分析工具，如数据库、多维数据集和分析面板；从而透过数据看到数据背后的可操作的见解。

3）描述管理互联网和相关电子商务、开展社交媒体活动，以及使用数据和分析来了解互联网和社交媒体策略绩效的可行策略。

作为这种整合的结果，学生获得了专业知识，掌握了理解和应用基于学科的学习能力，并且完成了从一个学术或职能领域到另一个领域的练习。这种跨职能整合培养出来的学生在工作中更为有效，大大降低了用人单位的培训需求，也大大增加了百森商学院毕业生用人单位的投资回报率。

9.1 有价值的数据、社会科学统计包（SPSS）和可操作的见解

要真正做到以客户为中心，公司既要熟悉营销，又要熟悉信息技术（Information Technology，IT）（Trainora，Rapp，Beitelspacher 和 Schillewaert，2011），特别是在电子营销领域（Brodie，Winklhofer，Coviello 和 Johnston，2007）。因此，在市场营销学和信息技术与系统的整合课程中的营销学部分，学生广泛地使用各种类型的数据，旨在形成不同的见解和行动计划。例如，现实世界的企业已经意识到收集数据并挖掘这些数据的重要性和价值，因为由此形成的见解对于制定和实施营销活动至关重要。市场营销部分包括关键的数据收集和分析工具；信息技术与系统部分处理相关的数据存储、访问和操作工具。这些不断涌现的工具为企业利用其现有的或可用的数据提供了丰富的见解，无论是识别和吸引新客户，还是更好地了解现有客户的终身价值。

在学期之初，学习市场营销学的学生通过及时的案例研究了解到从调查中收集数据的概念，该案例讲的是美国东北部最大的购物中心——Natick 购物中心（Grewal 和 Motyka，2014）。在案例中，学生们扮演商场中某个商店的经理的角色，负责识别出他们的客户，并提出如何吸引相关客户的建议。为了完成任务，学生们要考虑调查数据的作用以及如何使用营销工具（例如，SPSS⊖软件）或 IT 工具（例如，数据库，Excel Power Pivot◎）来深入分析数据。

该练习要求学生研究、使用和调查相关案例文件提供的数据，以了解他们如何在给出的场景中提出、制定和总结细分和产品分类决策。该案例还强调了诸如 Qualtrics⊜这样的在线数据收集调查工具的优势，通过亚马逊的 Mechanical Turk®所获得的来源广泛的调查对象，以及 IBM 先进的 SPSS 软件包。

具体来说，每个学生都被分配到商城中的一家商店做零售经理。学生们可以看到对商店客户的详细调查问卷以及从中收集的数据。数据呈现的形式既有 Excel 表，又有 SPSS 格式。该案例训练学生如何使用 SPSS 和交叉表来做出分析，并给出基本的描述性解释。通过六步程序，学生们实际使用 SPSS Cross-Tab 工具找到他们指定的门店和客户群，进行 χ^2 分析，选择单元格计数，并收集评估的结果。最后，案例要求学生对他们用软件做出的分析进行回顾。在这个回顾中，他们必须确定谁在他们的商店购物，多长时间来一次，以及消费水平如何。根据这些细节，学生们给出自己的建议。他们要执行的最后一个关键步骤

⊖ Statistical Package for Social Sciences（SPSS），社会科学统计包，是用于统计分析的软件包，被市场研究者、数据挖掘者和调查专家广泛使用。

◎ Excel Power Pivot 是微软的一款商业智能软件产品，可作为微软 Excel 的附件，具有数据汇总和交叉列表的功能。

⊜ Qualtries 是一个在线调查设计软件。

⑭ Mechanical Turk 是亚马逊作为服务提供的众包互联网市场。

是思考他们的建议是否现实和可行，而不仅仅是让软件为他们提供结果。

为了配合这个练习，在大二学生的管理体验课上，学习信息技术与系统内容的学生团队将收到一个大型调查数据集，包括人口统计数据和有关购买意向、价格点和包装尺寸的信息。使用 Excel Pivot 或 Power Pivot，学生团队确定客户群体，并确定谁将购买哪些尺寸的包装和购买价位，该分析使学生深入了解客户细分的基础概念和分析。

通过使用这些工具，学生们还可以了解不同的客户群喜欢在不同的商店购物，还学会了识别不同客户群体的价值属性。因此，学生们对给定的零售连锁店可以实现的定位优势有了深入的了解，也有了在现实世界零售实践中普遍使用的软件工具的实际经验，在这个过程中，学生们了解到数据本身并不干净；相反，噪声使得识别干净的数据变得困难。因此，该练习强化了对数据进行预处理以进行分析的必要性，并且使学生了解了随后在数据仓库和商业智能的讨论中引入的"维度"和"事实"的概念。

9.2 分析和经验模拟

在由麦格劳希尔（McGraw-Hill）开发的实践营销模拟（http://www.mhpractice.com）中，学生通过设计和营销背包来扩展自己的分析和体验洞察力。这个项目的关键经验是认识到最漂亮、最好和最有见地的营销计划只在短时间内有效，之后企业必须利用其营销知识应对不断变化的竞争格局。在整个学期中，学生团队通过完成背包制造商模拟游戏（见图 9-1）来应用他们所学的理念和工具。该模拟有力地强化了课堂或教材上的内容与现实应用之间的联系。

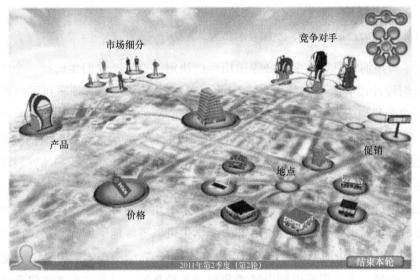

图 9-1 背包模拟游戏

注：版权归 McGraw-Hill Education 所有，已获转载许可。

在设计背包模拟中，学生们要做的第一步是考察五个不同的细分市场。他们收到细分市场信息，包括规模和增长率，这对于确定每个模拟客户细分市场的吸引力是至关重要的。他们还可以访问其他选项卡，这些选项卡提供有关客户的人口统计信息、购买频率、销售数据和客户意识（见图9-2）。

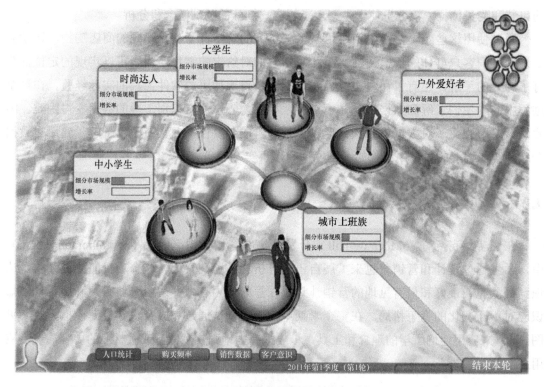

图9-2 主要细分市场及其特点

注：版权归 McGraw-Hill Education 所有，已获转载许可。

在查看了可用的信息后，学生必须做出一些决定。首先，他们要选择一个主要细分市场，针对他们设计出有吸引力的背包。因此，在这一步中，学生必须利用他们的市场细分、客户需求分析以及新产品开发的知识，模拟包括关于各种产品属性（例如形状、背带、材料、颜色和性能）、属性重要性、属性选项以及与各种属性选项相关的制造成本的各种细节。这样的模拟有助于强化会计成本要素，迫使学生设计师在新产品开发工作中做出权衡（见图9-3）。

接下来是定价决策。背包的设计决定了与其生产相关的可变成本。有了成本信息，团队必须选择其背包的销售价格。通过这样做，学生可以更好地了解利润率，而且利润率也取决于学生选择销售背包的渠道。该模拟为背包提供了 7 个潜在的销售渠道（见图 9-4）。通过分析这一选择，学生们意识到直销的利润率是最高的；而通过高端零售商销售背包的利润率最低。

第 9 章 市场营销学——信息技术与系统的课程整合：培养下一代经理人

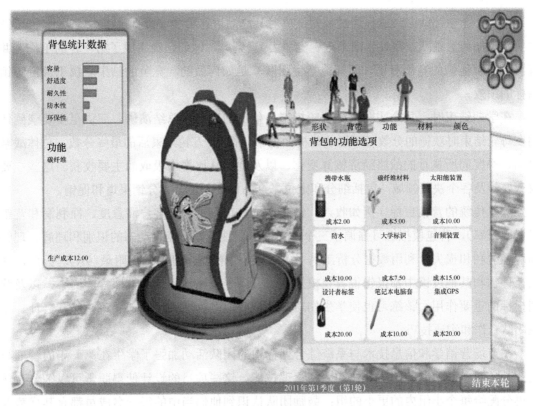

图 9-3　设计背包

注：版权归 McGraw-Hill Education 所有，已获转载许可。

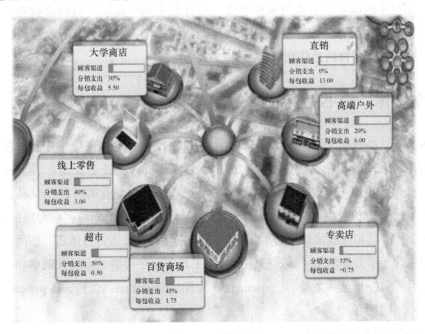

图 9-4　销售渠道

注：版权归 McGraw-Hill Education 所有，已获转载许可。

最后，学生团队必须选择通过哪些媒体对其产品进行宣传（类型、成本、频率），以及主要信息如何呈现（一致性、清晰度、竞争力）。到此，他们已经完成了第一轮的工作，并有机会了解他们的竞争对手（即其他学生团队）是如何做的。竞争的结果取决于关键营销指标的绩效。

在学期结束时，每个团队要就五轮模拟中他们的选择做总结演讲。演讲至少要谈到他们在每轮结束时获得的分数（可以从分析面板中获得）、五轮结束后的最终分数、总体战略总结、季度间所执行的战略经济核算变化，以及他们从比赛中吸取的主要收获。这些主要收获要涉及各个决策领域，包括细分和定位、产品设计、定价、分销渠道和促销。

除了传统的营销目标（例如收入、销售单位、市场份额、客户满意度、净利润和营销投资回报率），背包模拟练习强调了三个方面的重要性，即对竞争动态的识别和理解、理解和解释盈利和损失、利用数据分析工具（关于该练习的更多细节请见附录 9A）。因此，学生在评估和其他反馈中都报告说背包模拟练习有助于强化他们的营销课程的内容，以及营销指标的重要作用。该练习也使学生们对其他核心业务领域有了深入了解，包括会计、专业团队合作和沟通技巧。

在市场营销学和信息技术与系统综合课程中的团队活动加强了学生在第一年的管理与创业基础课上学习到的团队合作和团队管理技能。这些项目的设计使得职责可以细分，然后再分配给每个小组内的更小的组；鼓励团队认识到他们当中的每一名成员都有其优势并给予其相应授权；强烈鼓励沟通和持续的互动，要表达、澄清和反映的不仅仅是小组的作品和想法，还有小组成员的个人情绪和感受。在评估中期产品时，教师会检查并收集学生对小组气氛和动态的反馈；如有必要，教师还会出面干预。最后，这两个课程的整合告诉学生可以利用技术开展协同工作和交付项目。

9.3 社交媒体：脸书（Facebook）数据分析

正如格雷沃（Grewal）和莱维（Levy）所说："社交媒体彻底改变了企业与客户沟通、倾听客户的声音和向客户学习的方式。它的影响是深远的，无论企业是在线上还是在实体店里销售，提供的是服务还是产品，主要是与消费者还是与商业客户进行交易。社交、移动和在线技术的变革和进步掀起了一场完美的风暴，迫使企业改变与客户沟通的方式。"因此，随着社交、移动和在线媒体渠道的增加，传统的营销实践（如实体店、平面广告）得到了极大的增强。为了方便学生了解这些作为营销工具的数字渠道，市场营销学和信息技术与系统课程应用了 4E 框架（激励、Excitement，教育、Education，体验、Experience，参与、Engagement）（见图 9-5）。

1）通过相关优惠激励客户。

2）就有关产品对客户进行教育。

第9章 市场营销学——信息技术与系统的课程整合：培养下一代经理人

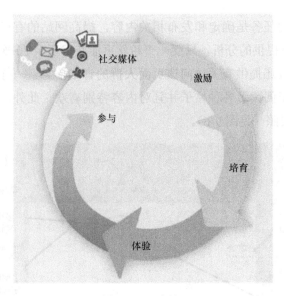

图9-5 4E框架

来源：Grewal 和 Levy（2014）。注：版权归 McGraw-Hill Education 所有，已获转载许可。

3）帮助客户直接或间接体验产品。

4）给客户一个参与社交网络的机会。

社交媒体提供了各种方式来激励客户，包括通过利用现有社交网络的路径（如 Facebook，Pinterest，Google+）。通过社交媒体发布的优惠必须与目标客户相关，并向他们提供通过移动设备或亲自享用优惠的明确机会。企业需要利用每个接触点和每个机会向客户介绍他们的产品价值主张，即相对于竞争产品的独特优势。通过利用 YouTube 和视频媒体，企业还可以模拟消费体验。最后，为了吸引客户，企业需要允许访问社交媒体并提供线上/线下机会，方便其与产品以及企业建立长期关系（例如发帖、推文、转发和评论）。

在整个市场营销学和信息技术与系统课程中，各种社交媒体工具强化了"企业可以并应该使用 4E 框架来推销其产品和服务"的理念。一个典型的例子，我们首先在市场营销学课程上进行过的一项练习，然后在信息技术与系统课程中予以加强。具体来说，就是学生为零售商开发脸书粉丝页面。基于其 30%的市场份额，脸书已经成为最突出、最主要的广告发布商之一（comScore，2011）。因此，了解如何在社交媒体平台（尤其是脸书）上推广产品和服务，对学生们未来的职业成功至关重要。更现实的情况是，有效的社交媒体营销技巧是校园招聘人员的主要标准。通过直接在课堂上应用这些数字技术，我们能够确保学生的实际体验成为课堂焦点（Buzzard，Crittenden，Crittenden 和 McCarty，2011）。

再次合作团队，继续发展团队合作技能。学生们开发并推出了知名零售商（例如 Sears，JCPenney，Macy's，Nordstrom，Neiman Marcus，Lord & Taylor，Abercrombie & Fitch，Banana Republic，Express，Zara）的粉丝页面。在开发这些粉丝页面和制订营销计划时，学生们参考近期的研究，这些研究突出了脸书上的个性化广告相对于其他平台有哪

• 109 •

些优势和劣势。他们的任务是确定和发布相关内容，提高网站的有机流量和付费流量。他们还必须仔细评估脸书提供的分析，只要一个粉丝页面获得至少 30 次点赞，Facebook 就会打开。脸书的分析面板还提供有关访问该页面人群的详细信息——有多少人访问、有多少人喜欢、有多少人真正阅读了各种帖子并且对内容特别喜欢。此外，分析面板还能提供粉丝页面上最近活动的快照（见图 9-6）。

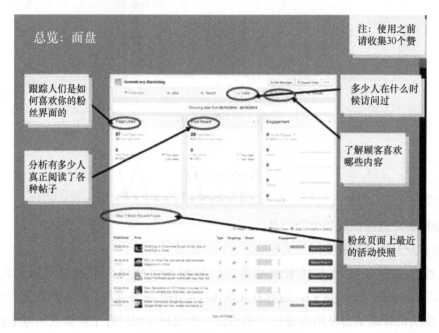

图 9-6 脸书粉丝页面分析面板

实施这个项目所需的课程在信息技术与系统课程中得到了补充。学生们要考虑网站的设计原则，并通过实践活动对其加以强化，他们需要使用诸如 Yola（Yola.com）或 Wix（Wix.com）⊖这样的开放式平台为一个活跃的企业建立一个网站，任务是尽可能多地纳入设计原则。对他们所设计的网站的评价是基于设计原则是否应用得好，以及网站是否在美学和功能上令人满意。学生们还学习搜索引擎优化的基本概念，以提高他们的网站在搜索引擎结果中的有机排名。他们练习将 Google Analytics 与其网站相关联，以跟踪其网站的性能和流量。最后，学生们复习了各种可以增加网站访问量的社交媒体策略。除了假设的网站设计之外，学生们还展示了他们要收集的数据，用于监控网站的性能和改善客户体验；他们将选择的社交媒体策略，以提升网站的流量；他们将使用的指标，用于评估社交媒体活动的绩效。通过这种广泛的实践，学生们能够更好地完成老师在营销学课上所布置的粉丝页面项目。

在学期末的时候，学生团队向其他同学做演示，他们必须回答以下问题：

⊖ Yola.com 是一个网站建设和网络托管公司，Wix.com 是一个网络开发平台。

第 9 章 市场营销学——信息技术与系统的课程整合：培养下一代经理人

谁是目标客户？

你们能创造多少流量？

哪类的内容最吸引你们的客户？（见图 9-7）

你们的主要收获是什么？

未来你们会做出哪些改变？

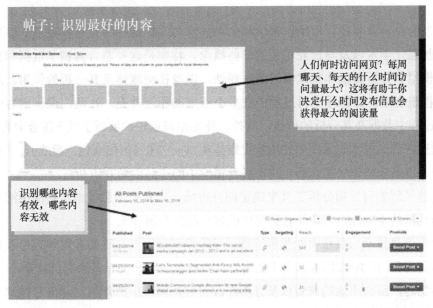

图 9-7　内容分析

为了回答这些问题，学生们不但需要依赖相关的脸书分析，还必须寻找对相关帖子和客户参与度统计的额外分析。学生们由此能够获得实际体验，了解他们所做出的努力的成效如何。

（更多详细信息和本练习的复习模板，请见附录9B）

9.4 结论

在大二的商科课程中，市场营销学和信息技术与系统课程的整合使我们能够为学生并和学生一起强化学术以及与行业相关的一些概念。特别是这种整合强调了数据和见解的作用，通过模拟和分析面板体验式学习的重要性，以及社交媒体及其分析的使用。还强调了这两门课程整合后，在课程交付过程中在多个点上的相互补充。在两门课程内容中，始终强调决策过程中数据及其分析的价值。此外，补充知识点还扩展到了以下综合内容中：

- 通过在信息技术与系统中使用社交媒体和Web 2.0（例如众包、游戏），了解技术在产品创新和协作中的作用，对市场营销学中的产品创新有所补充。
- 清楚了解如何使用分析工具来确定细分市场，以及在信息技术与系统中清理和预处理数据的重要性，对市场营销学中的客户细分有所补充。
- 说明信息技术与系统中的数据管理以及数据管理工具在识别和管理客户及客户交易方面的作用，对市场营销学中的客户终身价值和客户关系营销有所补充。
- 学生对产品合用地的调查以及分析在改善客户体验中的作用，对信息技术与系统中的购物篮分析有所补充。
- 在信息技术与系统中针对社交媒体和网络策略在入站营销和品牌推广中的应用，对市场营销学中社交媒体和替代营销渠道的作用有所补充。

总而言之，市场营销学和信息技术与系统的整合产生了分析内容丰富的课程，为学生们提供了一些可以立即在商业环境中应用的独特技能。完成课程学习后，学生除了掌握可直接运用的实操性学习内容，还深度参与并了解了在当今快速变化的市场中，市场营销和信息技术与系统之间的重要且必要的协同作用。

参考文献

Aguirre, E. M., Mahr, D., Grewal, D., de Ruyter, K., & Wetzels, M. (2015). Unraveling the personalization paradox: The effect of information collection and trust-building on online advertisement effectiveness. *Journal of Retailing*, 91(1), 34–49.

Brodie, R. J., Winklhofer, H., Coviello, N. E., & Johnston, W. J. (2007). Is e-marketing coming of age? An examination of the penetration of e-marketing and firm performance. *Journal of Interactive Marketing*, 21(1), 2–21.

Buzzard, C., Crittenden, V. L., Crittenden, W. F., & McCarty, P. (2011). The use of digital technologies in the classroom: A teaching and learning perspective. *Journal of Marketing Education, 33*(2), 131–139.

comScore. (2011). *U.S. online display advertising market delivers 1.1 trillion impressions in Q1 2011.* May 4. Retrieved from http://www.comscore.com/Press%20Events/Press%20Releases/2011/5/U.S.Online%20Display%20Advertising%20Market%20Delivers%201.1%20Trillion%20Impressions%20inQ1%202011. Accessed on September 24, 2012.

Dowell, D. J., & Small, F. A. (2011). What is the impact of online resource materials on student self-learning strategies? *Journal of Marketing Education, 33*(2), 140–148.

Grewal, D., & Levy, M. (2014). *Marketing* (4th ed.). Burr Ridge, IL: McGraw-Hill/Irwin.

Grewal, D., & Levy, M. (in press). *Marketing* (5th ed.). Burr Ridge, IL: McGraw-Hill/Irwin.

Grewal, D., & Motyka, S. (2014). *Natick shopping mall: Segmentation exercise.* Unpublished case study, Babson College.

McCabe, D. B., & Meuter, M. L. (2011). A student view of technology in the classroom: Does it enhance the seven principles of good practice in undergraduate education? *Journal of Marketing Education, 33*(2), 149–159.

Rapp, A., Bietelspacher, L., Grewal, D., & Hughes, D. (2013). Understanding social media effects across seller, retailer, and consumer interactions. *Journal of the Academy of Marketing Science, 41*(September), 547–566.

Trainora, K. J., Rapp, A., Beitelspacher, L. S., & Schillewaert, N. (2011). Integrating information technology and marketing: An examination of the drivers and outcomes of e-marketing capability. *Industrial Marketing Management, 40*(1), 162–174.

附录9A 背包模拟练习

1. 描述：最漂亮、最好的营销计划只在很短的时间内有效，之后，企业必须利用其营销知识来应对不断变化的竞争格局。在整个学期中，你将应用所学到的概念和工具，在背包制造商模拟游戏中参与团队竞争，用以加强学习知识点和课本上的概念与现实世界中应用的联系。团队将进行五个季度（五轮模拟），而且必须在相应的日期提交决策。必须在到期日之前提交决策至关重要，因为在到期日过后，游戏会自动进入下一轮，所以不按时提交决策是不可能的。

2. 可交付成果：团队需要在模拟中提交四轮决策（这将在课堂上更加详细地讨论）。此外，每个团队需要准备做15分钟的演示和5分钟的问答。所有团队都要提交他们的最终得分（包括面板分析），说明他们的总体战略并分享他们从该游戏中获得的主要收获。此外，每个团队还要就某个决策领域（随机分配），包括产品设计、定价、市场细分、分销渠道、促销或定位，讨论他们的策略，并分享主要的学习收获。

3. 决策截止日期：_____
4. 演示日期：_____
5. 评分：学生按从0～100打分，评分依据：

模拟结束时得分	25分
介绍贵公司的整体战略和主要收获	50分
指定战略内容阐述（随机分配的）	25分

背包模拟	
团队成员	
战略介绍	
最初得分和调整	
相对于竞争对手的最终得分/平衡（将占25%）	
主要收获	
营销主题演示（25%）	
整体准备	
视觉辅助	
在规定时间内完成	开始：____ 结束：____ 总时长：____
问答	

其他评论：

附录9B 脸书粉丝页面和分析

1. 描述：为了在现代市场中成为强有力的竞争选手，初创公司和《财富》500强公司都必须熟谙社交媒体之道。社交媒体营销不仅是营销领域一个重要且发展迅速的分支，而且还是大学毕业生起薪最高的职位之一。

2．你们需要以团队为单位，开发并启动一个脸书粉丝页面（细节在课堂上讨论）。你们将使用所学的营销和分析工具来发布内容，吸引客户，增加网站访问量。

3．粉丝页面将由学生创建，但需要给教师提供管理访问权限。页面上发布的内容应该符合百森商学院的标准。除非有必要，否则教师不大可能使用他们的管理权限对内容进行修改。在学期结束的时候，粉丝页面会被关闭并下线。

4．脸书粉丝页面将为（　　　）零售商创建。

5．交付成果：学生团队要做 15 分钟的演示和 5 分钟的问答，必须回答以下问题：

1）你的粉丝页面的主题是什么？包括屏幕截图。

2）你的目标客户是谁？你进入这个市场的策略是什么？有效么？为什么有效？为什么无效？

3）你们创造了多少流量？请分析说明。

4）什么样的内容对你们的客户最具吸引力？请分析说明。

5）你们的主要收获是什么？未来你们会做出哪些改变？

6．演示日期：_____

7．其他要求。

1）必须将教师添加为粉丝页面的管理员。

2）所有帖子都必须符合百森商学院的标准，不能发布任何攻击性材料，包括但不限于关于酒精和药物的内容，并且不能含有性图片。

3）所有粉丝页面必须在课程结束后的两周内关闭。

8．演示模板

脸书演示	
团队成员	
战略介绍	
内容/帖子	
访问量/点赞量	
生成观众量	
营销内容	
总体准备	
视觉辅助	
是否在规定时间内完成	开始：___　结束：___　总时长：___
问答	

其他评论：

第10章
把科学教育作为创业思维与行动®方法

查尔斯·温里奇（Charles Winrich），维吉·罗杰斯（Vikki L. Rodgers），梅根·G. 麦克莱恩（Meghan G. MacLean），大卫·M. 布洛杰特（David M. Blodgett）和朱迪·H. 谢弗（Jodi H. Schaefer）

在过去，本科阶段商科专业和科学学科是分离的。然而，现在许多商学院和课程项目意识到将科学纳入其课程体系的重要价值（Banschbach 和 Letovsky，2011；Charski，2008；Laprise，Winrich 和 Sharpe，2008）。人们越来越认识到，坚实的科学素养基础对所有职业道路都很重要（Heindel，1996），而探究式学习是一种通常源自科学研究的必要技能（Smith，2003）。这对于商科学生来说尤其重要，因为当员工误解商业模式背后的科学时，可能会导致盈利急剧下降（Hubbard，2005）。

所有百森商学院的学生必须修读四门数学和科学课程。传统的单一学科科学课程，如普通生物学或化学，对我们的学生没有什么实际价值，因为这些课程往往关注学科的具体内容，并朝着专业化方向发展。由于商业世界中的创业者很少在单一学科领域内工作，因此我们围绕科学研究和发现的主题设计开发了独特的多学科融合的科学课程。这种方法使我们的学生有机会学习所需的技能，将科学思想的发展和结果分析与现实世界的应用联系起来。最终，学生们通过我们的课程既能掌握科学知识，又能了解科学和创业过程之间的关系。

百森商学院的创业思维与行动®方法由三部分组成：认知灵活性（Cognitive Ambidexterity），社会、环境、经济责任和可持续性（SEERS），以及自我和情境意识（Self and Contextual Awareness）（Greenberg，McKone-Sweet 和 Wilson，2011）。认知灵活性结合了创造力、行动和实验，所有这些都是建立在基础知识和严格分析基础上的（Greenberg 等人，2011）。在这种情形下，创业与科学发现和研究非常相似。创业思维与行动®以及科学都源于基础知识，通过创造、实验和探索取得进步。此外，它们都对实验的结果有严格的分析，以指导后续的想法和实验。科学也从根本上对创业思维与行动®中的社会、环境、经济责任和可持续性组成部分提供了支持，体现在人类对自然的理解、人类在自然中的角色以及定义可持续发展实践几个方面。本章介绍了百森商学院本科科学课程体系的发展，其中强调了科学教育对商科学生的价值，并描述了科学研究与创业思维与行动®之间的相似之处。

10.1 创业者的科学素养

科学素养强调科学知识和社会关注之间的相互作用（Hurd，1958）。培养具有科学素养的民众对于有效决策和经济竞争力至关重要（科学、工程和公共政策委员会，2007 年；Hurd，1958）。考虑到未来的商业领袖和企业家都在百森商学院学习，科学素养帮助我们规划了科学课程体系的发展。

科学研究所产生的知识将在学生的一生中不断增多。在很大程度上，科学被分为越来越专业的子学科（Hurd，1998），新的跨学科研究领域使我们的重点放在批判性思维和理解科学进程的核心技能上，这些核心技能更能适应学生的未来需求。我们的课程体系反映了赫德（Hurd）（1958）的思想建议，即强调方法而不是内容，这样科学课程才能够以不变应万变。

百森商学院提供的核心科学课程围绕某一现实世界的问题、挑战或想法，融合了多个科学学科的内容。这使学生能够分析问题并提出解决方案，而不仅仅是关注教材上的信息。这种在科学课程中进行专题性研究的做法并不是没有先例。霍弗斯坦（Hofstein）和雅格尔（Yager）（1982）就倡导组织这样的科学课程组织方式，蒂博尔（DeBoer）（1991，2000）列举了以前按照这种方式组织课程的例子，布鲁纳（Bruner）（1960）也强调思想较内容更具复杂性。我们课程的独一无二之处在于，我们注重科学在学生日常生活中的应用性和实用性，特别是在当前商业环境中的应用性。

10.2 科学课程概述

科学教研团队的目标是教育和激励学生批判性地思考我们的自然世界。作为全球市场的未来领导者，商学院的学生必须能够对他们所处的环境做出批判性的质疑，来为影响我们的社会问题找出新的和创新性的解决方案。我们并不缺少可以用于构建课程的全球性问题。下述内容只是我们当前的和计划中的部分课程，是我们在框架中如何进行课程设计和交付的一些案例。

百森商学院当前的科学课程分成基础和中级两个层次。首先，我们讨论基础科学课程，这些课程旨在给学生介绍广泛的科学思想，重点是科学知识的发展。这样做的原因有两个：①理解科学知识的产生对于理解任何科学结论都是非常重要的；②为了成为科学知识有见地的和有效的消费者，学生们需要对科学研究的严谨性以及知识发展过程中可能产生的不确定性进行批判性思考。然后，中级课程建立在这些基础课程的基础上，更多侧重于评估研究在不同情境下的自我意识、文化和商业方面的表现，以及研究得出的潜在解决方案。中级课程将在本章后面详细介绍，并将展示它们是如何进一步探索创业思维与行动®中社会、环境、经济责任和可持续性，以及认知灵活性这两部分内容的。

10.2.1 基础科学课程

在基础课程中，科学方法，特别是实验方法起着关键作用。我们讨论实验的设计，以使学生能够了解正确的实验设计是如何促进科学知识的增长，以及设计不当的实验又是如何导致错误结论的。我们将理论模型用于科学研究，并讨论它们的应用，让学生有机会看到这门学科在真实世界中的应用。我们讨论模型的意义在于，它们是比自然界更加简单的系统，能够得出有价值但可能存在局限性的信息。我们用这些特别的认识论原则来阐述对科学成果进行评判性审视的观点。学生通过实验活动获得实验设计、数据收集、数据分析和审慎论述结果的实践经验。

目前的基础科学课程如下：

- 天文学。数千年来，人类一直在探索地球和宇宙的历史及其性质。本课程在探究传统的基础上，讨论在研究漫无边际的宇宙部分时所遇到的哲学和实践难题。本课程至少涉及三个不同的科学学科，从讨论研究宇宙所需的工具，扩展到使用这些工具来研究和管理地球的资源。
- 可持续能源解决方案。当前的世界能源危机给环境和社会都带来了影响，特别是对电力生产的需求和后果以及分配不公的影响。学生们探讨潜在的技术解决方案，并找出未来能源生产中的不确定性因素。学生们还需讨论与能源创造和分配相关的伦理问题和商业应用，以增强社会责任感和整体思维能力。
- 电子学。自动化控制系统既能减少个体能源需求，又能为将可再生能源并入电网创造更多可能性。电子学将电网研究与对半导体和计算机的基本理解结合起来，探索此类系统与大规模（装机容量> 100 兆瓦）的风能和太阳能设备以及家庭用的小型设备的使用。我们还讨论这些变化所带来的经济和环境效益。
- 人类生物技术（正在开发中）。生物技术将活生物体（生物学）的遗传和化学构成相结合，利用这些生物体产生的产品为社会提供有益的解决方案（Tang 和 Zhao，2009）。食品行业、未来个性化医疗以及基因检测都是利用生物技术将基础生物学与实际应用联系起来，并创建了小型初创企业和大型公司。

1. 实验室动手调查

所有的核心科学课程都包括重要的实验室内容。这些实验室工作将在课堂上讨论的概念与实际操作的实验直接联系起来。这些实验强调了技巧、思维过程以及利用个体结果理解整体科学概念的重要性。此外，掌握了使用专门的设备解释各自实验结果的能力，学生们便能够将重要实验发现与个人日常生活和专业工作中的应用联系起来。通过这些实验室练习，学生们体验调查、分析和得出结论的循环过程，这与创业思维与行动®周期是并行的。本节将讨论我们在实验室内外使用的三种研究方法。

科学往往依靠积极的论证来确定一个观察结果是否可以通过假设的实验来解释（Blosser，1990）。我们研究的主题有时是微观的或肉眼不可见的（如基因、病毒、无线信号、温室气体），有时是宏观的甚至规模可能特别大的主题（如气候变化、疾病暴发、云计算）。我们通过探究式的实验室实验来探索这些概念，并将课堂上讨论的主题与学生的体验联系起来。

学生们对理解实验室中的不同技术是如何联合起来解决更大的问题表现出浓厚的兴趣。为了满足他们的好奇心，在生物技术基础课程中，我们在实验室中通过使用 3D 打印机或热循环仪等机器设备，为学生提供动手体验和回答科学问题的机会，而不仅仅是遵循标准协议（Halford，2013）。一些生物技术实验室演示了如何以假设驱动的方式将与传染病、转基因生物、药物发现和基因遗传相关的微观分子可视化，并将其与解决人类问题的产品、营销活动、有争议的技术或工业战略联系起来（Eheman，2012；Gerngross，2012；Halford，2013）。

2014 年的大部分时间里，主流新闻讨论了埃博拉疫情、抗生素耐药性、州政府对食品标签和基因工程的州内投票、药物研发的费用和时间限制以及基因检测等话题。我们在实验室特别让学生看到了当前生物技术方法有哪些优势和局限性，并让他们深入了解为什么这些主题与他们的日常生活息息相关，无论是对个人生活还是从接受商科教育的角度出发。其中一个微观分子实验室教授流行病学、免疫学、疾病检测和诊断方面的课程，学生们通过交换"体液"，模拟传染病在小型社区内传播的方式，例如诺如病毒可以快速在大学内传播（Castello，2009），再如更具全球传播性的埃博拉疫情或 H1N1 流行性感冒。通过记录他们和谁分享了体液，提供关于谁和谁分享的所有数据，并使用免疫测定查看谁的特定疾病测试结果是阳性，学生们就可以追根溯源，查出谁是最初将该疾病带给他们的人（零号患者）。本课程实现了三个主要目标：①学生们学习如何通过筛选一种名为抗体的分子来检测特定疾病；②学生们体验了疾病是如何传播的；③学生们观察了这种测定的实际应用，鉴于美国疾病控制和预防中心协议（2014 年）以及在美国各州和国家层面的强制性检疫讨论（Drazen 等人，2014），这一点尤为重要。疾病暴发和疾病检测之间的这种关联，显示了科学家是如何将看不见的东西实现可视化的（卡内基梅隆大学卡塔尔分校，2011）。

当今最具争议的生物技术主题之一是有关转基因作物在食品供应中的存在以及消费者的知情权（美国科学促进会，2012；Kamle 和 Ali，2013；Priest 等人，2013）。在转基因实验室里，学生们带来他们最喜欢的零食，根据标签上的营养内容来预测这些零食是否含有转基因成分,然后再测定该食品是否是用转基因作物制成的。本课程介绍了聚合酶链反应这样一项基本的生物技术,让学生以非常真实的方式研究基因工程的概念。通过检测存在于日常食物中的转基因成分,说明了只是通过观察食品的外观及其包装是无法判别它是不是转基因产品,这就是争议所在。我们还问学生,他们是否支持转基因食品生产,并将其与现实世界中的问题联系起来,即现有资源能否满足不断增长的人口需要。这个问题需要从商业、生态和人道主义多个角度来探讨。

这种基于应用的学习方式表明,广泛的科学结论是如何通过研究最复杂的细节得出的,并通过批判性地分析科学方法和创造科学知识来提高学生们的科学素养(Gormally,Brickman,Hallar 和 Armstrong,2009)。

2. 探索产品原型

在基础电子学课程中,学生们组成 2~4 人的小组在整个学期中一起工作,开发出一个可以并入智能家庭的设备原型。这个项目和课程主题紧密相关,同学们将智能电网技术的讨论扩展到个人生活中的应用,并将计算机控制的思想应用到现有的系统中。每个小组得到一个 Arduino Uno 微控制器板作为其项目的基础。他们可以使用许多不同的传感器模块用于输入,可以使用灯、电机和扬声器用于输出。项目的交付成果包括一份项目开发终期报告、原型演示/展示,以及项目实验进度博客,每个环节至少一篇。

课堂上的内容包括向学生介绍 Arduino 编程环境、设备与板上输入/输出(I/O)端口的连接,以及连接输入/输出端口的辅助电路的构造。介绍完这些内容后,学生们就掌握了必要的基本技能,可以开始研究和创建自己的原型了。我们之所以选择 Arduino 平台,是因为它有一个在线社区,使学生们有机会在整个项目过程中作为独立学习者开展研究并获得支持。

学生的首要任务是确定他们要收集哪些数据。为了帮助学生们完成这部分内容,我们给他们发放了一个可用的 Arduino 兼容传感器列表。学生们自行选择他们要使用的传感器,并确定在什么环境下使用。例如,其中一组建立了这样一个装置,能够在检测到管道冻结时关闭供水;另一组建造了一个恒温控制的风扇。选择完传感器后,学生们有四节完整的实验课来完成他们的项目,持续大约三分之二学期。有些小组还选择在两次实验之间将他们的 Arduino 板带回家,争取能做得更快些。

这个项目为培养学生的科学素养提供了直接支持,特别是在实验方面。虽然硬件上附带说明,但学生们需要自己构建电路,将传感器和输出设备连接到 Arduino 上。学生们需要在不同的条件下测试他们的传感器,以找出基于传感器输入的最佳触发值。学生们最终会在项目过程中开发自己的一系列实验,包括设计实验、收集和分析数据,并判断收集的信息是否足够继续往下进行,或者是否有必要再进行一次测试。

项目的终期报告要总结他们通过系列实验取得的进展和获得的知识。总的来说,该项目也是一项应用创业的实践。学生们创建了产品，然后必须决定需要收集什么数据来推动他们的原型、收集数据，并决定其结果对于他们应该如何向前迈进的意义。在终期报告中，他们要对其业务提出一个假设建议，即他们是希望继续推进项目，还是该项目不值得进一步进行资源投资。

3. 探索能源局限

在可持续能源解决方案课程中，学生们要批判性地分析我们当前的能源生产和分配系统是如何形成的以及背后的原因，讨论使用该系统面临的众多挑战，探索当前技术可能提供的一些解决方案，并找出在哪些领域可以进行创新创业。课程的重点是当前能源生产的科学和应用技术，包括目前使用的化石燃料和替代能源。我们评估每项能源的优点和缺点及其未来可能成功的潜力。

许多学生认为自己与能源危机没有关系，他们认为能源危机只是那些不能获得足够能源的人群的问题。即使学生们认识到了能源危机是一个全球性的问题，他们也常常认为在不影响我们生活质量的前提下，要改变能源生产和消费的方式是无法做到的。一些学生还认为，能够提高能源使用可持续性的可行技术是根本不存在的。为了鼓励学生掌控自己在校园内的能源使用，探索如何使用当前技术帮助百森商学院校园内减少对使用化石燃料发电的依赖，学生们做了一个为期一学期的项目，设计一个系统，在不使用传统电网的前提下，给百森商学院的一个宿舍提供能满足其需求的足够多的电力。学生们与设施部门合作，学生们每个月都会得到校园内 Van Winkle 宿舍的能源使用情况，并以小组为单位进行数据评估。然后他们利用从课堂上学到的知识，提出他们认为最适合该宿舍能源需求的技术。由于学生已经在课堂上探讨了当前（可再生和不可再生）能源背后的科学和技术，因此他们能够批判性地分析每种能源在该宿舍中使用的实用性，包括计算出每种潜在能源产生必要电力的能力。

学生们使用电量消耗测量表来监测自己的个人能源使用量，由此推算出"百森生均能源消耗"情况。然后利用该模型预测在给定宿舍学生人数的情况下，Van Winkle 宿舍的能源消耗情况。这个练习使学生有机会使用科学的方法收集和解释学生的能源使用数据。对如何能在宿舍中减少能源需求而又不影响生活质量的关键分析，进一步将学生与全球能源危机联系起来，并提供了反思自己个人能源消耗情况的机会。其中一个成果案例是，学生们在实验室中测试了三种不同灯泡的能量消耗情况，他们惊奇地发现，通过把宿舍中的白炽灯换成 LED 灯泡，一个月就可以节省不少电量。

学生们了解了 Van Winkle 宿舍如何使用能源，批判性地分析了宿舍内不同的节能方案和当前的能源来源，并提出了不同的方法来为宿舍提供足够的电力以使其不再依靠百森商学院的电网。他们的提案分为四个阶段。首先，他们要在草案中提出如何对 Van Winkle 宿舍的能源使用做出分析，以及哪些能源是最可行的初步想法。然后，他们会把自己的想法讲给其他小组的同学听，以供同伴评估。然后提交一份最终的书面建议，包括总体方案以及能源选择的数学计算依据。这个为期一学期的项目的最后一步，是向包括设施和可持续发展办公室代表在内的百森社区演示他们给 Van Winkle 宿舍供电的提案。他们往往会建议使用不同的能源组合，通常包括使用某种形式的太阳能光伏电池作为建筑物上使用的经济可行的可再生能源，太阳能光伏电池建议的实施范围从传统的屋顶系统到停车场太阳能电池覆盖，再将其连接到宿舍。其他建议还包括了各种被动太阳能技术以降低取暖成本，建设小型地热供热厂，甚至成立了一个学生团队来重新启动校园里的生物柴油发电厂，还有使用来自百森自助餐厅的黄色油脂来制造生物柴油作为建筑的取暖用油。

总的来说，当学生们投入到自己的能源消耗研究时，他们会对改善自己的生活和校园环境的想法感到兴奋，主观能动性也增强了。在整个项目的完成过程中，学生们能提出更多比在课堂上更有意义的有关能源解决方案方面的问题。学生们还通过评估替代能源的优点和缺点来练习和提高他们的批判性思维能力，然后将他们的知识直接应用于现实世界中的地方性问题。

10.2.2　中级科学课程

中级科学课程是建立在学生们从基础课程中获得的知识和经验基础上的。这个层级的课程更加注重从社会或商业角度来对问题进行评估并提出解决方案。学生们应用他们从基础课程中获得的有关科学过程的知识和批判性思维技能，来考虑法律和公共政策的问题，以及采用某些特定技术时固有的权衡。中级科学课程中也有实验室活动，用以进一步发展学生的数据分析能力。

百森商学院目前提供的中级科学课程说明如下：
- 法医学案例研究。本课程探讨了科学在犯罪现场调查中的应用。每一个场景都会给课堂带来不同的讨论，本课程内容涉及犯罪分子、血液飞溅模式分析、毒理学、法律和 DNA 证据等主题。学生们进行科学分析，将其应用于实际情况，并批判性地质疑结果。学生们还讨论了美国法院接受科学证据的具有里程碑意义的法律案例。
- 生态管理案例研究。本课程探讨经济生产的生态影响、更可持续的解决方案和生态系统保护。本课程的重点是为未来开发可持续的资源管理方法，因为我们对资源和生态系统服务的需求增加了，但供应和质量却在下降。
- 生物医学案例研究。本课程植根于转化研究的应用，探讨诊断性和治疗性医学技术的发展与商业化。

1. 针对科学的案例研究方法

中级科学课程通过培养学生对科学概念的批判性思考能力，为学生提供继续发展科学素养的机会。由于这些技能的发展都是从基础课程开始的，因此任何基础科学课程都可以作为中级科学课程的先决条件。每门中级科学课程均强调要应用科学知识来解决当前存在于全球的社会问题，同时分析技术解决方案的商业应用。因为这些课程不是传统课程，所以我们不使用经典科学教科书。所涉及的主题将需要大量不同的教科书；相反，我们编译了必读内容，文章选自当前流行的科普文章（例如《科学美国人》《国家地理》《新科学家》）、来自政府组织和非政府组织的研究报告（例如环境保护署和世界资源研究所）以及面向公众的科学期刊（例如《生物科学》《生态学问题》《自然评论》）。此外，作为一种教学方法，我们还在这些课程中使用了案例研究。

案例研究方法背后的理念是将知识直接与行动结合起来，类似于专业教育（Boehrer，1995）。案例教学法使学生们能够立即对概念进行应用、综合和挑战，以解决高阶认知技能问题（Bloom，1956）。虽然商科和法律课程长期以来一直依靠案例研究作为教学和参与学习的方法，但这种方法直到最近才被用到本科的科学课程中（Herreid，1994）。

在以前的课堂活动和项目中，我们发现当商科教学模式或常见活动用于非商科教学时，百森商学院的学生反应良好（Laprise，Philips，Rodgers 和 Winrich，2011；Lester 和 Rodgers，2014）。与讲课方式相比，人们发现案例研究合作学习能够对学习产生更好的促进作用，使语言、数学和身体技能保留的时间更长（Johnson 和 Johnson，1993）。案例研究还可以通过以下方式激励学生学习那些材料，即提供特定的挑战、迫使学生实践应用理论和使用证据，以及鼓励学生发现理论的局限性（Velenchik，1995）。所有这些都是重要的科学技能。此外，学生们表示非常享受这样的学习体验，他们的表达更清晰，参与更投入，并对主题材料更感兴趣（Herreid，2007；Johnson 和 Johnson，1993）。最后一点对我们的课程尤其重要，因为我们一直努力教育我们的学生，激发他们对科学的兴趣，这个过程和他们未来在商业中的表现是相关的。

2. 生态学案例

生态管理案例研究调查了人类生存的重要自然资源和生态系统服务以及全球供应和需求的不平等分布，还特别强调了经济生产对从大自然中开采资源和产生废物的影响。在每一步中，我们都将讨论基于可持续发展的产品设计、供应链管理和废物产生的解决方案。

本课程的案例研究是用于处理自然资源灾害/问题可持续性创新商业解决方案的具体实例。选择的案例代表不同的地理区域，这提供了一个全球和多文化的视角（这是百森商学院的学习目标之一），特别吸引我们多元化的学生群体（其中 31%的学生具有多元文化背景，25%是国际学生）。表 10-1 展示了课程中使用到的某些案例所涉及的主题以及与其相关的地理区域或特定公司。

表 10-1 案例研究主题及所包括的地理区域的示例

案例研究主题	地理区域或公司
生态系统服务：咖啡授粉	哥斯达黎加
干旱和农业出口	美国加利福尼亚州

(续)

案例研究主题	地理区域或公司
渔业和海洋保护区	印度、俄罗斯、墨西哥、厄瓜多尔、挪威
矿石酸性污染	巴布亚新几内亚和南非
砍伐森林	巴西
海洋塑料	太平洋各岛国
生物塑料	NatureWorks 公司
生命周期分析	Haworth 公司，Pangea Organics 公司，IDEO 公司
生物模拟	Regen 能源公司
生态恢复	印度尼西亚、美国佛里达州及怀俄明州

本课程中使用的案例有些是传统的科学案例，例如由美国国家科学案例研究教学中心（http://sciencecases.lib.buffalo.edu/cs/）或美国国家社会环境综合中心（http://www.sesync.org/publications）提供的案例，而其他案例其实就是那些含有课堂上要分析讨论的知识点的新闻故事、播客或商业资料。利用报纸文章作为案例研究已被证明可以成功地激励和提高学生在经济学课程中的分析能力（Becker，1998）。使用这些非传统的案例研究能够让学生看到课程资料可以用各种媒体形式加以展现，还可以把他们在课堂之外遇到的相关故事或事件联系起来。案例分析有多种形式，这有助于学生在整个学期保持积极性。一些案例活动需要全班讨论；有些则需要分成小组，力求取得一致意见并提出解决方案；有时候，我们还会使用电子个人响应系统或"答题器"，还有的案例研究会通过角色扮演来完成。

例如，我们最近使用了美国国家公共广播电台（NPR）的一个关于在加利福尼亚州种植高耗水作物然后出口到中国的广播节目作为案例来讨论淡水匮乏和干旱的问题。我们要求学生在课前要听完这个时长 7 分钟的广播。为了讨论这个案例，我们将学生分成四人一组的小组，给他们一系列问题来讨论、分析和解决。每个小组发纸和标记笔，要求他们把自己的想法画出来讲给全班同学听。首先，要求学生找出问题是什么，以及问题为什么会存在？其次，要求学生将此案例与之前在课堂上讨论过的概念联系起来，例如农业灌溉工业化和气候变化对未来的影响。最后，要求每个小组提出并评估两个不同的可能解决方案，并分析每个方案对环境、经济和社会的影响。小组讨论时间是 15 分钟，如有问题，可以请教师提供指导。然后每名小组推选一名代表向全班做汇报。通常情况下，这种报告会激发起不同小组之间围绕"怎样的战略才是最合理的？""问题为什么会出现？"展开进一步的讨论。

10.3 结论

百森商学院科学课程的多学科设计为商科学生提供了获取科学知识的机会，并将其与社会问题以及企业如何解决这些问题直接联系起来。我们课程的重点是增长科学知识，这样做有两个原因：①认识到知识的产生是终身学习的基本技能；②科学过程反映了创业过程。

学生们按照科学的实验循环展开练习：提出问题、收集相关数据、评估数据并得出结论，然后提出新的问题并进一步加深理解。这使得科学课程成了学习创业思维与行动®的理想环境，学生们需要提出问题、收集相关的数据、根据数据得出结论，并确定创办企业过程中的下一步行动规划。

百森商学院科学课程的独一无二之处在于课程设计及课程内容强调科学在商科学生生活中的适用性。我们的课程提高了学生们的科学素养，并使他们用新方法来增长科学知识。我们强调教授科学过程，提高学生的批判性思维能力，特别是通过与创业思维与行动®相结合使他们从教育中直接获益。我们的科学课程与创业思维与行动®的定义相似，即它"针对的是商业和社会中的现实问题，同时进一步发展了我们的方法，推进了我们的项目。我们塑造了这个世界最需要的领导者：那些拥有丰富的管理知识、技能和远见，能够主导变革、适应不确定性、超越复杂性，并激励团队按照共同目标去创造经济和社会价值的人"。

参考文献

American Association for the Advancement of Science. (2012). *Statement by the AAAS board of directors on labeling of genetically modified foods*. Retrieved from http://www.aaas.org/sites/default/files/AAAS_GM_statement.pdf.

Babson College. (2014). *Undergraduate class profile for the class of 2018*. Retrieved from http://www.babson.edu/admission/undergraduate/class-profile/Pages/default.aspx

Banschbach, V. S., & Letovsky, R. (2011). Teaming environmental biology and business administration seniors on "Green" enterprise plans at Saint Michael's College, Colchester, VT. *Journal of Environmental Studies and Sciences*, 1(3), 215–222.

Becker, W. (1998). Engaging students in quantitative analysis with short case examples from the academic and popular press. *American Economic Review Papers and Proceedings*, 88, 480–486.

Bloom, B. S. (1956). *Taxonomy of educational objectives, handbook I: The cognitive domain*. New York, NY: David McKay Co Inc.

Blosser, P. E. (1990). The role of the laboratory in science education. *Research Matters – to the Science Teacher*, No. 9001.

Boehrer, J. (1995). *How to teach a case. Joh F. Kennedy School of Government Case Program*. Cambridge, MA: Harvard University.

Bruner, J. S. (1960). *The process of education*. Cambridge, MA: Harvard University Press.

Carnegie Mellon University in Qatar. (2011). *Students simulate disease outbreak at Qatar outreach program*. Retrieved from http://www.cmu.edu/bio/news/2011/qatar_outreach.html

Castello, C. (2009). *Babson college closed due to norovirus cases*. Retrieved from http://www.boston.com/news/local/massachusetts/articles/2009/03/29/babson_college_closed_due_to_norovirus_cases/.

Centers for Disease Control and Prevention. (2014). *Detailed hospital checklist for Ebola preparedness.* Retrieved from http://www.cdc.gov/vhf/ebola/pdf/hospital-checklist-ebola-preparedness.pdf.

Charski, M. (2008). Business schools teach environmental studies. *U.S. News and World report.* Retrieved from http://www.usnews.com/education/articles/2008/03/26/business-schools-teach-environmental-studies

Committee on Science, Engineering, and Public Policy. (2007). *Rising above the gathering storm: Energizing and employing America for a brighter economic future.* Washington, DC: The National Academies Press.

DeBoer, G. E. (1991). *A history of ideas in science education: Implications for practice.* New York, NY: Teachers College Press.

DeBoer, G. E. (2000). Scientific literacy: Another look at its historical and contemporary meanings and its relationship to science education reform. *Journal of Research in Science Teaching, 37,* 582–601.

Drazen, J., Kanapathipillai, R., Campion, E., Rubin, E., Hammer, S., Morrissey, S., & Baden, L. (2014). Ebola and quarantine. *New England Journal of Medicine, 371,* 2029–2030.

Eheman, K. E. (2012). Planning for the exit. *Nature Biotechnology, 30*(2), 132–134.

Gerngross, T. (2012). It's the problem, stupid! *Nature Biotechnology, 30,* 742–744.

Gormally, C., Brickman, P., Hallar, B., & Armstrong, N. (2009). Effects of inquiry-based learning on students' science literacy skills and confidence. *International Journal for the Scholarship of Teaching and Learning, 3*(2), Article 16.

Greenberg, D., McKone-Sweet, K., & Wilson, H. J. (2011). *The new entrepreneurial leader: Developing leaders who shape social and economic opportunity.* San Francisco, CA: Berrett-Koehler Publishers.

Halford, B. (2013). Lab lessons for reluctant chemists. *Chemical and Engineering News, 91*(19), 46–47.

Heindel, N. D. (1996). Science careers in a new era [Book review]. *Chemical and Engineering News, 74*(26), 80–81.

Herreid, C. F. (1994). Case studies in science-a novel method of science education. *Journal of College Science Teaching, 23,* 221–229.

Herreid, C. F. (2007). Chicken little, Paul Revere, and Winston Churchill look at science literacy. In *Start with a story: The case study method of teaching college science.* Arlington, VA: National Science Teachers Association Press.

Hofstein, A., & Yager, R. E. (1982). Societal issues as organizers for science education in the '80s. *School Science and Mathematics, 82,* 539–547.

Hubbard, K. A. (2005). Help wanted: Science manager. *PLOS Biology, 3*(1), e32.

Hurd, P. D. (1958). Scientific literacy: Its meaning for American schools. *Educational Leadership, 16,* 13–16.

Hurd, P. D. (1998). Scientific literacy: New minds for a changing world. *Science Education, 82,* 407–416.

Johnson, D. W., & Johnson, R. T. (1993). Cooperative learning: Where we have been, where we are going. *Cooperative Learning and Teaching Newsletter, 3*(2), 6–9.

Kamle, S., & Ali, S. (2013). Genetically modified crops: Detection strategies and biosafety issues. *Gene, 522*(2), 123–132.

Laprise, S., Philips, J., Rodgers, V., & Winrich, C. (2011). Practice-oriented science education for business students. *The International Journal of Science in Society*, 2(3), 235−242.

Laprise, S., Winrich, C., & Sharpe, N. R. (2008). Business students should learn more about science. *Chronicle of Higher Education*, 54(36), A35.

Lester, T., & Rodgers, V. (2011). Beyond green: Encouraging students to create a simultaneity of positive SEERS outcomes. *The New Entrepreneurial Leader* (pp. 94−112). San Francisco, CA: Berrett-Koehler Publishers.

Lester, T., & Rodgers, V. L. (2012). Teaching a cross disciplinary environmental science, policy and culture course on Costa Rica's ecotourism to business students. *Journal of Environmental Studies and Sciences*, 2(3), 234−238.

Martin, R. (2009). *The opposable mind: Winning through integrative thinking* (p. 224). Boston, MA: Harvard Business School Publishing.

Miller, A. (1981). Integrative thinking as a goal of environmental education. *The Journal of Environmental Education*, 12(4), 3−8.

Priest, S. H., Valenti, J. M., Logan, R. A., Rogers, C. L., Dunwoody, S., Griffin, R. J., ... Steinke, J. (2013). AAAS position on GM foods could backfire. *Science*, 339(6121), 756−756.

Rodgers, V. L. (2014). Pitching environmental science to business majors: Engaging students in renewable energy choices. *Journal of College Science Teaching*, 43(5), 28−32.

Smith, G. F. (2003). Beyond critical thinking and decision making: Teaching business students how to think. *Journal of Management Education*, 27(1), 24−51.

Tang, W. L., & Zhao, H. (2009). Industrial biotechnology: Tools and applications. *Biotechnology Journal*, 4(12), 1725−1739.

Velenchik, A. D. (1995). The case method as a strategy for teaching policy analysis to undergraduates. *Journal of Economic Education*, 26, 29−38.

第 11 章

引领创业行动项目（LEAP）：三学科融合的项目式课程

塞巴斯蒂安·K. 菲克森（Sebastian K. Fixson），丹娜·N. 格林伯格（Danna N. Greenberg）和安德鲁·扎卡拉基斯（Andrew Zacharakis）

一个刚毕业的人文学科毕业生的就业方向是什么？那个在实验室里提出了新产品的创意，却不知道能应用到哪里的工程师呢？对于不知道如何管理自己商业性质的表演或创意艺术实践的艺术专业学生，情况又如何呢？或者对会计或市场营销等学科有深入了解，但需要一个快速起步的机会来掌握领导力和解决问题的技能的刚获得商科学位的毕业生，情况又怎样呢？没有工作经验，刚毕业的学生就不符合进入传统的 MBA 课程。但是因为对管理的理解不够深入，所以许多学生并没有准备好进入职场。陷入这一困境，有 44% 的应届毕业生未充分就业[⊖]就不足为奇了（Abel、Deitz 和 Su，2014）。

为了满足这些经验不足的学生的学习需求，百森商学院最近推出了一个创业领导力管理学硕士学位（Masters of Science in Management in Entrepreneurial Leadership，MS EL）。这个项目专门针对那些希望能够扩展对金融、会计和营销等基础商业知识的理解。学生可以在传统的商业学科中学习到一种独特的方法，并在所有商业领域学会应用创业思维。体验式学习、个人发展和传统的案例教学法都是帮助学生提升基础商业知识和企业领导综合能力的核心。

这个项目的独特的教学要素之一是一项为期一年的跨学科的基于项目的课程，名为引领创业行动项目（Leading Entrepreneurial Action Project，LEAP）。在本课程中，学生们将

⊖ 在这里，未充分就业是指从事不需要有任何类型的学士学位的工作。

第 11 章 引领创业行动项目（LEAP）：三学科融合的项目式课程

在模拟工作环境中学习，他们将在一个六人团队中工作两个学期，开发一个产品或服务，从探索机会空间到生成创意、到设计、启动，再到实施项目。教师在学期开始之前根据学生共同的职业兴趣进行分组，拥有共同的职业兴趣有助于团队成员在挑战性项目中更加投入。除了职业兴趣之外，这些团队还要兼顾成员的性别以及国籍。最终的目标是每个团队开发一个产品或服务，并准备在学生获得学位的时候启动该项目。这样，学生不仅能够学习基础商业知识，还可以向潜在的雇主展示其将创意付诸实施的能力。除此以外，学生通过学习如何培养创业精神，以及如何在深入了解自我和所处环境的基础上追求一个想法，来发展自己作为创业领导者的专业技能。本章将详细介绍课程内容以及如何将其融入 MS EL 项目。

11.1 百森商学院的 MS EL 项目

近年来，技术、工作和社会的快速变化，使得人们越来越重视如何让学生，实际上是所有人，为目前尚不存在的世界和工作做好准备。大多数人非常关注探索未知环境的能力，且高度重视在这些环境下进行自我学习的重要性。例如，瓦格纳（Wagner）（2012）定义了基于合作、跨学科解决方案和内在动机作为未来创新者需要具备的关键能力。类似的论点还来自著名学者（Gardner，2006）和畅销书作家（Pink，2006）。MS EL 项目的重点是要帮助学生开发在商业环境中采取主动行动的能力和技能，它将基础商业知识和创业应用学习结合了起来（见图 11-1）。

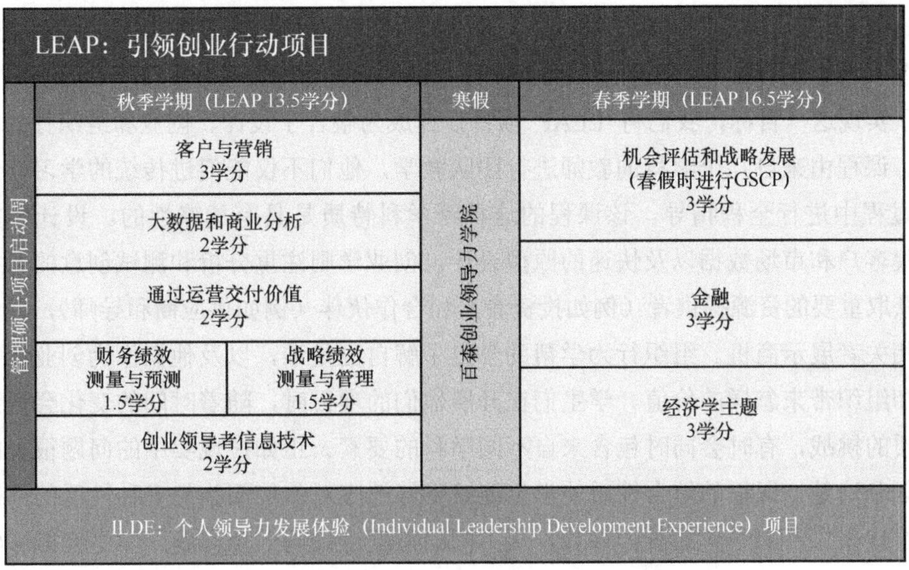

LEAP：引领创业行动项目			
秋季学期（LEAP 13.5学分）	寒假	春季学期（LEAP 16.5学分）	
客户与营销 3学分	百森创业领导力学院	机会评估和战略发展（春假时进行GSCP） 3学分	管理硕士项目启动周
大数据和商业分析 2学分			
通过运营交付价值 2学分		金融 3学分	
财务绩效测量与预测 1.5学分 / 战略绩效测量与管理 1.5学分		经济学主题 3学分	
创业领导者信息技术 2学分			
ILDE：个人领导力发展体验（Individual Leadership Development Experience）项目			

图 11-1　百森商学院创业领导力管理学硕士学位课程设计

LEAP 项目贯穿整个 MS EL 课程体系，而且是课程体系的骨干，它还为学生所学习的另外 9 门硕士课程的材料和内容提供了试验背景（营销、运营、数据分析、信息技术、财务会计、管理会计、金融、战略和经济学)。学生从这些课程中学到的很大一部分内容都可以直接应用于他们的 LEAP 项目中。

LEAP 项目通过大量的合作课程项目得到加强。除了 LEAP 项目之外，包括个人和职业规划在内的个人发展以个人领导力发展体验（Individual Leadership Development Experience，ILDE）的形式伴随课程的整个过程。甚至在学生到学校上课之前，就可以开始与百森商学院的生涯顾问联系来开始这个项目。最后，为了进一步支持学生领导技能的发展，MS EL 项目还为学生增加了两个额外的实践体验：一方面，他们要在大多数人还不熟悉的弱势社会经济背景下担任创业指导教师；另一方面，他们还要担任美国以外国家的商业问题顾问。

11.1.1　LEAP 项目

为了将百森的企业精神植入 MS EL 的课程体系，并在其中占领一席之地，LEAP 项目课程采用了一种行动导向课程将概念学习与实践联系起来。它把学生从教室转移到设计实验室，培养学生的思维能力、基本和中级研究技能、表达能力、团队合作能力、设计能力和创业精神，为毕业生提供创业指导服务，无论他们选择自己创业还是为成熟的公司工作。完成课程后，学生要完成一项原型设计和启动计划，准备将其推向市场。具体来说，那些对创业感兴趣的学生将取得重要的创业里程碑——经历几个原型的开发，在市场上进行验证，制定详细的市场实施计划，开始执行下一步工作，例如确定供应商、寻求资金支持等。选择不把这个项目作为一个创业项目的学生会获得一个求职作品集，包括他们所设计的原型，以便他们在进入竞争激烈的劳动力市场时，能够脱颖而出。

为了实现这一目标，我们将 LEAP 项目设计成为整合了设计、创业和组织行为的多学科课程。课程由来自几个学科的教师进行团队教学，他们不仅能促进传统的学习，还在整个学习过程中进行全程指导。该课程的这种跨学科特质是具有战略性的。设计侧重于构思、收集客户和市场数据以及快速的原型设计。创业学则注重分析和测试创意的可行性，识别和获取重要的资源提供者（例如投资者）和合作伙伴（例如供应商和导师），并向重要的利益相关者展示商机。组织行为学帮助学生了解自己是谁，以及他们作为创业领导可以为团队和组织带来怎样的价值。学生们在开展他们的项目时，随着时间的变化会遇到各种不同性质的挑战，有时会同时包含来自不同学科的要素。正如在现实中的问题很少能够根据学科划分清楚，课程的综合性质使学生能够更好地应对他们面临的多种性质的问题。此外，通过让来自不同学科的教师参与，从不同的角度讨论同一个问题，学生们能够学会在寻找解决方案时，整合不同的甚至有时是矛盾的观点。因此，LEAP 项目没有被划分为几门学科，而是展示出高度整合了三门学科的课程设计（见图 11-2）。

LEAP 项目中关键的学习工具是团队项目。学生在学期开始时从零开始，识别一个有趣且相关的商业机会；然后展开用户研究、概念生成、原型设计、商业模式开发和测试，再到更多的原型设计；并最终在 9 个月后形成启动计划。该项目提供了一种机制，通过该机制，学生们可以在项目向前推进的过程中拥有自主权，不断迭代和调整。这样曲折的过程会带来全新的目标和完全不同于学生们最初设想的业务。

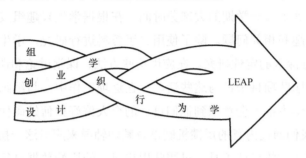

图 11-2　LEAP 的高度整合特质

11.1.2　LEAP 项目设计的学科基础

1. 设计

"设计"一词对不同的人有不同的含义。有如西蒙（Simon）（1996）在近半个世纪前阐述的，认为只要是人类有目的地创造都包含"设计"的思想，也有各种狭义的定义，如平面设计、工业设计、工程设计等。近年来，设计思维一词被用来表达将设计师使用的工作方式移植到非设计师身上（Brown，2008；Cross，2011；Lockwood，2009；Martin，2009）。

现有组织和初创企业越来越注重设计思维的工具和思维方式，这可以通过他们对设计的关注和投入的资源体现出来。有些公司雇佣设计师担任重要的领导岗位。例如，医疗设备和用品供应商强生公司聘请了一位技术产品（如 iPhone 和 iPad 套）的设计师为全公司的第一位首席设计师；汽车制造商丰田公司让其首席设计师主导旗下雷克萨斯品牌；而风险投资公司 Khosla Ventures 则聘用了谷歌用户互动团队的前负责人作为设计合作伙伴。也有公司投入大量的资源培训员工的设计思维能力。例如，IBM 在得克萨斯州奥斯汀开设了一间新的设计工作室，目标是在未来几年招聘 1 000 名设计师，并将帮助超过 40 万名 IBM 员工转换设计思维。同样，印度软件公司 Infosys 最近宣布，其 3 万名员工将接受设计思维的培训。

近年来出现了多种有关设计思维的定义，主要是在过程描述的粒度上有所不同，有时在附加的标签上也有所差别。然而，大多数定义都将设计思维分为三组主要活动：第一组活动指的是用户研究，深入和详细了解真正的问题或机会到底是什么；第二组活动是创意生成，包括生成和找到相关的解决方案；第三组活动是原型开发，聚焦于使用快速和廉价的技术来了解创意点子会遇到哪些挑战和具有怎样的潜力。

如今，企业和企业家们正面临各种日益增长的不确定性，因此必须将设计元素纳入商业教育中（Fixson 和 Read，2012）。在百森商学院，在所有级别（本科、研究生和高管培养）的课程（必修课和选修课）都设置了设计科目。在我们新的 MS EL 项目中，设计与创业学和组织行为学一起是为期一年的 LEAP 项目的核心元素。

用户研究活动占据了第一学期的大部分时间。在根据学生兴趣组成的团队中，要求学生识别出他们认为有趣和相关问题。除了使用二手资料进行研究，学生还使用民族志技术（如面试和观察）进行深入的定性研究。在应用这些方法、课堂讨论和课堂模拟练习，我们要求学生带着他们的团队项目来参与这些活动。在这项工作中，与组织行为的联系变得显而易见，因为大多数学生都不会意识到他们自己的个人偏好如何妨碍他们理解他人需求。在 LEAP 项目中，我们通过内置的反馈机制以及教师辅导来应对这一挑战。然后，使用诸如客户画像和旅程图之类的设计工具。对团队用户研究的原始数据进行整合和挖掘，项目的进度状态由教师在每两周一次的项目展示（应用展示板）活动中进行检查，这样的展示要求团队将他们的工作进展形象化地展现出来（更多展示板的细节将在下面讲到）。

一旦团队确定了清晰的问题或机会状态和相关的目标用户定义，我们就会指导他们创建可行的解决方案组合。各种创意生成技术和机制概念的学习都由学生自己在他们参与的项目团队中进行。为了强化与创业的联系，我们要求各团队以火箭营销（Rocket Pitch）的形式提出他们想法的一部分（参见以下关于这个教学工具的更多细节）。火箭营销支持多个目标：①它促使学生创作一个三分钟的创意展示；②它通过重复的演示来培养学生制定快速推销方案的习惯；③它要求每个团队确保他们的项目系列演示是从广泛的解决方案中选择出来的。这是一门很重要的课程，因为人类有个共同的缺点，就是在开发一个新的解决方案时，往往倾向于自己最初的想法（Liedtka，2014）。这方面还导致了与组织行为的另一个联系，因为个人想法的偏好通常会引发巨大的团队动荡，如果问题不能得到及时解决，就会成为严重的障碍。

设计的第三组活动集中在各种形式的原型设计，目标是在早期的创意测试中学习技术和思维方式，以消除那些建立在错误假设之上的想法，并改变和重塑其他概念，以提高新创意的市场竞争力。在早期，这些原型活动应该是快速和便宜的，重点是发现未明确的假设和致命的缺陷。然后，原型设计会涉及更复杂的模型和原型，以及更科学的测试方法。学生学习原型设计（过程）和原型（工件）的工具和技术，并立即将学习成果应用到自己的项目中。对于搭建原型特别有益的是，学生们可以在车间里获取工具和材料，这些在我们新设立的"设计区域 125"都有提供。事实上，设计区域支持各种设计活动，例如，以各自的方式将信息合成得到客户画像和旅程图，或者开展团队头脑风暴。通过原型设计的测试概念促进了创业学（例如，越来越详细地考虑商业模式、融资选择和限制）与组织行为学（例如，对失败的容忍度因人而异，从而影响团队绩效）的更多联系。事实上，研究表明，团队能够根据最新的理解来适当地讨论自己项目的进程，以确定接下来要开展的活动，这对团队绩效有很大的影响，特别是在项目的早期阶段（Seidel 和 Fixson，2013）。

第 11 章　引领创业行动项目（LEAP）：三学科融合的项目式课程

2. 创业学

在百森商学院，我们将创业定义为将创意转化为机会的过程，从而为企业家和其他人创造经济价值和社会价值。因此，我们的定义包括设计和组织行为学的关键要素。如上所述，设计是采纳想法并将该想法转化成为产品或服务的过程。这是价值创造的核心。产品为客户带来价值，而客户也愿意为产品付费。随着这种交换的发生，价值通过公司传递给各种利益相关者，如公司员工、销售商等。

教学目标是传达创业思维与行动®（ET&A®）的概念，这是百森商学院的总体教学框架（Kiefer，Schlesinger 和 Brown，2010）。具体来说，我们希望我们的毕业生能够理解他们为任何组织带来的独特资源（Sarasvathy，2001）。这些资源基于三个问题：①他们是谁？②他们认识谁？以及③他们知道什么？这些问题正是个人为他们所追求的任何机会所带来的资源。接下来，我们重点介绍如何应用创业思维与行动®的方法来启动一项业务。

创业思维与行动®是一种预测逻辑和创造逻辑的迭代组合（Kiefer 等人，2010）。预测逻辑是传统的商业和创业课程所教授的。通过预测逻辑，学生收集信息、分析信息，然后制订并执行计划以达到目标。预测逻辑体现在 40 页的商业计划书中，这通常是大多数创业课程的核心。预测逻辑很有价值，但也是有限的。它假设环境是稳定的，并且用于对经营业务做出有效假设的所有所需信息都可以随时获得。但不幸的是，现实生活并不像预想的那么纯净。创业思维与行动®建议企业家将预测计划过程分解为更易消化的部分，创造-行动的本质或拜格雷夫（Bygrave）和扎卡拉基斯（Zacharakis）（2014）所定义的逐渐升级的"市场测试"。具体来说，创业思维与行动®强调尽早和经常采取行动。成功的企业家并不是先思考（写一个 40 页的商业计划书），然后再行动（启动业务），而是在思维和行动之间快速转换迭代，一种创造-行动逻辑。创造-行动是关于你对当前资源的理解，创造一些商业元素，然后以一种"市场测试"的心态，在市场中运作这些元素。

学生带着"市场测试"的思维，将他们的想法快速推向市场，然后根据市场的反馈进行调整（Bygrave 和 Zacharakis，2014）。具体来说，我们倡导以下这样一个迭代的四步循环。第一，企业家要做一点计划。每项业务都是建立在假设基础上的；或者更确切地说，是基于企业家如何将设想转化为现实的假设。正如科学过程所表明的，并不是所有的假设都能被证明，对于企业家来说也是如此。因此，在验证所有的基本假设之前，企业家们不能把所有的时间和金钱都投入到一项巨大的业务中。第二，企业家应该在市场上运作一个小规模、低成本的实验来验证一些关键假设。第三，企业家通过比较他们的预期和实际结果来学习和改进。第四，重塑经营理念，然后反复执行以上四个步骤。在每一轮迭代后，企业家都验证了更多的假设，从而降低了风险，而后可以进行一些更昂贵的实验。在 LEAP 的整个过程中，通过活动、任务和可交付的成果（例如展示板）、不同民族间的交流活动、火箭营销和本章强调的其他活动，对市场验证思维进行模拟。

3. 组织行为学

组织行为学认为组织是由个体组成的。为了有效地发挥作用，从而创造社会价值和经济价值，人们需要了解自己是谁，如何有效地与他人合作，以及如何在不同的环境中工作。这样，组织成员个人可以成长和发展，同时也有助于组织目标的达成。在 LEAP 项目课程中，组织行为学课程的设计方式使其能够对设计和创业学起到了支撑作用。然而，正是在这种支撑作用下，组织行为学的价值成为核心。下面，我们将描述组织行为学课程的主要架构形式，并使其与商业项目的发展相结合。

当学生开始学习 LEAP 项目课程时，他们大部分项目工作都集中在设计思维上。学生学习做用户研究，从用户的角度和想法来理解问题，通过头脑风暴，集思广益来寻求可能的解决方案。相对于创业课程，学生非常注重了解他们是谁，以及与他们正在生成的创意之间有何关联。因此，组织行为学课程旨在帮助学生学习成为创业领导者所要具备的关键要素。通过体验练习和概念框架，学生开始理解他们的价值观、行为方式和身份如何影响着他们的世界观以及他们如何创造机会。更重要的是，他们开始发现隐藏在他们的观点和判断背后的重大偏见。当他们在设计团队中工作时，学生们会看到他们的认知偏见的优势和局限，以及如何依靠队友的观点来平衡自己的偏见。同样地，学生们学习他们的自我意识如何导致对最终用户的理解偏见。当我们试图加深学生对情商和行动探究的理解时，学生们将学会如何进行更开放地观察和探索终端用户的体验。当学生们看到如何使他们能够更好地理解自己的机会空间时，这些组织行为原则将占据中心位置。

因为 LEAP 项目课程是围绕一个基于团队的项目展开的，围绕团队合作和领导力培养技能和批判性思维也是组织行为课程的核心。没有什么比现实世界的体验更能激发学生的兴趣了，LEAP 设计项目的优势在于，我们的学生能体验到所有项目团队都会面临的挑战。关于群体发展、团队决策和冲突解决的概念不仅仅通过体验练习和案例讨论来进行实践。当学生在 LEAP 项目小组中面临新的和未知的问题时，就会应用到这些概念。无论是跨文化交流，缺乏团队合作，还是集体思考，所有典型的团队问题都会出现在这个高强度、不确定的 LEAP 项目中。当这些问题出现时，学生也会学习思考为什么团队成员在团队中的参与会有所不同。通过讨论社会懈怠、动机和价值观等话题，学生们对不同兴趣和背景的学生更具同理心和反应能力，也更理解这种反应能力如何提高团队的效率。尽管这个概念的具体内容在课堂上进行了讨论，组织行为学教师在项目的整个生命周期中为团队提供咨询时也会介绍这些概念。当学生们开始尝试不同的组织和领导方式来创造一个更好的团队环境时，他们对这些主题的批判性思维会更加深刻。

学生们通过在团队中的工作，还学习了不同的领导模式。在这些团队中，没有正式任命的领导者。相反地，非正式领导者出现在小组中，不同的学生承担不同的领导责任，如任务领导者和社会领导者。这样，学生们能够体验到角色分配和真正领导力之间的差异。

课程的第三个主题与情境有关,创业领导力要遵循的原则之一就是要了解自我和所处的情境。为了有效地工作和把握机遇,创业领导者不仅要了解自己是谁、自己认识谁,还需要理解和正确应对工作的环境(Greenberg,McKone-Sweet 和 Wilson,2011)。当学生们开始理解个人层面的因素如何影响他们的认知时,他们也学习了情境如何同样地塑造和影响他们的观点。情境被看作是一个多维的概念,包括文化、结构和气候,在更宏观的层面还包括产业演变、经济和政府。当学生们将他们的商业项目从可行性分析推进到计划实施阶段,他们学会了关注情境可能对他们提出的创业理念的复杂和微妙的影响。他们开始理解情境对创意和团队的可行性有着怎样的影响。

通过这种方式,学生可以提升对组织行为学的各个方面的理解,并掌握相应的技能。当他们开始做自己的商业项目时,他们体验到了为什么"理解自己是谁"这个问题是他们追求的追求创意发展的核心。他们了解到同理心和与他人的互动在他们团队中的工作和对他们理解最终客户时很重要。他们磨炼自己的技能并理解如何有效地在一个团队中工作,以及怎样担任领导者。最后,他们学习宏观的组织世界怎样影响他们追求新的机会。在组织行为课上,教师经常会为如何激发学生学习组织行为学的热情而挠头,因为学生只有有限的工作经验,所以常常会质疑这门课与自己的相关性和价值(Burke 和 Moore,2003)。然而,当教授组织行为学以支持商业项目的发展并且与设计和创业相联系时,学生们不仅看到了这门课程的价值,而且看到了组织行为学对他们的生活、团队协作以及工作效率的影响,他们会更积极地参与其中。

11.2 本项目式课程中的创新教学工具

为了在跨学科、项目式课程中进行有效的教学,必须采用一些与传统课程和学科不同的教学工具。由于这门课程的迭代性质以及通过项目进行学习,我们不得不设计新的教学工具,这使我们频繁地参与到团队工作中并在课上时间为学生提供实时的反馈。虽然有些教师会在课堂外的几小时这样做,但我们希望学生能够学会如何围绕他们经历的挑战和成功进行对话,以帮助他们不断进步。我们的目标是让学生学习如何推进他们的项目,以及学习如何在未来向前推进项目。因此,我们将反馈和对话讨论的机会整合到了课程中。下面我们就来看看我们所应用的四种教学方法。

11.2.1 展示板

我们称之为展示板(Pin-ups)的活动是检查团队项目的进展情况,实际上是用来做设计评审的。"展示板"这个词是从艺术学校借用过来的,艺术专业的学生将他们的作品钉在墙上,供教师评审。出于几个原因,我们使用的展示板有一个特定的形式。首先,与艺术学校学生相比,大多数商学院的学生不习惯以视觉的方式或者使用图表和其他插图技术来展示自己的作品。然而，视觉化工作是设计过程中不可或缺的一部分，强迫团队使用视觉方式展现他们的作品，这传递出一个信号，即反复强调这种工作模式的重要性。其次，我们的设计评审有目的地设计成不同于销售推介类型的演示。尽管后者是在上级领导和投资者面前展示的关键技能，而我们的设计评审被模拟为一个协作的练习。教师通过参与学生的对话和探讨，找出项目的弱点以及未经验证的假设。这些评审的目的不是评价学生的表现，而是帮助他们推进项目；并通过这样做，把学生培养成创新方案的设计师。这种非正式也不太严格的评审方式使我们能够考虑非财务方面的评价，强调百森商学院所倡导的更为全面的评价视角的作用，即社会、环境和经济责任考量以及可持续性考量（SEERS）。

11.2.2 火箭营销

火箭营销是一项早期的市场测试。学生们在 3 分钟内展示自己目前的产品或服务理念，提炼出其最纯粹的本质。这 3 分钟的展示对于获得早期反馈以及培养潜在合作伙伴是非常宝贵的。在这 3 分钟内，学生展示他们产品或服务中的三四个重要方面。首先，发言人确定他们正在设法解决的问题或需求。他们创造出一个关注点来吸引观众是至关重要的。例如，如果你正在为肥胖制定一个解决方案，不要说"人们比以往任何时候都要胖"来吸引观众。这个关注点或许可以是这样的，在美国，超过 7 800 万人（占总人口的 1/3）都有肥胖的问题，导致每年的医疗费用接近 1 500 亿美元（CDC，2014 http://www.cdc.gov/obesity/data/adult.html）。这些惊人的统计数据会引起大家的注意。其次，介绍你的产品或服务，及其为何能解决问题。再次，解释你的产品或服务如何在市场上具有竞争优势。最后，大声喊出你的行动号召，这基本上意味着让观众在你的演示后愿意主动采取行动与你互动。行动号召可能需要专家加入团队。以减肥项目为例，行动号召可能是找到一位营养师加入团队。"火箭营销"促使学生与他人互动，符合创业思维与行动®中的创造行动逻辑。

11.2.3 启动和增长计划

启动和增长计划是为期一年的 LEAP 项目的高潮。它包含了整个一年中发生的所有学习成果，体现在学生开发的产品或服务的原型中。此外，它还为那些希望围绕这个想法建立企业的学生详细勾勒出了一条前进的道路。具体来说，启动和增长计划列出了学生推进项目所需的详细的活动时间表。与传统的商业计划不同，可交付的成果的形式是一个详细的演示文稿，其中包括详细注释和解释，放在计划的备注部分里。

11.2.4 反馈和反思

除了教学生如何评估和获得对他们正在进行的项目的反馈，我们还注重培养学生提出和接受他人反馈的技能,并反思自己作为创业领导者的个人发展。随着团队越来越成为教育尤其是管理教育的中心,自我评价和同行评价逐渐发展成为创造团队合作体验的方法(Gueldenzoph 和 May, 2002)。研究发现,同行评价可以提高满意度、削弱社会惰化,提高分数的公平性(Aggarwal 和 O'Brien, 2008; Chapman 和 van Auken, 2001)。我们喜欢使用同伴反馈不是为了评估,而是为了发展。我们希望为学生提供一种机制,通过这种机制,学生可以学会征求和反思反馈意见,以推动他们作为创业领导者的持续发展。在今天的组织机构中,反馈和评估往往不那么频繁了,因此个人拥有管理自身发展的技能变得更为重要了。

为了帮助学生学习反馈和反思的过程,我们从围绕这个主题教授核心概念材料开始。在积极组织行为的视角下(Cameorn, Dutton 和 Quinn, 2003),我们告诉学生反馈不仅仅是关于评价,而是一个自我完善的机会。通过一系列的练习,学生们学习如何提出建设性的反馈意见以及如何接受反馈(Stone 和 Heen, 2014)。有效的领导力取决于个人主动寻求反馈的能力,通过本课程,学生们在职业生涯早期能够熟练地寻求反馈并做出回应。

这种概念性材料为商业项目团队中广泛的同行反馈提供了基础。在第一阶段的火箭营销完成后,学生将有机会相互提出反馈意见。这些反馈不用于评估学生,而是用于支持学生的发展。基于奥兰多(Ohland)与其同事的广泛研究(2012),一个匿名在线反馈工具被开发了出来,使所有团队成员能够对团队行为的五个关键维度提供定量反馈:对团队工作的贡献、与队友的互动、保持团队正常运行、工作质量以及相关的知识和技能。除了这些方面以外,学生还互相提出定性反馈,说明他们应该开始、停止和继续做什么以支持团队项目的实施。之后,我们会为每名队员生成定制报告,其中所有的反馈意见都是匿名的。

这份报告只是反馈过程的开始。我们还教导学生通过使用两种教学干预法更深入地反思收到的反馈意见。首先,我们鼓励每个项目团队都举行一次会议,公开讨论他们收集来的反馈意见,并进行进一步的澄清。我们鼓励团队按照一定的流程,让每名成员都有机会谈论他们收到的反馈,不清楚的地方通过继续提问来澄清,为他们的继续发展寻求支持。我们订立了基本原则(不要有防御心态,不追问到底是谁说了什么,对苛刻的意见保持开放的态度),以便创造一个环境,使学生能够深入、诚实和公开地反思他们的反馈意见。对于一些学生来说,他们还需要对这些反馈进行个人反思,以便充分理解和回应。因此,我们要求上课的学生写一篇自我反思报告,其中包括他们收到的各种形式的反馈,以探讨他们如何进一步发展成为创业领袖。这些反思报告的中心内容是同行反馈以及问题讨论。学生经常学习如何面对盲点,诚实面对自己。报告的保密性使得学生敢于坦诚反思。同行反馈和自我反思的结合也教会了学生一种个人发展的模式,这种模式也可以运用到他们的职业生涯中。

11.3 结论

LEAP 项目不是一门容易设计或教授的课程。课程的教学法不以任何一个学科为中心，也不是以传统的商学院教学法为中心。它需要适应和调整，因为教师需要学会平衡每个学科的教学方法，同时为学生提供一门统一的课程。然而，作为这门课程的中心，整合是教导学生关于他们即将进入的复杂工作环境的唯一方式。学生完成课程后，不仅能够深刻理解设计、创业和组织行为学的基础概念，而且还能通过课程获得技能和经验，为他们的职业生涯打下基础。他们完成的项目成为其作品集的基础，使他们能够更成功地呈现他们在课程中学到的技能和知识。更重要的是，这些项目团队的学习成为学生终身团队学习和自我发展的基础。

参考文献

Abel, J. R., Deitz, R., & Su, Y. (2014). Are recent college graduates finding good jobs? *Current Issues in Economics and Finance*. 20(1), 1–8. Retrieved from http://www.ny.frb.org/research/current_issues/ci20-1.pdf.

Aggarwal, P., & O'Brien, C. L. (2008). Social loafing on group projects structural antecedents and effect on student satisfaction. *Journal of Marketing Education*, 30, 255–264.

Brown, T. (2008). Design thinking. *Harvard Business Review*, 86(6), 85–92.

Burke, L. A., & Moore, E. (2003). A perennial dilemma in OB education: Engaging the traditional student. *Academy of Management Learning and Education*, 2(1), 37–52.

Bygrave, W. D., & Zacharakis, A. (2014). *Entrepreneurship* (3rd ed.). Hoboken, NJ: Wiley.

Cameorn, K., Dutton, J., & Quinn, R. E. (Eds.). (2003). *Positive organizational scholarship: Foundations of a new discipline*. San Francisco, CA: Berrett-Koehler Publishers.

CDC. (2014). Retrieved from http://www.cdc.gov/obesity/data/adult.html. Accessed on June 22, 2015.

Chapman, K. J., & Van Auken, S. (2001). Creating positive group project experiences: An examination of the role of the instructor on students' perceptions of group projects. *Journal of Marketing Education*, 23(2), 117–127.

Cross, N. (2011). *Design thinking*. Oxford: Berg.

Fixson, S. K., & Read, J. M. (2012). Creating innovation leaders: Why we need to blend business and design education. *Design Management Review*, 23(4), 4–12.

Fixson, S. K., Seidel, V. P., & Bailey, J. (2015). Creating space for innovation: The role of a "design zone" within a business school. In V. L. Crittenden, N. Karst, & R. Slegers (Eds.), *Evolving entrepreneurial education: Innovation in the Babson classroom*. Bingley, UK: Emerald Group Publishing Limited. doi:10.1111/jpim.12163.

Gardner, H. (2006). *Five minds for the future*. Boston, MA: Harvard Business Press.

Greenberg, D., McKone-Sweet, K., & Wilson, H. J. (2011). *The new entrepreneurial leader*. San Francisco, CA: Berrett-Koehler Publishers.

Gueldenzoph, L. E., & May, G. L. (2002). Collaborative peer evaluation: Best practices for group members assessments. *Business and Professional Communication Quarterly*, 65(1), 9–20.

Kiefer, C. F., Schlesinger, L. A., & Brown, P. B. (2010). Action trumps everything: Creating what you want in an uncertain world: Innovation Associates.

Liedtka, J. (2014). Linking design thinking with innovation outcomes through cognitive bias reduction. *Journal of Product Innovation Management*.

Lockwood, T. (Ed.). (2009). *Design thinking: Integrating innovation, customer experience, and brand value*. New York, NY: Allworth Press. Original edition.

Martin, R. (2009). *The design of business: Why design thinking is the next competitive advantage*. Boston, MA: Harvard Business School Press.

Ohland, M. W., Loughry, M. L., Woehr, D. J., Bullard, L. G., Felder, R. M., Finelli, C. J., ... Schmucker, D. G. (2012). The comprehensive assessment of team member effectiveness: Development of a behaviorally anchored rating scale for self- and peer evaluation. *Academy of Management Learning and Education*, 11(4), 609–630.

Pink, D. H. (2006). *A whole new mind – Why right-brainers will rule the future*. New York, NY: Riverhead Books.

Sarasvathy, S. D. (2001). Causation and effectuation: Toward a theoretical shift from economic inevitability to entrepreneurial contingency. *Academy of Management Review*, 26(2), 243–263.

Seidel, V. P., & Fixson, S. K. (2013). Adopting design thinking in novice multidisciplinary teams: The application and limits of design methods and reflexive practices. *Journal of Product Innovation Management*, 30(S1), 19–33.

Simon, H. A. (1996). *The sciences of the artificial* (3rd ed.). Cambridge, MA: MIT Press.

Stone, D., & Heen, S. (2014). *Thanks for the feedback: The science and art of receiving feedback well*. New York, NY: Viking.

Wagner, T. (2012). *Creating innovators – The making of young people who will change the world*. New York, NY: Simon & Schuster.

第 12 章
课程中使用环球电影：叙事想象和教学创新

朱莉·莱文森（Julie Levinson）和弗吉尼亚·瑞德马歇尔（Virginia Rademacher）

百森商学院的环球电影系列（Global Film Series）是对学院教学原则的表达和延伸。这些原则在我们的商科和通识教育课程中都有所展现，其共同目标是为了培养能够创造经济和社会价值，并熟悉各种复杂的全球和伦理问题的领导者。作为大学社区成员的公共聚会，电影放映超越了电影研究领域之外的通常教学方法——将电影作为叙事，挖掘与特定课程主题直接相关的瞬间。我们的使命比只是在课堂上放电影要更宽泛和远大。通过电影的情境介绍并与课程相结合，该电影系列促成了跨学科整合和创新的教学方法，这对不同学科的独立教学形成了挑战。电影系列作品与其伴随的讨论和课堂练习，使百森商学院成为商科教育和人文教育融合的先锋。

12.1 电影教学

虽然直到 20 世纪 60 年代大学才广泛教授电影研究学，但商业故事电影至少从 20 世纪 30 年代的早期声音时代就已经在美国大学课堂上应用了（Polan，2007；Smoodin，2011）。将电影文化作为有效的教学方法的概念是进步教育运动（Drogressive Education Movement）的一部分，20 世纪前半叶在美国兴盛起来（Smoodin）。有很多关于电影是如何被采纳并重新用于教学目的的报道。在《教学场景：美国电影研究的起点》一书中，丹娜·B. 波伦（Dana B. Polan）构建了电影史学科，详细说明了电影学术课程的出现如何促进了电影这一值得认真研究的概念合法化。《发明电影研究》一书（Grieveson 和 Wasson，2008）进一步阐明了学术界以外的一系列机构是如何广泛接受并将电影作为有教育意义的教学材料的。这本书的作者研究了那些包括博物馆、电影学会和国家电影机构在内的文化圈子是如何同学术机构"联合以各种展示和招待会的形式来取代商业形式和机构的主导地位的；它们当中的每一种形式都与下面几个方面都有着不同于好莱坞的独特关系，即电影的公民视野、文化网络和社会需求"（Grieveson 和 Wasson，2008）。有篇文章的名字很恰当，叫《有用的电影》，进一步扩展了电影作为文化作品的功能，它详细地描述了在诸如社区礼堂、工厂和图书馆之类的非剧院、非商业场所的电影展览如何将某些类型的电影院（例如工业、健康和培训类），定位为有目的性的功利主义和说教性的影视（Acland 和 Wasson，2011）。

早期将电影融入大学课堂的许多教学做法都是围绕某特定主题而挖掘叙事电影，为的是讲解特定的学科重点或达到某种社会目的（Acland 和 Wasson，2011）。这种将电影带入课堂，直接用于讲解特定主题的做法是电影研究学以外的许多有关电影教学的学术文献的中心。有许多报告记录了电影在管理学、政治学、商业伦理、市场营销、社会学和历史等学科中的教学应用。例如，《死亡诗社》（Weir，1989）就是一个针对某学科所尝试的例子，它被用来教授管理学和组织行为学（Serey，1992）。包括《战争迷雾》（Morris，2003）、《卢旺达饭店》（乔治，2004）、《战火屠城》（Joffé，1984）、《教父》（科波拉，1972）和《低俗小说》（Tarantino，1994）在内的一系列各种各样的电影都是用来教授国际关系的（Engert 和 Spencer，2009）。作家大卫·马梅（David Mamet）以商业为主题的剧本《拜金一族》（Foley，1992）和他的悬疑剧《赌馆》（Mamet，1987）都被用于教授商业伦理（Berger 和 Pratt，1998）。这种实用主义的电影教学模式从电影的叙事中精挑细选出相关的场景和元素，用于课堂主题的讨论。实际上在使用电影作为商业案例时，这类课程倾向于通过单一视角进行分析，对电影的解读也是基于它与特定主题的相关性和适用性的，是狭义的。

《管理教育》杂志列出了几十篇文章，描述了将电影作为辅助文本的实验，是对管理原则和方法这类常规课程讲授的加强。偶尔地，教师们也会不仅仅只是将电影带到课堂上，用于现有的教学大纲中，他们会围绕电影文本设计出整个课程：就是使用电影代替传统的书面文本。杰拉德·史密斯（Gerald Smith）描述了组织行为学中的这样一门课程，他将故事影片作为课堂上使用的主要文本和班级的组织原则（Smith，2009）。这种围绕电影设计教学大纲的方法将学生们带入到场景中，使他们能够直接应用并情境化所学的组织行为学理论模型。这种方法虽然避免了将电影分析作为课堂日常议程之外的偶尔的、有趣的替代方案，但它仍然认为电影教学法是因为某些场景和文本与当前学科直接相关才会在课堂上得以使用，并会分析它们对课程大纲是否有直接适用性。这种功利主义做法虽然也是一种有效的教学模式，但它限制和低估了电影在鼓励学生超越狭隘的、基于学科的、以叙事为重点的电影分析的方式；它错失了从不同的，有时是富有争议的分析视角和背景的角度来看待电影的教学机会：将电影理解为一种复杂的话语，这种话语是由视觉符号系统、叙事艺术形式、文化产物和工业产品一同呈现的混合状态。只讨论当中相关的情节，就会忽略电影在情感和修辞上创造的更为深远的意义。

12.2 百森系列电影——独特的电影教学法

作为百森商学院的教师和正在进行中的百森环球电影系列的联合总监，我们用更加全面的教学模式来面对将电影这种情感媒介用于教育目的的挑战。我们将电影放映作为共享资源来扩大其影响范围和适用性。我们的电影公映对百森商学院的所有人开放，将电影从个别教室移到公共空间中，就像历史学家道格拉斯·戈麦里（Douglas Gomery）所说的"共享快乐"（Gomery，1992）。来看电影的学生上着不同的课程，老师来自各个学院，有着丰富的学科专业知识，他们汇聚在一起，创造了一个万言堂，在这里，不同的知识领域和观点相互碰撞、丰富彼此。集体看电影是共享体验，不同于独自看书那样的个人活动；电影有书面文本无法实现的鼓动性、沉浸感和即时性。也许最重要的是，电影可以使复杂且具有挑战性的话题变得更容易理解和处理，也更易于在课堂内外讨论和分析。

许多大学教师不是以综合方式，而只是在特定主题的学科领域内的课上使用电影。通过百森商学院的公映电影，不同学科教师可以从不同的学科视角应用到相同的电影。为了帮助教师拓宽视野，我们开发了教学材料，将全球电影整合到管理和通识教育学科中，支持将电影作为教师和学生探索、合作和解决伦理及全球问题的协同模式。电影放映前后，我们会邀请专家带领大家就电影展开专题讨论，加深对其的理解。通常情况下，在电影放映前后，通常还会有与电影主题、情境和潜台词相关的个别课堂作业。

12.3 通识教育与商科课程的融合

指导和启发百森商学院电影公映的教学理念植根于学院的课程理念和设计当中。与许多本科商科课程不同，百森商学院在头两年还是要按通识教育的要求上课，这样学生可以获得被认为是更有用的职业训练。取而代之的是，在这四年当中，我们将通识教育课程和管理课程有目的地交织在一起。基于能力的课程设计，包括基础、中级和高级课程，是建立在这样的信念基础上的，即所有课程的投资目的不仅仅都是要培养专业过硬的技术人才，而且是有思想、有见识的世界公民，他们阅读量大，见识过各种情境，应对过千变万化的挑战和可能性。百森商学院的综合课程旨在培养学生的思维方式，使他们将来在职业生涯内外都能如鱼得水。

百森商学院的教职员工多年来一直在勤奋地钻研，以便能够确切地阐述支撑这些宏伟目标的基础。2004年，英语教授伊丽莎白·戈德堡（Elizabeth Goldberg）和管理学教授丹娜·格林伯格（Dana Greenberg）写了一篇讽刺文章，题为《文化研究课程在这样的大学里有什么用？》（Goldberg 和 Greenberg，2004）。文中，他们讨论了被称为文化研究的混合探究模式是如何在百森商学院的一些课程中得以应用的，以鼓励学生探索个人身份、愿望和行为在文化实践和机构中的定位和构建方式。其中，文化研究方法是将文化作品当作是历

第 12 章 课程中使用环球电影：叙事想象和教学创新

史、经济、意识形态和社会力量的集中体现形式，从而验证了包括电影在内的流行文化中的产品和做法是值得认真研究的。通过鼓励对文化文本的仔细阅读（要读出文本背后的深层意思），包含文化研究的课程体系鼓励学生们对一系列材料进行证据分析，并思考个人或团体行为的或然性和伦理影响。这种教学法为百森商学院的高等教育愿景做出了贡献，即我们不仅仅是传递给学生可直接适用于职业追求的信息，而且教会学生如何严格地、评判性地质询所有信息，并着眼于创造性地应用它们。

我们还从百森商学院的一组教师编写的白皮书中的教学目标获得灵感，该白皮书名为《教育下一代百森学生的主题：自我和情境意识，社会、环境和经济责任，以及对思维与行动的互补分析方法》（Greenberg 等人，2009，以下简称《白皮书》）。这三个交叠主题力图将批判性思维和想象力这样的人文能力与管理教育结合起来，"挑战、创造和改变个人解决社会和经济问题的方式""解决看似棘手的问题"以及"从多个角度分析问题"（Greenberg 等人，2009，3 页）。这三种综合教学方法——自我和情境意识，社会、环境和经济责任（Social，Environmental，and Economic Responsibility，SEERS），以及思维与行动的分析方法——旨在"为学生提供更好地了解自己以及社会和伦理背景的工具"（Greenberg 等人，2009，3 页）。《白皮书》强调了全球范围内思想、历史和经验的异质性，其核心是教育出对环境具有自我意识的学生——"认识到他们的观点与世界上存在的各种观点、视角和背景的多样性有怎样的联系"（Greenberg 等人，2009）。百森商学院的社会、环境和经济责任概念所考虑的是超越收益最大化的问题，是对社会、经济和环境价值之间的关系进行更复杂的理解。最后，"思维与行动的分析方法"在很大程度上取决于我们与如下所述的"叙事想象"概念关联起来的积极的、创造性的参与（Nussbaum，2009）。挑战性的假设需要我们从不同于自己的角度看待事物；创造性创新同样是建立在发散意见和可能性基础上的。

我们在设计电影系列时，既遵循了学校内部制定的教学和课程理念，也谨记许多学者所广泛描述的高等教育的目的和实践。对我们的项目影响最大的是哲学家玛莎·努斯鲍姆（Martha Nussbaum）。她的教育著作论点公正，人们在谈及当代教育中人文学科的地位时，经常会引用。在其所著的《教育是为了利益，教育是为了自由》一书中，努斯鲍姆概述了以"低层次、功利性术语"，或者我们之前提到的纯"工具性"方法定义教育的风险（Nussbaum，2009，6 页）。正如她所说，强调基本的、市场化的技能就会"忽视了批判性思维和想象力，而如果教育真正是要促进人类发展，这样的人文能力是至关重要的"（Nussbaum，2009，6 页）。她确定了对负责任的全球公民来说至关重要的三个价值观，这对我们的课程设计也有着特别的作用。它们是：①批判性思维，②理解我们所在世界的多重历史和异质性，③"叙事想象力"——"站在另一个人的角度思考问题的能力，带着智慧阅读那个人的故事"（Nussbaum，2009，12 页）。

那么，环球电影系列是如何实现这些教育目标的呢？正如努斯鲍姆所观察到的，"娱乐对于艺术能够给人们提供感知和希望的能力至关重要",艺术节目创造了"一个不用焦虑就能探索难题的场所"(Nussbaum,2009,13页)。电影可以说是最强大的情感艺术形式,是在共同空间内可以同时培养学生叙事想象力、探索复杂问题和促进有意义对话的理想工具。因此,杰出的教育哲学家和批判理论家道格拉斯·凯尔纳(Douglas Kellner)提倡"多元文化"的教学价值,以及教授有关如何理解和使用媒体的关键技能的重要性,她认为"媒体是自我表达和社会行动主义的方式"(Kellner,2000,203页)。凯尔纳(Kellner)反驳了大学课程将诸如故事影片这样的大众媒体放在学术领域之外的"传统主义"或"保护主义"观点(Kellner,2000,203页)。商科教育中也存在这样狭隘的观点,一般情况下商科教育也没有在其教学法中使用电影或其他艺术形式。然而,我们认为这种教学混合性非常有必要。我们希望使公民和未来的商业领袖能够从图像和其他表达形式中认识到自己在创造和接受意义方面的使命和责任,而不是将电影观众视为被动接受信息的观众。值得注意的是,凯尔纳(Kellner)指出,媒体素养的作用不仅在于"教授学生批判地看待媒体表述和语言",而且还指出"关键媒体素养"还能够在"激励学生们各抒己见,对作为社会表达和变革工具的媒体进行创造和分析……,以及开发学生们的技能,使之成为有能力的公民,使其更有动力和能力参与社会生活"等多方面发挥作用。(Kellner,203页)。

12.4 课程体系中的伦理与国际电影

自从百森商学院采用社会、环境和经济责任(SEER)原则以来,我们特别强调选择那些能够突出叙事伦理维度的电影和演讲者。与此同时,我们组织了一个题为"跨课程的伦理与国际电影"的活动,旨在帮助教师学习如何在课程中借助电影来教授伦理。百森商学院在加强本科商科和通识教育方面做了很多努力,"跨课程的伦理与国际电影"是其中的一部分,它借助电影的力量来探索伦理问题和创建跨学科的对话。在本科商业教育中,商业伦理和全球责任的教育常常与负责任的领导、公民和人性这些更根本的问题隔离开来。伦理和社会责任经常在商科课程中作为单独的模块或课程的一部分来讲授。将商业伦理从伦理和社会责任的其他方面割裂出来,就突出了伦理问题:在这个具体的案例中我该怎么办?"跨课程的伦理与国际电影"与我们研究的其他模式不同,不仅在于它将国际电影作为一种手段,同商科和通识教育整合到一起,处理那些棘手的伦理问题;还在于它将对话扩展到全球视野的范围和视角来教授和实践电影和伦理决策。

虽然许多学校都有国际电影系列,许多商学院也都讲授商业伦理,但这些努力往往不够,因为它们没有完全融入学校的教学或课程目标中,而是被作为独立的单元讲授。此外,即便是商学院借用故事影片来讲授伦理问题,至少表面上看是和我们的方法相一致,但是他们的做法跟我们在其他商学院模式中看到的很多局限性均类似。例如,作者爱德华·欧百乐(Edward O'Boyle)和卢卡·桑都纳(Luca Sandoná)在《通过流行影片教授商业伦理：经验方法》一书中主张，我们应该为经管类专业学生教授"商业伦理"，因为他们"需要批判性思维技能，以便在全球市场和工作场所中更有效地发挥作用"（O'Boyle & Sandoná，2014，330页）。然而，商业伦理或在商业中做出道德决策所需的关键技能与其他行业所需的技能又有何区别呢？是不是所有决策者或领导者都需要呢？他们这种狭隘的观点凸显了与在课程中使用流行电影一样的问题。从电影被使用的情况来看，其重点几乎完全是将主题内容与特定的情境或商业实例直接关联。例如，爱德华·欧百乐和卢卡·桑都纳并没有提到一部电影如何超出具体情境，引申出更加广泛的问题，探讨不同类型的决策。实际上，作者的方法仍然是狭隘的、功利的，而不是全球性的。

此外，作者还认为"我们并不是说被动地观影就比积极地读书更好。我们的观点是，正如在百森商学院环球电影活动中所强调的，经过精心设计的观影不会是被动的。相反，该系列是个载体，通过它，我们认可视觉媒体非常真实和强大的作用以及积极参与其中的必要性。更加重要的原因是，视觉媒体在我们的生活中无处不在，在我们学生的生活中更是如此。我们需要帮助他们发展这些关键技能，使其能够对电影全面思考，多角度审视。"

最后，爱德华·欧百乐和卢卡·桑都纳得出结论，故事影片在教授商业伦理方面有两个优势。第一，作者声称"电影比案例研究更接近现实生活，因为在电子媒体占据主导地位的文化中，相比于阅读，人们受其所见所闻的影响更大。"（Edward O'Boyle 和 Luca Sandoná，2014，331页）。第二，电影要求学生自己整理出许多伦理问题，而在案例研究中，这些都是定义好，直接呈现在他们面前的（Edward O'Boyle 和 Luca Sandoná，2014，331页）。虽然我们对使用电影可以提供更开放的框架来处理具有挑战性的问题这样的说法表示欢迎，但我们质疑下面这样的观点，即电影的主题内容必须模仿现实生活中的商业环境或道德冲突。我们的意图通常恰恰与此相反。我们不认为我们选择的电影是模仿学生的现实生活或他们理想中的专业情境，而是将他们带到其他的"叙事性想象"空间中，提升他们应对各种未知但具有挑战性的情况的能力。正如前文所述的《白皮书》中对社会、环境和经济责任所描述的那样："培养一个有伦理的学生就是要让他意识到在他的小圈子之外，行动还存在更广泛的可能性、解释和影响"（Greenberg 等人，2009，15页）。因此，最好的伦理和环球电影是那些能够使我们在不同学科之间彼此教授和学习，并扩展我们自己经验的影片。

12.5 教学方法和教学设计

百森商学院的环球电影系列成为成功教学方法有六个关键要素：
- 电影节目的设计符合多个课程的教学大纲。
- 指导教师们如何有效地将电影融入课堂。
- 布置课前作业，使学生们为即将看到的内容有所准备。

- 请专家到放映现场，播放前做电影介绍，电影结束后带着大家讨论。
- 布置课后作业将电影内容与其他课程资料整合在一起。
- 获得相应的课外小组的支持。

我们认真将这六部分做好，确保电影放映不是放完就没事了，而是将它们与课内课外的内容交织在一起。

在选编电影系列时，我们首先查看下学期的课程设置。百森学生的课业负担基本上是管理学课程和通识教育课程各占一半。我们努力寻找一系列广泛的课程，从管理学、市场营销学、经济学及创业学到政治学、历史学、文学、人类学和社会学等，看看它们能否与我们事先物色好的电影关联起来并加以利用，产生出真正的跨学科讨论内容。鉴于百森商学院致力于提高学生的全球视野和伦理思维，因此我们挑选的电影都是具有国际大视野、深度探讨伦理挑战和难题的。近年来，我们所放映的国际影片包括《一次别离》（*A Seperation*，Farhadi，2011，伊朗）、《智利说不》（*No Larraín*，2012，智利）、《杀戮演绎》（*The Act of Killing*，Oppenheimer，2012，柬埔寨）、《美味情书》（*The Lunchbox*，Batra，印度）、《高中课堂》（*The Class*，Cantet，2008，法国）、《大红灯笼高高挂》（张艺谋，1991，中国）和《谜一样的双眼》（*The Secretin Their Eyes*，Campanella，2009，阿根廷）。我们也选编了一些美国电影，特别是那些揭示了具有挑衅性的伦理问题和社会公正问题的纪录片，包括《天然气之地Ⅱ》（*Gasland*Ⅱ，Fox，2013）、《凡尔赛宫的女王》（*The Queen of Versailles*）和《水之患》（*Trouble the Water*）（Deal 和 Lessin，2008）。我们希望每部所选定的电影都能与一些课程和学科产生共鸣，以激发不同支持者和不同观点之间广泛的、自由的讨论。

电影选编结束后，我们就联系那些我们认为可能有兴趣将电影纳入教学大纲的教师。通常，教师们不确定如何使用这些电影，特别是如果与课程的联系并不显而易见的时候。这种情况下，我们会联系少部分感兴趣的教师，指导他们如何将电影应用到教学大纲里，我们还会给他们提供书面材料、背景信息和可能用到的教学法（见附录 12A）。在整个过程中，我们都会秉承上述的课程原则和教学理念。以下是我们如何将这些原则和理念融入环球电影系列的几个具体例子。

12.6 利用环球电影来探讨社会、环境、经济责任和可持续性

《白皮书》中所提出的社会、环境、经济责任和可持续性主题，旨在为我们的学生做好准备，使他们能够在思想和行动上都能"反映和尊重我们相互依存的这个世界……并在这一基础上承担起责任，促使我们关注有关权利和公正的问题，以及应由谁来保障谁的权利和公正的问题"（Greenberg 等人，2009，17-18 页）。观看《天然气之地Ⅱ》这部影片的师生来自可持续发展、环境科学、管理学、经济学和其他课程，他们的讨论就是个例子，说明这样关键性的参与是如何发生在我们的环球电影系列当中的。这部影片既被认为是对水

力压裂给环境和人类所带来的危险的令人信服的控诉,又被认为是误导性和富有争议的,"给人们留下了大大小小的困扰"(《纽约时报》,2013年7月5日)。虽然《纽约时报》的麦克·黑尔(Mike Hale)认为:"很难对福克斯先生的结论提出异议,即无论评论家说水力压裂对环境和我们的健康多么有害,经济和政治力量也很快就会将水力压裂技术传播到世界各地。"他还质疑说:"至少采访一个自称支持钻井的房主是一个坏主意吗?那条失去一条腿的狗是不是因为水力压裂断腿的?删去了这个情节我们就相信了吗?"然而,正是这种对复杂的也许看似是棘手的问题进行批判性的讨论,才使得环球电影系列的作用如此强大。这种广泛的跨学科模式使我们"对社会、经济和环境价值创造之间的关系,以及存在于三者之间的内在紧张关系和潜在协同作用有了更深入的理解",这正是《白皮书》中关于社会、环境、经济责任和可持续性的教学目标所强调的概念,更不用说从"不同观点解读复杂问题"的语境能力了(Greenberg等人,2009,12页)。

在这个案例中,观影后的讨论是由一位环境经济学家主持的,他能够带领大家讨论各种有关如何在消耗性能源的成本和定价中考虑环境风险和可持续性这样的具有挑战性的问题。此外,观众中有来自卡塔尔和委内瑞拉等能源丰富国家的学生,以及来自中国的学生和教师,他们讨论了人类为快速发展所造成的污染所付出的代价。讨论继而转向可再生能源的生产以及缺乏可靠传输系统所带来的挑战。如果这部电影只在一个课程中放映,那么讨论就会局限于一个单一学科,并且很有可能进一步缩小到教师计划当天要讲的主题和阅读材料上。然而,环球电影系列讨论最富有成效的部分是跨学科分享和思想碰撞被带入到随后各门课的讨论之中以及校园生活的方方面面。由于学生通常难以理解课上所学习的内容与课外有什么关联,所以这些讨论就成了生动的展示,告诉他们任何主题和修辞表达都可以通过多学科角度来观察。

有些教师将公开讨论作为他们把电影应用到课程大纲中的出发点。根据课程的重点,任何特定电影都可以作为各种"读物"的启动台(Launchpad)。例如《天然气之地 II》,环境技术课的教师要求学生思考电影中所反映的问题和他们学习的水力压裂所造成的社会和环境影响有怎样的关系,以及如何解决更大的环境不公正问题。在纪录片课程中,教师较少关注电影的具体主题,而更多地关注电影制片人所要反映的伦理和代表性问题。我们选编电影的时候,有意将各学科方法考虑周到,并能应用其中。

12.7 用环球电影解决商科和人文学科的跨学科关联问题

智利影片《智利说不》是我们用来搭建跨学科对话的另一个例子。《智利说不》表面上是关于智利推翻独裁者奥古斯托·皮诺切特(Augusto Pinochet)的历史政治运动,但它也可以被理解为,这部电影提出了一个引人注目的问题:产品营销和政治广告之间的脱节是社会变革的诱因。为了从商业和人文角度充分讨论电影,我们与市场营销教师一起讨论如何将电影应用到他们的课程中,并与学生运营的百森营销俱乐部一起来做活动宣传。美国国家安全档案馆智利文献项目主任彼得·库布拉(Peter Kornbluh),是揭秘美国参与支持皮诺切特(Pinochet)政权的许多秘密文件的关键人物,我们特邀请他从华盛顿特区赶来给观众介绍这部电影,并主持放映后的讨论。观众包括来自历史学、政治学、市场营销学和经济学课程的学生和教师,以及百森社区中其他感兴趣的成员。拥有来自跨学科的观众,并找到具有专业知识的有吸引力的演讲者,帮助观众以创造性的方式思考电影,是我们电影系列的核心目标。我们不是简单地放电影,我们的兴趣点在于组织能够让不同人群参与的活动,促进他们之间的对话,进一步反驳将观影看作是被动接受信息的观点,讨论各种教学可能性。例如,在观看电影的基础上,老师给一门名为"《独裁者》公映后"的本科课程留作业,重点讨论独裁统治过后的过渡。这项题为"唐·德雷柏(Don Draper)如何推翻独裁者"的作业,要求学生用市场营销和政治两方面的方法来分析电影《智利说不》中为"支持"或"反对"活动所做的商业广告中所使用的策略。

另一个电影系列中通过跨学科对话加强教学深度的突出例子是我们对纪录片《凡尔赛宫的女王》的放映和讨论。我们邀请到了圣丹斯研究所的执行董事凯丽·普特纳姆(Keri Putnam)为我们做影片介绍并带着我们讨论。该片本身就提出了各种有趣的问题,因为当电影开始时,是关于建设"美国最大的房子",当电影结束时,就成了美梦破灭的象征了,伴随而来的还有当房地产泡沫破裂后众多美国人所面临的房屋赎回权危机(Foreclosure Crisis)。我们还将电影内容与普特纳姆在圣丹斯研究所的经历以及她的职业轨迹联系起来。独立电影制片人是如何进行项目融资的?独立的有艺术价值的电影如何获得商业上的成功?我们的学生如何将他们对艺术的兴趣与可持续的商业生涯结合起来?电影放映后的讨论不仅局限于影片中的情节,或者电影是如何制作的,还包括电影业的方方面面。

同样,伊朗电影《一次别离》和印度电影《美味情书》也引起了跨学科间的激烈讨论。《一次别离》讲的是一对婚姻近于分崩离析的伊朗夫妇的故事。女人想要获准离开这个国家,以便为他们的女儿创造更美好的生活;男人不想让他的妻子和女儿离开,因为他有一个生病的父亲需要照顾,因而无法与她们一同离开。电影投射出了丰富的社会状况和权力关系的意境,我们在百森商学院放映这部影片就是个例子,说明了主题内容能够扩展到更广泛的伦理问题上。虽然影片的背景和境遇与我们大多数学生的生活相去甚远,但可以肯定的是,他们将来会遇到一些困难的谈判,双方都认为自己有理,都不会轻易妥协。

在准备放映《一次别离》的时候,我们联系了管理学院教授谈判课程的教师,为请他们如何使用这部电影来向学生介绍成功谈判的微妙之处和策略提供建议。我们还给他们提供了一个问题列表,可以在课堂上使用,也可以作为与电影有关的书面作业(见附录12A)。虽然刚开始的时候,这些教师对影片与自己的课程之间的相关性表示怀疑,但经过不同学科背景的教师热烈讨论之后,他们对如何将电影情节与未来学生们在职场中可能会遇到的情境联系起来有了一些想法。在这个例子中，在学校里放映《一次别离》这部电影不仅丰富了学生的生活体验，也给教师提供了一个专业发展的机会，使他们从一个普通情境中共同挖掘出多层含义并加以利用。《一次别离》激发了全校层面的大讨论，这种情况过去很少发生，因为教师们通常都将自己封闭在自己的部门和学科中。

与此情况类似，我们放映《美味情书》的时候，大家的讨论也是从影片的个别内容延伸到了不同学科所感兴趣的商业和伦理层面的问题。《美味情书》讲的是发生在两个孤独的人之间的爱情故事：一个是有着自己生活方式的鳏夫，另一个是满腹牢骚的家庭主妇。将他们联系在一起的是达巴瓦拉送餐系统，虽然这只是"虚拟"的（通过信件和食物）。影片中所呈现的非常成功的达巴瓦拉系统对我们的影片选择很重要。该企业运营得非常好，一直是哈佛商学院案例研究的焦点，联邦快递也将其作为成功的客户服务技术的典范。与此同时，我们并没有像很多商科课程那样仅仅是将《美味情书》中的某些情节或案例剪辑出来并用来讲述和商业有关的内容，我们试图展示电影中所揭示的文化维度对理解人类故事及其所呈现的商业结构是如何起到核心作用的。

12.8　用环球电影增强自我意识和情境意识

正如我们所强调的，百森环球电影系列的教育意图一部分来自《白皮书》，包括在伦理框架内的自我意识和情境意识的主题部分："旨在培养社会各方面的创业思想家的教学方法，应该为学生提供使其能够更好地了解自己以及社会和伦理背景的工具……虽然学生需了解自己主观的自我参照思维，但他们也必须发展超越自己个人观点的能力。但这种思维方式抑制了学生的能力，使他们无法理解其他文化观点，不能从多角度理解复杂的问题（Greenberg 等人，2009，3 和 12 页）。"

有一部影片讲的是伦理和情境意识这样富有挑战性的问题，我们的公映获得了巨大成功，它就是《杀戮演绎》。许多纪录片关注的是种族灭绝或其他暴力形式的受害者，但这部影片讲的却是酷刑者在自我意识下对自己故事的"揭露"。此外，影片不仅仅讲述了当时发生的事情，还强迫酷刑者以他们希望的各种电影风格重新上演他们所实施过的大屠杀，包括经典的好莱坞犯罪现场和奢华的音乐剧。正如《白皮书》所指出的，"在每门专业课中，教师都要面对主观性和情境的问题……教师面临的挑战不仅是向学生提供这样的机会，而且还要帮助他们克服最初的不适，当某些意想不到的偏见被揭露，或长期以来很肯定的或是没有被识别的假设变得不那么确定的情况下，学生们就会产生不适的感觉"（Greenberg 等人，2009，13 页）。有什么能比试图揭开这种暴力的根源，解释为什么杀手能够讲得那么津津有味更另人不适，挑战性更强呢？此外，正如我们所放映的其他影片那样，电影的叙述主题——印度尼西亚残暴的独裁统治及其影响——并不是很多本科课程涉及的内容，就像那些观看《智利说不》的观众中的大多数人一样，他们并不一定是研究拉丁美洲独裁的。但是这些电影中所反映的伦理困惑在很多课程中引起了同学们激烈的讨论。受害者的法律责任是什么？即使已经不再可能伸张正义或实施处罚了，承认犯罪还有什么重要意义吗？不认罪，只是来讲讲故事，还可能会和解吗？那些不愿同施暴者或曾经伤害过他们的人生活在一起的人如何生活呢？我们继续与侵犯人权或者拒绝承认不公正的国家做生意是不是错误的？或者通过在政治和经济上孤立这些国家，对他们隔离、禁运或抵制会不会对他们的公民造成更大的伤害呢？人们需要具有批判性思维和想象的人文能力（Nussbaum，2009，8页）来仔细研究这些问题，并容忍它们的模糊性，这对于《白皮书》中所提出的教学和"人类发展"的广泛目标至关重要，"对自己的观点有更强烈、更清晰的意识，对于别人的观点能够批判性地使用，就使得学生们有机会更充分地理解并坚持自己的想法和价值观……能够了解某情境中所蕴含的各种复杂因素，包括其中的紧张关系和模糊性，以及了解自己的行为可能对他人造成的全部影响，将有助于人们做出最合乎伦理的选择，即便是在伦理高度不确定的情况下"（Greenberg等人，2009，13和15页）。

12.9 结论

我们力图通过百森环球电影系列来创建跨学科的对话，鼓励通过电影研究来开发新的教学法，探索那些超越狭窄学科领域或情境参数的伦理问题，为学生们创造一个共享空间，让他们探索自己的思想以及那些与自己相去甚远的文化和经验。我们所编制的环球系列影片以及教辅资料是借鉴了《白皮书》的主题，以及玛莎·努斯鲍姆和道格拉斯·凯尔纳等学者的思想。他们赞扬商科与人文学科之间，传统文学与新文明之间的跨学科协同作用，而我们所做的这些就是要努力创建新的教学空间，丰富教师和学生的思想。玛莎·努斯鲍姆认为："如果我们不坚持人文和艺术的重要性，它们就会因为不赚钱被忘记。比金钱更珍贵的是：人文和艺术使这个世界更值得生活，人们能平等地看待他人，能够克服恐惧和怀疑的国家更支持善意和理性的辩论"（Nussbaum，2009，13页）。我们认为，商科教育需要这种观点，而电影是支持这种融合的绝佳论坛。

参考文献 ▶

Acland, C., & Wasson, H. (Eds.). (2011). *Useful cinema*. Durham, NC: Duke University Press.

Berger, J., & Pratt, C. B. (1998 December). Teaching business-communication ethics with controversial films. *Journal of Business Ethics*, 17(16), 1817–1823.

Engert, S., & Spencer, A. (2009). International relations at the movies: Teaching and learning about international politics through film. *Perspectives*, 17(1), 83–103.

Goldberg, E., & Greenberg, D. (2004). What's a cultural studies curriculum doing in a college like this? *Liberal Education*, 90(3), 16−25.

Gomery, D. (1992). *Shared pleasures: A history of movie presentation in the United States*. Madison, WI: University of Wisconsin Press.

Greenberg, D. N., McKone-Sweet, K., Chase, D., Crosina, L., DeCastro, J., Deets, S., ... Yellin, J. (2009). *Themes for educating the next generation of Babson students: Self and contextual awareness, SEERS, and complementary analytical approaches to thought and action*. Babson College white paper, Wellesley, MA.

Grieveson, L., & Wasson, H. (Eds.). (2008). *Inventing film studies*. Durham, NC: Duke University Press.

Kellner, D. (2000). Multiple literacies and critical pedagogies: New paradigms. *Revolutionary pedagogies, cultural politics, instituting education and the discourse of theory*. New York, NY: Routledge.

Nussbaum, M. (2009). Education for profit, education for freedom. *Liberal Education*, 95(3), 6−13.

O'Boyle, E. J., & Sandona, L. (2014). Teaching business ethics through popular feature films: An experiential approach. *Journal of Business Ethics*, 121(3), 329−340.

Polan, D. B. (2007). *Scenes of instruction: The beginnings of the U.S. study of film*. Berkeley, CA: University of California.

Serey, T. (1992). Carpe diem: Lessons about life and management from dead poets society. *Journal of Management Education*, 16(1), 375−381.

Smith, G. W. (2009). Using feature films as the primary instructional medium to teach organizational behavior. *Journal Management Education*, 33(August), 462−489.

Smoodin, E. (2011). What a power for education!: The cinema and sites of learning in the 1930s. In C. R. Acland & H. Wasson (Eds.), *Useful cinema*. Durham, NC: Duke University Press.

附录12A 各学科教师的教学材料

12A1 课程体系中的伦理与国际电影

电影名称:《一次别离》

国家:伊朗

导演:阿斯哈·法哈蒂(Asghar Farhadi)

时间:2011年

主要人物:Simin(Leila Hatami),Nader(Peyman Moaadi),Termeh(Sarina Farhadi),Hojjat(Shahab Hosseini),Razieh(Sareh Bayat),Nader's father(Ali Asghar Shahbazi)

摘要:一对已婚夫妇面临着一项艰难的决定——通过移民来改善他们的孩子的生活,或留在伊朗照顾患有阿尔茨海默病且病情不断恶化的父亲。随着与其他伊朗人和国家机构的交往,他们的个人情况变得越来越复杂,婚姻关系紧张、濒临破裂。《一次别离》不仅仅是个令人震撼的有关个人生活的故事,还能引起人们对个人伦理和社会权力的深刻反思与共鸣。

讨论题目

- 个人问题是如何与社会制度交织在一起的?民法、宗教法与个人良心之间的冲突在电影中是如何展现的?
- 影片中如何呈现社会阶层?不同阶层和教育水平的人之间有着怎样的紧张关系?
- 个人和机构拥有怎样的权力?影片中的人物在多大程度上有权决定自己的命运?他们决定自己命运的权力在哪些方面受到国家权力的限制?个人自由意志和社会决定论之间的哲学分歧是如何传达的?
- 影片中充满了个人之间微妙的谈判情节。生活似乎成了一连串的交易。列举一些谈判的要点。诉求是如何得到满足的(或没有)?在谈判中能否做到绝对公平?
- 我们同情影片中的哪个人物?观影过程中,同情对象有没有改变过?
- 影片中的主要成年人(他们往往不能彼此相处)和儿童(尽管他们之间存在差异还很要好)之间形成了对比。导演通过此种对比想要表达的意思是什么?
- 谁是对的?我们对这个问题的答案告诉我们自己有着怎样的价值观?导演的价值观又是怎样的呢?
- 在影片中有几处人物的行为不道德,撒谎或操纵权力以保护自己的私利。他们的这些行为是否合理?即使特梅也撒了谎,为的也是保护她的父亲,我们应当怎样看待这个情节?
- 影片是如何描述法律制度的?它在多大程度上是中立和公正的?
- 故事的道德中心在哪个人物身上?有谁可以声称自己占领了道德制高点吗?

- 电影表明，人类的平衡和幸福是非常脆弱的，瞬间就可以改变。如果有的话，电影是如何体现社会稳定和希望的呢？
- 想想机位以及影片开头和结尾的镜头和时长。导演为什么要以这种方式开头和结尾呢？这种选择如何定位观众与角色之间的关系？最后一个镜头预示着怎样的未来？

课堂建议

- 让学生从影片中的众多谈判中选出一个。分析每个角色在展示他的观点的时候是如何争取有利位置和主动权的？然后思考谈判能否更加公平有效。学生可以扮演片中角色，努力争取使谈判得到更公平的结果。
- 问问学生们，他们国家的社会制度和法律制度是什么样的？这些制度在多大程度上是仁慈和公正的？让他们举例说明个人的社会地位是如何增强或限制社会正义和法律权利的。
- 这个电影在主题后面罕见地让我们瞥到了伊朗人的日常生活。学生们从这些人物中看出他们有什么共同点了吗？电影在哪些方面对德黑兰日常生活的塑造和描述令我们感到惊讶？

12A2　课程体系中的伦理与国际电影

电影名称：《凡尔赛宫的女王》
国家：美国
导演：劳伦·格林菲尔德
时间：2012 年
类别：纪录片
主要演员：杰基和大卫·西格尔（现实生活中的真实人物，电影讲述的就是他的故事）

摘要：在 2012 年圣丹斯电影节的开幕之夜公映的这部电影获得了最佳导演奖，并成为 2012 年收视率最高的纪录片之一。电影讲述了分时分享大亨大卫·西格尔和他的妻子杰基生活中兴衰起伏的真实故事，他们渴望建造美国最大的独栋住宅——仿照凡尔赛宫，面积 9 万平方英尺的豪宅。影片不是简单地批判，而是让我们认真审视西格尔象征着当代美国的经历。在当代美国，很多人都像西格尔夫妇一样，还在继续憧憬着由财富塑造的强大的美国梦能带来的美好生活。

讨论题目

导演劳伦·格林菲尔德在谈到这部电影时说："这是关于美国梦的（古老的）故事，但它既讲述了这个梦的美好，也讲述了这个梦的缺点，还有经济危机所造成的错误"。美国梦的愿景到底是什么？在你看来，西格尔的故事是如何反映或修正美国梦的？

- 格林菲尔德引用杰基的话说:"我们和其他许多人的故事一样,只是层面和规模更大些罢了。"格林菲尔德在多大程度上成功地描绘了西格尔的挣扎(除了在规模上大些以外)其实与那些面临着经济危机后果的成千上万的人没有多大差别?
- 在电影制作期间,随着他们经济情况的恶化,我们在杰基和大卫身上看到发生了哪些变化?我们同情剧中的哪个人物(如果有的话)?从始至终我们的同情对象发生过变化吗?
- 影片中,在杰基和大卫的关系中,谁的权力更大些?他们双方是如何行使权力的或试图来影响对方的?如果说有输赢的话,赢家是谁?
- 到 2010 年,住房共享市场已经枯竭,因为太多的买家过度地扩张了自己的单位抵押贷款。即使是在西格尔夫妇的信用状况恶化的时候,大卫依然拒绝出售他的另一处房产。这座房子位于拉斯维加斯大道,是一个价值 6 亿美元的高端分时度假综合体,是他通过贷款购买的。大卫·西格尔说:"我们需要学会量入为出;我们需要回到现实。我花了很少的钱买了大房子,以为能永远这样下去,但当他们把钱拿走的时候,我就像泄了气的皮球一样。"大卫·西格尔的这番话在多大程度上是令人信服的?这是个道德故事吗?
- 格林菲尔德说:"从某种意义上来讲,影片的结局还是圆满的,因为你看到了对于西格尔夫妇来讲,什么才是最重要的。"你觉得西格尔夫妇从他们的经历中吸取教训了吗?从更广泛的层面上讲,美国是否从经济危机中吸取了教训?美国的价值观是否在某种方式上获得了重新定义?如果是,变成什么样了呢?
- 格林菲尔德和杰基在影片拍摄的过程中成为了朋友。虽然大卫起诉了格林菲尔德诽谤,但是杰基出席了各种影片推介会。你觉得格林菲尔德和杰基的友谊是真的吗?个人之间存在着友谊,这对影片主题的表现会带来什么伦理问题吗? 创作这样一部纪录片会有哪些好处和坏处呢?
- 真人秀节目是"真实的"吗?它是"纪录片"吗?在你看来,纪录片的可信之处在哪里?你如何将《凡尔赛宫的女王》归类?为什么?
- 你认为电影的结局怎么样?为什么格林菲尔德选择这样的结局?如果让你改变电影的结局,你会怎么改?
- 后记:影片拍摄结束后,西格尔夫妇又继续盖他们的凡尔赛宫了。如果你们早知道这个情况,你们对影片会有不同的看法吗?

课堂建议

- 让学生把韦斯特盖特度假区的兴衰故事写成商业案例。然后,让学生介绍案例和拯救公司的可能方法。最后,看看大卫·西格尔采取了什么样的行动来修整公司,并对这些决定及其后果进行分析。

- 从电影开头和结尾选取一些场景，让学生们分析。电影是从谁的视角讲的故事？镜头是如何描述这个故事的？电影从视觉上和叙述上是如何展现西格尔夫妇的经历变化的？这可以作为书面作业，或者是课堂分析/演示。电影是如何展示社会阶层、性别和权力问题的呢？
- 对于商法：让学生研究当住房共享公司（及其所有者）申请破产时的法律后果。参见：http://online.wsj.com/article/SB124701522076409321.html，研究 Consolidate Enterprises 的例子，让学生对所涉及的伦理问题进行总结和分析。
- 关于谈判：让学生分析大卫·西格尔对劳伦·格林菲尔德的诽谤诉讼中的伦理问题。为什么法官裁决支持格林菲尔德？将学生分成不同的小组，分别代表格林菲尔德或西格尔，并让他们为其客户协商，以达成和解。

附录 12B 影片公映后的课堂作业样本

CVA 2458《独裁者》观后（2013 年秋季）

文化分析作业："唐·德雷柏是如何推翻独裁者的"

以电影《智利说不》为例，分析反对派和皮诺切特运动的政治战略，或者找一个你感兴趣的专制政权/案例，分析任何一方（反对/支持）所采用的营销策略。

你可以扮演反对派战略家或专制政权顾问的角色，分析品牌管理、潜在的反对派、信息的有效控制以及伦理问题。课堂上［指定日期］我们会组织"速配"活动，让你们来分享作业成果。你必须在当天上课前完成作业，而且在线上提交，并打印出一份带到课堂上。课上我们会花 20~30 分钟的时间来做项目成果分享，然后利用剩下的时间做最后的小组项目。

从以下题目中选一个进行分析（大约 2~3 页，双倍间距（12 磅字体），内容不要太长！)。

- 从候选人顾问的角度，深入研究某项广告，重点看它的整体方法（内容、创意策略、广告类型、受众等）；或从反对派的角度对它进行批判，也就是说，你会如何攻击它？
- 比较广告方法，例如支持（智利）对反对（智利）。
- 使用另一个案例/国家示例。分析一个在某政治竞选中所使用的影像或视觉策略，你可以将其与我们在《独裁者的学习曲线》中所读到的青年运动背景联系起来。这项策略可以是争夺某一特定青年群体选票，或利用它。
- 对特定政治广告/竞选图像进行故事分析，要求把该广告分解成各种图像，逐一进行分析，并说明它们在整体中的作用。以 Daisy 广告为例，可以将它划分成我们在 PPT 中看到的各种图像。每一个图像背后的意图是什么？使用了怎样的策略？图像间存在什么样的关系，和整体要表达的意思又有什么关联呢？你要用这种方法来分析另外一个例子。

讨论题目

下面提供了一些问题样本，你不需要回答所有这些问题，但是它们可能会在你决定要探讨哪些问题时有所帮助。不管怎样，你的小论文要回答前三个问题：

1）这个广告/活动策略的目的是什么？它的整体信息是什么？
2）广告/策略提供了什么选择？
3）信息的管理/传达得有效吗？在伦理方面呢？

然后，根据你的重点选答下列问题：

内容
里面发生了什么吗？（有剧情或故事情节吗？是什么呢？）
你能理出一个整体主题吗？（希望、失败、幸福、指责等）
你觉得应将它归类于哪类广告呢？（课堂上的分类，正面/负面）
它的主张是什么？如何描绘候选人？
广告中的人物是谁？这说明了什么？
广告试图创造出什么样的情绪反应呢？与候选人的哪些品质和性格相关联呢？
哪些政策是跟候选人相关联的呢？
广告的焦点是候选人还是对手？
广告的总体基调是什么？它会产生怎样的情绪？情绪会有变化吗？如果有，在哪里发生的变化？如何做到的？

观众
广告的目标受众是谁？这对广告的设计有什么影响？
观众的年龄、性别、经济状况如何？他们有多大的可能会关注这则广告或受其影响？

创意
广告是如何使用音频的？
广告是否使用了音乐、声音、画外音或音效？达到了什么效果？
广告中有几个人发言？他们是男性还是女性？这说明了什么？
一共有几个镜头？镜头间在视觉上或主题上连贯吗？怎么做到的？
哪些图像进行了对比？
有近景、中景、远景吗？
它是否使用了特别的照明或配色方案？（某些颜色为主色调，或无色？）
使用了什么样的摄像角度？效果怎样？

| 第 13 章 |

为创新创造空间：商学院中开设出一块"设计区"的作用

塞巴斯蒂安·K.菲克森（Sebastian K. Fixson），维克多·P.赛德尔（Victor P. Seidel）和詹妮弗·贝利（Jennifer Bailey）

13.1 引言

空间很重要！个人工作的物理空间对效能和效率都很重要，而且人们早就知道，精巧的工位设计能够改善人们的沟通方式，加强团队合作（Allen，1977）。但物理空间对学生学习如何创新又有什么影响呢？我们教学的物理空间可能并不总是与我们的教学方法所要求的一致。本章的目标是探索在教学和创新过程的背景下学习空间的设计。

帮助学生培养创新技能和能力是当今高等教育的重要任务之一（Wagner，2012）。最近，用体验式方法来学习创新成了商学院、工学院和设计学院课程开发的重点（Fixson，2009）。在这样的体验式方法中，学习创新的过程结合了对所使用的方法的认识以及对创新实践的运用。我们认为提供覆盖创新过程的教育产品不仅仅是设计个别课程，还要考虑整个课程体系（Seidel，Marion和Fixson，2014），以及交付这些课程的物理空间。

为了有效地开发课程，我们必须首先了解个人创新的时候实际上会发生什么。如果将创新过程分解成一个个具体的活动，我们就能看到这些活动之间在诸如要学习的技能和所需的情绪状态等多个维度上都存在着差别。例如，一些活动需要调动全身的感官去体会目标客户的动机和行为；另一些活动则需要静下心来，仔细查看不同数据中的模式；还有一些活动要求小组成员进行高能量的合作。

教育者如果要帮助学生学习各种创新活动，就需要认真关注以下事项，例如创建有效的跨学科团队、采用基于问题式学习的最佳方式、如何促进学生做到有效迭代，以及合理使用物理空间（Fixson 和 Read，2012）。合理使用物理空间的问题是本章的重点。我们首先简要回顾一下商科教育中学习空间的发展历史，然后将创新活动与适当设计和创新空间的要求联系起来，讨论在这些新空间中开展教学对教师的作用会产生哪些影响，最后我们向大家报告百森商学院新创立的一个名为"设计区"（Design Zone）的创新空间的使用情况。

13.2 有关商科教育学习空间的历史

课程或课程体系的设计不仅仅是对课程主题、作业和考试的设计，也是对学习所处的物理空间的选择。商学院通常都是从已有的院系中分离出来的，例如，沃顿商学院就是在 1881 年从艺术和科学学院中独立出来成立的，哈佛商学院就是从经济系中发展出来，在原有教学礼堂中的临时空间上建立起来的。独立商学院通常也是沿用当时的传统教室设计风格。商科的主要教学方法是讲座，使用传统的教室空间，特别适合老师站在高高的讲台上，对坐在下面的学生一览无余，而不要求学生有互动。

与讲座形式相比，案例研究方法是一种新颖的商科教育方法，涉及的内容更分散、参与性更强。哈佛商学院是 1925 年搬到新校区的。在搬迁之前，建筑学教授查尔斯·W. 吉拉姆（Charles W. Killam）和建筑专业学生哈里·科尔斯隆德（Harry Korslund）设计了新的教室，以适合新的案例教学方法（Cruikshank，1987）。这是第一个专门为商科教育设计的空间，其历史经验表明，这种设计并不是一蹴而就的，而是经历了不断的迭代过程。这种风格被广泛效仿，沿用至今。例如，《哈佛商学院百年历史》（哈佛商学院，2014 年）中指出，早期的案例教室课桌很小，连接在椅子扶手上，阅读材料很难摊开，也不像后来风靡的名片式课桌那么实用。在早期的案例教室里，教师高高地坐在教室前面被窗帘围起来的地方，无法像今天这样和学生互动。在 20 世纪 50 年代，案例教室设计经历了逐步的调整，甚至还造出了一个全尺寸的模型，让学生和教师从视野、舒适度和声学角度进行评估。在表 13-1 中，我们将案例分析教室的设计标准与讲座教室进行了对照。

表 13-1 商科教育学习空间纵览

	讲座教室	案例分析教室	研讨室	设计空间
主要使用年代	19 世纪 80 年代	20 世纪 20 年代	20 世纪 40 年代	21 世纪初
教学法重点	讲座	案例分析讨论	小组讨论	体验式学习
空间设计目标：教师角色	教师的可视性及学生们能听到他的讲话非常重要	教师的可视性及学生们能听到他的讲话非常重要	主持讨论非常重要	教师与个人和团队的互动非常重要
空间设计目标：学习者角色	假设没有交互	大量个体学生之间的互动	少数个体学生之间的互动	学生团队之间的互动非常重要 空间直接支持各种体验式学习

第13章 为创新创造空间：商学院中开设出一块"设计区"的作用

（续）

	讲座教室	案例分析教室	研讨室	设计空间
例子	沃顿商学院：报告厅，建成于19世纪80年代	哈佛商学院：奥尔斯顿校区搬迁，1925年 百森商学院：校园翻新，20世纪50年代	百森商学院：董事室模式，1949年 斯坦福大学：主要用于研讨会，2007年	斯坦福大学：设计学院，2004年 哈佛大学：创新实验室，2011年 百森商学院：设计区，2014年

在其他商科教育空间也进行了不同的实验。小型研讨室的使用已成为高等教育的一大特色。在20世纪40年代的百森商学院，小型研讨室被布置成董事会会议室的样子（如图13-1所示），以模拟毕业生走上工作岗位后可能会使用到的场所（Murlkern，1995）。在过去几十年里，研讨室也在不同程度上当作大报告厅和案例教室的补充。例如，最近斯坦福大学重新进行了课程设计，其中就会更多地使用到研讨室，为了匹配课程设计商学院建设了新校区，将这样的教室数量增加了一倍。在这个案例中，之所以要改变物理空间需求，是因为要多提供更多个人互动的机会，这在那种大报告厅里很难实现。

图13-1 百森商学院用来模拟董事会讨论的教室
照片：默尔克恩（Murlkern）（1995）

设计空间是对物理空间和教学目标如何能够相互交织进行思考的最新想法。正如我们在表13-1中所概述的，设计空间是要满足体验式学习的需求，相对于个人学习，体验式学习通常以团队进行，教师要比讲课或做案例分析更近距离地与学生互动。这种形式的学习空间的重点是以学生团队作为分析单元，从许多方面来讲，设计空间的发展类似于在科学和工程中常见的团队实验室工作。最近比较有意思的覆盖全校的设计空间是斯坦福大学的设计学院（D. School）和哈佛大学的创新实验室（ilab）。两者都致力于为全校范围的课程提供更大的空间。正如我们下面将要讨论的，百森商学院的"设计区"就是要致力于将用来教授创新的设计空间打造成商学院的中心。

我们对商科教育学习空间发展历史的简要回顾，显示了各种空间是如何满足特定教学方法需求的。这些新型空间的分类使老师和学生可以根据某堂课的具体教学目标选择互动空间类型。商学院最近尝试体验的就是设计空间，接下来，我们将重点详细分析创新项目中发生的各种活动，看看每个活动需要怎样的组成部分。

13.3　教授和学习创新过程

多年来出现了各种有关创新过程的描述，其中很重要的一种说法是认为设计是人类用来生成和测试替代方案的过程（Simon，1996）。随着计算机的出现和对人机交互的新需求的关注，设计成果的使用者也受到了明确的关注（Norman 和 Draper，1986）。最近的创新过程描述中仍然包含用户关注和迭代这些元素，通常被冠以"设计思维"（Design Thinking）的标签。例如，IDEO 的总裁提姆·布朗（Tim Brown）将设计和创新的过程总结成相互重叠的三方面，即灵感（Inspiration）、创想（Ideation）和执行（Brown，2008）。作为倡导设计思维的领导者，斯坦福大学设计学院将这个流程定义为五个模式，即同理心、定义（Define）、创想（Ideation）、原型（Prototype）和测试（Test）。虽然创新过程的这些描述在它们的过程分解的粒度和其对单个组成部分的标记方面有所不同，但几乎所有以设计为中心的方法都包括三大类活动，我们称之为需求发现（Needsfinding）、创想（Ideation）和原型设计（prototyping）（Seidel & Fixson，2013）。需要注意的是，这些活动不一定要按特定的时间顺序进行，它们可以在整个创新项目中重复出现。

在进行需求发现的时候，项目团队试图深入了解创新问题的本质，包括最初提出的问题是否是需要解决的真正问题。团队成员从以人为本的角度出发，努力挖掘需求背后的动机，了解用户所处的环境并深入探寻新的、更好的解决方案。一旦问题或创新机会可以清楚表述出来，就要展开一系列的创想活动，以生成可能的解决方案。他们会借助各种工具和技术来生成一个大池子，里面装着五花八门的方案。第三组活动被称为原型制作，就是从大量的解决方案中过滤出一小部分，作为最后的创新。这套活动包括测试、选择、组合和重新塑造解决方案。虽然我们是按顺序呈现这套活动的，但在实践中，它们之间存在着大量的迭代和重叠。

这些以设计为中心的活动是所有创新过程的前端核心，但创新过程的学习也还有一些没有被包括在内的其他因素。例如，学习特定的制造设计技术或制作复杂原型的步骤可能也是创新的重要方面，不一定包含在采用设计思维方法的创新课程中。

创新活动与物理空间的匹配

虽然创新工作明显需要设计方法和技术，但是创新不是一种按照预先设定好的公式按部就班进行就能完成的活动。重要的是要认识到，创新在本质上包括从思维中汲取灵感

第13章 为创新创造空间：商学院中开设出一块"设计区"的作用

（Liedtka，2014），这些思维方式反过来又会受到在人类从事设计活动时所处的物理环境的影响（Thoring，Luippold 和 Mueller，2012）。

认识到技能、思维和物理环境与高效创新活动之间存在紧密联系（Doorley 和 Witthoft，2012），我们来更详细地研究按需求定位、创想和原型制作来分类的各项活动对空间有哪些实际需求。下面我们将讨论每个创新活动需要学习哪些技能，需要怎样的思维方式，以及特定物理空间如何支持每项活动。

1. 需求发现

需求发现包括三种主要类型的活动：用户研究（初级研究）、二次研究和综合研究（见表 13-2）。用户研究包括访谈和观察用户和其他重要的利益相关者，也可能要把自己当成用户来体验他们的感受。做这项活动需要有同理心和好奇心。学生需要有合适的"记录"工具，例如笔、纸、录音设备、相机和摄像机。因此，最适合做用户研究的数据收集这部分工作的物理环境就是用户所处的环境，根据项目的不同，这可能是他的家里，他的工作单位或公共场所。设计空间本身在这个活动中起不了很大的作用，只要离调查用户所在的地方距离近就可以。但是，学校能够给学生提供进行此类民族志工作要用的音频或视频录制设备还是有帮助的。

表 13-2 需求发现活动与支持条件

主要活动	应学技能	适用思维	环境在活动和学习中的作用
用户研究（初级研究）	访谈、观察和亲身体验	同理心、好奇心	位置（离用户/利益相关者的工作地点近）
二次研究	搜集、分析和整理相关信息	分析	连接（能联网、能查数据库）；无干扰
综合研究，洞察其究竟	找出规律，形成关联	想象力、创造性、深入思考	垂直工作表面很重要（可以同时查看大量纷杂的数据）能够分享动态资料（如视频）

第二项活动是进行二次研究，例如，搜集有关市场、行业、竞争对手、政策法规和知识产权的信息。做这项工作更多的是需要分析思维，因此需要的是要能连接到相关数据的环境，最需要的就是计算机和供团队工作的空间。

需求发现的第三项主要活动是综合研究，这也是建立在前两项活动的基础上。一旦初级研究和二次研究都得到了足够多的有趣和相关的数据，下一个任务就是要挖掘这些数据以获得新的见解。创新团队搜索迄今为止未被注意到的模式和关系，在看似分离的数据元素之间形成关联。这项活动需要富有想象力、创造性和深入思考的思维方式，因为这项活动的任务是要对那些不明确的需求展开想象，并对模糊不清的事物给予解释。这项工作通常包括数据可视化工具的构建，如"用户画像"（代表典型用户）和"客户体验地图"（代表客户体验）。支持这项活动的最理想的物理空间要能使创新团队同时看到各种纷杂的信息。这种要求就像在"作战室"和"指挥中心"中看到的一样，最好能有好多垂直工作台,诸如白板和针板,学生能够把数据展开,比如引言、图表、表格、数字和照片。理想情况下,空间还要能够通过先进的投影系统播放音频和视频文件等动态数据。

2. 创想活动

当问题明确或机会陈述中含有重要的制约因素时,就是创想活动开始的最理想时刻。创想活动的第一步从生成创意开始,本质上是发散的。此过程就是要尽快生成大量解决方案,差异性越大越好。为了做到这点,要对活动进行引导和限制(见表13-3)。例如,为了避免小组意见相同,保证差异化,创新团队可以让所有成员单独思考,各自产生想法,然后将他们的想法合并到一个想法池。

表13-3 创想活动与支持条件

主要活动	应学技能	适用思维	环境在活动和学习中的作用
生成创意 (个人)	独立思考	想象力、乐观精神和好奇心	即能激发想法,又能避免分心 现成的工具和合适的空间,能够把产生的想法迅速勾画出来
生成创意 (以小组为单位)	合作创意	想象力、乐观精神、活力和包容力	能让整个团队在站立的状态下全身心地参与讨论(例如高脚桌、吧台椅) 垂直工作表面,能够边说边记录,让所有团队成员都能看到
主意成型	对原始想法进行推敲,提升创意质量	想象力、乐观、善于反思	垂直工作表面,能够展示想法的相关风险和潜力

支持这项活动的最理想的物理空间是既能激发想法又能避免分心。诸如纸和笔这样的文具要提前准备好,能够及时记录个人的想法,并展示给大家。如果目标是发挥集体智慧,相互激发,那么团队头脑风暴就比较合适。如果是这样,讨论的环境最好是能够使大家发挥想象力、保持积极乐观的态度、情绪饱满且相互包容的环境。支持这项活动的最理想的物理空间是能够使大家保持身体直立,来回运动以确保全身心投入,例如用高脚桌和吧台椅。物理空间内还应该提供足够多的垂直工作表面,让所有团队成员在活动期间可以快速展示新想法的草图。

创想活动的目的是形成想法,使之能够更好地满足已知的需求。这涉及重新塑造他们的新颖程度,通过删减或组合某些特征,甚至合并某些想法来使创意更有用。想法的形成需要想象力、乐观精神和反思,理想的环境中要有相对大面积的墙体,能够把想法展示出来,并激发大家推敲想法的元素。

3. 原型设计活动

原型设计活动的重点在于减少不确定性,包括筛选许多可能的想法并了解哪些想法可行的工具。如我们在表13-4中所示,将原型设计活动分成两组是有帮助的。

第 13 章　为创新创造空间：商学院中开设出一块"设计区"的作用

表 13-4　原型活动与支持条件

主要活动	应学技能	适用思维	环境在活动和学习中的支持作用
早期原型设计阶段	直觉，注意意外/有意思的结果	好奇心、创造力、想象力、观察力以及对失败的容忍	提供工具和材料，快速设计和构建简单的原型 能够快速迭代
后期原型阶段	形成假设 设计并开展试验来对假设进行验证	关注细节、精准、试验角度	提供垂直工作表面来开发、设计和做试验规划 提供工具和材料来设计和构建试验原型

在早期阶段，原型设计的目的不是验证任何特定的想法，而是了解某些概念的前景。这项活动要学习的相关技能是将概念简化为其核心要素之一，就感兴趣的维度进行模仿，构建出粗略的原型，并将它们拿出去给客户以观察他们的反应。成功的早期原型设计是受好奇心和创造力驱使的，再加上细致的观察和对意外结果的高度容忍，其中一些在一些人的心目中可能被称为"失败"。这一过程要在准备好了材料和工具的空间内进行，能够快速模拟原型，并不断重复该过程以加快学习进度。

在最初的探索性的原型设计产生了一些有希望的概念之后，随后的原型设计需要一个相当科学的方法来解决问题和测试。需要明确假设，定义测试程序，构建原型，并进行实验。这种形式的原型设计需要更加注重细节和更严谨的态度。支持这项活动的最理想的物理空间需要提供布局测试计划和程序的选项，相当于一个独立的小项目。当然，工具、材料和实际车间空间对于后期原型设计和早期原型设计一样重要。

13.4　百森商学院的"设计区"

我们在百森商学院有机会创造一个设计空间，用于产品设计、创新创业的几门课程。目前提供的课程涵盖本科生和研究生，包括：①由百森商学院、欧林工程学院和麻省艺术与设计学院的教师共同教授的综合产品设计本科课程；②由百森商学院和欧林工程学院的教师共同教授的可负担的设计与创业本科课程；③社会创业本科课程；④产品设计研究生课程；⑤为期一年的毕业设计和创业行动项目课程。产品设计与创新已经在百森商学院教授多年，但以前都只有一个相当普通的项目会议室作为这类课程的主要空间，会议室里只有几张会议桌和滚动式桌椅。

在 2014 年春夏，我们有机会从零开始设计一个设计和创新教室，称为"设计区"。在为其设定标准之前，我们拜访了斯坦福大学设计学院，向那里的同事们咨询了他们运行和试验覆盖了整个校园的大型设计空间的体验（Doorley 和 Witthoft，2012）。根据他们的经验以及我们要在百森商学院核心空间组织创新活动和课程的考虑，我们罗列了设计空间所需要具备的功能。设计空间需要支持以下三种主要模式：

1）协同创作模式：能够支持团队的创意生成和协作工作。

2）演示模式：能够进行演讲和演示。

3）车间模式：能够构建物理原型。

百森设计区将直接在商学院内建造，供商学院学生使用，主要用于完成课程作业。除了课程，设计区还计划作为学生的独立工作区和校园活动的空间，并营造校园体验式学习的氛围。设计区的位置在研究生院的中心，门窗都是玻璃的，使其他人能够很容易地看到里面正在进行的工作。因为设计区内要上多门课程，还得满足两项额外的重要要求：

1）灵活性：房间的空间配置需要灵活，以便在课上和课间很容易地改变教室内的布置。

2）存储：当空间被其他课程占用时，我们需要有地方存放项目材料，一个重要标准是存储和重新部署项目工作应该简单快捷。

最终的设计区如图 13-2 所示，它的许多功能与普通的项目工作室不同。空间的地板是水泥的，所以挪动物品很容易，也不会有地毯给人留下的那种高端和容易弄脏的印象。坐在高脚桌和酒吧凳上，能使人身体挺拔，显得积极向上。所有桌子和可移动白板都带轮子，能够快速调整房间布置。几乎所有的墙壁上都有白板或针板作为垂直工作表面，房间内还包括两种可移动白板，可以快速部署的 Z 形架和更坚固的 T 形墙。T 形墙上有钩子，上课时可用来悬挂移动白板，这样，即使空间是共用的，学生设计团队也可以根据自己的要求布置他们的工作环境。设计室的一角用作材料和工具存放处，学生和项目材料则存储在设计区外的一条独立走廊内。图 13-3 显示了设计区的布局示意图。

图 13-2　百森商学院的设计区

体验设计区

我们现在已经有了许多利用设计空间的经验，我们也开始反思这样的空间给老师带来的机会与挑战。一个专门建设的设计空间有很多优点。首先，在通常情况下，我们发现通过使用抬高的工作台面和高凳，学生们的身体姿态更加积极，相比在传统的讲座教室或案例教室，他们会显得更加有精神。图 13-4 是学生们参与创想工作的一张照片。其次，老师可以在空间内走到每一名学生身边，中间没有老师够不到的座位，因此老师可以和所有学生有更多的个人接触，而不只是那些坐在教室前排的学生。在图 13-5 中，我们展示了一个学生原型设计练习的例子。作为喜欢了解学生的老师，我们发现能够靠近每一名学生是一个很好的体验。由于具有高度灵活性，设计区还可以摆成演示模式进行学期末项目演示（见图 13-6）或小组设计评审（见图 13-7）。

第 13 章 为创新创造空间：商学院中开设出一块"设计区"的作用

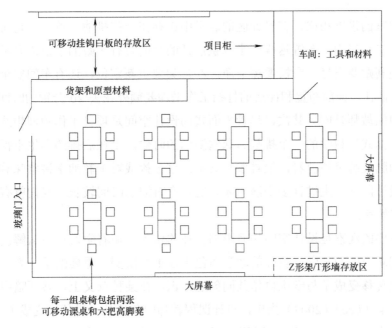

图 13-3 设计区的示意布局

图 13-4 设计区中正在开展创想工作

图 13-5 设计区中的原型设计工作

图 13-6 在设计区中的演示

图 13-7 设计区中的小组设计评审

与传统教室的设置相比，在设计区的教学中也存在一些挑战。首先，是布置和清理时间。无论学生多么努力，布置这样一个气氛活跃的空间总有无数的事情需要考虑：桌子要重新排列，便利贴要充足，白板要擦干净，Z 形架要重新定位，还有车间安全免责协议要存档。据我们估计，课前布置和课后的打扫工作平均要额外花去 20 分钟的时间，这是从其他项目中占用的教师时间。其次，尽管平面式的设计空间是项目工作的理想选择，但视线通常是对"广播式"教学的一个挑战。课堂演示的时候，坐在后排的学生不得不从前面和他们一般高的脑袋缝里往前看，很难参与其中。这个挑战对于教师来讲意味着我们不得不重新思考在设计区向学生进行多少演示才合适，有时演示时间较长，我们就有必要预订传统的案例研究教室。

另一个重要的观察是设计空间如何影响教师的角色。随着学习目标从解决常规问题的教学演变为创新技能的教学，教师的教学角色也在不断演变。重要的是，教师的角色从掌握和控制知识转移变成了与学生协作共同创造知识。在某种意义上，教师暗中成为学生团队的一分子。李（Lee）（2009）指出，设计课程教师的角色从"讲师"变成了"指导员"，继而又成了"协作者"。根据我们的经验，所有能够促进学生进行各种创新活动的设计空间属性对于促进教师的新角色同等重要。例如，开放和灵活的布局允许教师在团队之间自由移动，并且在必要的时候可以快速拉过一把可移动的椅子加入一组学生的讨论。另一方面，那些接受过或已经习惯了讲座和案例教学的老师可能要多花些时间来适应这种不同的教学模式。根据我们的经验，同一天内要在设计区和传统教室之间切换，是需要适应的。

13.5 用设计空间做职业准备

我们已经描述了设计空间在学习创新过程的活动中的重要性，而设计空间对职业准备也很重要。百森商学院的教学目标是要把我们的学生培养成未来的企业家领袖，他们能够通过想象和设计新的产品、服务、企业和行业来创造价值。我们认为学生可以通过训练，使用面向用户的设计思维和设计方法来解决商业问题。这里的"用户"是广义的，不仅包括客户，还包括零售商、供应商、合作伙伴和价值链上的其他利益相关者。作为未来的管理者和员工，他们的任务是要找到市场中未被满足的需求，并构思新的解决方案来满足这些需求。这就要求学生通过体验式学习，培养以设计为导向的技能和能力来探索未知领域、处理复杂性问题、在不确定的情况下行动，以及与利益相关者协作共同创造，同时迭代原型，并不断实验新想法。

我们认为，在设计空间中获得的经验可以为这些学生在走上工作岗位时遇到的各种开放性问题、创意活动和协作工作空间做好准备。即使设计不是学生日后的日常工作，单单知道如何最好地利用和布置设计空间也变得越来越重要了。越来越多的商学院毕业生选择到创新型组织的设计空间内工作，例如 Google Ventures（Knapp, 2014）。此外，即便是较

第 13 章　为创新创造空间：商学院中开设出一块"设计区"的作用

为传统的公司，如宝洁、加拿大轮胎和家得宝也正在采用设计空间开展创新活动。在这样的空间里，跨学科团队一起工作，针对他们认为最棘手的问题提供富有创意的解决方案。例如，宝洁公司于 2004 年启动了 Clay Street 项目，在公司以外选了一个带阁楼的地方作为专门的设计空间。摩托罗拉的锋芒手机是在一个名为 Motocity 的专门设计空间中开发出来的。正如 20 世纪 40 年代学生在模拟董事室的地方工作一样，今天的学生可以有机会锻炼在日趋风靡的设计空间内工作所需要的技巧和能力。此外，即使学生们服务的公司没有这样现成的空间，因为他们在教育背景中接触过，他们也可能提倡在其工作场所设计一块合适的创新空间。

13.6　结论

设计空间将越来越成为我们的教学工具包和商业环境的一部分。作为商学院的教师，我们有机会考虑如何最好地为我们的学生提供适当的环境，以利用这样的空间。我们在百森商学院设计区的经验告诉我们，一个设计周到的物理环境可以与我们培养创新教育者的目标相匹配。我们有针对性的设计与我们的物理环境和课程体系密切相关。其他学院要考虑如何做出最好的设计来满足自己的需求。把设计空间中要开展的活动与物理要求相匹配，将更有机会开辟出受欢迎的创新空间。

参考文献

Allen, T. J. (1977). *Managing the flow of technology*. Cambridge, MA: MIT Press.

Brown, T. (2008). Design thinking. *Harvard Business Review*, 86(6), 85–92.

Cruikshank, J. L. (1987). *A delicate experiment: The Harvard business school 1908–1945*. Boston, MA: Harvard Business Review Press.

Doorley, S., & Witthoft, S. (2012). *Make space — How to set the stage of creative collaboration*. Hoboken, NJ: Wiley.

Fixson, S. K. (2009). Teaching innovation through interdisciplinary courses and programmes in product design and development: An analysis at sixteen U.S. schools. *Creativity and Innovation Management*, 18(3), 199–208. doi:10.1111/j.1467-8691.2009.00523.x

Fixson, S. K., & Read, J. M. (2012). Creating innovation leaders: Why we need to blend business and design education. *Design Management Review*, 23(4), 4–12.

Harvard Business School. (2014). *Institutional memory: A centennial history of Harvard business school*. Retrieved from http://institutionalmemory.hbs.edu.

Knapp, J. (2014). Why your team needs a war room — And how to set one up. *Fast Company*. Retrieved from http://www.fastcodesign.com/3028471/google-ventures-your-design-team-needs-a-war-room-heres-how-to-set-one-up. Accessed on December 4, 2014.

Lee, N. (2009). Project methods as the vehicle for learning in undergraduate design education: A typology. *Design Studies*, *30*(5), 541–560.

Liedtka, J. (2014). Linking design thinking with innovation outcomes through cognitive bias reduction. *Journal of Product Innovation Management*. Epub ahead of print, March 25. doi:10.1111/jpim.12163.

Murlkern, J. R. (1995). *Continuity and change: Babson College, 1919–1994*. Babson Park, MA: Babson College History — Book 1.

Norman, D. A., & Draper, S. W. (1986). *User centered system design: New perspective on human-computer interaction*. Boca Raton, FL: CRC Press.

Seidel, V. P., & Fixson, S. K. (2013). Adopting design thinking in novice multidisciplinary teams: The application and limits of design methods and reflexive practices. *Journal of Product Innovation Management*, *30*(S1), 19–33.

Seidel, V. P., Marion, T. J., & Fixson, S. K. (2014). *Teaching and learning the innovation process: A framework for curriculum design*. Working Paper. Babson College.

Simon, H. A. (1996). *The sciences of the artificial* (3rd ed.). Cambridge, MA: MIT Press.

Thoring, K., Luippold, C., & Mueller, R. M. (2012). Creative space in design education: A typology of spatial functions. *Proceedings of the International Conference on Engineering and Product Design Education (E&PDE)* (pp. 475–480). Artesis University College, Antwerp, Belgium.

Wagner, T. (2012). *Creating innovators — The making of young people who will change the world*. New York, NY: Simon & Schuster.

第 14 章

百森商学院 MBA 课程欢迎你：与 TechMark 商业模拟相融合的课程体系

保罗·R. 约瑟夫（Paul R. Joseph）和彼得·R. 威尔逊（Peter R. Wilson）

14.1 引言

百森商学院在 1993 年秋天推出了"新"课程，彻底改造了其 MBA 课程，使其在商学院这个圈子里异军突起（Zolner，1999）。最值得一提的是，百森商学院的 MBA 课程"采用了基于团队的教学方法……（并）从单一学科转变为跨学科教学。"（Zolner，1999）。此外，根据《美国新闻和世界报道》，百森商学院的 MBA 项目从 1994 年开始迅速成为世界领先的创业教育研究生院，开始了蝉联 21 年的 MBA 创业教育排名第一的辉煌业绩。

百森商学院成功的关键在于为大一学生开发的系列深度融合课程——包含传统商业科目的学科模块，这些模块以整合的方式教授，其情境和内容一样重要。除了新的课程形式，百森商学院还在每个 MBA 课程的前几周加入了学生入门指南和文化建设活动。㊀

百森商学院持久不衰的"标志性学习体验"之一是 TechMark 商业模拟活动。20 世纪 80 年代初，百森商学院的罗伯特·恩格（Robert Eng）教授创立了 TechMark，并于 1989 年

㊀ 当时，百森提供了三个不同的 MBA 课程：传统的全日制两年制 MBA 课程，课程安排集中的全日制一年制 MBA 课程，以及非全日制的晚间 MBA 课程。百森商学院于 2003 年又推出了"混合式学习 MBA"项目，名为"速成 MBA"。应该注意的是，四个 MBA 课程的迎新周活动内容由各自的项目主任和系主任决定。因此，各个项目在迎新周使用 TechMark 的情况就有所差异。在 1989 年恩格教授首次设计了 TechMark 之后，两年制 MBA 连续使用了 25 年；混合学习式 MBA 第一次采用是在 2004 年；晚间 MBA 则在 2012 年才启用。

秋季首次将其整合到百森商学院 MBA 课程中（Zolner，1999）。但是，直到 2003 年"混合式学习 MBA"项目的引入，以及随后将 TechMark 纳入"迎新周"的活动安排，许多百森商学院的教师才开始真正了解 TechMark 对个人和学生团队绩效的作用和相关性。此外，通过强调其多学科和系统层面的观点，TechMark 强调了发展商业通才思维模式的重要性，以促进创业思维与行动®。

14.2 什么是 TechMark？

简单来讲，TechMark 可以被描述为一种商业模拟，一种"将决策带到战略指导前沿的教学法"（Kachra 和 Schnietz，2008）。"TechMark 世界"是一个虚拟的商业环境，学生组成几家全球制造公司的经理团队，在时间紧迫、信息模糊、市场竞争激烈，以及和相识不久的同事共事的"现实世界"的学习压力下，每个团队要向他们的董事会（由虚构的董事还有他们的老师组成）负责，提高他们的 TechMark 公司的绩效。

教师在每个 TechMark 活动开始前要说明成功的标准。传统上来讲，百森商学院的 MBA 迎新周活动练习根据不同项目设置不同的指标组合来评估每个团队的表现。例如，"典型"的评判标准强调的是实现目标股价、毛利率、收入增长率、存货资产比率以及债务资产比率。通常情况下，教师会用同伴评估和基于团队的绩效评估进行反思性练习，这也是为后面课程的团队学习和组织行为做铺垫。

在每轮 TechMark 期间，一"轮"就是一个业务季度，TechMark 管理员（通常是主管教师或 TechMark 助手）会给每个团队提供他们各自的业务信息，要求他们理解、分析并给出反馈。每个 TechMark 团队都会得到诸如财务报表（如资产负债表、损益表等）、产品定位图和市场研究报告等现实的决策支持工具，帮助他们分析并做出后续决策。

TechMark "产品"包括一个软件应用程序和相关的打印材料或电子材料，例如人手一册的学生手册；每组几套决策书籍和壁挂图，供他们在自己的讨论教室内参考；还有一些电子文档，如预先录制好的讲座、在线数据录入表格和决策支持工具。在设计上，TechMark 软件应用程序是完全面向教师的，而不是使用类似视频游戏的图形用户界面供学生访问。TechMark 参与者本质上是在进行一种数据驱动的角色扮演，而教师能够在练习过程当中或通过演示材料做出调整，以给大家不同的体验。

其发明者罗伯特·恩格（Robert Eng）教授是这样讲的：

不应将 TechMark 定位成模拟软件，最好说它是"教学平台"。我们采用的是教练模式，而非传统的讲座、上机培训或基于游戏的方法。乍一看，TechMark 的交付方式和"故事情节"似乎与许多现有的供应链和全球营销管理模拟产品类似，例如由 StratX 开发的 Markstrat 或由 CapSim 开发的 Business Fundamentals。它们都模拟了一个全球供应链环境，有几家相互竞争的公司在多个地域市场销售产品。TechMark 的独特之处在于教学，教师能够围绕任何商业主题设计课程，并在学生的最佳教育时刻与单个或一组学生进行互动。这些时刻出现在他们的实时决策过程中，以及他们在拿到各自在不断变化的背景下做出的决定所产生的结果报告，并对其加以分析之后。TechMark 就是一个引擎。最重要的是如何定义和交付围绕该引擎构建的程序。

用一名在读的百森商学院 MBA 学生的话来说："（TechMark 是一种）特别好的方式，能与同学见面、开始建立关系以及深入理解整个（MBA）课程将教授的概念。"

14.3 不是简单的基于模拟的教学

人们普遍认为，"精心设计的模拟可以传授理论和实践"（Salas，Wildman 和 Piccolo，2009）。百森商学院的教师在他们的课程中开发和使用有效的模拟和体验练习有着悠久的历史。与教师在其核心课程或选修课程中使用的模拟不同，TechMark 在迎新周中的活动设计是要将理论与实践联系起来。在这种情况下使用 TechMark，教学本身并不是目的，而是要创造一个学习环境，学生可以在其中发现多个商业主题之间的关联，锻炼他们的团队学习能力和决策能力，在日后学习 MBA 课程的时候情境意识更强。TechMark 和项目指导老师会为学生的发现过程提供帮助，但是因为时间紧张和将来同一班级中的学生的知识和经验存在差异，所以我们无法做到面面俱到，只能提供基本的课程内容。

此外，大多数商业模拟都采用"人机大战"的游戏方式，或学生虽然都是同时在线，但并不和其他同学直接交流。TechMark 的不同之处在于，它在后台运行，而主角是学生团队。另外，这个模型能够使教师更有意义地参与到学生之中，在他们团队决策的过程当中，观察学生个体和群体的精神状态，在随后的汇报和学习小组发展模块中为他们提供接近实时的反馈。管理学教授、领导力与组织行为学专家艾伦·柯恩（Allan Cohen）博士说："并不是所有的模拟都跟这个一样好，根据固定公式得出的结果对学生们来说往往很不真实。然而 TechMark 中的情境是变化的，教师能够在练习的过程当中做出调整，保持了'现实'的感觉，使学生能够充分参与。"

尽管主要的 MBA 课程有过两次重大变化，我们又面临着持续创新商科教育的压力，以及学生做作业的时候总想从网上或者师兄师姐以前的作业中"找到"提示和解决方案，TechMark 已经成功地适应了各种 MBA 项目的交付模式，现在依旧是教师重要和灵活的教学工具。我们用 TechMark 在混合式学习 MBA 项目中的作用举例，到目前为止，该项目围绕着 TechMark 实现了教师的最紧密合作，整合程度最高。我们参与了"迎新周"前的 TechMark 活动，后来又给学生上了 MBA 课，我们将分享我们的观点以及参与过 TechMark 授课和教练工作的同事的感悟。最后，我们将举例说明百森商学院的信息技术与服务部门中的混合式学习部的技术专家和教学设计专家如何从 TechMark 中提取内容进行融合，并围绕 TechMark 设计练习，来帮助学生学习如何使用各种网上资源进行技术密集型混合形式的 MBA 课程学习。

14.4　混合式学习 MBA 项目与 TechMark

混合式学习 MBA 项目要在其班级中努力营造社区感和共同目标，这面临着特殊的挑战。这种挑战在传统的全日制 MBA 课程中是不存在的。这是因为混合式学习 MBA 的学生工作经验丰富[一]，他们选择了混合式学习，就是为了尽快学完拿到学位（21 个月），而不用辞职到学校进行全日制学习。

混合形式包括一系列为期 7 周的"小学期"，学生一次学习两门课程。课程几乎都是在线的，再利用周末的两天到学校来接受传统形式的面授。考虑到学生们绝大部分时间都是在网上，而不是在校园里一起学习，因此有必要在课程刚开始的时候创建一个重要的学习体验环节，以帮助他们相互认识。

新班开班一般都是学生先来学校参加为期 5 天的迎新周活动，内容设计得丰富多彩，就是为了让学生们熟悉项目、课程体系以及教学技术。这一星期也为学生们提供机会来尝试体验，认识彼此，并熟悉提前分配好的学习团队成员。其中最有效的体验就是 TechMark 模拟，发挥了多方面的作用。

TechMark 最重要的贡献之一，是为学生们提供了一个互动的、引人入胜的练习，提前分配好的学生团队可以在练习中开展活动。虽然大多数（如果不是全部的话）MBA 学生都有团队工作经验，但是以团队为单位完成要打分的作业他们并不那么熟悉，这对团队及其成员可能都会带来巨大的压力。因此，在正式上课之前，当他们都来参加迎新周活动的时候，给他们提供在学习团队中共同学习的机会，了解团队成员的优缺点是非常重要的。据其中一位学生说："……TechMark 确实促进了团队成员间的课后对话。"

如果真发生了重大问题，可以通过项目提供的特定资源快速解决。项目的线上学习部分对一个团队来说可能是一个更大的问题，通常情况下都可以在模拟期间很容易地处理好。最终等课程正式开始的时候，学习团队很快就能步入正轨了。

14.5　迎新周内的"活动"对学术的影响

迎新周的主要目的是为每个 MBA 班的新学员提供入学引导。日程的安排和管理由项目管理办公室负责，他们会和混合学习教导主任以及课程教师合作。除了 TechMark，日程表上还有一系列介绍性活动、课外班（例如会计基础工作坊和各种旨在促进个人和团队学习的课程）、信息技术和服务部组织的信息交流会，以及一些社会活动。周末，学生们回到各自的班级，正式上第一次 MBA 课。一旦学生离开了校园，他们将在线上学习 6 个星期，然后再到校上面授课。

[一]　最近几个班学生的平均工作年限是 9~14 年。

第 14 章　百森商学院 MBA 课程欢迎你：与 TechMark 商业模拟相融合的课程体系

虽然 TechMark 历来被视为是迎新周的一项"活动"，但其对课程和学生的相关性及价值在过去几年中一直在增加，特别是在它被添加到混合式学习 MBA 项目的迎新计划之后。百森商学院混合式学习 MBA 学习小组协调员珍妮尔·舒伯特（Janelle Shubert）博士这样说道：

TechMark 练习已经成为启动混合式学习 MBA 项目的一个不可或缺的重要特征。迎新周刚开始的时候，在 TechMark 活动启动之前，我们开设了两门课，为日后顺利以团队为单位学习 MBA 课程奠定基础。第一门课名为"我的故事"，为的是帮助学生相互认识，真正了解各自的经验和专业知识。第二门课名为"成功学习团队的要素"，帮助他们继续深入了解彼此，开始创建共同的学习目标和规范并讨论如何开始工作程序。

但是我们认识到，作为独立的课程，它们过于抽象，太"学术"，与学生们将来在一起学习的复杂现实太脱节了。直到我们做出了一个新的设计，将这两门课围绕 TechMark 整合起来，让学生们彼此了解，熟悉团队合作，效果才真正显现了出来。学生们才开始实时地、真正地看到和感觉到无数的合作元素混在一起是什么样子：各自对学习任务的理解，谁有且能分享专业知识，谁来说，说给谁听，如何做决策，分歧是如何出现的又是怎么被解决的。

TechMark 的体验和实时的体验总结[⊖]，学生们可以得出一些"数据"，然后再一起花几个小时的时间为日后的 MBA 学习设计出一个坚实的蓝图，一个《学习小组章程》。

TechMark 是"鲜活案例"的精髓，为每一位 MBA 学员提供了一个共同的参考框架，也为教师和项目经理提供了重要、实时的机会，让他们开始观察、反馈和教练过程，这些都是百森 MBA 项目的特色。

14.6　教学法

TechMark 结合了模拟世界和"现实世界"的体验，完全符合百森商学院 MBA 项目的六大学习目标，包括：创业思维与行动®，社会、环境和经济责任，全球环境下的管理，自我和情境意识，具有整合能力的功能深度，以及领导力和团队合作。以下是一些对应的实例。

1. 在 TechMark 的模拟环境中

- 通过提供不完整和模糊的市场数据来鼓励创业思维与行动®，学生团队必须根据这些数据制定出"走向市场"策略，并在没有任何竞争情报的情况下打入市场。他们必须像真正的企业家一样，在不知道他们的产品设计能否实现有竞争力的有利突破的情况下，就投入真金白银搞研发，并建立新的制造能力。

⊖ 典型的总结一般是学生团队到讨论室花 20~30 分钟的时间，反思 TechMark 的体验，把下面这些问题想清楚了之后，再和集体汇合：哪里做得好并帮你们获得了成功？以后做混合式学习作业的时候，哪些地方还需要努力？个人要在哪方面努力？集体该怎么做呢？

- 通过奖励那些早期致力于新兴市场经济体中生产产品的团队，促进社会和经济责任，从而创造本地就业机会，提高当地生活水平，并对该地区的政治产生稳定作用。具体来说，团队从更忠诚的当地客户那里获得并保持了更多的市场份额。
- 全球不同地域的市场千差万别，客户的需求也在不断变化，我们挑战学生，让他们分析这样的市场中有哪些机会，如何管理全球业务。

2. 在"真实世界"课堂上，TechMark 练习：

- 通过强调那些个人可能尚未拥有（或不好意思在新同事面前展示）的知识和技能的价值，并提供机会来反思欠缺这些知识和技能对自己的影响，从而创造自我意识。
- 通过强调不同商科科目之间的联系，同时强调相对绩效和绝对绩效评估之间的关键差异，来创造情境意识。
- 强调平衡功能深度与整合事实能力的重要性，以评估新的商业机会，制定策略并做出决策。
- 鼓励有领导才能的人从最初的自由分组讨论（没有结构、无人引导的讨论）中脱颖而出。

14.7 TechMark 的体验对 MBA 项目的影响

　　TechMark 除了能够促进团队合作，还在将混合式 MBA 课程体系中的核心课程整合在一起方面发挥了重要作用。另外，因为"在我们最终总结的时候发现，商业领袖所面临的最大问题就是判断"（Bennis 和 O'Toole，2005），所以该模拟要求学生们要在情况不明、数据不完善的情况下做出大部分的决策。TechMark 基本上把所有核心职能领域都整合到了一起，包括会计、金融、市场营销、运营和人力资源管理。学生们必须在所有这些领域做出决策，他们很快就开始认识到每个职能领域所发挥的作用，它们之间存在怎样的关系，以及为了成功执行公司的战略它们必须如何整合在一起。

　　从项目的角度来看，我们能够利用 TechMark 的这一功能将许多核心课程教师引入到模拟练习中。教师们通常都可以快速地讲一节辅导课，这不仅能够帮到模拟中的学生，还能激发他们的兴趣，去了解后面核心课程要讲的内容。当学生们开始对将要学习的内容以及他们将要接受的教学质量有了初步的感受，这会使他们产生期待和兴奋。在这些教师讲授的核心课程上，他们也会用 TechMark 模拟来解释一些主要概念，这就加强了 TechMark 与课程体系的进一步融合。

14.7.1 会计学

　　在 TechMark 模拟中，学生们必须要了解他们的决策对关键绩效指标会产生什么影响，

第 14 章　百森商学院 MBA 课程欢迎你：与 TechMark 商业模拟相融合的课程体系

如"资产回报率"和"股本回报率"。这就为我们的会计学教师创造了机会，他们在模拟练习期间扮作"访客"，为学生提供"免费咨询"，告诉他们如何确定影响其团队在模拟中的表现的关键驱动力。这不但对模拟练习有明显的益处，当教授财务报告核心课程中的绩效评估这部分内容的时候，老师还可以引用他们在模拟中的有益经验。该课程的一个关键学习目标是，让学生理解公司的商业模式和经营决策与财务报表之间的联系。能够回想到 TechMark 模拟，学生们就能快速有效地获得参考，并加强自己对这个重要概念的理解。

14.7.2　组织行为学与创新领导力

艾伦·柯恩（Allan Cohen）博士这样评价他的 MBA 学员：

"我的课是'创立和领导有效组织'，是 MBA 的早期课程之一。我非常感谢 TechMark 的影响。首先，它对学生极有吸引力，使他们愿意全身心地投入，所以一开始他们就看到了个人投入和课堂互动能给他们带来的好处。其次，它的设计很好，即便没有任何特定专业背景的学生也能一边学习，一边吸收许多基本概念、词汇和一般管理所需的权衡。最近，我们给学生团队增加了讨论时间，完成所需的重复决策，因此团队之间竞争产生的投资在感受好过程和高成效之间的联系方面能够得到回报。那些不发挥所有队员的才能、不听取较安静队员的意见、不愿意测试他们的假设、不从每一轮练习中总结经验教训、没有管理好时间，或者从事无果的权力斗争而不是发生建设性冲突的团队，往往不会获得良好的业绩。从体验中学到这些教训，比单单通过案例讨论或阅读对后续行为的影响要大得多。"

14.7.3　市场营销学

在第一年的核心市场营销学课程或第二年的选修课上，教师们经常要求学生"回忆从 TechMark 模拟中……"得到的关键教训。例如，在启动新公司或发布新产品时，未能获得市场份额的破坏性影响；或者如何用一个简单但强大的图形（例如产品定位图）向公司内部相关人员推销研发或对新产品开发进行投资的必要性。更好的是，学生自己经常在案例讨论时主动提到在 TechMark 学习期间做的某次家庭作业的细节。例如，在分析 Electronic Arts 发布新视频游戏标题的定价策略时，一名学生敏锐地将游戏公司要"保持其毛利率"的需求与一年多前他所在的 TechMark 学习小组的不佳表现联系起来（"我们赔了很多钱"）。很明显，即便迎新周早已经结束，但许多学生对 TechMark 的经历仍记忆犹新。那"伤疤"深深地烙在了教师和学生的记忆中，成了宝贵的参考框架。

14.7.4　信息技术服务部门/混合式学习部

有时候，混合式学习部门的工作人员在组织自己的迎新周活动时，会将与 TechMark 相关的内容作为数字制品或练习参考使用。例如，有一年，为了向学生展示如何以小组为单位，使用各种协作技术来共享信息并做出决策，混合式学习部门和 TechMark 的教师将 TechMark 里面的重要信息截成多个片段，创建了演示文稿录像、博客条目、讨论主题评论等。学习小组成员每人领到一项特定技术资源（例如"阅读博客"），然后所有成员都参加谷歌环聊（Google Hangout，谷歌公司开发的即时通信软件）或 Skype 会话，与整个团队分享他们的信息。这种个人在网上做研究，然后进行虚拟合作的方式有两个好处：首先，这些团队开始做 TechMark 练习的时候，知道如何更加有效地掌控"TechMark 世界"；其次，他们将更熟悉混合式学习 MBA 项目中所使用到的技术。

14.7.5 对"无形资产"的欣赏

TechMark 除了有助于实现教学目标之外，它还促进了混合式学习 MBA 项目的许多关键的"无形资产"。因为 TechMark 是一个商业模拟，所以学生们常常要利用到他们的工作经验。这样一来，全班学生在背景、经验和专业知识方面的多样性很快就会显现出来。学生们马上就开始意识到班里蕴藏着丰富的资源，能够创造出令人难以置信的机会。这样，TechMark 就以一种非常自然的方式向学生们说明了该项目最有价值的方面——他们这个群体的质量和多样性。

14.7.6 经验验证

在过去几年里，我们一直通过学生满意度调查来收集学生们对各种 MBA 项目在迎新周中组织的每一项活动的反馈，包括学生如何评价 TechMark 模拟的价值。此外，我们也有充分的以往证据证明，学生日后的课堂表现与 TechMark 的经历有密切联系。到目前为止，我们还没有在早已完成迎新周活动的学生中间开展正式调查，以确定 TechMark 在整个 MBA 学习过程中对培养创业学习者有什么影响。这样的研究将进一步证明这一教学工具是持续有效的。我们还可以考虑在后面的课程中继续进行 TechMark（或相关的体验练习），看看学生们的前后表现有什么不同，并以此来验证上文所列的收益。

14.8 促进创业思维与行动[®]

我们已经描述了 TechMark 学习环境的多学科性质，对语境意识的强调和对各个商科科目之间联系的演示。另一个展示其与培养创新思维之间的联系的例子是在大课上，教师会鼓励学生们将他们在 TechMark 中作为"转型管理团队"（或创业思考者）的经验与"真实世界"中的初创企业家的经验联系起来。

其中的一次大课讲的是企业生命周期，将企业"初期"阶段与其"成熟/衰落"阶段做对比。教师鼓励学生们对比他们的 TechMark 公司，要求他们必须通过到新市场上寻求机会来避免衰落，开拓出一项能够打进新市场的新业务。这就强化了这样一种观点，即"创新行动'是公司进入新市场、抓住新客户,并/或通过新方法进行(现有)资源整合的基本行为。'"(Smith 和 De Gregorio,2000;Hitt,Camp 和 Sexton,2001,50 页)。学生们很快意识到,在面临越来越多挑战的企业中,企业生命周期的两端存在许多共性。除了介绍理论之外,教师还可以请目前服务于创业型公司或成熟公司的学生在课堂讨论时介绍"真实世界"的语境。

14.9 结论

提供世界级 MBA 项目的关键之一是为学生创造难忘且有价值的学习体验。TechMark 模拟就是我们在 MBA 迎新周给学生们提供的这样一种体验。它有助于整合课程,使学生与他们的学习小组成员以及全班同学加强联系,并自然地突出了百森商学院 MBA 项目最有价值的两个方面——高质量的教师和学生。TechMark 教学法为学生提供了高度社会化的、真实的学习体验,有助于提醒他们清晰和同伴参与对于建立共识和有效地领导任何组织都是至关重要的。最后,通过强调系统层面的观点,采用多学科通用的方法来评估机会、制定和执行战略,TechMark 促进了创业思维与行动[®]。

◀ 参考文献

Bennis, W., & O'Toole, J. (2005). How business schools lost their way. *Harvard Business Review*, 83(5), 96–105.

Ireland, R. D., Hitt, M. A., Camp, S. M., & Sexton, D. L. (2001). Integrating entrepreneurship and strategic management actions to create firm wealth. *The Academy of Management Executive (1993–2005)*, 15(1), Creating Wealth in Organizations, 49–63.

Kachra, A., & Schnietz, K. (2008). The Capstone strategy course: What might real integration look like? *Journal of Management Education*, 32, 476.

Salas, E., Wildman, J. L., & Piccolo, R. F. (2009). Using simulation-based training to enhance management education. *Academy of Management Learning & Education*, 8(4), 559–573.

Zolner, J. P. (1999). *Curriculum change at Babson College (A)*. Harvard Education Publishing Group.

附录14 模拟的详细描述

TechMark 的操作很简单,教师采用全班汇总讲大课和分小组讨论组合的形式,全班总结汇报演示和讲座交替进行。教师在 TechMark 团队分组讨论时来回巡视,观察团队动态,回答有关 TechMark 或相关学科的问题,并向需要指导的个人或团队提供帮助。使用 TechMark 要遵循以下基本流程,通常迎新周中的 TechMark 模拟会要求学生们做 5~7 轮决策,每轮都要重复以下这些步骤。

第一步:全班同学在演讲室集合,教师向学生团队介绍信息,包括财务绩效亮点和一般市场情报报告。除了有关 TechMark 的特定信息,教师也可以利用这个机会就某一商业主题做个简短讲座(例如,分析竞争对手的战略意图、管理现金流或量—本—利分析,等等)。

第二步:团队拿到他们的财务结果和竞争市场信息的打印件后,回到各自的团队讨论室。

第三步:团队分析数据,创建并评估其战略,并做出"下一个"业务周期决策。典型的决策可能会包括,给他们的 TechMark 产品定价,设定研发预算,搬迁制造厂,招聘销售人员,将新产品运送到各地的仓库,等等。

第四步:小组通过在线表格提交其决策。此外,每个团队还必须填写一份纸质决策表。我们向他们解释,纸质文件副本是提供备份,以防他们的在线决策在传输中"丢失"。然而,另一个目标是创建一个冗余的过程,需要团队成员彼此共享信息,并要求准确和清晰地转录在线数据。后者可能会给他们带来巨大的压力,他们偶尔会发现并不是所有的队员都同意团队最终提交的决策(这确实是值得学习的时刻)!

第五步:TechMark 教师和管理助教在 TechMark 软件应用程序中处理这些决策,给出的结果是修订后的财务和市场数据,包括产品定位图,每个团队的财务报告(损益表、资产负债表、库存表等),以及汇总了客户需求和竞争对手公开信息的市场研究报告。当 TechMark 教师在幕后工作的时候,学生们要么处于"休息"期,要么回到班里听教师做的有关当前 TechMark 阶段或下一阶段内容的讲座。

恩格博士将 TechMark 这种最佳学习环境描述为"设计好的自发性"。这个短语描述了 TechMark 教学法的本质——不仅创造了娱乐与自由兼顾的课堂,鼓励学生发现知识、交流思想、实验和挑战他们的假设;同时,教师时时刻刻都能掌控全班同学探索的速度和深度。这可以通过一些技巧来实现,例如询问或重新定位问题,或偶尔通过提供事实性但不一定完整的答案来解决学生提出的问题。那些选择偷懒的学生——避免阅读,不利用机会向同学和从 TechMark 内容中学习,不跟他们互动——往往会被 TechMark 教师批评,得不到奖励。管理"剥洋葱"的速度对于为最后一次在班上成功交付 TechMark 结果这样的高潮时刻也是至关重要的。

| 第 15 章

在线传播创新思维与技能：从创建名为"像创业者那样去引领"的慕课中获得的体会

艾伦·R. 科恩（Allan R. Cohen）

15.1 引言

最近出现了一个现象，大规模开放在线课程（Massive Open Online Courses，MOOCs，慕课）吸引了数以百万计的（非付费）学生，这些课程能否提供优质教育引发了巨大争议（Hollands 和 Tirthali，2014）。由于百森商学院有兴趣向全球传播其如何教授创业的经验，于是我们决定做几个短小的慕课试点课程，以便学习如何创建能够提供给新兴国家学校的教学资料，以及如何进行互动式教学的师资培训。本章讲述的是我们从第一个试点课程中获得的经验教训，但是评估要在一定情境中进行，首先需要了解个人和机构的历史信息。

15.2 组织行为学中的体验传统

组织行为学在支持体验式的、以团队为中心的课堂教学活动方面有着悠久的历史。我 1982 年来到百森商学院，当时已经是《组织中的有效行为》这本教材的主要作者了（Cohen，Fink，Gadon 和 Willits，2001）。这本书是围绕两个主要创新来设计的：将课堂作为组织（Cohen，1976）和用体验式的方法进行案例教学（Gadon，1976）。我们认为，课程的主题，包括领导、团队、人际关系、团队间的互动以及组织变革，都可以在组织课堂教学时得以应用。学生在团队中讨论案例，由（当选的）小组长对他们团队的表现负责，在撰写个人论文的同时，撰写团队报告和演示文稿，并评估团队成员的表现等。此外，我们的课堂案例讨论的组织形式也是有讲究的，讨论的时候会出现与案例中所讲到的行为困境相同的情况，而这样的问题正是学生所经历的。学生们在课前要准备案例，还要阅读文本资料，课堂上讨论的大多数案例中的问题都没有明确答案。

我们编写文本（和案例）的主要原因是减少在课堂上介绍研究结果和概念的时间，以便把重点放在复杂的讨论上，并在恰当的时候应用概念。现在的翻转课堂正是基于这种理念，将老师的讲课内容提前录制好供学生们观看，课上时间则花在实践学习活动上。我们还期望学生通过角色扮演和讨论了解自己的行为及该行为在组织环境中的后果，努力去应用这些课程概念，并超越概念来确定哪些方案是可行的，然后实施。

15.3 百森商学院的创业学是一门独立的学科：启动课程整合

1982 年的时候，创业课在百森商学院被认为是一个独立的课题。我原以为它为我想要帮助学生学习的行为学材料和技能提供了一个特定视角，兼容并存但又不需要我给予其特别的关注。与我所认为相反的是，在接下来的几年里，我们投入了大量的师资和精力探讨如何创建一门更加综合的课程。经过许多漫长而痛苦的讨论，我们决定不再教授一个完全独立的组织行为学课程，而是将其与管理会计和运营管理相结合。

我们都在努力学习如何以一种与实际情况密切相符的方式教授组织生活中的问题，因为有很多复杂、混乱和模棱两可的问题不能仅仅从单一学科的角度看待或解决。我们不得不从多个融合的视角来搜索或创建案例和模拟。我们还与其他学科的同事之间建立了关系，这种关系在课程结束很久后依然能够延续。通常情况下，课程创新对于商学院的老师来讲问题重重，而跨学科之间的关系使得这一过程变得相对容易了。但遗憾的是，由此产生的普遍积极的工作环境在大学教师中并不多见。这种合作带来的益处持续了很多年。

15.3.1 领导力教学

在 20 世纪 80 年代初，我与斯坦福大学商学院的大卫·布拉福德（David Bradford）一起为企业管理者举办了一系列非学分制的领导力研讨会。这些工作使得我们能够设计出一些教授领导力的材料，我们最终编写了几本有关领导力和影响力的书籍，里面记录了我们与那些努力要提高自己领导技能的经理们并肩战斗的学习所得（Bradford 和 Cohen, 1984, 1998；Cohen 和 Bradford, 1990, 2005, 2012）。我们在自己的学院也开设了类似的领导力和影响力的选修课程。我们调整了案例和体验练习，这些都是通过与经理们并肩工作得来的，或是从我们所著的书中截取的，也借鉴了其他人有关领导力的材料、案例和书籍文章。多年来，我们一直都共享材料和想法，持续在我们两个学院开发广受欢迎的选修课程和高管教育课程。秉承着百森商学院的合作精神，我把这些材料分享给了无数的同事,其中有几位在不同时期也教授领导力选修课程。我们为领导力选修课程开发的一些材料最终被纳入了我们的核心课程(Cohen 和 Bradford,1989)。

我们从来没有将领导力与领导者所做的实际工作——战略、营销、财务、运营等割裂开来,但是我们把这些看成是理所当然的,是领导力得以执行的基础。我们将重点放在设定和阐述一个切实可行的愿景,建立一个责任分工明确的领导团队,并且营造出相互影响的氛围上。我们认为,一个跨组织和文化的核心领导力问题是,担任正式领导角色的人往往英勇地认为自己要事必躬亲、无所不知(或假装知道),把掌控权牢牢地抓在自己手里。这个问题为我们很好地创造了挑战传统领导概念的教育体验基础。

15.3.2 混合式学习的出现

在 20 世纪 90 年代后期,许多高等院校开始尝试各种形式的远程教育。像其他许多院校一样,百森商学院早期尝试的出发点也是希望准备 PPT 演示文稿或视频讲座,往后就有可能反复使用以传达核心内容,并可以出售给其他教育机构使用。这种念头是源于降低高等教育成本的愿望,并能够让优秀教师提供高质量的课程。但这种教育模式被证明是幼稚的,因为:①对教育的真正意义的理解过于狭隘;②以当时的技术水平,创造出吸引人的可复制的内容是相当昂贵的;③学生并不总能坚持学习;④教师对这种教育方式的满意度很低。有一些院校努力做到了规模化,对这种教育方式也做出了一些调整,但是许多早期的机构都失败了,百森商学院曾经成立的一个营利性衍生公司也遭遇了同样的命运。

在 2000 年左右,受我们那个衍生公司的激励,一个新的机会出现在百森商学院面前。当时,英特尔公司正在寻找一个合作伙伴,要做一个 MBA 项目,一部分是在硅谷、凤凰城、波特兰以及合作教育机构的校园现场授课;另一部分在线上完成。教师们对于我们是否可以将这种模式做成一种高质量的教育体验有很多不同的看法。但是,既然有人出资,大家就认为值得试试,以便更多地了解如何做这种混合教学的项目。另外,能够被英特尔选中也是提高我们品牌声望的机会。可能部分原因是其他高质量的学校对这种力度的创新感到不自信,最后我们得到了这份合同。我们的一个设计团队创建了课程体系,大多是复制我们 MBA 项目所需的课程,但选修课的数量没有那么多,主要是因为这个项目的学生有广泛的工作经验,在上课的过程中会获得更多的经验。

我们投入了大量的精力来创建、培训、提供反馈和支持各种不同类型的学生工作团队。他们大概有一半的时间是面对面聚在一起的,另一半的时间都是在网上交流,来完成团队任务作为进一步讨论的基础。我们的教师普遍认为,教学管理必须是一项接触工作,有大量的互动和共同责任,以便最大限度地了解有关在组织中如何有效工作的知识。

我们很快发现,之前的一些工作假设是不正确的。我们原以为在线课程有利于传达课程内容,每隔 4~6 周,在周末组织的面对面课堂上进行有意义的、复杂的讨论。然而,结果是一些不同步的在线课程,几乎与正常的课堂讨论一样丰富,因为学生能够相互做出独到的评论,并分享他们的工作经验来丰富案例的讨论。此外,如果没有与学生和教师面对面地待在课堂上,有时直接的内容学习是非常具有挑战性的。特别是对于那些量化背景较弱的学生来说,要掌握量化工具和概念,这种面授的形式就显得尤为重要。课堂上互相支持的氛围是非常必要的,可以使学生愿意提问或知道问哪些问题。

与我们的担心相反,英特尔的学员非常喜欢这个混合式项目,他们很乐意在上课的时候还能不耽误全职工作。他们喜欢与其他职能和不同学科背景的员工一起工作的机会,珍惜与真正关心教学和平等对待他们的教师一起学习。许多人很快地把他们学到的知识应用到了工作当中,或提高了业绩,或应用在英特尔的新岗位上。几年以后,英特尔公司建议,如果我们向其他公司开放该项目,将会有更多的人来学习。就这样,在2004年,这门被称为"快速通道 MBA"的混合式 MBA 项目诞生了(该项目的名称最近改成了"混合MBA")。我们向至少有 7~10 年工作经验的学生推介了这个项目,发现一些有工作经验的学生对这种不完全是高管式的 MBA 项目很感兴趣。在大多数情况下,学生都很有热情,虽然也有较多的人会说:"我希望所有的课程都是面对面的方式,我真的很喜欢与老师和其他学生在一起;当然,如果都是面授的课程,我也不可能有时间来学了。"

事实证明,有一半的课堂时间在线上对教师来说是一项挑战。在最初几年,这项技术非常烦琐,需要大量先进的、详细的规划来创建讨论问题的材料和顺序,以组织引人入胜的讨论。为了更多地模拟正规课堂,我们偶尔会通过视频授课,这样更接近于复制一个现场课程,但是我们限制了这样做的次数,因为我们在销售这门课的时候,宣传的就是不同步,不受时空的限制,随时随地可以学。甚至当我们制作同步视频课程时,每个学生也还是可以在任何地方坐在他各自的笔记本电脑前面观看和参与。这项技术虽然相对方便,但并不像所有参与者都在同一个房间使用 Telepresence(思科网页,思科公司开发的视频会议系统)的视频课程那样容易或令人满意。

1. 一些教师选择退出

我们发现,即使是非常优秀的教师,在这里也需要经历一个陡峭的学习曲线。一些教师在参加过一两次课程后选择退出,他们发现很难单独了解学生(虽然这是可能的),并且不能成为管理讨论活动的中心。在我看来,许多熟练的教师都是亲自参与讨论的高手,但远程和异步方式的讨论让他们缺少了满足感。对于许多人来说,"作为中心的指挥/导师"比"从侧面引导"更令人满意。(我们的教师中只有几位是像"讲台上的圣人"那样,占据大部分的课上时间滔滔不绝。)

在过去的 10~12 年中,一些骨干教师越来越习惯于这种模式,发现它可以带来非常成功的学习,至少教师的满意度还是很高的。教导那些从事管理工作的学生对老师来讲是有挑战性的;学生们在课堂讨论中学到了一个想法,几天后就到工作中去验证,然后告诉老师和同学们哪个想法行得通,哪个行不通。在我看来,这真的是令人愉快和刺激的事情,但对于那些习惯了掌管权威的老师来说,可能就会觉得受到了威胁。

2. 不单纯地使用慕课

我们当中的许多人认为，我们绝对不想做一个纯粹的在线课程。虽然混合模式与面对面的模式不完全相同，但是教师和学生之间以及学生与学生之间能够有足够的互动，以保证大多数成员能够充分参与。他们能够认识彼此，并建立起类似于全职 MBA 学生之间的联系。我们常嘲笑那些完全在线课程的完成率低，对自己能成为混合式学习的早期先驱感到骄傲。其他学校也都慢慢发现了这点。此外，我们对许多外部排名机构将我们的教学评为杰出这一点感到无比骄傲。

15.4 真正在创业教育上下赌注

与此同时，百森商学院这么一个相对较小的独立学院，不附属于某所大型大学，却连年都被评为本科生、研究生创业教育第一名[一]。尽管我们的资源并不充裕，但我们仍然获得了很高的外部评价。虽然成绩是令人满意的，但这个成绩也让我们全体教师感到非常紧张。其他拥有更多捐赠捐资和资源的院校都在创业教育潮流中不断攀升。多年来，我们都在谈论我们应该专注的其他领域，以防我们失去第一名的位置。

2005 年，百森商学院新任院长莱恩·施乐辛格（Len Schlesinger）发起了新一轮的战略规划，其结果是他得出了下面的结论，就是如果我们缺乏资源来保护我们在创业教育的排名，那我们可能永远不会有足够的资源在任何其他学科名列前茅，尽管我们在几个领域都还做得不错。因此，我们应当努力利用我们在创业教育的领先优势。他指出，其他任何学校都不可能真正专注于此，因为几乎每个机构都是分散的，课程由部门或院系掌控着，所以没有哪个学科可以成为中心。然而我们跟他们不同，通过努力，我们可以为已经算是创新的学院注入创业思维，跨越所有学科和行政活动。出于这一努力，我们的一个战术目标就是将我们称之为创业思维与行动®的理念传播到世界各地的学术机构。为此，我们特意创建了一个名为"百森全球"（Babson Global）的部门，来寻找实现这一目标的途径。这个新部门就如何改革商科教育，特别是在发展中国家，多次修改其规划。百森商学院前任院长沙吉得·安萨里（Shahid Ansari）担任其 CEO，他提出创建一个完整的创业管理硕士学位课程，开发必要的教材，将感兴趣的大学集结成一个联盟，并培训他们的教师进行互动式讨论，应用到他们的大学学位课程中。

15.4.1 通过慕课实验来帮助传播创新思维

因为这样的项目涉及远程学习的诸多方面，所以我们招募了一些教师来试验我们所设计的

一 《美国新闻与世界报道》评选 1995 年，1996 年和 1999—2004 年本科创业教育第一名（本科只在这几年进行了排名）。1994—2014 年研究生创业教育第一名。

一次可供上千人学习的简短慕课。其中，教师与个体学员间的互动少之又少。为这些短期课程开发的材料很有可能被重新用于创建完整课程，由位于发展中国家的合作机构的老师来讲授。

最早发明的慕课（现在被称之为 cMOOCs 或 ConnectivityMOOCs）认为，学习最好是发生在联系密切的学习者解决问题时，并且在该课程期间几乎看不到传统的"教学"。他们贬低封闭式的教学，称为"行为主义者……问题有明确答案，对错分明，学生必须要学习某些事实或过程，学生缺乏更高水平的认知处理技能"，不足以教授"更高层次的批判性思维、创造性思维和原创思维，这些是在知识型社会中所必需的技能"（Rodriguez，2013）。但可能是要广泛传播学习，赚取最终的利润，以及提升某些大学的品牌影响力⊖（Hollands 和 Tirthali，2014），一种不同的学习模式开始萌芽。斯坦福大学、哈佛大学和麻省理工学院的一些教师同意免费将他们的课程放到网上（现在称为 xMOOCs 或 Extended MOOCs）。这些慕课中的课程通常传统的视频授课，有考试以及偶尔的实践活动。它允许学生按照自己的节奏学习和重复，直到掌握课程的内容。这种方法更适用于面向大量学生进行教学内容传输（Parr，2013；Rodriguez，2013）⊖。尽管我怀疑这种模式能否给学习者提供高质量的学习体验——高度互动、团队和以项目为基础、参与式的、需要分析和思考，而不仅仅是掌握内容，我对这种模式仍然很感兴趣。大部分的学习是学生间相互激励和启发，与教师的互动却很少。一次就能接触到成千上万名学生的想法当然是诱人的，前提是我们能够创造大量的互动和反思。鉴于我们在混合课程中已经积累了大量的经验，我也很乐意尝试一下。

幸运的是，"百森全球"同意使用一个由 NovoEd 开发的新平台来测试在慕课中创造出高度互动的虚拟团队合作的可能性，这对我们一直以来的做法是一种深化。这是斯坦福大学的另一个初创公司，是为了应对那些为慕课信息传播而设计的公司。起初，教师们都认为我们不可能提供学分制的慕课课程（Terwiesch 和 Ulrich，2014）⊜，但是该实验会带给我们一些经验，编写出我认为的相当于一本交互式的教材，完成一本教师手册及对应的教师发展活动。毕竟，我在 20 世纪 70 年代初用 500 页的教师手册编写了一本教材，并且多年来在组织行为学教学会议上主持过许多类似于教师发展的研讨。

⊖ 提供或使用慕课的主要目的是扩大教学机构的覆盖面，让更多人获得受教育的机会，建立和维护品牌，通过降低成本或增加收入来改善学习的财务状况，提高慕课学习者和在校学生的教育成果，创新教学和学习，并开展教学和学习研究（Hollands & Tirthali，2014）。

⊖ "今天的慕课……与史蒂芬·唐斯（Stephen Downes）和我在 2008 年开发的慕课有很大的不同。我们的目标是通过开放和透明的学习鼓励学习者的发展，知识生成的过程是迭代式的——在其他学习者的想法之上加以改进，并通过持续改进来产生新的知识。而今天的大多数慕课说教更多。"乔治·西门子（George Siemens）说，他被广泛认为是第一个开设慕课课程的人（2013）。

⊜ 关于是否提供慕课的决定完全有可能是短视的。沃顿商学院的两位教授的启发性的报告提出了一些有趣的战略可能性，这些可能性源于这些课程中使用的一些技术，尽管他们实际上主要谈论的是内容传输。参见 Terwiesch 和 Ulrich（2014）。

第 15 章　在线传播创新思维与技能：从创建名为"像创业者那样去引领"的慕课中获得的体会

15.4.2　将领导力课程调整为创业领导力

另一个有趣的方面是，有人建议我修改我平时讲授的领导力和影响力的方法，以适应创业领导力。从表面上看，我们在百森商学院（和斯坦福大学）领导力课程中所做的大量工作对于创业领袖是完全适用的，但是围绕着对机会/创新的关注、快速试验、愿意接受失败并从中学习等方面有些内容需要补充或做出调整。由于我与大卫·布拉福德（David Bradford）在领导力课程的合作中结成了强有力的伙伴关系，因此我问他是否愿意和我一起为百森商学院设计这个新课程。他本质上是一个教育创新者，即便没有任何报酬，他也欣然接受了。结果发现这是一项艰苦的工作。我俩现在估计在设计和交付上一共投入了 800 个小时。

我们一致认为，该课程的核心主题还得是要围绕领导力的典型问题，但重点是针对从创业公司到成功的大型组织所面临的悬而未解的必要问题。这些主题包括创建和阐明可能实现的愿景、创建合作团队来执行工作，以及构建相互影响的人际关系，人们可以相互推动和支持，解决冲突。我们的无权威的模型和概念的影响力特别适用于现有组织内外的创业活动。我们的课程改造工作包括加入创业领袖需要做的事情：寻找未被满足的需求、通过小步尝试来学习、根据测试结果快速修改行动、确定哪些是可承担的损失，这样可以快速结束试验并做出修正。

如何在几乎没有教师干预的情况下创造有意义的讨论呢？我们能促使学生互相交流吗？他们会不会只是分享自己不明白的问题呢？当没有入学限制、费用、成绩或学分要求时，还会有人埋头苦干、努力学习吗？我们可以创建有趣的内容输入，用于解决方案和案例实践吗？我们能够把来自真正的创业领袖的材料结合起来吗？

15.4.3　内容创建与面临的挑战

从某些方面来讲，内容创建虽然耗时，但却是整个过程中最简单的部分。我们在工作坊和课程中开发了大量内容，已经有了许多非正式的讲座，利用 PPT 介绍领导力行动的概念和框架。这些材料可以作为学习者应对组织和人际关系挑战的工具。我们还决定将我们一起授课的情形录下来，部分原因是这样做会更有趣，还有部分原因是因为我们想塑造一种与我们所讲授的领导力概念相一致的共享领导力。

我们很快认识到，MOOC 的传统观念是，学生不会观看长度超过 10 分钟的视频（Guo，Kim 和 Rubin，2014），这比我们偶尔直接在课堂或工作坊上讲得更短。这意味着，我们必须将我们的课程讲解在更短的时间内完成。最终，我们的许多课程讲解只有两三分钟；有一两个核心课程讲解时间会长达 11~12 分钟。一轮慕课教学结束后，我们得出的结论是，我们需要打破这些标准时长的规矩，使用不超过 3 分钟的短视频。这种改变尤其痛苦，因为我们知道不能指望学生能够阅读长篇的文章，而这本来是我们试图传递复杂概念的常用方法。如何给出足够的想法、理论和概念来激发讨论，将想法应用于我们所提供的或由学生带来的情境是很有挑战性的。

具有讽刺意义的是，我们制作慕课的良好初衷是为全世界的人提供教育资源，不管他们有着怎样的教育背景，但是最近的研究成果表明，大部分学习且完成慕课的人都已经拿到了大学学位（Ezekiel, 2013）。

目前尚不清楚这些学生在参加在线课程时是否更喜欢短小的视频和简短的阅读，或者在获得大学学位时没有进行太多深入的研究。另一个对我们有启发的挑战是，如何改造我们现有的领导力和影响力课程材料或者开发新材料，以突出领导力的创业方面。曾经有一段时间，我们认为企业家的一手证言是非常重要的，于是我们开始录制与企业家的讨论，并将其中的一段应用到了早期课堂上，但是我们意识到，我们并不想过分强调早期创业者。

我们很容易加进与创建公司相关的大量材料，从学习适应不确定性，逐渐擅长对机会的洞察，到设计快速学习实验、风险管理，等等。但当我们仔细思考并意识到课程的长度限制时，我们不得不提醒自己，我们不是在教授创业或初创企业的基础课程，而是一个专注于创业领导力的课程。我们最终引入了百森商学院称之为创业思维与行动®中的创业思维简短提示，但没有单独讲这部分内容。

当与来自其他学科的同事合作或讨论理念时，我们经常会触及边界问题。然而，我觉得过分强调学科的边界必定会扼杀创造力，很难创造出更好地适应现实复杂世界的课程。这并不排除决定把什么内容传递给同事，是给别人创造方便，而不是在彼此间筑起阻隔的高墙。例如，我们在课程的早期就指出，我们不会教授如何决定一个机会是否在经济上可行或不可行，即使这显然是企业领导力的一部分。这个技能在其他的地方教授更适合。

此外，我们还必须制作更多的短视频以填补课堂上需要介绍的内容，例如活动说明，简要提醒我们都讲过什么，下面要讲的内容等。当然，其中一些内容必须以书面形式呈现出来。同样，这需要付出努力，但并不难，除非需要特意和提前考虑在面授课程中会出现什么情景。在线教学不仅仅是要复制现场课堂的授课视频，还需要非常详细的规划，以便提前准备好材料、作业和问题讨论等。对于习惯了与学生在现场互动的有经验的指导教师（就我而言，我就不是一个特别关注细节的人），这个必要的规划就成了巨大的挑战。这个过程可能是令人非常痛苦的，因为我们知道，某些最好的教学是在教师仔细聆听学生的想法，并决定怎样处理一些意想不到的状况时发生的，因为这样的教学才会深入并引人入胜。在混合式学习中，这种现场回应在大多数情况下还是可以做到的，但在慕课中就很难实现。

如何设置和修改学生之间的互动练习以及讨论环节，以促使学生直接互相学习是非常耗时的，这包括学生简单交流学习体会，以及分析我们之前创建的"问题互动"视频。光是抽象地想，就很难确定要问什么问题，布置怎样的作业以及活动中涉及的概念的输入顺序。要做出正确的规划可能需要运行几轮课程，根据结果进行修正。对于像我们这样专注

第15章　在线传播创新思维与技能：从创建名为"像创业者那样去引领"的慕课中获得的体会

于如何创造有意义的、互动的、高阶学习的人来说，这个过程既令人兴奋又令人沮丧，尤其是在第一次尝试的时候。

除了任务以外，我们还花了两天时间，在一间空旷的教室中架设了专业设备，录制了30多段短视频。因为我俩在摄像机前显得还算自然，所以每个视频最多拍两条就能通过，偶尔会需要将两条的内容进行整合。这个过程最精彩的部分是出乎意料的。我们一直计划使用我们以前制作的两个视频案例——一个级别相当高的经理试图影响他的老板，但遇到很大的挫折；还有一位经理试图给一位有抵触情绪的下属提供反馈，以从正面影响他。几年前，当我们最初制作视频案例，我们曾经尝试给出一些好的案例，但由于各种原因，一直都没有能够提出非常令人满意的方案。"以后"的案例总是显得生硬不自然。

当我们为慕课拍摄视频时，最后一天还有些空闲时间，于是我们决定尝试进行角色扮演。我们俩分别扮演案例中的人物，尝试着影响对方，没想到效果出奇地好。我们现在会在常规课上和总裁工作坊中使用这些视频演示，最终我们获得了非常有用但在以前看起来是很晦涩难懂的教学材料。

此外，我们还从视频中获得了另一个好处。我们计划给慕课学习者布置一项任务，让他们挑选一名同学，利用我们所教的概念和工具给对方提出建设性的行为反馈。我们在NovoEd的合作伙伴是可爱而又机灵的安妮·特朗博（Anne Trumbore），她建议我们让学生自愿把自己试图影响对方的过程录下来并上传到空间里。刚开始我们怀疑会不会有人照做，要是有人做了就好了。在完成作业的628人中，只有一名女生把她给下属提供反馈的过程录了下来并上传。

这段视频成了经典的教材，这位女同学尽其所能，把我们教过的几乎所有与下层目标相关关于将期待的新行为都联系在一起，但是却没有给其下属对她所说的内容做出回应的任何机会，而是强迫其同意。其中一名同学看完这段视频后，以一种支持的方式将这一点指出来了，点评得特别好。令我没有想到的是，这段视频会成为优秀的教学材料。上传了这段视频的女同学非常慷慨，同意我们使用这个材料，接着我又把它提供给了百森商学院的同事们。其中一个同事最近在常规课程中使用了这段视频，很成功，于是她将讲义分发给了我们所有的同事。

15.4.4　依靠学生对学生的教学和学习

正如本章前面提到的，我将学生讨论作为教学体验的主要部分。学生们越有经验，他们就越有可以相互学习的地方。然而，组织和提供慕课将这个理念推到了极致的水平。有超过1 000名学生回答问题或提交作业，我不太可能以通常的方式管理讨论甚至批阅大多数学生交的作业。我们决定不给予成绩或学分，这使得这种失控的状态比较容易被接受。最好的情况是，我们可以采用扫描和抽样的方式。

令人惊讶的是，一些真正强大的贡献者出现了。我们与他们进行了有趣的对话，并鼓励他们对其他学生做出回应。这样可能更有助于让参与的学生知道至少有人在时不时地关注他们做了什么。令人欣慰的是，一些学生之间的互动还是很有深度的，就拿给那位上传了视频的女同学提供反馈来说，质量可能会跟我的反馈一样好，甚至更好。慕课的开放性使得一些比我们的录取资格更高的人参与进来，当然还有一些人也许不能达到对应的学习水平。类似地，最近我们对两个录取人数较多的商业战略课程进行了研究，使用了复杂的关系网络分析，发现参与者之间存在广泛的相互联系，但其中有意义的互动和可能的同伴间的学习却并不多见（Gillani，Yasseri，Eynon和Hjorth，2014）。

我们的学生来自世界各地，英语水平参差不齐，使这种互动变得复杂起来。然而，所有内容都有书面文字或者视频并辅以（自动翻译）字幕，使一些人比在面授课程中更容易回顾课程内容。课程学习者高度多样化和国际化，至少能造成一种戏剧性的情节。NovoEd建议我们，为了防止课程完成率的急剧下降，我们应该从一个简单的任务开始，让学习者逐渐习惯参与。因此，我们的第一个任务是让学生提供一个他们所崇拜的领导者的名字，如有可能，提供一张照片，再写上几句话说明选这个人的理由。很快，我们就收集到了来自世界各地的数百位领导人的信息，这种展示着实让人印象深刻且兴奋。

第二天，苏格兰一位年长且经验期富的学生抱怨说，一个来自非洲的学生把希特勒评为他最崇拜的领导者，他用了五个词——魅力、激励者、组织者、说服者和战略家——来形容希特勒。这位苏格兰人认为这是完全不恰当的，应该把这个帖子删除。还有其他几条批评这个帖子的评论。我们清楚地知道，如果在面对面的课堂上发生类似的事情，我们会怎么做——把它当作一个可教导的时刻，讨论领导力的意义以及有关公开讨论的问题，但在完全在线的课程中，刚开始我们还对什么才算是恰当的评论感到困惑。最终，我写了以下这段回应意见：

"大家好，我看到了大家要删除这名领导者选择的建议。虽然我们坚信希特勒将他的技能应用到了做邪恶的事情上，但是阻碍任何人发表意见就会违背学术课程的精神。这门慕课的初衷是鼓励同学们之间的互动和反馈，我们相信，你们会做出自己的回应，就像有同学已经做了的那样。"

毫无疑问，和几乎所有类型的工具一样，领导技能和技巧可以用于良好的和崇高的目的（例如很多人选择甘地、特蕾莎修女等），但也可能被用于，至少是一段时间，邪恶或不人道的目的。希特勒是否有某种特定的愿景，让人们跟随它？这一点毋庸置疑。我们为此而崇拜他吗？我认为大多数人不会这样做，因为他对太多的人造成了太大的伤害。

你会注意到，我们已经强调我们不相信个人英雄主义是有效的领导方式，一人独大，权力全抓在自己手里，无所不知。我们要对这种倾向更加小心和注意，即使领导的意图是正向的。而当领导者心怀邪恶的时候，这就更加危险了。

还有一点值得一提。新闻中总说许多国家企图控制互联网上的内容，因为主管部门不

第 15 章　在线传播创新思维与技能：从创建名为"像创业者那样去引领"的慕课中获得的体会

喜欢上面的某些言论。你真的希望有个中心人物——在咱们这门课里指的就是教师——来掌控所有内容，或允许课程中每个人都能发表意见，并相信该过程能整理出哪些言论是可信的和合理的，哪些不是吗？

那名提出抗议的学生说他对教师们表示很失望，这样的评价使我们觉得很难接受，有那么几天，我们还一度担心会失去所有人。但后续其他学生的评价还是支持我们的，甚至提出这个问题那个学生也还是坚持学了下来，没有退出。这种互动对于那种人数众多，非个人化的课程来说是非常有效的。但是观众选择了自己。

根据统计，大约有 13 850 人"注册"了这门课程，只有 1 630 人（12%）观看了课程的概述视频（显然这是典型的），然后有 868 人上传了一张他们所崇拜的领导者的照片，3～400 人参与了课程早期活动，168 人完成了所有作业。如果我们将那些坚持学习在线课程的人与那些最初注册的人进行比较，这只占很小的比例（0.01%），但有相当高的比例（5.17%）参与了早期的活动（Trumbore，2014）。虽然我们希望改变那些最初关注该课程的人的领导实践，但我们知道，即使在美国，我们所教授的大部分内容也违背了普通管理实践和组织文化，在其他很多国家更是如此。我们知道，我们必须将它看作是碰运气，吸引大量感兴趣的人，并试图让足够高百分比的人真正参与进来，以便审视他们的领导力行为并最终做出改变。当然，人们在参加慕课课程时，除了希望获得直接适用的知识以外，还存在很多动机，例如希望获得课程学分或者结业证书，对课程主题、开课学校和所应用的教学法的好奇心，甚至因为纯粹的学习乐趣。当增加学生的边际成本接近于零时，精英大学难以达到的入学标准就变得无关紧要了（Daniel，2012）。其中一些问题已经开始得到解决。

如前所述，我们希望学生在虚拟团队中工作。学习在团队中有效工作是一项核心的创业领导技能，尽管有关企业家的神话说他们是"逆流而上的孤独天才"（Cooney 和 Bygrave，1997）。我们担心的是，能否以有效和有用的形式组建团队。事实证明，NovoEd 内置了一种技术，可以让有共同观点的人发现彼此。学生们要完成一个自我介绍，包括工作经验、母语、地理位置、教育状况等概况，然后他们可以按照任何标准进行分类，来找到志趣相投的人或可能合作的基础。我们想知道这样组织团队行不行。值得注意的是，学生们还是很快找到了彼此。有时是因为一个人对他想要创建的组织有着强烈的愿景或有个项目需要寻求合作。我们要求学生选择一个未被满足的需求，无论他们是否真正打算做点什么来满足它，然后将课上学到的概念应用到它上面。相当数量的团队选择使用现有或预期的项目，他们可能从课程中获益最多。

慕课的一个有趣的特点是可以测量几乎所有的东西，提供大量的教师反馈的可能性。我们可以获知每个活动的参与者有多少，多少人完成了所有作业，观看了多少比例的视频，是否开始或完成了视频，等等。我们的 NovoEd 顾问指出，教师可以表现得像一个创业领导者，设计很多测试和实验，以便快速发现什么是行得通的。这种方法与通常的学术风格和节奏有很大的不同。我们在这次体验中，几乎仅仅触及了我们个人学习的皮毛，但是这样的尝试创造了丰富的可能性，最终可能对我们的教学方式和整个学术界产生深远的影响。

我特别赞赏这种新的可能性，对教学选择和上述许多学习问题进行测试，并迅速获取反馈。这种可能性更加坚定了我对百森商学院创业思维与行动®的决心，因为我能看到以这种方式运作的好处，也因为这样做能够巩固我们教师之间的合作精神。事实证明，我们所创建的教学材料，经过修正和扩展，成了相当于我们在学位课程中所讲授的完整领导力课程，很有可能成为我们全球合作院校的课程基础。我们仍然会做教师手册，提供在线教师培训，来支持其他合作院校的现场课堂授课，但这也是一个令人愉快的活动。如果慕课真能够帮助我们延伸触角，无论对我们个人还是大学来说，流过的汗水就都值得了。

15.5 结论

尽管设计和交付慕课的经历并没有改变我的看法，即纯粹在线形式的慕课还不能完全替代为完成学分的面对面的教学方式，但它为推广创业教育和扩大当前的教学实践提供了大量方法。包括以下几点：

- 慕课的准备和交付比单纯的授课和布置阅读更重要，这可不是一项轻而易举的任务，它需要大量的时间和周密的计划，通常比普通的课程准备要提前很多。如果你不准备花费足够的时间，就不要做这项工作。正如一位同事开玩笑说："这项活动是专业人士进行的，不要在家里尝试。"
- 设计在线技术，让学生进行更有意义的互动和高阶学习是有可能的。团队项目，特别是那些基于现场的项目，为学生的互动和参与提供了巨大的潜力。
- 可以通过有益的同伴观察和反馈的方式使教师干预的部分做得更加系统化和常规化。例如，指导同伴观察和反馈的表格不仅可以产生有用的反馈，而且无论是观察者还是被观察者，都可以加强他们对概念的学习。参与者的经验越丰富，他们反馈的信息可能就越丰富。但是，即使是新手，也可以学习应用概念来解释其他参与者进行的活动。
- 依赖于大量成员间的互动和反馈的方法，减少了教师对课程的控制，降低了教师的中心性和可见度。更多的控制在于课程设计和材料准备，减少了教师与学生的互动。没有了与教师的关联，有些学生会学得吃力，尽管定期干预和对个人的评论可以解决这个问题。混合课程，将面对面授课与在线慕课教学材料相结合，可以优化效率，提升有效性。
- 减少教师控制的另一方面增强了学生的独立性。很多教师坦言，他们想帮助学生学会怎样学习，这些教学方法有很大的潜力。
- 尽管我认为高等教育应该集中精力在高阶思维、分析和综合能力上，但在几乎所有

第 15 章　在线传播创新思维与技能：从创建名为"像创业者那样去引领"的慕课中获得的体会

课程中都有一些内容需要传递。除了事实，还有一些概念、理论、框架和困境需要掌握，以便做更多应用型的、更高层次的工作；将材料提前录制好有一个巨大好处，就是如果学生愿意，他们可以按照自己的节奏重复学习。（一些百森商学院教师的面授课程已经将课堂实况录像，使学生能够有机会在线上复习课程、教师授课和讨论，早期的反应还是积极的。）

- 慕课和其他在线课程使用适当的平台或软件，支持海量数据收集和实验，从而实现更快的创新周期。想法创意可以容易地测试验证，例如，什么样的问题可以引出学生最好的反应；什么样的图表形式学生会看得时间更长、信息吸收得最好；几个可能的教学版本中，哪个反馈给教师的问题最少并且最受好评，等等。高等教育降低成本以及提高学习效率方面面临的诸多压力，可以通过在教育中加入一定比例的在线学习来解决。

参考文献

Bradford, D. L., & Cohen, A. R. (1984). *Managing for excellence: The guide to developing high performance in contemporary organizations.* New York, NY: Wiley.

Bradford, D. L., & Cohen, A. R. (1998). Power up. *Transforming organizations through shared leadership.* New York, NY: Wiley.

Cohen, A. R. (1976). Beyond simulation: The classroom as organization. *Journal of Management Education, 2*(1), 13–19.

Cohen, A. R., & Bradford, D. L. (1989). Influence without authority: The use of alliances, exchanges and reciprocity to accomplish work. *Organizational Dynamics*, (Winter), *17*(3), 5–17.

Cohen, A. R., & Bradford, D. L. (1990). *Influence without authority* (2nd ed.). Wiley.

Cohen, A. R., & Bradford, D. L. (2005). *Influence without authority.* New York, NY: Wiley.

Cohen, A. R., & Bradford, D. L. (2012). *Influencing up.* Wiley.

Cohen, A. R., Fink, S. L., Gadon, H., & Willits, R. D. (2001). *Effective behavior in organizations: Learning from the interplay of cases, concepts and student experience.* (1976, 2nd ed.; 1980, 3rd ed.; 1984, 4th ed.;1988, 5th ed.; 1992, 6th ed.; 1995, 7th ed. (McGraw-Hill Irwin). R.D. Homewood, IL: Irwin, Inc.

Cooney, T. M., & Bygrave, W. D. (1997). The evolution of structure and strategy in fast-growth firms founded by entrepreneurial teams. Working Paper presented at the Babson Entrepreneurship Conference.

Daniel, J. (2012). Making sense of MOOCs: Musings in a maze of myth, paradox and possibility. *Journal of Interactive Media in Education.* Retrieved from http://jime.open.ac.uk/2012/18

Ezekiel, E. J. (2013). Online education: MOOCs taken by educated few. *Nature, 503,* 342.

Gadon, H. (1976). Teaching cases experientially. *Journal of Management Education, 2*(1), 20–24.

Gillani, N., Yasseri, T., Eynon, R., & Hjorth, I. (2014). Structural limitations of learning in a crowd: Communication; vulnerability and information diffusion in MOOCs. *Scientific Reports, 4*, 6447.

Guo, P. J., Kim, J., & Rubin, R. (2014). *L@S '14 Proceedings of the first ACM conference on Learning @ scale conference* (pp. 41–50).

Hollands, F. M., & Tirthali, D. (2014). *MOOCs: Expectations and reality.* Full report. New York, NY: Center for Benefit-Cost Studies of Education, Teachers College, Columbia University.

Koller, D. (2011). Death knell for the lecture: Technology as a passport to personalized education. *New York Times*, December 5.

Martin, F. G. (2012). Will massive open online courses change how we teach? *Communications of the ACM, 55*(8), 26–28.

Parr, C. (2013 October). MOOC creators criticise courses' lack of creativity, *THE*: 17.

Rodriguez, O. (2013 January–March). The concept of openness behind c and x-MOOCs. (Massive Open Online Courses). *Open Praxis, 5*(1), 67–73.

Terwiesch, C., & Ulrich, K. T. (2014). Will video kill the classroom star? The threat and opportunity of massively open online course for full-time MBA programs. Mack Institute for Technological Innovation at the Wharton School, University of Pennsylvania, Philadelphia.

Trumbore, A. (2014). Rules of online engagement: Strategies to increase online engagement at scale. *Change, 46*(4), 38–45.

第三篇

为创业思维与行动®以及自我与情境意识而创新教学法

第 16 章
创新与试验：承担风险，从失败中学习，勇往直前

安妮·L. 罗格温（Anne L. Roggeveen）

听到创新这个词，人们通常会想到一些颠覆性创新者，如杰夫·贝索斯（Jeff Bezos，亚马逊的创办者）或史蒂夫·乔布斯（Steve Jobs，苹果公司的联合创始人）。但是，并不是所有创新都是颠覆性的。

创新也可以是渐进式的，例如对已有的产品或流程进行改良。以 Google Instant 为例，它在用户输入查询时填充搜索结果。这个工具并没有从根本上改变用户搜索的方式，也没有改变搜索结果，而是通过提供即时反馈，使之更快、更有效，从而提升了用户体验。创新也应该伴随着生活的每一天。像宝洁这样的大公司，就是把创新作为日常工作的一部分，并将其视为一种规范（Wynett, 2002）。

天生的创新者需要五项核心技能：质疑、观察、建立社交网络、试验和联想（Dyer, Gregersen 和 Christensen, 2011）。从根本上讲，你所参与的活动可以使你脑洞大开、灵感迸发；通过质疑现有状况，思考新的可能性；通过观察小细节可以想到新的做法；在不同环境下和各种人交流，会帮助你从不同的角度看问题；通过试验，做全新的尝试，测试新的创意；最后，联想可以把看似不相关的观点和想法联系起来，使你成为富有创新思维的人。虽然有些人天生就具备这五项技能，但是其他人也可以通过学习来掌握（Dyer 等人, 2011）。

有些公司天生就是创新的孵化器，这种机构提供支持型学习环境，具体的学习过程和实践，以及领导层对学习的重视（Garvin, Edmonson 和 Gino, 2008）。支持型学习环境可以给学生心理上的安全感（Edmondson, 2005），让他们觉得可以挑战别人，提出幼稚的问

题，承担风险，探索未知，承认失败并从中吸取教训（Garvin 等人，2008）。具体的学习过程包括信息的生成、收集、理解和传播，体验新事物，收集市场情报，发现并解决问题，以及培养员工技能（Garvin 等人，2008）。领导层对学习的重视是指领导层积极参与质疑和倾听的环节，愿意考虑采纳不同的意见和观点，指出理解问题、传递知识并在学习过程中反思的重要性（Garvin 等人，2008）。

一个人或公司是否具有创新性，不断地试验新颖有益的想法和创意才是核心。试验可能会成功也可能会失败，但失败本身就是学习的过程。事实上，亚马逊创始人杰夫·贝索斯提到，"试验是创新的关键，因为结果很少会和你预想的一样，所以会学到很多"（Dyer 等人，2011）。试验是指测试某事物并从中获得经验，可以从多个角度看待这件事：探索新的兴趣、活动或者其他类型的体验；把事务区分为体力劳动或脑力活动进行实践；通过试验、做出原型或计算机模拟来检验想法；操纵自变量和测算因变量（Dyer 等人，2011；Shadish，Cook 和 Campbell，2002；Thomke，2002）。无论是从哪种角度来讲，试验都需要通过测试和学习来证明想法的可行性。

基于这个背景，我开设了一门名为"创新与试验"的课程，鼓励学生成为有创新思维的人，鼓励他们主动承担风险、提出问题、尝试新鲜事物、从经验中学习，并不断迭代。这门本科生和 MBA 学生都在学习的课程，将麦肯锡影响者模型（McKinsey Influence Model）作为学习工具，不仅帮助学生进行创新和实践，同时还提升了他们参与的兴趣。整个课程的设计为学生提供了一种类似学习型组织的文化。除了为学生提供心理安全之外，还给他们提供了具体的学习过程，重点讲述什么是创意，并配有辅助工具来激发他们的创意灵感。我们知道为达到效果，必须将创意切实地转化成实实在在的成果，因此该课程还提供了工具，收集对创意的反馈，来决定其市场前景，之后再通过合理设计、执行和严格分析来验证该创意。

本章介绍了课程的结构，围绕着承担风险、生成创意、试验、真实案例和实践项目展开。本章的最后是作者教授这门课程的反思和收获。

16.1 课程结构

16.1.1 承担风险

创新的基本前提是承担风险。创新者有好奇心、有热情、对事情感兴趣，他们喜欢问问题、收集新信息、寻找真知灼见、喜欢刺激并且充分把握机会。他们具有成长型思维（Dweck，2006）。美国一家叫华氏 212 度的创新咨询公司（Farenheit 212），面试时会通过问应聘人员是否喜欢旅行、有没有在国外生活的经历、吃饭是否挑剔、是否能够提出有建设性的评论、书籍阅读是否涉猎广泛等来搜罗蛛丝马迹（Farenheit 212，2014），以此来判断一个人是否是创新者。

为了鼓励学生打开思维，自主实践，可以让学生尝试一些新的东西、分解一些东西或者建立一个模型。做完活动之后，让学生反思，总结成简短的文字，并在课堂上讨论。活动虽然简单，但学生们受益匪浅。可以设计各种各样的活动，例如第一次吃鱼、参加校内足球队选拔、音乐剧的试镜、拆分鼠标、制造（或尝试制造）上掀式的宿舍床铺等。学生会惊讶于这样看似简单的作业能够带给他们的新鲜体验，以及当他们被迫反思时，他们从这次体验中的收获。有的学生喜欢尝试；有的学生可能对某个活动并不感冒，但是当活动完成之后，所有人都会为自己感到骄傲，也会意识到尝试新鲜事物其实并没有那么冒险。我们还讨论了成长型思维如何鼓励一个人跳出自己的舒适区，更开放地接受别人的反馈意见和面对失败（Dweck，2006）。

在心理感觉安全的环境下，人们更愿意承担风险。心理安全是基于这样一个信念：一个团队或组织不会因个人的失败而让其承担不利于自己的后果（Edmondson，2005）。如果没有安全感，人们会害怕承担失败的风险，从而不敢尝试新鲜事物。当然，失败也有不同的原因，有的失败是应该受到责备的（如行为有偏差、粗心大意或能力不足等），而有的失败则值得鼓励（如假设检验和探索性试验，Edmondson，2011）。为了创造一种支持尝试新鲜事物的文化，必须鼓励勇于承担风险的人，不管成功还是失败，能从经验中学习更为重要。戴尔公司首席执行官迈克尔·戴尔（Michael Dell）讲到创新的时候说："我们能做的就是尽全力确保我们的员工不惧怕失败。"（Dell，2002）

要在课堂上营造安全感，就要鼓励学生相互交流、认识彼此。交流的方法有很多，例如，①开课之初，让学生介绍自己在过去一周遇到的任何与创新和实验有关的事情；②每堂课一开始，让学生讨论在过去一周内遇到的与创新和试验相关的内容。学生可以描述自己读过的有意思的文章、自己的经历或者所见所闻。讲完之后，同学们之间可以相互提问，做出评论，或者反思这些事情与自己的相关性。这种活动的目的有几个：第一，让大家觉得和其他人交流很舒服；第二，允许学生围绕计划外的问题畅所欲言、各抒己见、练习提问、观点获取和观察；③把学生分为两组做项目，在第一个项目中，由教师来分组，一同合作，建立信任，完成任务；在第二个项目中，学生可以自由组合。

一旦在课堂上的心理安全感建立起来，学生们就被要求承担风险，带领事先分配好的团队做不同的指定主题。我们期待学生尽全力高效地、积极地引领班级。因为他们知道每个人最终都要扮演领导者的角色，需要依靠其他同学的积极配合，这样一来，就建立了一个心理安全网，并培育了一个信任圈。另外，因为选用的主题会对展示和不展示的同学技能均有所发展，所以形成了真实学习过程的一个组成部分。另外一种方法是在整个学期中老师要给学生多次展示的机会，并对学生的项目进行辅导，及时反馈，让他们进行调整和改进。在这个过程中，学生可以体验在自己的小组中成为积极的领导者，学会中和他人不同的意见和观点，并体验提供反馈，以及观察其他项目团队对待反馈和不同意见的反应。在开课初期，就要建立起这样的整体文化，并在后期不断加强这种鼓励创新思维和勇于试验的氛围。学生有自主权，但是需要很好的支持系统帮助他们。课程下一部分的重点是生成创意。

16.1.2 生成创意

创意既要新颖又要有用，问题就在于如何产生这样的创意。我们会在课堂上讨论一些产生新创意的方法，包括设计思维（Design Thinking）（Brown，2008）、创新模板（Templates of Innovation）（Goldenberg，Horowitz，Levav 和 Mazursky，2003）、民族志叙事（Ethnographic Storytelling）（Cavla，Beers 和 Arnould，2014）、愉悦设计（Design for Delight，D4D）（Martin，2011）以及创意产生的过程整合（Integrative Process for Idea Generation）等（Sinfield，Gustafson 和 Hindo，2014）。简而言之，设计思维就是围绕着识别问题或者机会（灵感），产生、开发和测试可能获得一个解决方案的想法并执行的过程（Brown，2008）。创新模板包括去除（Subtraction）、分割（Division）、多用性（Multiplication）、任务合并（Task Unification）、属性依赖（Attribute Dependencies）和矛盾（Contradiction）㊀（Boyd 和 Goldenberg，2013）。民族志叙事是研究自然环境中人们的行为。民族志叙事是指在观察这些人之后的相关发现（Cavla 等人，2014）。财捷集团（Intuit，是一家位于硅谷山景城，以开发财务软件为主的高科技上市公司）采用愉悦设计帮助管理者通过实地调查研究找到顾客痛点，通过头脑风暴减少痛点，并迅速找出解决方案（Martin，2011）。创意生成的过程整合是由新菲尔德（Sinfield）（2014）等人提出的七步法，帮助管理者深入地看待问题，生成具体的解决方法并付诸实践。

为了让学生了解这些概念，我们采用了多种方法，包括安排学生提前阅读材料并在课上讨论，观看相关的视频，练习运用创新模板所提供的方法研发产品或服务项目。其实，对于研究生来说，要让他们在课堂上自己讲创新模板，这样一来，就不是简单地转述阅读材料就可以的了，而是要设置一些真正能够应用这些原理的练习，让学生深入理解这些概念。最后，学生在为他们的课程项目开发创意时会借鉴这些概念。为了巩固学习，当学生结束项目做展示时，被要求描述和反思他们达到最终结果的过程。学生也一定要得到消费者反馈，以此来判断自己的创新产品是否有市场潜力，是否值得继续下去。如果不是，他们就得从头再来直到找到一个有市场潜力的创意为止。完成这些步骤之后，可进入到下一环节，进一步开发并测试这个想法。

16.1.3 试验

决定一个产品成功与否最好的最佳方法之一就是到市场上加以试验测试。当然，过程中一定要考虑伦理问题。为确保学生考虑试验的伦理影响，可以通过辩论活动来帮助学生理解。正反方辩论小组会得到一些背景材料，讨论如果消费者不知道自己正在接受

㊀ 源于系统创新思维（Systemalic Inventive Thinking SIT），是一个起源于20世纪90年代中期以色列的思维理论。SIT 引进中国，来源于德鲁和雅各布写的书籍《微创新》。

试验可能会出现的伦理问题，以及从试验中得到的信息的价值。另外，还要鼓励学生做进一步的研究来支持自己的立场。其余的学生可以观察辩论并在结束后就里面提到的观点进行反馈。

为让学生更加科学合理地思考如何对创意进行测试，学生被指定阅读两篇关于智能商业测试的文章（Anderson 和 Simester，2011；Davenport，2009）。为了确保文章不仅仅是读读而已，而是要被深入消化，学生小组负责带领全班同学进行与阅读内容相关的练习。各组采取的方式有很大不同，但共同之处是参与方式具有创造性。

之后，我和全班一起进行试验，展示并讨论假设，以及测试的设计、执行和分析。例如，为了测试禀赋效应（Kahneman，Knetsch 和 Thaler，1990），假设学生更喜欢保留自己已经拥有的东西，而不愿更换。为了验证此假设，全班同学随机分组，一个测试组，一个对照组，分开活动。测试组的成员每人发 5 颗巧克力豆，摆在各自的面前，但不许吃。过 5 分钟后，测试组被告知他们可以用这 5 颗巧克力豆换 3 个甜甜圈。对照组一开始就给了两个选项，可以选 5 颗巧克力豆或者 3 个甜甜圈。然后我们对两组进行比较，看各组选甜甜圈的人数有什么差别。这种课内展示是讨论随机化、测试组、对照组、自变量、因变量和执行试验过程的基础。在试验的过程中出现任何可能影响结果的问题，我们都可以讨论。

随后，我们还会讨论研究主题、假设、迭代和系统测试的重要性。讨论之前，我让学生们为牛奶盒风车制作了叶片。我给学生们提供了各种各样的材料，要求他们在有限的时间内制作出承载量最大的叶片。他们可以用风扇反复进行测试并改良设计。当讨论系统性地解决问题和做出可以测试的假设时，就让学生来反思这个练习。

下一个阶段是试验设计里更为传统的部分：了解因果关系、因变量、自变量、试验设计以及内外部有效性。虽然授课模式大多是讲座式，但我们还是准备了一些课堂练习和讨论。对自变量控制的重要性、因变量的明确性、测量措施的可靠性等都会详细讨论。学生还会学习如何使用 Qualtrics 设计试验，使用 Mturk 收集数据，使用 SPSS 分析数据。会有专门的上机课给学生介绍这些技术工具，并现场让学生在自己的计算机上进行实操。对于需要帮助的学生，老师会提供一对一辅导，其他同学则继续做练习、巩固新知识。这一部分结束后，我们就会将内容扩展到真实世界的试验。我们引入了谷歌试验（Google Experiments）来过渡到这一领域，让学生觉得在网页上进行试验是多么简单的事情。

16.1.4 真实案例

有很多方法可以在课堂上展示课程中所包含概念的真实案例。除了每一节课开始时讨论学生在这周遇到的创新和试验之外，我们还会介绍各种案例，邀请客座嘉宾。案例教学法是围绕主题培养批判性思维能力的一种优秀方法（McEwen，1994）。我们使用过的试验案例包括美国银行（Thomke，2002）、俄亥俄艺术公司（Farris，Venkatesan，和 Moon，2012；

Moon, Venkatesan 和 Farris, 2012), 以及 ICA 超市 (Hill, Roggeveen, Grewal 和 Nordfält, 2015)。客座嘉宾也会讲有关他们在各自的工作中如何使用创新和试验的案例。

对学生来说,最为重要的就是他们所学的理论能够应用于实践,通过将学习带入生活中,来加深学生的体验。贯穿学期始终的是一个允许这种行动学习的小组项目(Smith 和 Peters, 1997),让学生经历从专业知识、理解、应用、分析到整合和评估的全过程(Bloom, Englehard, Furst, Hill 和 Krathwohl, 1956)。学生首先要有一个创意,并反思自己是怎么得出这样一个创意的,然后进行测试以确保它是可行的,再在课堂上展示自己的创意。接着,学生一定要提出两个能进一步测试自己创意的试验,用 SPSS 分析数据并得出结论。和之前一样,这个也要在课堂上进行分享和报告。做陈述报告的时候,要写出过程、学习成果和收获。下笔写的过程会促使学生以不同方式思考,这比简单地陈述报告更有益处。课程项目可以鼓励学生进行批判性思考,多提问题,深度探索问题,不仅是自己的项目,还有同班同学的项目。整个学习过程中可以得到鼓励并能够批判思考是学生能学有所获的基石。这种课程项目能够激发学生学习的能动性,督促学生进行更深层次的分析。

16.2 课程反思

本课程是根据麦肯锡影响者模型设计的,作为一种方法,为学生提供创新和试验的工具和知识,同时也激发学生产生这样做的愿望。课程的培养既针对个人又针对组织(全班)。首先,通过关注对新鲜事物的尝试和以行动为导向的活动,帮助学生理解需要做什么以及如何做好。之后,课程为学生提供了一系列培养技巧和能力的工具,让学生更有创新性并能够开展试验。同时,这门课程的目的还在于使学生们对承担风险和测试想法的意愿保持一致。当看到自己的同学勇于尝试,不断试验新的创意的时候,其他同学也有可能这样做。最终,将创新和试验的理念贯穿在整个课程中。一开始,我就告诉学生们,他们选修的是一门关于创新和试验的课程,并且老师会作为学生的学习伙伴共同体验这一过程,期间一定是既有成功又有失败,但是要从失败中吸取经验教训,继续前进。老师和学生都在创新、承担风险、学习和进步。

本课程的构架与一句格言有关:师傅领进门,修行靠个人。老师要通过与学生建立伙伴关系,积极地鼓励学生学习和深入理解课程的各项内容。当然,如果没有组织学习的框架,与学生成为伙伴也有一点风险。所以老师要在学习伙伴和指导教师两种角色中找到平衡。要给学生指南,但不是完完全全固定的结构,这样学生才有空间创新和试验。这也允许他们承担风险,不仅从自己的经验中学习,还可以通过观察和反馈的环节,从其他人身上总结和学习。当然,这只是课程的一些方面(如讨论阅读材料和案例),还有一些方面是需要明确加以指导的(如试验设计和 SPSS 等专业技术软件的使用)。

总结起来,本课程旨在让学生勇于承担风险、愿意尝试新鲜事物、擅于发问和观察、能够创新地思考。同时，培养学生开展试验的技能，让他们可以自主地进行试验。学生理解相关概念后，能够更为高效地实践商业试验。他们将能够完成进行商业试验的清单（Thomke 和 Manzi，2014），这个清单包括：清楚试验的目的、获得试验的认可、理解进行试验的可行性，并且能够讨论结果的可靠性和价值所在。

参考文献

Anderson, E. T., & Simester, D. (2011). A step-by-step guide to smart business experiments. *Harvard Business Review, 89*(3), 98−105.

Bloom, B. S., Englehard, M. D., Furst, E. J., Hill, W. H., & Krathwohl, D. R. (1956). Taxonomy of educational objectives, *handbook 1: Cognitive domain.* New York, NY: David McKay Company.

Boyd, D., & Goldenberg, J. (2013). *Inside the box: A proven system of creativity for breakthrough results.* New York, NY: Simon & Schuster.

Brown, T. (2008). Design thinking. *Harvard Business Review, 86*(6), 85−95.

Cavla, J., Beers, R., & Arnould, E. (2014). Stories that deliver business insights. *MIT Sloan Management Review,* (Winter), 55−62.

Davenport, T. H. (2009). How to design smart business experiments. *Harvard Business Review, 87*(2), 68−76.

Dell, M. (2002). Inspiring innovation − Don't fear failure. *Harvard Business Review, 80*(8), 39−49.

Dweck, C. (2006). *Mindset: The new psychology of success.* New York, NY: Random House.

Dyer, J., Gregersen, H., & Christensen, C. M. (2011). *The innovator's DNA: Mastering the five skills of disruptive innovators.* Boston, MA: Harvard Business Review Press.

Edmondson, A. (2005). Promoting experimentation for organizational learn: The mixed effects of inconsistency. *Rotman Magazine,* (Winter), 20−23.

Edmondson, A. (2011). Strategies for learning from failure. *Harvard Business Review, 89*(4), 48−55. 137.

Farenheit 212. (2014). *How to hire innovators.* Retrieved from http://www.fahrenheit-212.com/how-to-hire-innovators/

Farris, P. W., Venkatesan, R., & Moon, D. (2012). *Transformation of marketing at the Ohio arts company (B).* Charlottesville, VA: University of Virginia Darden School Foundation.

Garvin, D. A., Edmonson, A. C., & Gino, F. (2008). Is yours a learning organization? *Harvard Business Review, 86*(3), 109−116.

Goldenberg, J., Horowitz, R., Levav, A., & Mazursky, D. (2003). Finding your innovation sweet spot. *Harvard Business Review, 81*(5), 120−129.

Hill, K., Roggeveen, A. L., Grewal, D., & Nordfält, J. (2015). *ICA: Changing the supermarket business, one screen at a time.* Babson Park, MA: Babson Worldwide, A Special Case Collection.

Kahneman, D., Knetsch, J. L., & Thaler, R. (1990). Experimental tests of the endowment effect and the coase theorem. *Journal of Political Economy, 98*(December), 1325−1348.

Martin, R. L. (2011). The innovation catalysts. *Harvard Business Review*, 89(6), 82−87.

McEwen, B. C. (1994). Teaching critical thinking skills in business education. *Journal of Education for Business*, (November/December), 99−103.

Moon, D., Venkatesan, R., & Farris, P. W. (2012). *Transformation of marketing at the Ohio arts company (A)*. Charlottesville, VA: University of Virginia Darden School Foundation.

Shadish, W. R., Cook, T. D., & Campbell, D. T. (2002). *Experimental and quasi-experimental designs for generalized causal inference*. Boston, MA: Houghton-Mifflin Company.

Sinfield, J. V., Gusafason, T., & Hindo, B. (2014). The discipline of creativity. *MIT Sloan Management Review*, (Winter), 24−26.

Smith, P. A. C., & Peters, V. J. (1997). Action learning worth a closer look. *Ivey Business Quarterly*, (Autumn), 63−67.

Thomke, S. H. (2002). *Bank of America case*. Boston, MA: Harvard Business School Publishing.

Thomke, S. H., & Manzi, J. (2014). The discipline of business experimentation. *Harvard Business Review*, 92(12), 70−79.

Wynett, C. (2002). Inspiring innovation − Make it the norm. *Harvard Business Review*, 80(8), 39−49.

第 17 章
使用变革性学习理论来开发一门可持续创业课程

布拉德利·乔治（Bradley George）

17.1 引言

在人口和经济不断增长的全球经济中，环境影响和社会公平对于当今的商业领袖来说越来越重要。环境问题、资源短缺和社会不平等都对我们能否使用现有的解决方案继续满足不断增长的人口需求提出了挑战。此外，客户越来越多地要求企业在其运营中考虑人权、社会公正和环境问题。我们已经看到由于沃尔玛、苹果或耐克这样的企业的供应商出现了问题，导致客户采取行动，损害品牌形象的案例，因为企业越来越多地对更广泛的利益相关者负责。这就迫使企业从社会和生态可持续性方面重新审视其组织绩效和竞争优势的定义（King，2010；Ross，2010）。

这种翻天覆地的变化的重要性和严重性可以从以下事实中得到证实：自 2000 年成立以来，已有 145 个国家的 7 000 多家公司加入了《联合国全球契约》，这代表着公司承诺其业务和战略要遵循人权、劳动、环境和腐败等方面的 10 项原则。在美国，这一运动还导致在多个州建立了一个名为"福利公司"（Benefit Corporation）的新的法律实体。该立法一般涉及三个主要规定：①企业宗旨是为社会和环境创造实实在在的积极影响；②扩大董事的受托责任，要求他们做非财务利益方面的考虑；③企业有义务根据全面、可信、独立和透明的第三方标准（Clark，2012），报告其整体的社会和环境绩效。

这种情况表明，可持续性不仅是未来商业领袖要面对的一个关键话题，而且他们需要制定和实施可能会与今天截然不同的解决方案。因此，我们相信整合可持续性和创业精神对下一代创业者和管理者是至关重要的。与此同时，这对教育者来说也是重大的挑战。其中包括新的高等商科教育主题（Erskine 和 Johnson，2012）、复杂性（Wiek、Withycombe、Redman 和 Mills，2011），以及与传统商业大相径庭这一事实（Kearins 和 Springett，2003）。有一点事实使后者变得更加复杂了，即通常情况下人们更容易接受改进我们所熟悉的商业和行业结构模型，而很少考虑它们是否可能存在根本性缺陷。然而，很快我们就意识到了目前的解决方案不足以满足发展中国家日益增长的人口和资源需求。这意味着要想建立新的、真正可持续的企业可能需要学生批判性地分析和挑战他们对这些问题解决方案的基本假设。许多学生可能都没有意识到哪些假设影响了他们的参考框架和由此得出的替代解决方案。了解这些假设是能够挑战它们，并开发真正具备革新性解决方案所需的至关重要的第一步。

传统上，可持续发展教育往往认为缺乏对环境影响的认识和知识会导致负面行为的产生，因此大多数项目会使用"信息/态度/行为"模型（Uzzell 和 Räthzel，2009，第 341 页），试图影响行为改变（Chen 和 Martin，2015）。然而，一些研究人员认为，这些项目并不会产生长期影响（Dwyer，Leeming，Cobern，Porter 和 Jackson，1993），或者根本就是无效的（Kollmuss 和 Agyeman，2002；Staats，Harland 和 Wilke，2004）。这种方法类似于针对布鲁姆分类法的较低层次，即只是专注于知识和理解。然而，这种分类法的更高层次，即综合和评估，是这些知识以新的方式结合在一起的地方，才是可持续创业的领域。

所有这些问题都表明，我们应该考虑启用新的教学方法，以使学生能够识别、批判和修改他们当前参考框架下的假设。本章将介绍我如何利用变革性的学习理论（Mezirow，1991）开发一门试图解决这些问题的可持续性创业课程。首先，我将讨论布鲁姆分类法和变革性学习理论。然后，再介绍课程和作业如何为学生提供了一系列的学习体验，使他们能够发现自己的假设，并改变他们的参考框架，以便在未来创建新颖的、可持续的和负责任的企业。

17.2 布鲁姆分类法和变革性学习理论

布鲁姆教育目标分类法（Bloom's Taxonomy of Educational Objectives）表明，学生的认知会经过不同层次——知识（Knowledge）、理解（Comprehension）、应用（Application）、分析（Analysis）、综合（Synthesis）和评价（Evaluation）（Bloom，Englehart，Furst，Hill 和 Krathwohl，1956）。人们通常认为学生要顺序通过这些层次，因为其认知过程一层比一层高，这表明应该先掌握"知识"和"理解"这个层次，才能进入"综合"或"评价"这样的高层次。然而，马扎诺（Marzano）和肯戴尔（Kendall）（2007）对此有不同想法，他们的想法是针对分类法最常见的批评之一。他们认为，布鲁姆分类法的层次是根据难度而定的，之间并没有严格的顺序依赖性。事实上，布鲁姆和他的同事曾经含蓄地承认了这个缺点，他们说："从教育角度来讲，把'分析'看作是全面'理解'（较低的层次）的一种帮助，或者是对材料进行'评价'的基础，可能更站得住脚。"在这种情况下，较高层次（"分析"）有助于较低层次（"理解"），而且从"分析"到"评价"的过程中，可以绕过

"综合"这层次。

虽然学生在进入下一层次学习之前是否必须通过之前的每一层次可能存在着争议，但是人们发现，布鲁姆分类法对于课程设计大有用处（Betts，2008；Christopher，Thomas和Tallent-Runnels，2004；Seung-Youn和Stepich，2003）。渐进式学习的理念与传统教育不谋而合，讲师讲解内容，目的是要给学生提供知识，然后通过考试或作业的形式给学生提供机会，让他们证明自己理解了并且会应用和分析了。然而，今天的大多数教育者都明白，大学不再是唯一的（甚至是主要的）信息来源，大学教师的角色正在发生变化，要更多地关注布鲁分类法中的更高层次。正如拜茨（Betts）（2008）所建议的，应该把上课时间集中在中等层次的"应用"和"分析"上，较低的层次（"知识"和"理解"）可以通过阅读来解决，学生通过项目和作业将更高层次（"综合"和"评价"）结合起来。对于教师来说，这意味着真正的挑战在于开发和设计能够实现更高水平学习的项目。

布鲁姆分类法在制定课程目标和理解学习类型方面很有用，但在告诉我们如何完成这些目标方面却没有多大帮助。此外，之前提到的关于可持续性教学的许多挑战都源于学生现有的世界观，这些观念仅仅通过灌输新知识是改变不了的。由此，我们可以讨论变革性学习理论（Transmative Learning Theory）（Cranton，1994，1996；Mezirow，1991，1996，1997）。变革性学习最初是为成人学习而开发的，是改变学生参考框架的过程（Mezirow，1997）。参考框架由思维习惯和观点构成，形成了学生用来理解他们的经验的假设结构（Mezirow，1997）。思维习惯是抽象的、习惯了的思考方式、感觉和行为，它们受假设的影响，并以特定的观点来表达（Mezirow，1997）。人类中心主义就是思维习惯的一个例子，即认为其他物种都不如人类。然而，与观点不同，我们不能体会并理解另一个人的思维习惯。变革性学习理论认为，学生通过批判性地反思构成他们思维习惯和观点的假设来改变他们的参考框架（Mezirow，1991，1997）。

变革性学习理论的核心思想认为，通过某个事件，人们开始意识到自己持有某种观点或基本假设。如果通过批判性地审视和考虑替代方案来改变这种信念，人们的世界观的某些方面也就改变了（Cranton，2002）。克兰顿（Cranton）指出没有哪种教学方法可以保证一定就会带来转变，但他在2002年总结了以下策略：

- 创建一个激活事件，让学生们接触到可能与他们不同的观点。
- 让学生认识到自己有着怎样的假设，并清晰地表达出来。
- 为学生提供质疑自己假设的机会，并鼓励他们对自己的参考框架进行批判性反思。
- 创造一个安全的环境，让学生尝试不同的观点（如角色扮演）。
- 参与讨论。
- 设置阶段，为修正假设和观点提供机会。
- 为学生提供机会，来根据修正过的假设和观点采取行动。

在每一种情况下，学生始终是这些策略的核心。转变是发生在学生内心的。希望改变学生参考框架的教育者要设计出项目和课程，迫使学生认识到并批判自己的假设。老师的作用是引导，而不是作为这方面的专家向学生传授知识，学生们是通过发现的过程来学习的（Mezirow，1997）。

在下面的章节中，将讨论我是如何使用这些原则为环境和可持续创业课程开发我所谓的基于发现的学习，目的是引导学生理解和挑战关键假设，这些假设是开发某些最急迫问题的解决方案的关键。我将首先概述课程及其目标，然后讨论为实现这一变化而使用的各种练习和作业。

17.3 课程概述和目标

这门课程是一门本科生选修课，名为"环境和可持续创业"。百森商学院的所有毕业生拿的都是商科学士学位。学生可以将毕业方向选定在某学科领域，如创业或金融，但不要求他们申报具体方向，这在课程上为学生提供了相对较大的自由度，特别是在大三和大四年级。虽然这门课程的确是集中在创业和可持续发展方向，但除了要求学生是在大三或大四年级选修以外，并没有设定其他先决条件。这是因为百森商学院在大一和大二的时候给学生提供了非常完整的系列课程，介绍了一些基本的商业主题原则，为这门课的材料提供了共同的基础和理解。到目前为止，选修过这门课程的学生中有49%选择了创业方向。

这门课程概述了环境问题和当前的技术，以及可持续性企业的意义。在百森商学院，我们认为可持续发展的企业不仅仅要考虑其对环境的影响，还要考虑诸如人权和社会公正这样更大的社会影响。课程的中心重点是针对有抱负的企业家的两个关键问题：第一个是探讨能够使学生开发出新的解决现有环境问题的方法；第二个是探究创建一个"可持续"企业的意义，无论是哪种性质的企业。这门课程一共有14次课（每周一次），每次3小时20分钟，采用的是研讨会形式而不是教师讲授形式。虽然课程是在较为典型的每周两次课的那种结构中教授的，但我发现这限制了讨论的深度，而深度对变革性学习的有效性至关重要。

考虑到课程的一个关键目标是影响学生改变他们的参考框架，或改变影响他们思维的商业和可持续性的假设，我们特意没有将目标设定为具体可量化的技能。虽然这使得评估更加困难，但基本思想是，这些问题需要新思路，以从根本上改变我们组织的运作方式。因此，课程的目标在于提高对特定领域的理解，这可以通过各种作业来体现。

1）学生能够基本了解环境和可持续性商业空间并掌握专业词汇。

2）学生将能够更好地识别和评估潜在的机会，可以帮助解决我们面临的一些紧迫的环境问题。

3）学生将更好地了解企业和组织如何影响环境和社会，并能够找到机会来提高组织的环境或可持续绩效。

4）帮助学生更好地理解和挑战自己有关企业和行业需要如何运营的隐性假设。

本课程涵盖一系列主题，向学生提供信息、事实和框架。这里我要重点介绍针对与本主题相关的一些独特问题特别设计的部分内容。为此，我使用变革性学习理论的原理来开发我所谓的"基于发现的学习"，学生们通过参与特定练习或完成作业来意识到或"发现"他们现在所持有的假设。这使得学生可以在课堂讨论中审视和探索这些假设，课堂为学生挑战这些假设、探索替代方案和开发新的参考框架奠定基础。

17.4　课堂上基于发现的学习

虽然课程以讲课形式为学生呈现一些事实和框架，但是大部分关于布鲁姆分类法中的"知识"的那部分内容是要求学生在课外阅读的，课上的时间主要用来讨论，以加强对材料的理解和应用。这里的难点在于设计练习和问题，挑战学生对主题的预先认识，以便让他们认识到自己目前的假设是什么。例如，我们面临的许多环境问题是跟人类行为相关的（Chen 和 Martin，2015；Steg 和 Vlek，2009；Vlek 和 Steg，2007），学生们往往对这些行为的驱动因素有了一定的假设，这就影响了他们解决问题的思路。通常，学生会认为我们当前的很多问题是由于人类或企业的无知、冷漠、自私甚至是恶意所造成的。例如，刚开始上课的时候，我问学生，他们认为当前世界所面临的环境问题的根本原因是什么，部分学生是这样回答的：

"人类有史以来一直存在的生产者和消费者的无知、冷漠和特权。"

"大企业和缺乏教育。大企业过度游说以获得赞成票，为了达到他们赚钱的目的，却往往与环境保护是相违背的。在我看来，他们完全不讲道德，对我们的地球肆无忌惮地践踏，是当今世界的邪恶的人。"

"无知。我相信教育可以解决很多问题，有时人们不知道自己所做的事是错误的，也不知道会对环境产生如此大的影响。"

"造成当前世界的环境问题有许多原因，但主要原因是不负责任。"

"人类的无知、愚蠢和贪婪。"

"对人缺乏关注，公司贪婪且不计后果，因为可能不会影响到我们。"

鉴于这种情况，我们开发了一个练习，结果他们的行为表现恰恰就是自己所批判的。在这个案例中，学生们以游戏的形式做了一系列的练习（见附录 17A）来说明自然系统和人类行为的不同特征。等练习完成之后，我对这些关系加以说明，然后大家讨论他们为什么会有这样的行为表现。在许多情况下，学生们发现他们的表现与多年来人们的行为没什么两样，于是他们开始理解，基于当时人们面临的情况，很多行为是理性的。大家特别感兴趣的是最后一个游戏，所有学生一起竞赛。游戏的设计是这样的，如果每个人都能合作而不是为了自己的最大利益行事，那么大家就能一起赢。当这与人们的行为联系在一起，他们的家庭生存受到威胁时，而不是毫无意义地得分的时候，学生往往就会开始分析和质疑他们最初的假设。此外，这使得讨论富有成效，学生们开动脑筋，寻求之前没有想到的问题解决方案。例如，如果有人为了养家糊口而砍伐雨林、开辟牧场或农场土地，一个解决方案可能就是在当地创办一个企业，提供就业机会，这样就没必要砍伐森林了。

发展可持续企业的另一个关键方面是要认识到，他们在许多情况下需要与现有的企业结构有根本的不同。学生们普遍以为更可持续或更环保会增加成本。这不仅限制了其解决方案的市场，而且通常将可持续性视为"附加品"。换句话说，企业将利用许多与现有解决方案相同的模式和流程，但可以用更高效的方式或使用更环保的材料。一名学生写道，我们所面临的问题的主要原因是"不可持续和廉价做法的高盈利能力"，这说明了可持续商业做法更具成本效益的假设。

解决这个问题的一个方法是要求学生来上课时准备好讨论如何创建一个从不销售汽车的汽车公司。这个命题经常遭到强烈反对，学生们试图列举许多原因来说明为什么某些事情不能做。但是通过在课堂上质疑他们的理论和讨论，他们很快就意识到，他们对这类问题的许多假设是基于单位销售收入模型的基本面。一旦汽车成为一种创造收入的资产，只要能够正常工作，就会导致设计、制造和材料选择的重大变化，甚至可能代表一个更有利可图的商业模式（认识到初始资本要求的关键问题）。这个讨论使学生不仅开始认识并阐明他们的假设，就像克兰顿于 2002 年所建议的那样，而且，当他们在后面的作业中为某一个特定的商业概念开发出多个收入模型，并检查其对可持续性和营利性的影响时，还使学生有可能修正他们的假设，并从理论上提出行动计划。

这些只是将变革性学习的部分理论纳入课堂讨论的两个例子。关键是要确定学生在哪些方面可能持有与挑战相关的假设，找出方法，让他们将这些假设表达出来，并开始分析这些假设的方式。归根到底，我们的目标是为学生提供一个新的视角和能力，让他们识别出自己的假设，为挑战这些假设做好准备，努力为我们最紧迫的问题开发出新的解决方案。

17.5　通过做作业进行基于发现的学习

另一种融入变革性学习理论原则的方法是做作业。作业的设计有讲究，在完成作业过程中，学生会发现与之前不同的信息或观点，促使他们开始重新思考先前的假设。这些作业形式多样，但每次学生们都能接触到各种观点，他们必须要面对并且批判性地做出分析。这样他们不仅对自己的假设和观点有了更清晰的认识，还有机会发现和反思不同的观点。

17.5.1　问题辩论

最直接的方法之一是一系列课堂辩论。如前所述，学生们在课前往往对很多问题持有一系列假设和观点。让他们开始质疑这些假设和观点的简单易行的办法就是进行主题辩论。作业的关键是要给学生分配一个主题，而非一个观点主张。在辩论当天，为他们随机分配辩论立场。这样就要求他们充分研究正反两方面的主张。通常情况下，他们会发现自己以前不知道的新信息和新观点。我的经验是为了强化辩论效果，你要告诉学生们这是在进行角色扮演，他们要站在特定阵营的立场上来进行辩论，而不是使用他们可能相信或可能不相信的观点。这正是克兰顿所推荐的，提供一个尝试新观点的安全环境。另外，这也减轻了他们的心理负担，不用为了自己不相信或不同意的观点努力争辩。辩论的主题要选正反两方信息都很充足的，我们讨论过的主题包括核能、水力压裂、公司养殖、渔业配额和主动人口控制等。

17.5.2 行业报告

就像我在引言里所提到的，这领域里的另一个挑战是许多重大机会和急需关注的领域是发展中国家的工业和基础设施。这些国家人口增长最多，改善生活水平的需求与日俱增。就目前的体系来讲，使用现在的方法根本无法满足不断增长的人口需求。但是，让学生们想象出一个与他们所见完全不同的结构是有难度的。通常有一种隐含的假设，即工业是按照一定的逻辑发展的，而发达国家满足这些需求的方法，总的来说应该是我们所知道的最好方法。开拓学生思路的第一步是要帮助他们了解其思维所受的禁锢并批判性地审视这些禁锢。

为此，学生们以小组为单位，研究某一行业或部门的历史和运作。我们特意选择了宽泛的主题，包括的行业有水处理、电力生产、固体废弃物管理等。学生们要在一两页幻灯片上形象地展示发达国家某一行业的基本运行结构（即它的基本工作原理），以确保对行业有一个基本的、深入的认识。然后他们被要求研究和展示行业发展史，重点关注影响最终结构的关键决策及其背后的原因。在研究的过程中，他们开始发现，他们认为理所当然的行业机构往往是为了突破如今已不复存在的制约才发展起来的。学生们被要求通过了解他们所处的工业发展阶段，如何选择不同的道路向前发展来说明这些信息在识别潜在机会方面，特别是在发展中国家，给予了我们哪些启示，这个项目使得学生们对自己的隐含假设有了认识，以不太危险的方式质疑它们，理解当时的决定都是有其道理的。然后，他们就可以在基础设施可能尚未建成的发展中国家的"白板"上勾勒出与发达国家不同的结构。通过这个练习，学生们通常变得更愿意质疑以前他们认为理所当然的基本结构，这是开发全新解决方案的第一步。

17.5.3 读后感

读后感作业是这门课使用的让学生接触不同观点，提供机会进行批判性自我反思的另一种方法。学生们从预先指定的书单中选一本书阅读并写一篇读后感。为了鼓励学生开始将不同观点与他们未来作为商业领袖时如何应用它们联系起来，大多数的书都不是商业方面的，我们是特意这么选的，它们代表了各种有关环境或社会问题的起因或解决方案的观点。还有一点很重要，老师要向学生说明这些书入选是因为它们的观点很有意思，虽然教师本人并不一定同意（这一点要在作业中明确）。这就给学生提供了更多的自由来评论某个观点并表达自己的思想，而不是为了迎合教师的观点。下面是我们在这门课中使用过的一些图书。

- *Ishmael*，丹尼尔·奎因（Daniel Quinn）
- *The Conundrum*，大卫·欧文（David Owen）
- *Eaarth*，比尔·麦吉本（Bill McKibben）
- *The End of Growth*，理查德·海因伯格（Richard Heinberg）
- *The Great Discruption*，保罗·吉尔丁（Paul Gilding）
- *The Last Hours of Ancient Sunlight*，汤姆·哈特曼（Thom Hartmann）
- *The Green Collar Economy*，范·琼斯（Van Jones）

读后感的设计是要学生审视自己的观点，看看与作者的有什么不同，然后为自己的观点辩护，或支持或反对作者的论点，而不只是简单报告作者对此问题的立场。这不仅能让他们接触到不同的观点，还能帮助他们更好地认识自己的个人观点，这正是变革式学习中批判性自我反思的第一个关键步骤（Cranton，2002）。读后感通常要回答以下问题：

- 描述你对作者有关可持续性和环境问题的主要论点和立场的理解
- 你如何看待他们的论点？是否同意？为什么？
- 这本书对你关于可持续发展的想法或看法有何影响？

偶尔会有学生请示能否用书单以外的书。因为这些书是精心挑选出来的，代表着发人深省的各式观点，我们一般会拒绝学生的这个请求，除非老师熟悉学生所选的书，并且觉得是合适的。我们之所以这样做，不仅是为了确保这本书适合作业，而且因为课上要讨论、比较和对比各个作者的论点，使全班同学都能接触到更多的观点，这就使得挑选能够产生有效讨论的书籍变得更加重要。为了让学生们更深入地了解这些不同的观点，通常情况下，一本书只能供五名以下的学生借阅，具体人数要看班级的大小。

17.5.4　初创企业的可持续性分析

商学院一直面临着批评，因为它们规定了一种盈利驱动、物质主义的世界观，在这种世界观中，相对于利益最大化和股东利益，其他一切都是次要的（Ghoshal，2005；Giacalone 和 Thompson，2006；Lourenço，2013；Mitroff，2004）。高绍尔（Ghoshal，

2005）指出，这可以追溯到以下事实：我们的许多管理理论植根于经济理论中，其中行为者都关注自身利益，而季卡伦（Giacalone）和汤姆森（Thompson）于2006年指出，这导致商学院推崇他们称之为以组织为中心（Organization-Centered）的世界观，将所有决策置于纯粹的经济背景之下，并进一步暗示财富积累是价值层次的顶峰。

这虽然能够推动经济的发展，但是乔亚（Gioia，2002）指出："尽管从经济的角度看有这样那样的好处，但是它们强调了由金钱、利益、回报等组成的世界观，弱化了企业责任。"如前所述，在百森商学院，我们认为可持续发展的企业不仅要考虑环境影响，还要考虑更大的社会影响。这门课设计的最后一个项目是帮助学生更好地理解企业和社会的关系，由此，他们就能对自己未来的商业决策如何影响环境、社区和世界有更多的认识。另外，这个作业给学生们提供了机会，让他们能够用从本学期的课中学到的内容开发降低自己企业负面影响的解决方案。

为了使作业尽可能有意义，我们允许学生选择任何创业想法来完成作业。这也就说明了可持续性对所有类型的企业都很重要。学生们可以单独完成作业，也可以组成团队共同完成作业。他们要解决的问题旨在提高他们对其企业与社会和自然环境之间的相互关系的认识，使他们有机会思考其他方法，并批判性地评估他们的选择。这些项目是在下半学期在一个边学边做的环境中完成。学生每天上课的部分时间都要用来讨论课程材料如何应用到他们的项目中，然后开始做，再向全班同学汇报进展，听取他们的评判和讨论。

作业的前半部分是让学生质疑自己对公司运营方式的最初假设。正如本章前面所讲的那样，大家围绕着挑战现有商业模式进行讨论，以汽车行业为例，说明使用不同的收入模型是可以开发出更可持续且更环保的业务的。然后学生们将这个原理应用到自己的创意中，看看不同的模式是否会影响到他们的业务变化，并思考对企业盈利和可持续发展有何影响。

作业的后半部分是拓宽学生对他们的企业和自己的业务决策会产生哪些影响的理解。在整个学期中，学生都要进行生命周期分析（Life Cycle Analysis，LCA）和系统思考，项目的一大部分是将这些概念应用到自己的创业想法中。学生们用类似于生命周期分析的方式画出各自企业的过程，找出他们企业从出生到消亡对环境和社会产生影响的节点和方式，这不仅包括自身运营的影响，还包括他们的供应商、用户使用和处置的影响。这作业听起来任务重得有点吓人，但重点不在于最终模型是否全面，而是要让他们意识到，他们未来的决策可能会对人类和地球产生全球性的影响。

然后，学生们要提出建议——如何把影响降到最低，并根据他们的发现，从主观上初步评估企业的环境和社会可持续性，以及是否应该追求它。在开发和完成项目的过程中，学生们更好地理解了他们作为商业领袖所做的决策的重要影响，以及他们所承担的比盈利更重要的责任。此外，他们还更好地理解了在企业初期考虑可持续性问题往往更容易，一旦后期他们看到了自己的企业与世界互连的数量和规模时，再想做出改变就难了。

17.6 学生反思和课程评价

这门课已经上过四次了，几经修改，才成了今天这样的结构。我们承认对课程有效性的客观评估有一定的难度，其中有多重原因。首先，学习的大部分重点是培养未来的企业家和商业领袖以更环保和更具社会责任感的方式行事。显然，对现在的本科生来讲，时间会严重滞后。其次，变革性学习是要改变学生内心的参考框架，这是很难精确测量的，但我们可以通过学生对课程的评价来看看课程的目标是否实现了。这样讲的话，课程还是成功地实现了其中一些目标的。下面是学生的部分评语：

"教会了我们如何以不同的方式思考问题——总是提问！"

"每个人都参与的课堂讨论往往非常有成效，我从那些讨论中收获了很多。"

"对于界定世界上许多问题以及它们存在的理由都有启发。"

"这是一门很棒的课程，也是我们都需要的一种非常重要的思考方式。"

"强迫你从可持续的角度思考，真正促进了学习，并关注我们面临的一些严酷的现实。"

"强迫你改变对商业和可持续发展的看法。太棒了！"

"在企业的创建过程中需要采取新的路径和想法。许多主题首先需要改变思维方式。"

"关于如何从不同角度观察事物，以及外部性和可持续性如何影响业务的很棒的学习策略。"

"课程的内容是非常宝贵的，百森商学院的每一个学生都应该接触到。"

"读后感、课堂辩论和团队项目都是让学生了解相关主题的好方法。"

诸如此类的评论表明，学生们确实在重新审视和改变他们的参考框架，我们希望将来会看到长远的效果，选修这门课的学生会创造出更具可持续性的企业。

17.7 结论

从创业的角度教授可持续性发展具有一定的挑战，包括让学生认识、质疑他们当前的假设和观点，并思考替代方案。如果我们相信这个世界需要真正新颖和不同的方法来解决问题和满足社会的需要，就要改变思维方法和看世界的视角。我相信这可以通过将变革性学习理论应用到课程开发中来实现。如果我们不把作业看成是检查学生是否学会或掌握了某一知识点的方法，而是将它们当作一个个活动，学生从中了解到自己有着怎样的假设，有机会和其他的选择做对比，我们就能为转变学生的世界观奠定基础（Cranton，2002）。虽然我知道觉察和审视自己的假设无法保证个人观点就一定会改变，但我相信，没有这种觉察就不可能有改变。

在设计本章所介绍的课程时，我试图将重点放在我认为学生可能持有的一些关键假设上，因为它们会阻止学生考虑全新的解决方案。虽然作业是具体的，但我希望给学生们灌输的是对问题更宽泛的理解，如历史和路径依赖对行业结构的重要性，使他们开始质疑他们曾经认为是理所当然的其他系统。诸如辩论这样的作业强迫学生面对他们可能不同意的观点。他们经常在研究中发现，情况并不像他们原先想象的那么清晰。这可能使某些学生不安，但这再次提醒他们要质疑自己目前的观点，以及寻求其他观点的价值。

最后，当我们从创建新的解决方案角度来考虑布鲁姆分类法时，我们就会清楚地意识到较低层次的教学目标是不够的。"知识"和"理解"是处在"是什么"的基础上的，而不是"可能是什么"。虽然它们是重要的基础，但我认为最好将时间放在如何让学生在更高层次上学习，即"综合"和"评价"，因为新的组合在此产生。在这门课中，我的做法是通过提供项目，使学生能够将学习应用到他们有强烈兴趣的实际概念中。

到目前为止，百森商学院的这种做法已经初步见效，学生们的思维发生了变化，为他们面对这些挑战做好了准备。虽然我并无意说这里给出的例子和作业是最终的解决方案，但我希望其他的老师可以参考：如何将变革性学习理论应用到类似的课程开发和作业中。在某些方面，这对于教育者来讲有难度和风险。改变学生的观点和思维方式不容易衡量或测试，这增加了对评估的挑战。此外，如果成功了，潜在的回报可能要等到几年甚至几十年之后才能看到。但是，我觉得为了潜在的回报，一切努力都是值得的。

教育的目的应该是教会我们如何思考，而不是思考什么——是为了改变我们的思维，使我们能独立思考，而不是满脑子装的都是别人的观点。

比尔·比蒂（Bill Beattie）

参考文献

Betts, S. C. (2008). Teaching and assessing basic concepts to advanced applications: Using Bloom's taxonomy to inform graduate course design. *Academy of Educational Leadership Journal, 12*(3), 99–106.

Bloom, B. S., Englehart, M. D., Furst, E. J., Hill, W. H., & Krathwohl, D. R. (1956). *Taxonomy of educational objectives. Handbook 1: Cognitive domain.* New York, NY: David McKay.

Chen, J. C., & Martin, A. R. (2015). Role-play simulations as a transformative methodology in environmental education. *Journal of Transformative Education, 13*(1), 85–102.

Christopher, M. M., Thomas, J. A., & Tallent-Runnels, M. K. (2004). Raising the bar: Encouraging high level thinking in online discussion forums. *Roeper Review, 26*(3), 166–171.

Clark, W. H., Jr. (2012). *The need and rationale for the Benefit Corporation: Why it is the legal form that best addresses the needs of social entrepreneurs, investors, and, ultimately, the public.* White paper. Retrieved from http://benefitcorp.net/for-attorneys/benefit-corp-white-paper

Cranton, P. (1994). *Understanding and promoting transformative learning: A guide for educators of adults.* The Jossey-Bass Higher and Adult Education Series. San Francisco, CA: Jossey-Bass Publishers, Inc.

Cranton, P. (1996). *Professional development as transformative learning. New perspectives for teachers of adults.* The Jossey-Bass Higher and Adult Education Series. San Francisco, CA: Jossey-Bass Publishers, Inc.

Cranton, P. (2002). Teaching for transformation. *New Directions for Adult & Continuing Education, 2002*(93), 63.

Dwyer, W. O., Leeming, F. C., Cobern, M. K., Porter, B. E., & Jackson, J. M. (1993). Critical review of behavioral interventions to preserve the environment: Research since 1980. *Environment and Behavior, 25,* 275–321.

Erskine, L., & Johnson, S. D. (2012). Effective learning approaches for sustainability: A student perspective. *Journal of Education for Business, 87*(4), 198–205.

Ghoshal, S. (2005). Bad management theories are destroying good management practices. *Academy of Management Learning & Education, 4*(1), 75–91.

Giacalone, R. A., & Thompson, K. R. (2006). Business ethics and social responsibility education: Shifting the worldview. *Academy of Management Learning & Education, 5*(3), 266–277. doi:10.5465/AMLE.2006.22697016

Gioia, D. A. (2002). Business education's role in the crisis of corporate confidence. *Academy of Management, 16,* 142–144.

Kearins, K., & Springett, D. (2003). Educating for sustainability: Developing critical skills. *Journal of Management Education, 27*(2), 188–204.

King, J. (2010). 100 best places to work in IT. *Computerworld,* June 21, 26–58.

Kollmuss, A., & Agyeman, J. (2002). Mind the gap: Why do people act environmentally and what are the barriers to pro-environmental behavior? *Environmental Education Research, 8,* 239–260.

Lourenço, F. (2013). To challenge the world view or to flow with it? Teaching sustainable development in business schools. *Business Ethics: A European Review, 22*(3), 292–307.

Marzano, R. J., & Kendall, J. S. (2007). *The new taxonomy of educational objectives* (2nd ed.). Thousand Oaks, CA: Corwin Press.

Mezirow, J. (1991). *Transformative Dimensions of Adult Learning.*

Mezirow, J. (1996). Toward a learning theory of adult literacy. *Adult Basic Education, 6*(3), 115.

Mezirow, J. (1997). Transformative learning: Theory to practice. *New Directions for Adult & Continuing Education, 1997*(74), 5.

Mitroff, I. I. (2004). An open letter to the deans and the faculties of American business schools, editorial. *Journal of Business Ethics, 54*(2), 185–189.

Ross, L. (2010). Accounting for sustainability. *Financial Management, 1,* 31–32.

Seung-Youn, C., & Stepich, D. (2003). Applying the "congruence" principle of Bloom's taxonomy to designing online instruction. *Quarterly Review of Distance Education, 4*(3), 317–330.

Staats, H., Harland, P., & Wilke, H. A. M. (2004). Effecting durable change: A team approach to improve environmental behavior in the household. *Environment and Behavior, 36*, 341–367.

Steg, L., & Vlek, C. (2009). Encouraging pro-environmental behaviour: An integrative review and research agenda. *Journal of Environmental Psychology, 29*, 300–317.

Uzzell, D., & Räthzel, N. (2009). Transforming environmental psychology. *Journal of Environmental Psychology, 29*, 340–350.

Vlek, C., & Steg, L. (2007). Human behavior and environmental sustainability: Problems, driving forces and research topics. *Journal of Social Issues, 63*, 1–19.

Wiek, A., Withycombe, L., Redman, C., & Mills, S. B. (2011). Moving forward on competence in sustainability research and problem solving. *Environment, 53*(2), 3–13.

附录 17 资源利用游戏

目标：让学生更好地理解地球的环境是如何变成今天这个样子的，反思他们自身行为的驱动因素，理解解决问题的过程中有哪些复杂但是必须要加以考虑的因素。

（1）说明短期与长期观点对可再生资源的影响。
（2）说明认为资源供给是"无穷无尽"的想法对人类行为产生的影响。
（3）说明竞争对行为的影响。
（4）说明不确定性和非线性的影响。
（5）说明生存的影响。

背景：学生经常觉得环境问题是由坏人或行为不当造成的。虽然有时情况的确如此，但多数情况下是由于人类的日常行为和动机，以及对这种行为的后果缺乏了解造成的，并不是因为主观故意。玩这个游戏能够让学生审视自己的行为，以及不同的情况如何影响这种行为，让他们更好地理解创造一个可持续发展的世界需要解决的问题。

游戏：当认为资源是用之不竭和"免费"的时候，你就会为尽可能多地利用资源来造福自己。环境对资源的更新速度比你的消耗速度要快，所以不存在枯竭的危险。

把 10 块巧克力放在桌上，请一名学生按下面的规则来玩：

（1）一次拿一块，然后回到座位上。
（2）我每秒钟往桌上加一块巧克力，当只剩下两块的时候，我就不再加了。
（3）给学生 15 秒的时间，能拿多少拿多少。

记录下该学生拿走的和桌上剩下的巧克力的数量。

你的策略是什么？（最有可能的是尽可能快地移动，尽可能多地获得）为什么？你担心巧克力被拿光吗？（很有可能不会，因为在一定时间内，添加的速度比你拿的速度快，你觉得资源是无穷尽的）。你怎么才能够提高得分呢？（最有可能是想办法拿得更快一些——类似于关注生产效率和生产力）。这种情况和 18 世纪或 19 世纪的北美洲的情况类似。

如果资源的消耗速度比补充的速度快呢？换一名学生按下面的规则玩：

我每 5 秒钟往桌上加一块巧克力，当只剩下两块的时候，我就不再加了。

记录下该学生拿走的和桌上剩下的巧克力数量。

你的策略是什么？（很有可能没变化）为什么？（游戏期间资源还是充足的）

问问全班会有人有不同的做法吗？为什么？

长期和短期观点

再换一名学生上来玩。规则不变，但持续时间只有 1 分钟。

记录下该学生拿走的和桌上剩下的巧克力数量。

你的策略是什么？和前两轮有什么不同？为什么？（游戏期间，资源不再是充足的了，所以使用要有节制了）。用这个游戏来说明短期思维和长期思维对使用自然资源的影响。

竞争的影响

选 3 名同学上来一起玩。时间还是 15 秒，规则同上。拿得多的学生得到奖励分。

记录下每个学生拿走的和桌上剩下的巧克力数量。

他们的策略是什么？为什么？这个环节是要说明人们通常是为了自己的个人利益最大化行事——联想到亚当·斯密（Adam Smith）的"看不见的手"——为什么在此行不通呢？引入竞争的概念。你将如何才能提高得分呢？（需要合作）

非线性和不确定性

再换一名学生，规则如下：

当桌上的巧克力少于一定数量的时候（不要透露具体数字），我就把它们拿走。

他们的策略是什么？为什么？这说明许多环境问题是非线性的，顷刻间就有可能崩溃。由此联想到鳕鱼市场和一般历史上的社会性崩溃——我们知道这种情况会发生并且已经反复发生了——我们该怎么办呢？

生存

最后，所有学生都一起玩。开始玩的人数是 $2x-6$（x =学生总数）。规则同上，但是这次拿到的巧克力不足两块的学生得分为"F"。游戏时间为 30 秒。给学生一点思考时间（如果他们需要，讨论也行）。

如果他们不是拿得太快，那我每 5 秒钟加一块，总数正好够每人两块。使所有学生通关的唯一方法就是配合，每人两块，谁也不准多拿。其次，为了集体通关，他们必须将桌上的巧克力拿光。那些依赖自然资源生存的人关心这个系统的长期可持续性吗？

| 第 18 章 |

培养创新精神：在创业选修课中构建创新身份

坎迪达·布拉什（Candida Brush）和玛丽·盖尔（Mary Gale）

18.1 引言

创业课程通常情况下都是从"说出一个成功企业家的名字"开始的。你想起了谁？你想到的第一个名字是什么？是比尔·盖茨（Bill Gates）？史蒂夫·乔布斯（Steve Jobs）？还是理查德·布兰森（Richard Branson）？拉里·佩奇（Larry Page）或者谢尔盖·布林（Sergey Brin）？通常在提到6~10个名字之后才会想到一位女性企业家的名字。而社会企业家被提到的时候，前面的队伍还要更长些。为什么会这样呢？对于大多数学生来说，他们往往将成功企业家的特征归因于男性英雄人物——单枪匹马闯出一片事业，无畏风险、勇往直前，创造了巨大的经济财富（Ahl，2006；Gupta，Goktan 和 Gunay，2014）。传统上认为企业家是男性、独立、敢于冒险的人，这基本上就是一个神话，是由媒体、我们的教学案例、课堂材料和一般的谈话所造就的（Bird 和 Brush，2002）。这种刻板印象可能适合某些企业家，但不是全部。

具体来讲，目前的文献表明，从目的、目标、动机、社会资本或交际圈、行业和成果来看，传统的企业家、女性企业家和社会企业家之间是存在差别的。传统企业家在理想中被认为是成功地掌握了一项创新技术，占领了一个巨大的市场，将公司上市并赚取巨额财富的人。这些企业家受金钱驱动，勇于冒险，社交圈子里男性为主，从传统产品和市场入手，希望创造就业机会和个人财富。（Aldrich，Reese 和 Dubini，1989；Allen，Elam，Langowitz 和 Dean，2008；Bruderl 和 Priesendorfer，1998；Davidsson，Delmar 和 Gartner，2003；Fairlie 和 Robb，2009；Kirzner，1973；Manolova，Brush，Edelman 和 Shaver，

2012；Schumpeter，1935；Shane 和 Venkataraman，2000）。

研究还表明，女性企业家更多地受到金钱和创新动机的激励，更有可能为自己的企业设定多重目标（Manolova 等人，2012）。她们的社交圈子里既有男性也有女性（Aldrich 等人，1989；Fischer 和 Reuber，2007）。虽然女性创业的领域涉及各行各业，但消费品和个人服务行业还是更为普遍（Fairlie 和 Robb，2009）。女性企业家更有可能寻求多方面的绩效成果，既有社会的也有经济的（Allen 等人，2008；Carter 和 Allen，1997；Jennings 和 Brush，2013）。

与此情况类似，社会企业家的形象也有别于传统企业家。社会企业家往往专注于社会使命，以多种经营方式经营企业，包括营利、非营利或众多混合模式（Hechavarria，Ingram，Justo 和 Terjesen，2012；Meyskens，Brush 和 Allen，2011）。社会企业家的动力来自改变体制，解决社会问题，以及为了创造社会价值而建立起一个机构或公司（营利或非营利）的热情（Dees 和 Anderson，2003；Mair 和 Marti，2006；Meyskens，2010；Neck，Brush 和 Allen，2009）。社会企业家依赖高效的，通常基于高社会资本的社会网络（Mair 和 Noboa，2006）。社会企业家所寻求的成果有别于狭隘的传统财务绩效，而是直接或间接的经济、社会和环境效益（Haugh，2006；Robinson，2006；Seelos，Ganly 和 Mair，2006）。总而言之，如表 18-1 所示，研究表明，传统、社会和女性三类企业家在各个维度上都有所不同。

表 18-1 不同类型的企业家对比

维度	传统企业家	女性企业家	社会企业家
目的与目标	盈利、效率（Bruderl 和 Preisendorfer，1998；Kirzner，1973；Schumpeter，1935）	——盈利和社会的混合目标（Carter 和 Allen，1997；Harding，2006；Jennings 和 Brush，2013；Manolova 等人，2012）	社会使命、社会变革，营利和非营利（Dees 和 Anderson，2003；Mair 和 Marti，2006；Meyskens，2010）
动机	财务上的成功（Davidsson 等人，2003；Manolova 等人，2012）	自我实现、认可、创新和财务上的成功（Jennings 和 Brush，2013；Manolova 等人，2012）	多种动机（Haugh，2005）
社会资本	财富圈子以男性为主（Aldrich 等人，1989）	男女都有的社交圈（Fischer 和 Reuber，2007；Orser 和 Elliott，2015）	社会、政治、混合关系（Seelos 等人，2006）
行业	传统产品和市场（Allen et al.，2008；Fairlie 和 Robb，2009）	客户服务、个人服务（Allen et al.，2008；Fairlie 和 Robb，2009）	社会行业市场（Robinson，2006）
成功标准	创造就业机会和个人财富（Shane 和 Venkataraman，2000）	社会和经济效益（Hechavarria et al.，2012；Meyskens et al.，2011）	创造社会价值，解决社会或环境问题（Mair & Marti，2006；Neck 等人，2009）

对于渴望成为企业家的学生来说，肯定有人希望成为传统企业家：有明确的盈利目标、紧密有效的关系网，和创造财富的梦想。但这并不是所有学生的追求目标，因此有

些人就会遇到障碍或没有信心，认为自己没有成为传统企业家的能力（Xavier，Kelley，Kew，Herrington 和 Vorderwülbecke，2012）。事实上，对偶像企业家的看法与个人成为企业家的意愿是相关联的（Arenius 和 Minniti，2005）。当成功标准设得难以想象感知时，就可能会在做的过程中产生感知障碍。对于渴望成为企业家的女性，或者是那些希望解决社会问题，或者创办新的非营利组织的人来说，传统的企业家角色与他们的愿望之间的差距可能会带来更大的挑战（Kelley，Brush，Greene 和 Litovsky，2012；Robinson，2006）。

大多数学生选修创业课程是期待能更多地了解在特定情境下或角色中创业意味着什么。这些情境可以是家族企业、欠发达国家、内陆城市或农村。他们对自己创业经历的设想也是千差万别，可能是小企业主、女企业家、连锁店主、家族企业家或社会企业家。在有些情况下，传统企业家的角色可能和学生自我感知或社会认同发生冲突，使得他们失去信心，甚至不敢采取行动。

我们根据社会身份认同理论（Social Identity Theory）、身份理论（Identity Theory）和自我概念理论（Self-Concept Theory）开发了一个框架，反映学生是如何利用创业思维与行动®教学法来发展他们的创业认同（Entrepreneurial Identity）。我们用了社会创业和女性创业这两个课程案例来说明，当学生们不想成为传统企业家而追求其他角色的时候，他们如何通过课堂体验转变身份。本章后面的内容概述了身份认同理论，然后提供了如何在创业选修课中应用教学法来帮助学生构建身份认同的例子。

18.2 理论背景

培养创业思维的过程也是身份认同构建的过程（Gannon，2011）。身份认同构建的过程就是人们在创业时驾驭个人、关系以及社会或历史环境的过程。创业身份认同的出现和发展需要一定的时间，对于还在上学的学生来讲，这指的是学生身份认同的转变（Keeling，2004）。在学习期间，无论是本科生还是研究生，他们都是通过各种体验和活动来塑造身份认同的。身份认同理论含有下述三个基本面：

1）自我概念理论认为一个人的整体身份认同是融合了个人性格、价值观、信仰和特质的体系（Markus 和 Nurius，1986）。自我概念是可以发展的，而且一个人的自我概念可以有多种（例如素食者、节俭、社会责任感强）。自我概念随着年龄的增长和生活经验的丰富是不断发展的。人们通常朝着自己所期望的身份认同方向发展，远离自己所惧怕的自我概念（Erez 和 Earley，1993）。

2）社会身份认同理论的焦点在于社会身份，指的是根据人口统计学特征（种族、性别、年龄）或隶属关系（政党或宗教）来划分的群体成员身份（Tajfel，1982）。社会身份随着人进出不同群体是可以改变的（例如宗教信仰的改变，或从一个协会退出并加入另一个)。由于性别、种族和群体关系(例如女性、联谊会成员、长老会),社会身份可以被认为与一个或另一个群体有正面或负面的关系(Hogg,Terry和White,1995)。

3)身份理论主要指的是人的角色身份,例如经理、父亲或企业家(Hogg等人,1995;Stryker,1987)。随着能力的增强和关系的改变,人的身份是可以变化的(例如从单身到成家或从经理到企业家)。人们都倾向于按社会所能接纳的方式扮演自己的角色,行为举止尽量符合社会习惯和期待。人们还倾向于根据不同的情境比较自己与他人的身份。

身份理论认为,群体性质的身份可能是基于类别和角色的(例如女企业家或非洲裔美国学生)。时间和场合不同,一种身份可能比另一种更突出;例如一个结了婚的女性坐在教室里就是学生,回家或在其他情境下就得说是妻子(Ashforth,2000)。群体身份的其他方面与个人如何看待其所在的群体或他认为别人怎么看待这个群体有关。

18.3 创业思维与行动®:富有创意的方法

百森商学院对学生如何学习创业思维和行动特别感兴趣。我们有2 100名本科生和大约1 100名研究生(MBA和管理学硕士)。创业思维与行动®是必修课程的核心概念,所有学生都要必修一门有关创业思维与行动®的基础课(Schlesinger,Kiefer和Brown,2012)。创业思维与行动®包括因果(预测)和效果(创造性)推理,在各种创新背景下都能应用(Neck,Greene和Brush,2014;Sarasvathy,2001)。预测或因果逻辑与计划策略方法一致(Chandler,DeTienne,McKelvie和Mumford,2011)。

鉴于创业这门学科最早起源于经济学以及后来的战略管理学,创业教育的许多方法都强调通过明确创业机会的可行性、吸引力、具体时机以及竞争强度来识别和评估创业机会(Edelman,Manolova和Brush,2008;Honig,2004;Neck等人,2014)。在大多数学校,上课的重点都是写商业计划书。学生们要就某一创业机会做出客观辩护,资源如何组织才能产生预期效果,得到预期回报(Katz,2003)。成功的逻辑是靠预期投资回报(Return on Investment,ROI)来驱动的,这是基于对市场渗透、收入、成本和投资资本的预期回报的预测(Honig,2004;Van Osnabrugge和Robinson,2000)。在这个模型中,创业团队和风险利益相关者是根据某个创业机会的假想需求组建的参与者和利益相关者们要按提前制定好的商业模式,针对某一特定客户群体,创造和获得价值(Honig,2004)。虽然加入一个成长型企业的人可能会体验公司的价值创造活动,但有一种假设是,创业行动将以商业计划中的大纲和突发事件为指导,整个过程是以结果为导向的。

支撑百森商学院的创业思想与行动®理念的创造性方法是基于完全不同的假设(Sarasvathy,2001)。表18-2中给出了这种创造性方法的核心假设。这种方法是受方法驱动和高度互动的(Neck和Greene,2011;Read,Song和Smit,2009;Sarasvathy,2001)。与预测性方法的重要差别在于,我们认为结果往往在本质上是不可知的,所以采取的行动就会不一样(Sarasvathy,2001)。

表 18-2 创业思维与行动®——创造逻辑

创业方法	假设	资料来源
自我了解	个人技巧和能力；可以制造或创造的机会	Fiet 和 Patel（2006），以及 Alvarez 和 Barney（2007）
观察与反思	方法驱动	Neck 和 Greene（2011）以及 Read 等人（2009）
带动利益相关者的参与	互动和社会过程	Sarasvathy（2001），Jack 和 Anderson（2002），以及 Kloosterman（2010）
行动与实验	创意、迭代	Neck 等人（2014），Sarasvathy（2001）和 Dew et al.（2009）
建立在结果之上	结果未知	Mintzberg（1978）和 Read 等人（2009）
可承受的损失	用好当下	Sarasvathy（2001）

我们没有去识别机会，而是将行动根植于对企业家的自我理解上，机会由一群自我选择的利益相关者自发创造出来（Fiet 和 Patel，2006；Jack 和 Anderson，2002；Kloosterman，2010）。与试图实现可预测的和已知的结果不同，创造逻辑的目标是从现有的或可用的资源开始行动并展开实验（Chandler 等人，2011；Dew，Read，Sarasvathy 和 Wiltbank，2009；Sarasvathy，2001）。在创造性方法中，澄清机会的行动和实验以及新利益相关者的识别都嵌入在社会结构中（Granovetter，1985；Neck 等人，2014）。因此，企业家可以通过行动来创造自己的环境。新的利益相关者往往都是自我选择的，他们对环境进行改变和重塑，这样就给公司带来了新的可取的、可行的可能性。人们之所以愿意加入一个新的企业，是因为有社会互动，以及利益相关者有助于塑造目标并达成结果（Noyes 和 Brush，2012）。

与预测性方法截然不同，创造性方法植根于一种投资逻辑，它所考虑利益相关者所珍视的特定创业行为万一有疏漏，有哪些损失是可承受的（Chandler 等人，2011；Sarasvathy，2001）。考虑愿意承受与特定行为相关的损失，带着这个想法一点点向前行动，这与预测逻辑中确定已知回报和成果完全不同（Chandler 等人，2011；Dew 等人，2009；Sarasvathy，2001）。

学生在校期间，他们与教职员工和其他学生的互动对他们的学习和身份转换都会产生影响（Abes，Jones 和 McEwen，2007；Baxter Magolda，2009；Newman，2013）。Newman（2013）发现，学生的身份是被社会建构和重建的，不一定是线性的。因为身份是社会建构的，所以校园环境是学生创业身份发展的主要影响因素。学生的"意义创造能力"（Abes 等人，2007，6 页）使得他们越来越能够界定自身的知识、自我和社会关系，而不是让外界因素来界定他们。随着时间的推移，学生们成了"自我的塑造者"（Baxter Magolda，2008，269 页；Newman，2013）。这个过程涉及反思（了解他们自己是谁）、人际交往（他们认识谁）和自身能力的发展（他们知道什么）（Newman，2013）。支撑着百森创业课程的创业思维与行动®理论，实际上是通过与他人和环境产生一系列交互作用来"培养创业精神的"的手段（Sarasvathy，2001，2008）。因为创业学习和身份发展是嵌入在特定的活动和文化中的，所以课堂成了一个重要的社区，学生们在里面建构和塑造自己的创业身份（Kempster，2006；Newman，2013）。

下面我们举两个例子，说明学生通过女性创业与领导力（MBA 选修课）以及体验社会创业（本科生课程，创业专业必修课）这两门课，是如何完成身份转变的。这是两个有关创业思维与行动®概念如何帮助学生构建他们的创业身份的案例。如表 18-3 所示，情境、我是谁（自我概念）、我知道什么（人力资本）、我认识谁（社会资本）和创业行动等维度是这两门课的核心要素。

表 18-3　构建创业身份的手段

	体验社会创业（本科生）	女性创业与领导力（MBA 选修课）
情境	社会创业分类；各类社会创业的挑战与机会——演讲嘉宾、案例、文章、视频、讨论；利益相关者练习；绩效评估练习	劳动经济学，女性职场，有关女性的法规和社会人口史的练习视频及讨论
我是谁——自我概念	自我评估练习，经常对项目经验给出的书面和口头反思	对价值观、信仰和目标的反思
我知道什么——人力资本	自我评估练习和讨论	自我评估练习，过去的工作经验、成就和能力
我认识谁——社会资本	现场采访与项目或新公司相关的客户、利益相关者以及组织	应用社交网络练习，采访成功的女性企业家
创业行动	为一个成功的社会企业规划和执行一个项目，或者对学生现有或新的社会企业采取有意义的行动，例如市场测试、建立合作伙伴关系、筹集资金	富有远见的行动规划和可执行的步骤

18.3.1　案例 1——女性创业与领导力

女性创业与领导力这门课讲的是当代女性在机构创建和领导中的角色。这门课研究的是女性在领导或创建公司时所面对的问题、挑战和机会，探索有利于女性晋升和参与公司事务的组织政策，帮助学生制定有效管理其领导能力或创业生涯的战略。我们从多个角度出发，包括宏观环境、组织政策、个人角色与领导力。主要的学习目标有三项：

- 了解有关女性在职场、领导力和创业方面的历史以及人们的看法。
- 体会女性领导力和创业中所面临的问题、挑战和机会。
- 评估和发展有效的领导力，并做好职业规划。

课程从女性在职场的历史和背景，以及她们在管理、领导和创业中的趋势和进展开始。随后探讨了政治经济、社会文化、监管和人口因素的影响，因为这些因素影响了职业机会和女性在工作中的作用。课程的下一部分讲述的是女性在领导力、创业和管理方面的经验，重点关注组织政策对女性的影响，讨论诸如玻璃天花板（Glass Ceiliny）效应㊀、职

㊀ 玻璃天花板效应是指在组织中，限制某些群体（如女性、少数族裔）晋升到高级经理及决策层的障碍。正如玻璃一样，这个障碍虽然没有明文规定，但却客观存在。

业规划、领导风格和管理挑战等主题。课程的最后一部分旨在让学生使用创业思维与行动®，将创业方法应用到她们的职业生涯规划和个人行动战略制定上。关于导师辅导、社交网络、家庭和工作的平衡、谈判、沟通和愿景规划方面的体验丰富的团队练习，为她们制定个人行动计划提供了背景。表 18-3 中列举了自我概念理论、社会身份认同理论和身份理论这三个理论是如何通过女性创业这门课的作业和活动得以应用的。

这门课程已经在两个学院教授了 15 年。课程对女学生的影响是巨大的，有三个主要原因。

第一，她们选修的课程题目里有"女性"这个字眼。自己选择学习"女性"创业和领导力课程对于学生把自己看成是"女性"企业家和领导者是至关重要的，这强化了她们的群体身份和身份认同（Ashforth，2000）。在课上，学生们探索她们的工作/职业/创业经历与传统的（男性）创业模式有何相似或不同之处的情况（Hogg 等人，1995）。课堂讨论的内容包括就某种成见（例如女性领导者容易情绪化）进行辩论，以及如何管理或克服可能是负面的或与人们所期待的企业家或领导者的行为举止相矛盾的成见。另一个重要任务是系统地评估她们以前的工作，并总结从中获得的成就和技能。结果是找出那些定义了她们个人身份和人力资本的能力，并加深自我理解。

第二，学生们在课堂上从"作为企业家，什么对她们是重要的"的角度反思和考虑她们的自我概念（我是谁）或整体身份（Markus 和 Nurius，1986）。其中一个任务是个人时间线，包括两张照片，一张是她们在 18 岁时照的，另一张是现在的。这可以使学生反思这期间她们在容貌和信仰方面发生的变化。类似于本章前面提到的研究，百森商学院的女生创业的动机和目标往往很复杂，不仅仅是财务方面的考虑。她们计划开始创业往往是出于创造社会价值的考虑，而不仅仅是经济价值。因此，课堂上的讨论、嘉宾演讲和阅读材料都有助于学生相信自己的价值观，并坚信自己的个人判断，即使这些与传统的企业家形象相冲突。

第三，鼓励学生有策略地发展自己的社交网络（我认识谁）。她们接触成功的女企业家，进行现有人际关系网络的分析以确定差距，然后发展自己的个人主张。这是发展她们作为企业家或创业领袖身份认同的重要部分（Stryker，1987）。在战略上开发和维护其社交网络，以及如何在这些关系中建立信任，并利用其社会资本向导师寻求建议的练习都有助于实现这一教学目的。

经过 7 周的课程学习，达到学习的高潮——制订个人行动计划。这项任务要求学生设立一个愿景目标，看自己想要去哪里，并创建一个计划，看如何能够抵达那里。一个重要的组成部分是确定什么对她们最重要（她们是谁和她们的价值观），她们具备哪些能力（她们知道什么），她们的创业计划和需要哪些专业支持（她们认识谁）。这三个要素不仅包括她们群体身份的转变（Ashforth，2000），而且能够通过使用创业思维与行动®技巧得以实现（Sarasvathy，2001）。其中一个关键结果是学生树立了信心，能够追求自己所选择的做女性企业家或创业领袖的职业路径。她们在期末反思中说，她们了解了自己原来不了解的一面，从而更加有信心按照自己的价值观和职业选择行事了。学生们是这样评价在这门课中的体验的：

"所有作业的设计都是来帮助我们更多地了解我们自己的，这点我特别喜欢。"

"这门课信息量大，激励人心，对个人和职业发展都有帮助。我现在对我的工作更有信心了。"

18.3.2 案例2——体验社会创业

体验社会创业这门课有四个基本目标：
- 通过制定和采取行动方案推进学生自己的社会企业或现有社会企业项目，以此将创业思维与行动®付诸实践。
- 了解社会问题，以及各类社会企业解决这些问题的方式，包括营利性、非营利性和多种类型的混合，以及各种类型所面临的机会与挑战。
- 了解营利性公司开展更有影响力的社会项目的方式，例如价值共享、自觉资本主义以及与社会企业合作，无论是以营利还是非营利为目的。
- 帮助学生更深入地了解并在许多情况下改变自己的价值观、个人动机、个人能力，以及使用创业思维与行动®和商业方法解决社会问题的能力，就像他们在一个以营利为标准的公司那样。

这个过程中的关键是进行二次研究和重要的实地考察来推动学生的项目或公司发展。实地考察的内容有：①采访潜在客户、行业专家、利益相关者、受益人以及同行/互补企业，了解他们的需求和细分市场情况；②价值主张和产品/服务（包括最小可行产品）的市场测试；③联系潜在的投资人/捐赠人。表18-3中给出了自我概念、社会身份认同和同一性这三个理论的核心内容，并说明了这些理论是如何通过创业思维与行动®应用到这门社会创业课程当中的。

课程的阅读材料、演讲嘉宾、视频、案例、练习和讨论提供了补充的背景知识，丰富了对行动背景的理解。课程体验的核心问题是，你如何创建和领导一个有利于社会或环境的公司或倡议？课程开始的时候，学生们要做一项练习，让学生就企业在创造社会和经济价值方面的作用，评估自己的价值观。然后会有一些补充课程，讲社会创业的历史，特别是最近15年来的巨大变化，以及企业家和稳定的公司解决社会问题的理论和方法。在最初的3周里，学生们要选定他们将在13周的学期中从事的项目或业务，形成初步的商业模式和行动计划，用来研究和执行他们的项目或推进他们的企业。

这门课的最后一个项目是通过实际的市场调查、建立合作伙伴关系或采取其他行动来完成一个新的或现有的社会企业中的最终项目。例如，学生们要学习利益相关者管理，制定并实施行动计划，以争取对他们的企业或项目重要的利益相关者的帮助和支持。其他主题包括客户识别和价值主张、产品/服务创造、公司形式、运营、市场营销、绩效评估、融资和联盟。

在整个课程中，学生都要记录、展示和分享自己的反思，根据二次和初步学习的结果执行新的行动方案，不断地修正自己的商业模式和运营策略。他们会从同学、课内课外的指导者，以及在学期当中认识的顾问和合作伙伴那里得到正式的反馈。最后的结果作业包括两部分内容：①写出并展示他们的公司或项目的商业模式，包括最初模式和后续步骤的主要变化和关键点；②深刻反思他们对通过公司或个人活动创造社会价值的价值观，社会创业中和他们自己在社会创业中的执行能力令他们惊喜的地方，以及他们如何能够在自己的创业/企业生涯中加入社会/环境使命。

这门课在百森商学院已经教授了四年，在规模和效应上都产生了具体成果，包括：

- 学生们掌握了更加有效的采访、合作、测试和规划技能。
- 学生们对行动结果的反思做得越来越好了。
- 学生们对自己采取积极、具体的行动的能力越来越有信心。
- 激发了学生们将具有社会价值的活动融进个人生活或职业中的兴趣，并且对解决社会问题能够帮助企业取得更大成功这一理念有了更深入的理解。
- 学生们学会了为现有社会企业的成功做出实实在在的贡献，或者推动学生自己现有的社会企业取得重要进展，再或者准备、致力于开创或真的开创一个新公司。

体验社会创业这门课程开阔了许多学生的视野，即企业解决社会和环境问题不仅可以使目标受益者或客户受益，而且有利于企业自身的健康发展和成功，无论他们的公司是何种形式的。另外，学生们也开始认识到，创业思维与行动®不仅对追求经济目标的企业有效，对社会企业和项目也同样起作用。可能最大的收获是学生们树立了新的自信，能够通过自己的力量创造经济和社会价值。下面是学生们评论他们的见解：

"这门课让我对社会层面的事情充满了热情，使我更加热爱我的工作了！"

"有很多不同的方式可以帮助社会并对其产生影响，这是我以前从没有想象过的。"

18.4 结论

本章探索了那些不符合传统创业角色的学生的身份转变。我们借鉴社会身份认同理论、身份理论和自我概念理论开发了一个框架，反映学生们是如何利用创业思维与行动®方法来构建自己的创业身份的。因为大量大学生不适合传统意义上的企业家的形象，所以我们展示了两门独特的课程来说明它们是怎样帮助学生进行身份转变，并更有信心地追求替代的创新路线，这两门课一门是社会创业，另一门是女性创业。两门课的开头讲的都是"情境中的自我"——是通过讲创业的历史和社会经济环境完成的。因为创业思维与行动®方法是一个互动的社会进程，所以通过将创业活动设置在一定的情境中，学生们可以更好地评估自己的创业可能性和机会（Sarasvathy，2001）。

图 18-1 说明这三个主要身份认同理论是如何使用创业思维与行动®来构建身份的。这张图解释了这三个理论，并说明了它们在实践中是如何应用的："我是谁""我知道什么"和"我认识谁"。可以看出，这些身份之间是有互动关系的。因为这两门课程是特定的（女性和社会），而不是泛泛的，学生可以增加信心、激发动机，树立社会或环境目标，而不只是经济目标。

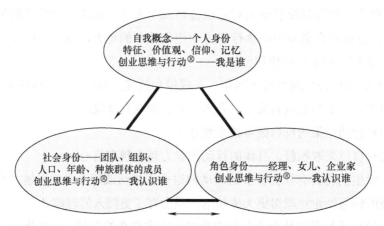

图 18-1　创业思维与行动®在创新身份认同构建中的应用

这两门课都是以学生的自我评估开始的，"我是谁"（自我概念），自始至终都要通过不断地反思和练习来回顾这个问题。这两门课还包括对能力和技能的系统评估，帮助学生评价"我知道什么"（角色身份），以及如何在创业中得以应用。其中一个主要的技巧是请演讲嘉宾为学生们树立榜样，使社会企业家或女性企业家看起来是"可能做到的"。最后，这门课还提供社交练习，帮助学生们思考他们的群属关系——他们认识谁，来进一步帮助他们树立自己的社会身份认同（"我认识谁"）。

重要的是，跨创业思维与行动®元素的课堂活动在三种类型的身份之间是交互的。一方面，群体身份可能是相关联和一致的。例如，自我概念和个人价值观（例如，对低收入女性的教育）可能被某一社会身份所强化（例如附属于某个支持低收入女性教育的基金会），并得到角色身份认同的进一步支持（例如机构的经理）。另一方面，让学生们探索可能的冲突或差距是很重要的，例如，他们关注环保的自我概念是否与目前供职的公司或机构类型不符。

最后，将创业思维与行动®的概念应用到身份认同转换的框架中也适用于其他类型的课程。例如，想在家族企业中创办公司的学生可能也需要考虑他们如何在家庭环境中转换自己的身份，家庭的价值观、现有的商业活动和其他因素都会影响到他们的进程。总的来说，应用创业思维与行动®的概念来进行身份认同的改变和构建，能够帮助学生更好地了解他们的群体身份，也有助于培养对自己行动能力的信心。

第 18 章 培养创新精神：在创业选修课中构建创新身份

参考文献

Abes, E. S., Jones, S. R., & McEwen, M. K. (2007). Reconceptualizing the model of multiple dimensions of identity: The role of meaning-making capacity in the construction of multiple identities. *Journal of College Student Development, 48*(1), 1–22.

Ahl, H. (2006). Why research on women entrepreneurs needs new directions. *Entrepreneurship Theory and Practice, 30,* 595–621.

Aldrich, H. E., Reese, P. R., & Dubini, P. (1989). Women on the verge of a breakthrough? Networking among entrepreneurs in the United States and Italy. *Entrepreneurship and Regional Development, 1,* 339–356.

Allen, I. E., Elam, A., Langowitz, N., & Dean, M. (2008). 2007 Report on women and entrepreneurship. *Global entrepreneurship monitor.*

Alvarez, S., & Barney, J. (2007). Discovery and creation: Alternative theories of entrepreneurship. *Strategic Entrepreneurship Journal, 1,* 11–26.

Arenius, P., & Minniti, M. (2005). Perceptual variables and nascent entrepreneurship. *Small Business Economics, 24,* 233–247.

Ashforth, B. E. (2000). All in a day's work: Boundaries and micro role transitions. *Academy of Management Review, 25,* 472.

Baxter Magolda, M. (2008). Three elements of self-authorship. *Journal of College Student Development, 49*(4), 269–284.

Baxter Magolda, M. (2009). The activity of meaning making: A holistic perspective on college development. *Journal of College Student Development, 50*(6), 621–639.

Bird, B., & Brush, C. (2002). A gendered perspective on organizational creation. *Entrepreneurship Theory and Practice, 26,* 41–65.

Bruderl, J., & Preisendorfer, P. (1998). Network support and success of newly founded businesses. *Small Business Economics, 10*(3), 213–225.

Carter, N., & Allen, K. (1997). Size determinants of women-owned businesses: Choice or barriers to resources? *Entrepreneurship & Regional Development, 9*(3), 211–220.

Chandler, D., DeTienne, D., McKelvie, A., & Mumford, T. (2011). Causation and effectuation process: A validation study. Journal of Business Venturing., 26(3), 375–390.

Davidsson, P., Delmar, F., & Gartner, W. (2003). Arriving at the high growth firm. *Journal of Business Venturing, 18*(2), 189–216.

Dees, J. G., & Anderson, B. B. (2003). Sector-bending: Blurring the lines between non-profit and for-profit. *Society, 40*(4), 16–27.

Dew, N., Read, S., Sarasvathy, S. D., & Wiltbank, R. (2009). Effectual versus predictive logics in entrepreneurial decision-making: Differences between experts and novices. *Journal of Business Venturing, 24*(4), 287–309.

Edelman, L., Manolova, T., & Brush, C. (2008). Entrepreneurship education: Correspondence between practices of nascent entrepreneurs and textbook prescriptions for success. *Academy of Management Learning and Education, 7*(1), 56–70.

Erez, M., & Earley, C. P. (1993). *Culture, self-identity, and work.* New York, NY: Oxford University Press.

Fairlie, R. W., & Robb, A. M. (2009). Gender differences in business performance: Evidence from the characteristics of business owners survey. *Small Business Economics, 33*, 375–395.

Fiet, J., & Patel, P. C. (2006). Entrepreneurial discovery as constrained systematic search. *Small Business Economics, 30*, 215–229.

Fischer, E., & Reuber, R. (2007). The good, the bad and the unfamiliar: The challenges of reputation formation facing new firms. *Entrepreneurship Theory and Practice, 31*(1), 53–75.

Gannon, A. (2011). *On becoming and entrepreneur: Exploring how African American business owners construct their identities.* Doctoral Dissertation, Boston University Graduate School of Management, Boston, MA.

Granovetter, M. (1985). Economic action and social structure: The problem of embeddedness. *American Journal of Sociology, 91*(3), 481–510.

Gupta, V. K., Goktan, A. B., & Gunay, G. (2014). Gender differences in evaluation of new business opportunity: A stereotype threat perspective. *Journal of Business Venturing, 29*(2), 273–288.

Harding, R. (2006). *Social entrepreneurship monitor, United Kingdom.* London: Foundation for Entrepreneurial Management, London Business School. Retrieved from http://www.london.edu/assets/documents/facultyandresearch/GEM_UK_2006_Social_Entrepreneurship_Monitor.pdf. Accessed on October 15, 2010.

Haugh, H. (2005). A research agenda for social entrepreneurship. *Social Enterprise Journal, 1*(1), 1–13.

Haugh, H. (2006). Social enterprise: Beyond economic outcomes and individual returns. In J. Mair, J. Robinson, & K. Hockerts (Eds.). *Social entrepreneurship* (pp. 180–206). New York, NY: Palgrave MacMillan.

Hechavarria, D. M., Ingram, A., Justo, R., & Terjesen, S. (2012). Are women more likely to pursue social and environmental entrepreneurship? In K. D. Hughes & J. E. Jennings (Eds.), *Global women's entrepreneurship research: Diverse settings, questions and approaches* (pp. 135–151). Cheltenham: Edward Elgar.

Hogg, M. A., Terry, D. J., & White, K. M. (1995). A tale of two theories: A critical comparison of identity theory with social identity theory. *Social Psychology Quarterly, 58*(4), 255–269.

Honig, B. (2004). Entrepreneurship education: Toward a model of contingency-based planning. *Academy of Management Learning and Education, 3*(3), 258–273.

Jack, S., & Anderson, A. R. (2002). The effects of embeddedness on the entrepreneurial process. *Journal of Business Venturing, 17*(5), 467–487.

Jennings, J., & Brush, C. G. (2013). Research on women entrepreneurs: Challenges to (and from) the broader entrepreneurship literature. *Academy of Management Annals, 7*(1), 663–671.

Katz, J. (2003). The chronology and intellectual trajectory of American entrepreneurship Education 1876–1999. Journal of Business Venturing., *18*(2), 283–300.

Keeling, R. P. (2004). *Learning reconsidered: A campus wide focus on student experience.* Washington, DC: National Association of Student Personnel Administrators and American College Personnel Association.

Kelley, D., Brush, C., Greene, P., & Litovsky, Y. (2012). *Global Entrepreneurship Monitor (GEM) women's report.* Wellesley, MA: Babson College.

Kempster, S. (2006). Leadership learning through lived experience: A process of apprenticeship? *Journal of Management & Organization, 12*(1), 4–22.

Kirzner, I. (1973). *Competition and entrepreneurship*. Chicago, IL: The University of Chicago Press.

Kloosterman, R. C. (2010). Matching opportunities with resources: A Framework for analyzing (migrant) entrepreneurship from a mixed embeddedness perspective. *Entrepreneurship and Regional Development*, 22(1), 25–45.

Mair, J., & Marti, I. (2006). Social entrepreneurship research: A source of explanation, prediction, and delight. *Journal of World Business*, 41(1), 36–44.

Mair, J., & Noboa, E. (2006). Social entrepreneurship: How intentions to create a social venture are formed. In J. Mair, J. Robinson, & K. Hockerts (Eds.), 2006. *Social Entrepreneurship* (pp. 121–136). New York, NY: Palgrave MacMillan.

Manolova, T., Brush, C., Edelman, L., & Shaver, K. (2012). One size does not fit all: Entrepreneurial expectancies and growth intentions of US women and men nascent entrepreneurs. *Entrepreneurship and Regional Development*, 24(1–2), 7–27.

Markus, H., & Nurius, P. (1986). Possible selves. *American Psychologist*, 41(9), 954–969.

Meyskens, M. (2010). *How do partnerships lead to a competitive advantage? Applying the resource based view to nascent social ventures*. Doctoral dissertation, Florida International University.

Meyskens, M., Brush, C., & Allen, E. (2011). Human capital and hybrid ventures. In T. Lumpkin & J. Katz (Eds.), *Social and sustainable entrepreneurship: Advances in firm emergence and growth* (Vol. 13, pp. 51–72). Advances in Entrepreneurship, Firm Emergence and Growth. Bingley, UK: Emerald Group Publishing Limited.

Mintzberg, H. (1978). Patterns of strategy formation. *Management Science*, 24(9), 934–948.

Neck, H., Brush, C., & Allen, E. (2009). The landscape of social entrepreneurship. *Business Horizons*, 52(1), 13–19.

Neck, H., & Greene, P. G. (2011). Entrepreneurship education: Known worlds and new frontiers. *Journal of Small Business Management*, 49(1), 55–70.

Neck, H., Greene, P. G., & Brush, C. G. (2014). *Teaching entrepreneurship: A practice based approach*. Northampton, MA: Edward Elgar Publishing.

Newman, E. L. (2013). *A theory on becoming entrepreneurial: A student's developmental journal to a creation-driven mindset*. Doctoral dissertation, University of Pennsylvania- School of Education, Philadelphia, PA.

Noyes, E., & Brush, C. (2012). Teaching entrepreneurial action: Application of creative logic. In A. C. Corbett & J. A. Katz (Eds.), *Entrepreneurial action* (Vol. 14, pp. 253–280). Advances in Entrepreneurship, Firm Emergence and Growth. Bingley, UK: Emerald Group Publishing Limited.

Orser, B., & Elliott, C. (2015). *Feminine capital: Unlocking the power of women entrepreneurs*. Stanford, CA: Stanford University Press.

Read, S., Song, M., & Smit, W. (2009). A Meta-analytic review of effectuation and venture performance. *Journal of Business Venturing*, 7(5), 405–417.

Robinson, J. (2006). Navigating social and institutional barriers to markets: How social entrepreneurs identify and evaluate opportunities. In J. Mair, J. Robinson, & K. Hockerts (Eds.), 2006. *Social entrepreneurship* (pp. 95–120). New York, NY: Palgrave MacMillan.

Sarasvathy, S. (2001). Causation and effectuation: Toward a theoretical shift from economic inevitability to entrepreneurial contingency. *Academy of Management Review*, 26(2), 243–263.

Sarasvathy, S. (2008). *Effectuation: Elements of entrepreneurial expertise.* Northampton, MA: Edward Elgar Publishing, Inc.

Schlesinger, L., Kiefer, C., & Brown, P. (2012). *Just start: Take action, embrace uncertainty, create the future.* Cambridge, MA: Harvard Business Review Press.

Schumpeter, J. (1935). *The theory of economic development.* New York, NY: Oxford University Press.

Seelos, C., Ganly, K., & Mair, J. (2006). Social entrepreneurs directly contribute to global development goals. In J. Mair, J. Robinson, & K. Hockerts (Eds.). *Social entrepreneurship* (pp. 235–275). New York, NY: Palgrave MacMillan.

Shane, S., & Venkataraman, S. (2000). The promise of entrepreneurship as a field of research. Academy of Management Review, 25(1), 217–236.

Stryker, S. (1987). Identity theory: Developments and extensions. In K. Yardley & T. Honess (Eds.), *Self and identity.* New York, NY: Wiley.

Tajfel, H. (Ed.). (1982). *Social identity and intergroup relations.* Cambridge: Cambridge University Press.

Van Osnabrugge, M., & Robinson, R. J. (2000). *Angel investing.* San Francisco, CA: Jossey-Bass.

Xavier, S. R., Kelley, D., Kew, J., Herrington, M., & Vorderwülbecke, A. (2012). Global entrepreneurship monitor: 2012 Global report. Global Entrepreneurship Research Association. Retrieved from www.gemconsortium.org.

| 第 19 章

我不是一个统计数据（即使其他人都是）：跨学科的活动

纳森尼尔·卡斯特（Nathaniel Karst）和罗莎·斯莱杰斯（Rosa Slegers）

19.1 引言

许多人，包括我们的学生，在考虑由随机产生的定量信息时，都会做出错误的决定（Kahneman 和 Tversky，1974，1984,）。在一个完全的量化世界里，一个学生在解决定量问题时，会利用所有可用的统计工具。众所周知，根据个人经验，这种情况是很罕见的。尼斯贝特（Nisbett）、克兰兹（Krantz）、杰普森（Jepson）和昆达（Kunda）（1983，339 页）将统计启发式的使用进行了量化，他们把它形容为"日常生活中类似于统计原理的直观等效的判断工具"。已经有很多文献证明，这些启发式的方法可能由于许多原因而失败，而这些失败往往是令人吃惊的（Kahneman 和 Tversky，1974）。尼斯贝特（Nisbett）等人（1983）则表明，统计训练既增加了一个人使用统计概念处理现实世界问题的可能性，又提高了预测结果的质量。

根据这些见解，似乎任何一个量化教育的目标都是提醒学生他们自己的量化决策中存在内在的偏差、盲点和缺点。我们认为这一点在当今这个时代尤为重要，因为在这个时代一个决策可以通过全球互联的经济传播得更远、更快。通常挑战往往不在于让学生们相信这些想法很重要（Griffith，Adams，Gu，Hart 和 Nichols-Whitead，2012），而是让他们相信这些统计方法适用于他们。

基辅勒（Zieffler）等人（2008）提供了一篇优秀而详细的综述，将决策心理学与大学水平的统计学教学联系起来。在作者给教师的建议中，他们主要关注各种形式的评估，以确定容易产生误解的领域，以便老师决定哪些内容需要进一步解释。这无疑是在统计学课程中改善总体教育成果的一个重要工具。就我们的工作而言，我们追求一种平行和互补的学术轨迹，鼓励学生批判性地思考并更好地理解自己决策过程中的薄弱环节。

已经有文献证明，展示具体的例子而不是一般性的说明是传达数据分析结果更有效的方法（Borgida 和 Nisbett，1977；Nisbett 和 Borgida，1975）。此外，一般来说，如果这些统计数据挑战了人们对自己的看法，内部统计数据就会更加糟糕（Borgida 和 Nisbett，1977；Kahneman 和 Tversky，1973；Nisbett 和 Borgida，1975）。为了克服这两个教学障碍，我们给学生一些具体的例子，让他们根据量化信息做出错误的决定。我们首先根据卡尼曼（Kahneman）的《思维，快与慢》（2011）中著名的认知谬误对学生进行调查，并将调查得出的结果在课堂上进行讨论。

1）通过定量推理往往会失败的适用案例来获得学生的参与。
2）让学生接触到他们决策过程中的不一致的具体案例。
3）鼓励学生通过使用具体而非抽象的例子来内化概念。

我们的方法也可以根据对人们如何做出决策的传统调查进行构建，特别是当与随机性和定量信息相关时。贝尔（Bell）、莱法（Raiffa）和塔沃斯基（Tversky）（1988）提出将决策研究分为三个部分。

1）描述："真实的人如何思考和表现？他们如何感知不确定性、积累证据、学习和更新观念？"
2）规范性："……如果决策者相信是这样或那样的，他就应该这样或那样做"。
3）规定性："真实的人，而不是虚构的、理想化的、超理性缺乏感性的人，如何才能做出更好的选择，而不会对他们深层的认知问题产生暴力？"

作者以如下方式总结他们的工作："我们将考虑人们到底如何做出决策，'理性'的人应该如何做决策，以及我们该如何帮助缺乏理性但渴望理性的人做得更好"。包含规定性方法对我们在这里的工作是非常重要的，因为它从根本上讲是一个教与学的问题。

19.2 方法论

调查问题是根据卡尼曼（Kahneman）所著的《思维，快与慢》一书中的例子改编而成的。这项调查是在 2014 年秋季学期开始前进行的，对象是在百森商学院参加一个为期 9 个月的硕士管理课程的 49 名学生。在参与调查的 49 人当中，有 18 名女生、来自 15 个国家，并涉及 20 多个不同的本科专业。

为了更好地适合我们的国际受众，我们改编了卡尼曼提出的一些问题。例如，问题 3 和问题 4 要求学生首先陈述他们的债务总额，然后评价他们的幸福指数，或以相反的顺序完成相同的问题。这与斯塔克（Strack）、马丁（Martin）和舒瓦兹（Schwarz）（1988）的一项研究相似，他们要求一组文化背景相近的德国学生首先评价他们的幸福感，然后估计他们在上个月约会次数，或者以相反的顺序完成相同的问题。研究表明，在前一种情况下，一个学生约会次数和她的整体幸福不相关；学生设法评估她的整体幸福感，包括约会，以形成她的估计。在后一种情况下，学生的约会次数与整体幸福感密切相关，表明学生可能已经将一个简单的问题"你参加过多少次约会"，替换成了一个相对困难的问题"你最近有多幸福"。关于约会问题的全球社会规范差异很大，因此我们选择了更加普遍的债务概念。即使是这样，我们的概念替换仍然是相当粗糙的；来自不同文化的学生对于可接受的债务水平可能有不同的看法，尽管如此，这也还是向前迈进了一步。

为了保护隐私和鼓励直率的回答，教师可以查看某个学生是否完成了调查，但无法访问任何特定学生的调查内容。在 $n=49$ 名学生中，$n=41$ 名学生完成了调查，$n_A=22$ 采用了 A 版本（附录 A）调查问卷，$n_B=19$ 采取了 B 版本（附录 B）调查问卷。选择的问题包含了定量决策的广泛影响，包括：

1. 锚定（Q1，Q6~Q7）
2. 启动（Q3~Q4）
3. 可用性（Q8）
4. 正面和负面的评语（Q2）
5. 连接性（Q5，Q9）
6. 统计与自我感觉（Q10）

这些主题自然地激发了另外一些我们在课堂上讨论过但没有评测的主题，包括用频率和计数来表述问题、因果关系的幻觉、前景理论以及代替专家的应用算法。

本课程中涉及的主题不完全属于任何一个学科的范畴，哲学、统计学和认知心理学的元素都发挥了重要的作用。为了帮助学生在这些互补的思维模式之间建立联系，本课程由哲学和数学教师共同教授。这种方式最初被认为是对调查结果和相关认知谬误的连续讨论。在实践中，学生和两名教师之间的对话是相当自由的。

19.3 结果

事实上，这两个版本的调查结果的差异在统计上都不显著。这完全不令人惊讶，因为样本量太小，文化异质性太高。话虽如此，对调查问卷的规范性回答进行讨论，并将这些理性回答与在教室中观察到的答案进行比较，可以说明项目的总体目标。

问题 1 和问题 2 以不同格式呈现了相同的信息集合。在这两个问题中，版本 A 以更积极的方式呈现信息，而版本 B 以负面的方式呈现相同的信息。在没有认知偏见的情况下，我们预计学生平均回答之间的差异为零。考虑到表 19-1 第一行所示的 p 值为 0.48，我们没有足够的证据来打消这种信念。

表 19-1　版本 A 和版本 B 的调查结果平均值

问题	版本 A 平均值	版本 B 平均值	p 值
1	4.73	5.18	0.4
2	6.68	5.94	0.4
3	$49 205	$13 256	0.3
4	7.73	7.00	0.1
5	14 883	6 005	0.1
6			
7	84.8	67.9	0.0
8	8.50	8.82	0.3
9		95% C.I. (0.224, 0.552)	
1		95% C.I. (0.588, 0.882)	

（问题序号按照版本 A 调查的问题顺序）。

问题的顺序："你目前有多少债务（以美元计算）" 以及 "从 1 到 10，1 表示非常不幸福，10 表示很幸福，你最近有多快乐？"在两个版本之间是颠倒的。对于非常理性的学生来说，这种顺序的变化并不重要；在两个版本中，大样本统计的理性学生的平均幸福指数是相同的。这种结果在实验室中通常是观察不到的。问题 3 旨在诱导版本 B 调查的启动效应；在试图判断自己近期有多幸福之前，学生们会先考虑自己的债务水平，这代表了他们的债务水平对他们幸福感所起的作用。这正是我们在表 19-1 的第 2 行和第 3 行中所观察到的：版本 B 的受访者报告说不如版本 A 的受访者快乐。有趣的是，参加版本 B 的受访者却有更低的债务水平！

版本 B 中的问题 5，"如果遇到灾难性恐怖袭击而意外身亡将赔付 10 万美元，你愿意为这样的人寿保险保单付多少钱"，旨在唤起迫在眉睫的危险的图像，从而影响受访者为版本 A 中提供的同样的保险计划支付更多的费用："在任何原因的身亡情况下都赔付 10 万美元，你愿意为这样的人寿保险保单支付多少钱？"我们没有观察到预期的行为，而是观察到如表 19-1 所示的更多的理性选择。对数据的更仔细的审查引起了我们的怀疑，然而，版本 A 中有一个受访者愿意支付 10 万美元购买保额也是 10 万美元的保险，即使忽略这一个异常样本，可以看见两个版本的平均值更加接近。

如问题 6 所述，甘地死亡的年龄在版本 A 中（114 岁），而在版本 B 中是惊人的年轻（35 岁）。这些奇怪的数字是为了"锚定"学生对问题 7 的回答，这两个版本的问题是一样的："你猜测的甘地的死亡年龄最接近多少岁？"通常情况下，受访者与上一个问题得出的数字只有相对较小的偏差。这是我们在噪声中看到非常强烈信号的几个问题之一，因为绝大部分学生停留在他们收到的"锚点"附近，版本 A 的受访者平均猜测值为 84.8 岁，版本 B 的受访者的平均猜测值仅为 67.9 岁。

在版本 A 中，问题 8 要求学生将他们对百森商学院的印象用数字表示出来。在版本 B 中，受访者也是同样的问题，但回答问题之前，他们被要求列出喜欢百森商学院的 20 件事。在典型的实验室实验中，这种清单会导致受试者对主题的积极性的"消耗"；受访者在清单结尾处得出结论：对于所讨论的实体，没有可喜欢的地方了，因此将他们的印象放在评分较低的一端。我们观察到不同版本受访者之间没有这种区别，这可能是因为几个设计缺陷，包括学生愿意看到学校好的方面（即使在保证匿名受访的情况下）以及刚开学几周总体还都很认真。

问题 9 提出了一个困扰统计的经典认知错误，即关联谬误。在看到了一系列展示，描述琳达作为一个自由主义者的细节后，受访者被问及，"琳达是保险销售员"或"琳达是保险销售员，并且积极参与女权运动"，哪一个的可能性更大。第二个选项肯定更好地与提示中的叙述更匹配。然而，稍做思考我们就能知道，满足第二种描述的任何一个人都必然满足第一个，所以第一个简单的描述就不能成为大概率的选择。我们在这里观察到一个强烈的信号。只有大概 40%的学生做出了正确的反应，95%的置信区间为（0.224，0.552）。

我们用一个轻松但重要的问题结束了调查问卷："你的驾驶技能比平均水平更高吗？"假设驾驶员的技能近似对称地分布在平均值上，只有 50%的理性学生会做出肯定的回答。在我们的样本中，有近 75%的学生回答说他们比平均水平更好，95%的置信区间（0.588，0.882）。在某种程度上，我们都知道只有 50%的人能比平均水平更好，但不知何故，我们觉得这个统计数据并不适用于我们。

19.4 讨论

在本节中，我们引用伯格森（Bergson）、詹姆斯（James）、哈尔米（Hulme）和马策尔（Marcel）的研究来解释为什么学生可能不愿意或不能将抽象的统计结果应用于自己的生活。也就是给学生举一些具体的实例，说明他们如何做出糟糕的决定，而不是给他们讲笼统抽象的概念，是如此重要。

我不是一个统计数据（即使其他人都是）

詹姆斯（James）观察到："继续毫无挑战的思考有 99%的可能，是我们在完全意义上所知道的实际替代品"（James，1996，206 页）。我们的日常认知生活主要是为了维持理性的情绪和支持认知安逸感的习惯，这是我们以有效的和节省时间的方式完成工作的途径，这种态度的作用是不能否认的。这种功利主义的心态对应的是，通过培训来采取一种有效的和必要的方法，来获得一份工作的资格并保持工作顺利进行，并且能够在对某些行为和技能有所预期的社会中站住脚。然而这种态度并不鼓励那种倾向于多样性和差异性而不是简单化的批判性思维。功利主义的态度严重限制了我们的感知，因为它使我们看不到事物本身的独特性。

许多基于案例的教学鼓励将现实简化成一个连贯、理性的整体趋势。许多商业案例的研究提倡这样一种观点：在这个世界中，帮助我们做出正确决策的必要和充分的信息都是现成的，而随机性和运气的作用在大多数情况下可以被忽略。它灌输了卡尼曼（Kahneman）描述的思维方式，即"你所看到的就是所有的"（"what you see is all there is",WYSIATI),这种想法认为我们可以获得的信息是唯一相关的信息,除了我们所掌握的事实之外,任何其他的考虑都是无关的或多余的(Kahneman,2011)。当以这种狭隘的方式考虑问题时,基于案例的教学会给学生灌输一种错觉即一旦他们"在现实世界中"找到了工作,他们的决定和行动也将基于"客观"真理和理性思考。

哈尔米(Hulme)(1924)在《伯格森的理论艺术》中解释说,因为我们的生活以行动为中心,相比细节和独特性,我们更关注概念化的思考。我们寻找共同的特性,结果是"我们只看到公式化的类型。我们往往看到的只是个表格,而不是里面的内容"。我们依赖于模式和秩序:"我们正常的认知能力本质上是一种提取现实流动中的稳定性和规律性的力量"(Bergson,1946)。概念、模式和实践范畴使我们感觉到对生活的掌控,并带给我们舒适安逸的感觉,詹姆斯(James)称之为理性的情感。因此,我们倾向于使用"真实"这个词来表示什么已被证明是有用的:"想法……变得真实,因为它们帮助我们与我们的其他经历建立起令人满意的关系……稳定的工作、简化、节约劳动"(James,1978)。这种现象类似于我们的学生用"我有多少债务"这个问题替代"我这些天有多幸福?"当面对复杂性时,无论它是涉及一个问题还是涉及丰富的生活经验,我们都会本能地寻找捷径。我们没有使用的那部分经验被认为是无关的,甚至是不真实的,我们实用主义思想下的节省劳动的工作能够不受阻碍地进行。

然而,在内心深处,我们都知道"任何抽象概念都不能有效替代具体现实,除非涉及构想者的特殊兴趣"。如果不考虑特殊兴趣,抽象概念就会变得毫无用处,甚至可能令人反感。我们在求职时都有这样的经历,我们的申请依赖于抽象概念,单从一个视角来看,这些概念把我们描述为获得的学位、多年的经验、工作勤奋、拥有极大的领导潜力等,但是我们知道,这个概念列表不能回答我们是谁的问题。当我们被拒绝时,我们对这种认知体会尤为深刻。我们认为我们自己的抽象版本并不能对我们的独立个体做出公正的判别。然而,这样的申请过程将我们抽象化了,它选择了简单化来代替我们的独特性和多样性。当我们的学生没有将统计工具应用到他们的经验中,并且以某种方式认为自己是例外,他们拒绝将自己视为一个统计数据。将我们简化为众多例子中的一个是错误的,因为我们丰富的经验反对类别化和概念化。

19.5 结论和未来的工作方向

我们认为,如果商科教育要培养认知上负责任的人,那么商科教育提供的一部分课程和案例就需要在问题与神秘、抽象与具体、分析与直觉、简化与多样性、概念化与独特性等之间取得平衡。目前,商科教育仍然被一种实用主义的心态所主导,旨在保持理性的情绪。

拉维特(Lovett)(2001)进行了一项研究,在这项研究中,学生要么在尝试一个问题之后立即获得反馈,要么仅在所有问题结束时才得到反馈。在这种情况下,那些得到及时反馈的学生在选择适当的图形描述数据方面比他们的同学进步更快。这种效果也可以扩展到"软性的"统计技能。我们可以想象对课堂上的学生进行类似或相同的问卷调查，并立即讨论结果。虽然我们需要考虑向参与调查的半数以上的人员隐藏调查的版本，实施起来有些复杂，但学生从中获得的好处足以弥补实施过程中增加的复杂性。

◀ 参考文献

Bell, D., Raiffa, H., & Tversky, A. (1988). *Decision making: Descriptive, normative, and prescriptive interactions.* New York, NY: Cambridge University Press.

Bergson, H. (1946). The creative mind *(M. Andison, Trans.).* New York, NY: The Philosophical Library.

Borgida, E., & Nisbett, R. (1977). The differential impact of abstract vs. concrete information on decisions. *Journal of Applied Social Psychology, 7,* 258–271.

Greco, J. (2011). Virtue epistemology. In E. Zalta (Ed.), *Stanford encyclopedia of philosophy.* Stanford, CA: The Metaphysics Research Lab, Center for the Study of Language and Information, Stanford University. Retrieved from http://plato.stanford.edu/entries/epistemology-virtue/

Griffith, J., Adams, L., Gu, L., Hart, C., & Nichols-Whitead, P. (2012). Students' attitudes towards statistics across the disciplines: A mixed-methods approach. *Statistics Education Research Journal, 11,* 45–56.

Hulme, T. E. (1924). *Speculations.* New York, NY: Harcourt, Brace & Company, Inc.

James, W. (1978). *Pragmatism and the meaning of truth.* Cambridge, MA: Harvard University Press.

James, W. (1996). *Essays in radical empiricism.* Lincoln, NE: University of Nebraska Press.

Kahneman, D. (2011). *Thinking, fast and slow.* New York, NY: Farrar, Straus and Giroux.

Kahneman, D., & Tversky, A. (1973). On the psychology of prediction. *Psychological Review, 80,* 237–251.

Kahneman, D., & Tversky, A. (1974). Judgment under uncertainty: Heuristics and biases. *Science, 185,* 1124–1131.

Kahneman, D., & Tversky, A. (1984). Choices, values, and frames. *American Psychologist, 34,* 341–350.

Lovett, M. (2001). A collaborative convergence on studying reasoning processes: A case study in statistics. In S. Carver & D. Klahr (Eds.), *Cognition and instruction: 25 years of progress.* Mahwah, NJ: Erlbaum.

Nisbett, R., & Borgida, E. (1975). Attribution and the psychology of prediction. *Journal of Personality and Social Psychology, 32,* 932–943.

Nisbett, R., Krantz, D., Jepson, C., & Kunda, Z. (1983). The use of statistical heuristics in everyday inductive reasoning. *Psychological Review, 90,* 339–363.

Strack, F., Martin, L., & Schwarz, N. (1988). Priming and communication: Social determinants of information use in judgments of life satisfaction. *European Journal of Social Psychology, 18,* 429–442.

Zieffler, A., Garfield, J., Alt, S., Dupuis, D., Holleque, K., & Chang, B. (2008). What does research suggest about the teaching and learning of introductory statistics at the college level: A review of the literature. *Journal of Statistics Education, 16.*

附录 19A　调查问卷版本 A

1．所有申请贵公司职位的申请人都被要求提供推荐信，每个推荐人要用六个形容词（没有顺序要求）来描述该申请人。你目前正在审核的申请人是这样被描述的：

聪明—勤奋—冲动—挑剔—固执—嫉妒

从 1～10 打分，1 表示"不录用"和 10 表示"立即录用"，你会给这名申请人打几分？

2．通过治疗存活下来的概率是 90%。从 1～10 打分，1 表示最低，10 表示最高，你认为这个病例有多严重？

3．从 1～10 打分，1 表示非常不幸福，10 表示非常幸福，你这些天的幸福情况可以打多少分？

4．你目前大概有多少债务（以美元计）？

5．你愿意为如下人寿保险计划支付多少费用？——因任何原因意外身亡，可获得 10 万美元的赔偿。

6．判断对错：甘地逝世时已经超过 114 岁了。

7．你对甘地死亡时的年龄的猜测是什么？

8．从 1～10 打分，1 表示非常低，10 表示非常高，你对百森商学院的印象可以打多少分？

9．琳达，31 岁，单身，直率，非常聪明，主修哲学。作为一名学生，她特别关心歧视和社会正义问题，并参加了反核示威。以下哪个描述更可能是真的？

- 琳达是一名保险销售员。
- 琳达是一名保险销售员，积极参与女权运动。

10．你的驾驶技术高于平均水平吗？

附录 19B　调查问卷版本 B

1．所有申请贵公司职位的申请人都被要求提供推荐信。每个推荐人要用六个形容词（没有顺序要求）来描述该申请人。你目前正在审核的申请人是这样被描述的：

嫉妒—固执—挑剔—冲动—勤奋—聪明

从 1～10 打分，1 表示"不录用"和 10 表示"立即录用"，你会给这个申请人打几分？

2．通过治疗存活下来的概率是 10%。从 1～10 打分，1 表示最低，10 表示最高，你认为这个病例有多严重？

3．你目前大概有多少债务（以美元计）？

4. 从 1~10 打分，1 表示非常不幸福，10 表示非常幸福，你这些天的幸福情况可以打多少分？

5. 你愿意为如下人寿保险计划支付多少费用？——如在灾难性恐怖袭击中意外死亡，可获得 10 万美元的赔偿。

6. 判断对错：甘地逝世时已经超过 35 岁了。

7. 你对甘地死亡时的年龄的猜测是什么？

8. 列出 20 个你喜欢百森商学院的理由。

9. 琳达，31 岁，单身，直率，非常聪明，主修哲学。作为一名学生，她特别关心歧视和社会正义问题，并参加了反核示威。以下哪个描述更可能是真的？
   - 琳达是一名保险销售员。
   - 琳达是一名保险销售员，积极参与女权运动。

10. 你的驾驶技术高于平均水平吗？

第 20 章
体验翻转课堂

史蒂芬·戈登（Steven Gordon）

20.1 引言

百森商学院鼓励其师生创新。我们的教师教授创业思维与行动®原理，尽可能地将其融入我们的课程体系和教学法中。因此，当我第一次听说翻转课堂的时候，我就对它进行了研究，马上就喜欢上了，并决定秉承创业思维与行动®的精神开展试验。如果试验失败了，我就放弃，但是我相信我能够从中有所收获，调整我的做法来改善学生的学习体验。本章介绍了我为什么要在计算机编程入门课上尝试翻转课堂，我是怎么做的，结果如何，以及我从中学到了什么。这是一个翻转课堂的案例研究，也是我尝试将创业思维与行动®的创新原理付诸教学实践的一个案例。

什么是翻转课堂？严格来说，它是一种教学方法，将通常在课上安排的活动，例如讲课，放在课下进行。而通常在课外的一些活动，例如作业，放在课上进行。大多数情况下，教师会让学生在课前看事先录好的讲课视频。然后在课上，学生在老师的指导和同学的帮助下完成作业。

翻转课堂并不是一个新概念。商学院和法学院的老师使用案例研究方法已经有 100 多年的历史了（Barton，2007）。使用案例研究方法的学生在课前要阅读一两个案例，往往再加上同案例相关的一些理论阅读。在商学院，课堂上的时间用来讨论如何为了案例主角的利益，将理论应用到极致。在法学院，课上的时间是用来讨论理论在法庭案件中是如何解释的，或应该怎样解释。单从形式上来讲，课上教师不讲课，只扮演引导者的角色的情况下，案例研究方法应该被视作是翻转课堂的一种版本。埃里克·马祖尔（Eric Mazur）是著名的翻转课堂的积极倡导者之一，他就曾经支持过这个观点（Mazur，2013）。文学和其他人文学科的讨论课经常采用类似的方法，就是在课上应用课下获得的理论，不讲内容。科学、技术、工程和数学这些学科启用翻转课堂的模式要慢一些，因为这些专业的教师通常认为学生需要理解的概念过于抽象，且难以以书面形式传授。虽然学生们也会在预习的时候读读课本或讲义，但在传统上这些专业的老师还是要在课上把内容重新讲一遍，向同学们提问来评估他们理解的水平，并调整进度和举例的数量，直到他们认为大多数学生都已经掌握了概念。

上面讲的翻转课堂的定义并没有被普遍接受。有些研究人员要求课外教学要在计算机上进行（Bishop 和 Verleger，2013）。之所以有这种区别，是因为有研究表明大学生通常不能完成阅读作业（Sappington，Kinsey 和 Munsayac，2002），那些观看了演讲视频的学生往往比看书的学生在课前准备得更充分（Brecht 和 Ogilby，2008；Evans，2008；Lepie，2014），特别是带有互动性的视频（Zhang，Zhou，Briggs 和 Nunamaker，2006）。这样的定义也将翻转课堂与最常见的案例研究和研讨教学法区分开来。

即便是按照较严格的定义，翻转课堂也有多种存在模式。课堂上不再讲知识点了，大部分的时间就可以用来做更高学习层次的练习了，课堂时间如何分配由教师自己决定。在传统课堂上，教师很少能利用到学生的课余时间，所以作业和课后考试很常见。但是在翻转课堂上，课上时间就没必要这么平淡乏味了。学生们可以进行各种活动，来应用和吸收他们已经掌握的知识。这些活动包括同学间的活动、小组活动、学生主导解决问题，以及在教师帮助下由个人来解决问题，这跟传统的作业类似，区别在于学生卡住的时候，可以请教师来帮忙。

20.2 下决心试验

我第一次接触到翻转课堂的概念是在 2010 年。但那个时候，这方面的文献不多。2010 年我查了百森商学院图书馆的数据库，没有查到"翻转课堂"这个词。第二年再查，只有 42 条结果。但到了 2012 年夏天，我感觉人们对它产生了兴趣，到图书馆一查，果然验证了我的直觉，2012 年 1~6 月，总共有 175 篇文章发表，按全年量来算，比上一年增长了 8 倍多。翻转课堂的支持者对自己学习体验的评估结果热情高涨。所以，在 2012 年夏天，我决定是时候通过亲自体验来了解翻转课堂了。

我的一个任务是决定翻转哪门课。我教好几门课程，翻转哪个都行。最终我选择了一门叫做"问题解决与软件设计"的计算机编程入门课来做试验。这门课我已经连续教了五年，学生满意度很高。因为我有丰富的经验，积累和开发的教学材料很多，所以我觉得用它做试验风险相对较低。另外，但我希望通过翻转课堂来提高我的效率。虽然我的学生对这门课很满意，但我知道如果他们要继续自学或管理他们雇佣的程序员，他们还是要理解某些基本的概念，而这些过去我们都没有讲到。以前，我尽量让我的学生学得快点、走得远些，但结果是讲得越多，懂得就越浅。可能他们学的概念多了一些，但是还不能应用它们。我对他们的学期项目要求越高，他们就越需要更多的帮助来满足我的期望。另外，我发现随着我的速度加快，有些学生就落伍了，以至于都准备放弃了。学会编程是一项循序渐进的任务，学生们不得不对付越来越抽象的概念。如果前面的概念没有掌握，理解后面的概念几乎是不可能的。我读了有关翻转课堂的材料，觉得这个方法能解决我的问题。如果学生们在课前先学习了编程语言的语法和语义，我就可以利用课上的时间来保证他们都能够应用所学的内容，进展就会更快些。

20.3 准备开课

百森商学院为异步在线教学提供了两个技术平台——Brainshark 和 Panopto。Brainshark 是一项基于云的服务，它可以录下教师讲解 PPT 演示文稿的语音，中间还可以穿插交互活动，如问题或测验。教师每次录一张幻灯片，并且可以随时重新录制任何一张幻灯片，甚至在整个课程发布后。老师要求学生在学习每一节课之前要先登录，然后 Brainshark 就会记录学生在每堂课上花费了多长时间，看了几张幻灯片。它还会记录学生对课程中的测验或问题的答案。

Panopto 也是一项基于云的服务，它提供了比 Brainshark 更丰富的环境，但代价是将整堂课看作是一个单元。Panopto 能够通过教师计算机上自带的摄像头记录下讲课过程以及屏幕上显示的内容。这是演示软件使用或练习过程的理想办法。但是，如果老师只是使用 PPT 讲课，在讲课过程中修改材料可能就会特别困难。因为我已经在前些年开发出了一套辅助我讲课用的 PPT，我决定使用 Brainshark 作为我主要的授课平台。但是，我也选择性地使用 Panopto 录短视频，在我做 Brainshark 演示的时候嵌入一些"视频幻灯片"。

2012 年夏天，我的大部分时间都用在准备翻转课堂上了。在幻灯片的备注部分，我加上了计划要录的文本。如果学生们想看，就可以阅读这些文本，而不用听我讲或边听边看。这样也使我在录制的时候不容易犯错。另外，我把每堂课分成小段，每段大约 20 分钟，只讲一个概念。在我的很多演示中，我都加上了一个活动或小测验，这样更具互动性，我也能够评估学生理解我正在讲的这个概念的难度。

20.4 上课

过去，我上问题解决和软件设计这门课的时候，部分时间用来讲课，部分时间做试验。我用刚开始的大约 30 分钟时间讲这节课的主要概念，用接下来的 30 分钟跟学生一起解决一个编程问题。我在讲台上听取并筛选学生们有关如何执行计算机代码的建议。我将我的电脑显示屏投放到大屏幕上，让大家都能看见，同学们跟着我尝试理解解决方案并将其复制到他们自己的笔记本计算机上。在最后的 35 分钟里，学生们试着自己解决一个类似的问题，我和我的助教在教室里走动，帮助有问题的学生。

当我做翻转课堂的时候，我课前就已经知道学生们花了多少时间看我预先录制的演示，知道他们的活动做得怎么样，问题答得好不好。我知道哪些概念对于他们有难度，哪些容易掌握。每节课开始的前 15 分钟，我让同学们提问，对于那些学生们在预习的时候发现特别难的概念，我举例加以解释。然后，跟前些年一样，我和同学们花上 30 分钟的时间一起解决一个问题。在剩下的 50 分钟里，学生们自己或和另一个同学一起解决一两个问题，我和助教在教室里巡视。翻转前后的主要区别在于我的讲课时间减少了，更有针对性了，学生们能有更多的时间自己解决问题，尽管是在监督下。

20.5 收获

有关翻转课堂的好处，大家提到最多的就是师生间的互动增加了（Clark，Norman 和 Besterfield-Sacre，2014；Tucker，2012）。由于我的班级人数不超过 20 个人，以前的课上也有试验环节，我觉得我跟学生们之间的互动一直就挺强的，所以我没期望，也没看到在互动性方面有多大改善。但是，有些改善还是挺明显的，因为我能把更多的时间花在试验上，能很容易地评估单个学生有哪些问题，并帮他们解决。以前没有用过试验的老师应该会发现，在进行小班教学的时候（不超过 40 名学生），在翻转课堂中，他们能够比在传统课堂上更了解学生，这是因为他们能够关注到每一位学生，一节课至少一次。

实验室环境的另一个好处是当教师站在学生们身后时，他们可以问老师自己觉得有点傻的问题，而不用担心被其他同学嘲笑。对于我来说，这些提问很能说明问题，因为它们往往是对当下所学习的概念存在很深的误解。也就是说，这些的确是傻问题。但是，他们让我能够耐心地、和善地、秘密地通过举例来解释这些概念，直到我可以看出这些学生真的弄懂了。这就使我能够自信地往后接着讲下一概念了，因为我知道全班同学都掌握了，能往下继续了。实验室的这种形式还能让我更容易看出哪个学生有些吃力，我给他们指明到哪里可以得到更多的帮助，并建议他们课后到我办公室来找我。

翻转课堂还有一项好处，学生们可以按照自己的节奏学习（Phillips 和 Trainor，2014；Starzee，2012）。有些学生学得很快，看教学材料没有任何困难；有些得看半天，花时间吸收理解，然后再往下看；还有些学生一遍遍地看视频，对于他们来讲，有必要重复地学。例如，在 2014 年秋季，我的一个学生观看关于数组的视频，这是编程里最难的一个概念之一，她一共看了 18 遍，相当于每张幻灯片看了 1.75 遍。与她相反，我的很多学生整个课就看一遍，每张幻灯片也只浏览一次。在传统的课堂上，教师讲课是没法放慢或重复的，所以很多学生就落下了；而另一些学生却嫌教师讲得慢而觉得无聊。有些传统的授课教师，特别是在医学院，会将他们的讲课录下来，这样即使是在传统的环境中，学生也能像在翻转课堂上那样按自己的节奏学习。

现在的学生是在数字世界里长大的（Phillip 和 Trainor，2014），对于他们来说，翻转课堂的学习环境很自然。我的学生已经习惯了用互联网、搜索引擎和数字媒体来获取信息和知识。我知道相比懒懒地坐在教室里，听一大堆的信息或偶尔观看一段视频，他们当中的很多人更愿意观看视频，停下来搜索点信息、相关数据或案例材料，然后再接着看视频。我偶然发现，我的学生们在使用一种软件，可以以两到三倍的速度收听课程内容。他们说他们有信心以这样的速度吸收材料内容，并向我保证，他们如果错过了什么或有听不懂的地方，他们会放慢速度重新再看一遍幻灯片。

理想情况下，翻转课堂可以帮助学生做自我评估（McLaughlin 等人，2014）。在传统课堂上，学生们往往很难确定他们理解老师讲解的内容的程度。他们可能会觉得自己听懂了，没必要问问题了，直到做作业或考试的时候才知道自己的评估是错的。我可以用 Brainshark 在教学材料中间穿插小测试，学生们立即就能准确地了解自己的理解程度。Brainshark 甚至还有一项我没有使用过的功能，能够根据学生答题的情况决定教学的流程。我认为如果学生没理解，他们会重新看一遍自己没弄明白的课程内容，会上网、看书或向其他同学求助。虽然传统授课的老师也会通过提问的方式来帮助学生做自评，但是补习起来要比翻转课堂难。一种解决方案是使用点击器来确定需要补习的学生的百分比，如果数量足够多，就再多举几个例子或多讲解。然而，很多学生还是会跟不上，而在翻转课堂上就不会出现这个问题。

我原以为翻转课堂能够改善教学进度。对我来说，这是我尝试它的主要原因。文献在这方面没有讲得很明白。很多人都写到，翻转课堂能更有效地利用时间（参见，例如 Arnold-Garza，2014；McDonald 和 Smith，2013），但是效率的提高对更深层次的概念理解或额外的学习目标有什么关系却描述得很模糊。我发现，通过即时了解学生的理解程度，我可以在必要的时候加快或放慢速度。因此，我可以讲得稍快些，而不用担心有谁会落下。在 2012 年秋季，我能够增加三个编程结构的课，这在前些年我是没有时间教的。

20.6 预期的缺点

翻转课堂最棘手的问题之一是学生的问题不能得到及时的解答。如果学生在家观看视频的时候有了一个问题，他们就只能上网、查书或问同学。通常情况下，问题得不到解决。在传统课堂上，学生只要举手，他们的问题立刻就能得到解决。当学生们得不到及时帮助的时候，他们就会变得沮丧，这种情绪会影响到他们对后续材料的理解。我的解决办法是在上课的头一天晚上 8：30—9：30 之间设答疑时间，学生可以通过 Skype 问我。我鼓励我的学生在那个时间段看我的讲课视频，如果有不懂的地方可以立即得到帮助。我也不能确定这算不算有效，因为在我在线答疑的时间里几乎没有问问题的同学。

另一个让人烦恼的问题是，如果学生没做准备就来上课了该怎么办。翻转课堂的前提假设是课前大家都事先做了功课。因为我不会在课上重新讲一遍，没预习的学生就无法从课堂活动中有任何收获。因此，学生一定要做充分的课前准备。但是，有时出于个人原因，其他课的作业忽然增加，或者其他不可控的原因使他们没有做好准备。偶尔我会发现，以前很少问问题的学生忽然需要大量的帮助。我猜想出现这样的情况是因为那个学生没有事先做准备。只要这样的事情不是频繁发生，我会容忍，确保这个拖欠的学生不会从别的同学身上抢占我太多的注意力。

不幸的是，并不是每个班的学生都积极主动，成绩可能会下降也可能不足以说服那些积极性较低的学生做好充足的准备。我在 2013 年秋季就遇见了这种情况。几个学生屡次在课前不做准备。我无法说服他们，让他们做更好的准备，而且上课也没有什么明确的惩罚措施，结果他们被远远地落在了后面，分数受到了影响，他们很沮丧，对我的课表示了不满。后来我再教这门课的时候，我将预习的分数设定成占总成绩的 12%，这样学生做准备的动力就大了些。正如在教学大纲里所解释的那样，预习的成绩是根据 Brainshark 录下的每个学生在网上观看视频的百分比、回答问题的百分比（回答错了不受罚），以及当在课上被临时叫起来展示线上课程里讲过的内容时，他们展示出来的能力。

20.7 试验的评估和调整

我在 2012 年的试验初步评估结果特别好。我能够讲更多的内容，而落后的或觉得困惑的学生数也减少了。但是，学生这门课的平均成绩却变化不大。从我学生的角度看，他们觉得没什么变化，他们对自己的学习和我的教学打的分跟翻转前那些学生几乎一样。刚开始的时候我有些不解，后来我明白了，他们没法对比。他们没有上过翻转前的课，不知道他们学的有关编程的知识和技能要比师哥师姐们多得多。

我受到了鼓舞，决定在 2013 年秋季再教这门课的时候继续这个试验。那个学期，我几乎没做什么改动，但是效果不如上年。有几名学生多次旷课，来上课的学生里也有很多事先不看视频的。另外，一些认真的学生好像掌握起来也有困难。虽然绝大多数的学生学得还是挺好的，但也有好几个不行的。全班的平均成绩下降了，学生对他们的学习和我的教学打的分也比上年低。在这点上，我有些灰心，不知道是我 2012 年的那个班特别强还是 2013 年的这个班太弱。如果翻转课堂只对好学生有效，那我就不得不说这是个失败。但我也考虑到自己在这方面是个新手，要学的还有很多。我觉得我应该继续试验，同时要找出 2013 年表现不佳的原因。

在 2014 年秋季，我做了四项重大改变，觉得可以保证较好的结果。首先，如上所述，我给学生的预习打分，并说明我怎么评判。其次，我把课程分解成小段，使学生更容易观看。实践者好像都觉得在大学这个层次，网上课程不应该超过 15~20 分钟。我现在课程的平均时长是 11.12 分钟，最短是 10.12 分钟，最长是 23.08 分钟。第三，我给每段课程加了些例子和额外的练习，以加强学生的学习效果。最后，我增加了三节关于第二种计算机语言的内容。我希望，如果学生们能够看到，将一种语言学到的概念应用到学习第二语言上是多么容易，他们对自己的学习评价能更积极。为了给这些课腾出时间，我不得不舍弃两个编程概念，并把另外两个概念合并进一堂课里讲。

2014 年的这些调整总体来说效果不错。奖励机制似乎增强了学生们的主观能动性，或许我又遇到了一个特别棒的班级。学生的平均成绩又回到了从前的高点，他们给自己的学习和我的教学的评价都打了高分。

20.8 学生对翻转课堂的看法

直到 2014 年，我才系统性地分析了我的学生对翻转课堂的看法。但是，为了继续学习如何能够进一步改进，也是为了准备撰写本章的内容，我让学生投票，问他们我该如何更好地处理那些我认为妨碍了他们进步的因素。

对于翻转课堂这种形式，我最担心的问题之一是我的学生在课前看课程视频的时候无法提问。在 2014 年，我试图通过增加例子和学生活动来确认他们有没有理解我所讲的概念，来消除这种担心。在上课的头一天晚上，我继续在线答疑，让学生通过 Skype 问我问题。我还是期待他们会来问，我也在想，如果我没在那里答疑，这件事到底有多重要。如图 20-1 所示，在参与调查的 18 名学生当中，只有 4 个人说在观看视频的时候无法提问总是或经常是一个问题。

针对这个问题，学生们所应用的技能各不相同。如图 20-2 所示，有一半的学生说他们没有提问，是因为他们的问题在后面的视频里都有答案或者他们从网上能找到答案。但是，多数人会等到上课的时候再问。这个发现有点麻烦，因为正像其中一个学生所说的，随着时间的推移，到上课的时候就把问题给忘了。如图 20-3 所示，超过五分之一（22%）的学生说，他们不能问问题常常阻碍他们的理解；50%的学生说对他们的理解有影响，但是不大。

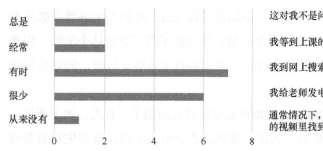

图 20-1　不能提问是否经常成为你的问题？

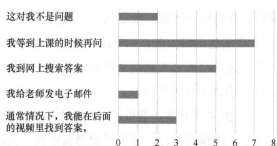

图 20-2　不能提问时你怎么办？

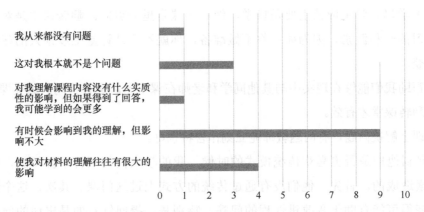

图 20-3 你的问题没有得到及时回答对你的理解有什么影响？

学生对讲座中植入练习的看法不太一样，但差别不是很大。超过四分之三的学生说，他们大多数情况下（39%）或一直（39%）做练习。除一名学生外，其余所有学生都觉得这些练习对他们有帮助，其中 56%认为帮助很大，39%认为有一些帮助。那个认为没有帮助的学生抱怨说"想起来还要做作业就很烦。"有意思的是，虽然大纲上明确地写了课前预习是课程成绩的一个组成部分，我在第一天上课的时候也强调了，但还是有 39% 的受访者说他们不知道，直到我在学期中再次强调。即便如此，还是有一名学生说直到填写这个调查表的时候才知道这个安排。

最终结论：班里有一半的学生表示，相比翻转课堂，他们还是喜欢传统课堂。下面是他们给出的一些理由：

- 对于这样的课程……有问题能及时提问很重要。通过电子邮件问问题有点困难，等我发了邮件，我觉得就更难理解了。
- 我喜欢有同学们在身边，这样我们就能互相帮助。如果我们都不会，教师可以给我们大家讲讲。
- 如果大家都能看懂视频的内容，那么翻转课堂就是有效的；但是，哪怕只有一小部分人看不懂，都会产生负面的影响。
- 我觉得有教师教比我自学效果更好，这样我就不会以错误的方式学习了。第一次就能按正确的方式学会，后面就能正确地牢记。
- 相比目前的这种方式，我更喜欢传统的课堂，因为教师讲的时候有问题可以直接问，不用等到第二天（很多情况下就忘了问了）。
- 从小到大，我们都习惯了传统方式。

下面是喜欢翻转课堂的学生给出的部分理由：

- 光看录制的视频就完全能学会了。
- 我觉得翻转课堂很有效。

- 在大学里，学生应该主要是自学，然后到课堂里去巩固。翻转课堂是对更多独立学习的一种激励，因为如果你不做准备，你就不会从课堂上或别人的建议中有所收获。
- 它帮助我们能够在现实中与其他同学和老师在课上一起运行代码。这类课程只有通过翻转课堂才有效。
- 在课上解决问题，有问题教师能立刻作答特别好。

当被问到他们是否更喜欢传统模式的时候，我的学生们的回答不温不火，这可能是由两个因素造成的。首先，他们没有通过传统的方式上过这门课。其次，这个调查的结构是为了获得可能有助于我改进课程的问答。特别是，提问针对的是出现的问题，例如无法在看视频课程的时候提问。结果学生很可能会偏向考虑翻转课堂的问题，而不是其优势。

20.9　最后的思考和得到的教训

如果你正考虑尝试翻转课堂，你就要对它所带来的工作量做好思想准备。即使你以前教过这门课，翻转它的工作量也要比第一次以传统形式授课的准备工作要费事得多。我第一次做翻转课堂的时候，录制了20多节课，用了大半个暑假的时间。等随后的几年对其进行修改的时候，你就会收集到比传统课堂所能提供的多得多的学生反应的数据。你需要大量的时间来回顾这些数据并做出响应。就我的这门课而言，很容易看到学生们在哪里吃力，通常都是在较复杂的概念上。虽然我第一次教这门课的时候就预料到了这一点，但当我回顾学生们是在哪儿花的时间，以及他们对里面的练习的反应时，我还是清晰地看到了我的直觉不是很全面。数据表明我还是要多解释，多设计些练习。

设计翻转课堂的选择有很多种。课前视频需要多长？讲课的时候老师要不要出镜，还是整屏只显示内容会比较好？活动出现的频率该怎样？多复杂才算合适？多长时间安排一次自测活动？课堂上该不该安排同学间互助学习，如果安排，与教师辅助的活动相比所占比例是多少？上述问题几乎没有人做过研究，所以第一次做的老师需要试验，就像我一样。有关翻转课堂最佳做法的文献研究只代表了使用过该方法的人的意见。观众不同，观点差异自然就很大。适合 K-12 阶段不一定就适合大学环境，适合大学一般环境但不一定适合医学院或法学院。从任何一个层面上来讲，数学或物理学翻转得好的课堂可能与计算机科学或金融完全是两码事。

总而言之，设计和使用翻转课堂应该被看作是一个试验，不只是第一次，后面的几次也是如此。愿意尝试的老师要对偶尔的失败，和必要的学习和修正做好心理准备。但是结果可能会给老师带来满足感，对学生的学习也会有好处。

参考文献

Arnold-Garza, S. (2014). The flipped classroom teaching model and its use for information literacy instruction. *Communications in Information Literacy, 8*(1), 7–22.

Barton, B. H. (2007). A tale of two case methods. *Tennessee Law Review, 75*, 233.

Bishop, J. L., & Verleger, M. A. (2013). The flipped classroom: A survey of the research. *American Society for Engineering Education conference & exposition*, Atlanta, June 23–26. Retrieved from http://www.studiesuccesho.nl/wp-content/uploads/2014/04/flipped-classroom-artikel.pdf. Accessed on November 25, 2014.

Brecht, H., & Ogilby, S. (2008). Enabling a comprehensive teaching strategy: Video lectures. *Journal of Information Technology Education: Innovations in Practice, 7*(1), 71–86.

Clark, R. M., Norman, B. A., & Besterfield-Sacre, M. (2014). Preliminary experiences with 'flipping' a facility layout/material handling course. *IIE annual conference proceedings* (pp. 1194–1202).

Evans, C. (2008). The effectiveness of m-learning in the form of podcast revision lectures in higher education. *Computers & Education, 50*(2), 491–498.

Lepie, K. (2014). *Why you should use video in education*. Retrieved from http://www.edudemic.com/use-video-education/. Accessed on November 30.

Mazur, E. (2013). Quoted in "The flipped classroom will redefine the role of educators." Interview dated March 20. Retrieved from http://www.seas.harvard.edu/news/2013/03/flipped-classroom-will-redefine-role-educators. Accessed on November 25, 2014.

McDonald, K., & Smith, C. M. (2013). The flipped classroom for professional development: Part I. Benefits and strategies. *The Journal of Continuing Education in Nursing, 44*(10), 437–438.

McLaughlin, J. E., Roth, M. T., Glatt, D. M., Gharkholonarehe, N., Davidson, C. A., Griffin, L. M., … Mumper, R. J. (2014). The flipped classroom: A course redesign to foster learning and engagement in a health professions school. *Academic Medicine, 89*(2), 236–243.

Phillips, C. R., & Trainor, J. E. (2014). Millennial students and the flipped classroom. *Journal of Business and Educational Leadership, 5*(1), 102–112.

Sappington, J., Kinsey, K., & Munsayac, K. (2002). Two studies of reading compliance among college students. *Teaching of Psychology, 29*(4), 272–274.

Starzee, B. (2012). 'Flipped classroom' model leaps to Long Island. *Long Island Business News*.

Tucker, B. (2012). The flipped classroom. *Education Next, 12*(1), 82–83.

Zhang, D., Zhou, L., Briggs, R. O., & Nunamaker, J. F. (2006). Instructional video in e-learning: Assessing the impact of interactive video on learning effectiveness. *Information & Management, 43*(1), 15–27.

第 21 章
使用 VoiceThread 来使视频课程社交化

萨尔瓦多·帕莱兹（Salvatore Parise）

21.1 引言

虽然社交工具在高等教育中的应用日渐增多，但却很少有人去研究它所产生的影响，特别是在学习行为和成果方面的影响。我的这篇探索性的研究针对的就是这个重要的研究领域。本章将说明如何使用基于云的社交演示软件 VoiceThread。在本科和研究生商务课程中，VoiceThread 用于 PowerPoint 演示文稿，允许学生在每张幻灯片上加上视频、语音或文字评论。虽然也有诸如 Brainshark 和 Panopto 这样的流行工具，能让老师和学生在演示文稿上加入语音和视频，但是 VoiceThread 提供了一个独特的学习环境，能够让观众在任何一张幻灯片上直接加入丰富的媒体评论，参与在线讨论。

社交媒体技术在大学课程中应用日渐广泛，提供了新的教学方法，也提高了学习成果（Maloney, 2007）。现在，大多数的本科生和研究生都是伴随着 Facebook、Twitter、Youtube 等流行社交平台一起成长起来的，除此之外，还有手机应用软件和基于云的（也就是托管在网上的）软件应用。这些学生习惯使用多媒体，包括文本、图像、录音和视频。他们对复杂的信息空间和探索学习都很适应（Seely Brown, 2000）。另外，创新工具还能激励学生积极参与学习体验。例如，VoiceThread 和 SlideShare 这样的新工具正在改变学生们学习在线课程的体验（Carvin, 2008）。教师现在必须满足精通技术的学生的需求，并创造学习设计，使学生的技术行为与有效的学习实践保持一致（DeGennaro, 2008）。

社交工具和平台增加了学生们在传统面授课堂以外的沟通和互动。例如，同学们可以在 Facebook 上开展网上讨论，突破了传统教室的时空限制，产生了更高水平的学生活动（Kent，2013）。还有，教师利用视频将课程做成了多媒体的形式，供学生们在课前观看。这样一来，基本的框架和讲课内容就可以录成视频，在网上交付，而课上的时间就能更好地用在案例讨论上。在社交平台上还可以分享数字资料。学生可以使用班级指定的 Twitter 标签发布与课程主题相关的网上资料的链接。最后，这些社交技术改善了社会存在和协作学习（Orlando，2010）。通过个人照片和资料可以提高学生的身份识别和意识。最终，数字社区允许同学们就课程材料展开在线讨论和反思，因此将学生的角色从被动学习者变成了主动学习者（Hartshorne 和 Ajjan，2009）。

使用社交工具的一大驱动因素是在过去 10 年中在线课程以及混合课程（面对面和在线课程的混合）在高等教育中的大量增加（Twigg，2003）。也许在课程中最常用的在线参与技术是在线讨论板（Online Discussion Board）。一个典型的情况是老师分配一个活动，如案例研究作业，然后让学生通过一个线程讨论论坛围绕这个案例主题在网上展开讨论。然而，传统的讨论板是基于文本的，在学生发表长篇评论所需的努力，单独通过文本进行交流的有效性，以及学生使用在线讨论板的积极性方面都存在一定的挑战。社交媒体提供了将诸如语音和视频这样的多媒体内容添加到在线讨论中的机会，从而提高了学生的积极性、乐趣和整体学习体验。

本章重点讲这样一种社交工具，叫 VoiceThread，及其对学生在线讨论的效果。我还会说明它对教师、学生、学习过程和结果的影响。我们对本科生和研究生都进行了访谈，了解他们对该工具的看法，包括功能、易用性、与在线讨论板的差别、挑战以及学习过程的整体有效性。我们也从教师的角度讨论了这个工具，包括在本科生和研究生课程中使用该软件的差别。最后，我还将重点介绍 VoiceThread 的潜在应用场景，例如案例研究讨论、头脑风暴和问答活动。

21.2 使用虚拟媒体支持社交学习

社交技术支持社会建构主义学习模式，学生是分享知识和内容的积极参与者，因此除了老师与全班同学的互动以外，学生之间的讨论也是在学习。建构主义观点认为，知识是由学习者通过协作过程构建的（Jonassen 1994；Vygotsky，1978），而不是由教师通过讲课形式以说教的方式向学生传授的。学生通过与他人的互动，通过融合不同的观点和经验，通过共同的理解来发展意义（Miers，2004）。特别是对于高年级的本科生和研究生，他们的学习是在一个广泛的实践社区内完成的。在这里个人发展和共享其创造与应用知识的能力（Wenger，1998）。

老师的作用是辅助学生学习，给他们提出反馈，而不是控制教学材料的内容和交付形式。因为学习是一个社会建构的过程，主动学习的学生就比被动接受知识的学生学得更有效果（Flynn，1992）。在协作的环境中，学习者会产生更多的发散性想法、批判性思维和创造性反应（Schlechter，1990）。

　　社交技术正好用来支持社会建构主义学习模型，原因有几个。这些技术往往与"思想的民主化"联系在一起的，参与者贡献并相互分享内容、想法和评论。在课堂中使用社交媒体技术的另一个潜在好处是它能让教师和学生在传统的面授课以外继续对话。随着高级管理教育转向在线和混合交付模式，这一点变得越来越重要。最后，研究表明乐趣和享受在学习的过程中也是非常重要的（Bisson 和 Luckner，1996）。因此，我们可以认为，视频、语音和其他多媒体元素增加了传统的以静态形式展示的 PPT 演示或基于文字形式的讨论板提供的传统在线课程和讨论的乐趣，从而提升了学习效果。因此，学生们可能更加愿意在课堂上使用新技术。

　　社交学习的一个关键原则是，更高水平的学生互动可以提高学生满意度和学习效果（Durrington，Berryhill 和 Swafford，2006）。互动既有利于社交（例如提升个人在班级里的存在感），又有助于认知发展（例如就某一问题展开头脑风暴）。有三种类型的交互对学习至关重要：学生和学生之间、师生之间以及学生与学习内容之间（Moore，1989）。同样，社交工具对所有这些形式的互动都有帮助。例如，老师可以录制一段短视频来解释一个课程概念（例如高效数字营销的主要原则），然后将其上传到自己的 Blackboard 讨论室或一个更加开放的平台上，如 Youtube 或 Facebook，然后要求学生们提供评论、上传公司活动案例并提问。这样一来就不只是由老师到学生的单向交流了，而是更多的学生之间，以及学生与内容本身的互动。

　　导致更高层次学习的社交工具和平台的一个显著特点是学生丰富的体验活动。在传统的基于文字基础的讨论板中，异步文本形式沟通的局限性可能会使学习者感到迷茫（Palloff 和 Pratt，2007）。当讨论中添加了包括音频和视频的丰富的媒体的时候，学生们的社会存在感增强了，他们知道自己在回应谁了。最近的研究表明，通过诸如音频和视频这样更丰富的媒体，在讨论中增加社交存在可以带来更令人满意的体验和对学习的感知（Caspi 和 Blau，2008）。在一项研究中，与使用文字讨论板的学生相比，使用语音进行讨论的学生能更好地表达情感，描述他们的体验也更加"真实"（Hew 和 Cheung，2012）。在另一项研究中，在课程中使用异步视频的学生对教师的评价要高于使用传统面对面授课方式对同一教师的评价（Griffiths 和 Graham，2009a，2009b）。最后，学生发现视频反馈比文字反馈更有帮助（(Moore 和 Filling，2012）。

　　现有的研究结果表明，在大学课堂里使用社交工具存在几项挑战。首先，使用该技术的学生和教师的学习曲线必须很低。因此，所有的课堂活动必须容易执行，这一点是设计的关键因素。如果学习所使用的技术本身就是个高门槛，那么那些精于技术的学生可能就比其他同学更有优势。其次，使用了社交媒体的项目往往比传统的在线讨论板的结构性要差。虽然使用视频、照片和音频显得更加有创意，但问题是如何在课程项目中使用这些新技术，对学生来讲结构性显得差一些。

21.3 什么是 VoiceThread？

VoiceThread（www.voicethread.com）是一种基于云的社交演示工具，它能将诸如微软的 Powerpoint 演示文稿或 Word 文件转化成 VoiceThread 演示文稿。这种演示文稿存在云端，学生和老师通过自己创建的个人账户登录。VoiceThread 的主要特征是任何人都可以很容易地在任何一张幻灯上加上语音、视频或文字评论。当评论发布以后，该评论人的图标就在那张幻灯片上显示出来。图标通常是那个人的照片，也可能是他/她上传的任何图片。在图 21-1 的这个例子中，这张幻灯片上共有 10 条评论（出现在演示文稿的左右两侧）。观众点击播放按钮，每条评论（视频、语音或文字）就会按上传的顺序一一出现。观众也可以跳着看某一条评论，只要点击该图标即可。最后，任何一个评论人都可以使用荧光笔指出 VoiceThread 幻灯片上的某些内容。

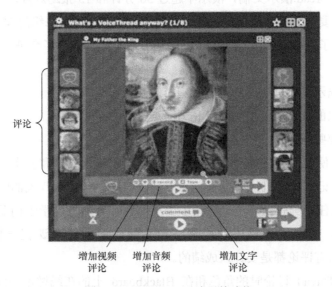

图 21-1　VoiceThread 演示的功能

来源：改编自 https://voicethread.com

在过去的几年当中，美国的很多顶级大学都使用了 VoiceThread（Tu，2011）。教师们反映说，VoiceThread 上手很容易，基本不需要培训。有几篇研究 Voice Thread 对课堂影响的文章结论也普遍较积极，认为其给教学带来的好处包括：提升了社交存在感、激发了学生的动力、对视觉概念的理解更加深刻，以及因为使用了语音功能，使评论中蕴含了更多的意义（Orlando，2010）。在商业策略课程中，教师使用该工具作为考试复习的一部分，并初步发现可以将 VoiceThread 用作促进学习活动的有效工具。另一项探索性研究发现，音频和视频评论增强了学生们的社会存在感，研究生比本科生更喜欢这个工具（Kidd，2013）。此外，相比音频和视频评论，本科生似乎更喜欢文本格式（Smith，2012）。

将 VoiceThread 融入进课程设计

在这项探索性研究中,老师将 VoiceThread 分别用于商学院本科生和研究生在 2012 年秋季开始的信息技术选修课。两门课采用的都是线上线下混合模式。在这两门课中,线上课程先使用了 Blackboard 讨论板,然后又使用了 VoiceThread。教师想尝试使用一种新颖的社交技术来激发学生之间的项目讨论。这个工具对所有学生来说都是新的,对教师来说也是如此。教师回顾了在线使用演示,并创建了一个简单的指南,告诉学生们如何开立一个自己的账户、创建一个 VoiceThread 演示文稿,以及评论其他小组的演示文稿。

每个小组(每队 5~6 人)都要围绕一个课程项目创建一个 VoiceTread 演示文稿。项目的内容是评估某一公司的数字资产战略(例如网站、社交媒体和手机),并根据分析提出具体建议,每个小组在分析和建议中都要使用到本学期所学过的工具和概念。学生们有一周的时间准备 VoiceThread 演示文稿,演示不超过 30 分钟和 15 张幻灯片。

然后每个学生要对分配给他们的另外两组的演示做出评论。每组的 VoiceThread 文稿演示的链接都上传到了 Blackboard 的网站上(也通过电子邮件发给了全班)。评论可以包括下面这些内容:

- 他们觉得演示里最有意思的地方(例如建议)。
- 与他们自己的演示的主要相同点和不同点。
- 对作者有哪些问题。

教师鼓励学生使用所有三种类型的评论模式,即语音、录像和文本。所有学生都有一个自带摄像头的笔记本计算机,所以很容易做视频评论。学生有几天的时间来完成这项任务。他们可以评论任意一张幻灯片,评论多少次都行。教师告诉学生们要经常回去看看自己做的演示文稿,回答别人提出的问题。和其他几周的线上课程一样,每个学生在 VoiceThread 上的所有评论都是要计入成绩的。

教师在 VoiceThread 讨论时的角色和在 Blackboard 上的在线讨论一样,就是给每组提些泛泛的建议,问几个问题,并通过提出一两个没有必要给出正确答案的点来引发对话。教师不想主导讨论或成为互动的中心,因此,他会等几名学生评论完了再发表意见。

21.4 发现

VoiceThread 项目是在 2012 年秋季同时引进本科生和研究生选修课中的。后来同样的课又给下一批的研究生和四批本科生上过。表 21-1 统计的是每个班的评论数。这五批本科生的班级大小没有变化(26 人)。2012 年秋季上这门课的研究生是 17 人,下一个班是 36 人,平均 26.5 人,所以本科生和研究生的平均人数基本持平。

表 21-1 每个班的 VoiceThread 评论数

班级名称		班级人数	文本	音频	视频	总数
研究生	一班	36	75	150	42	267
	二班	17	39	80	24	143
	研究生平均人数	26.5	57	115	33	205
本科生	一班	26	80	90	30	200
	二班	26	85	90	28	203
	三班	26	75	95	32	202
	四班	26	82	85	25	192
	五班	26	78	90	35	203
	本科生平均人数	26	80	90	30	200

在 2012 年秋季以前，这个项目作业给学习同样课程的本科生和研究生（平均人数基本一样）布置过，只是学生的个人评论活动不同。每个团队用一周的时间创建一个 PPT 演示文稿。老师把每个文稿上传到 Blackboard 上，每个团队有个基于文字的讨论板。每个学生要针对其他两个团队的作业做出评论，内容就是前面列出的三条（有意思的地方、相同点和不同点以及提问）。老师强调，学生们在提交评论的时候，要给出 1 个有意义的主题，这样其他同学才能容易跟帖。表 21-2 是将 Blackboard 上的文字评论与 VoiceThread 上的评论做比较。为了更多地了解学生们使用 VoiceThread 工具的感受，我又采访了 2012 秋季上课的部分本科生和研究生。大部分的学生都接受了采访。

21.4.1　VoiceThread 与 Blackboard 文本讨论对比

研究生和本科生在 VoiceThread 上留下的评论分别比 Blackboard 上的文字评论高出 64%和 67%（见表 21-2）。很多同学指出，VoiceThread 能够"根据情境做评论"的功能是主要优势既能有所贡献，还能学习。其中一个学生说："我喜欢你直接在幻灯片上评论。我能够看着我所针对的内容记录我的语音评论，这就容易多了。当我使用 Blackboard 进行讨论的时候，我不得不找到我打印出来的演示稿，上面有我做的笔记，在评论之前还得想想我都读到了哪些内容。还有，当我在 Blackboard 上看到其他同学的评论时，很多时候我都不知道他们指的是什么。而 VoiceThread 令我喜欢的是，我可以打开某页幻灯片上所有的评论。看起来要容易得多，这样也能向他人学习。"另外，学生们喜欢 VoiceThread 可以标亮评论的功能。这对于那些有很多视觉效果和表格数据的幻灯片尤其有用，因为学生们可以精确指出自己的评论针对的是哪一点。

表 21-2 研究生和本科生课程比较

评论形式	研究生课程（平均）	本科生课程（平均）	比较
Blackboard 总数	125	120	研究生增长 64%
VoiceThread 总数	205	200	本科生增长 67%

(续)

评论形式	研究生课程（平均）	本科生课程（平均）	比较
VoiceThread 文本	57（28%）	80（40%）	研究生比本科生（P<0.001）
VoiceThread 音频	115（56%）	90（45%）	研究生比本科生（P<0.000）
VoiceThread 视频	33（16%）	30（15%）	研究生与本科生相差不大

采访中，学生们还多次提到 VoiceThread 增加了他们的社会存在感。他们说用图标和图片来标注自己的名字用以识别身份很重要。声音和影像也能使他们立即识别出参与讨论的是哪位同学。正如其中一位同学所说的："使用了 VoiceThread 以后，我就更清楚是谁在使用 Voice Thread 发表评论。说实话，班里有些人的名字和背景我不是特别清楚，但是我看了他们评论的图片和视频，我很快就记起了他们是谁，或他们以前在课上说过什么。使用 Blackboard 的时候，有时候我并不知道自己是在回复谁，因为我对他们的名字没什么印象。使用 VoiceThread，尤其是使用音频和视频功能，感觉就像坐在他们身边一样，因此我说什么的时候更用心，也能在别人评论的基础上加上自己的观点。我知道别人会看我上传的内容，所以要确保自己的评论有意义。"

学生们也提到了使用 VoiceThread 的时候投入的情感更多，特别是跟 Blackboard 文字讨论相比。因为有了音频和视频，在听到别的同学对自己的分析和建议做出正面评论的时候，学生们就更加有动力了。有几个学生都说，使用音频/视频能够比文字更好地表达幽默和讽刺（例如通过面部表情或声调），这是因为其他人可能会错过或误解文本讨论中使用的语言或表情符号。一些学生和老师还提到，相比文字，用音频/视频评论其他组的文稿更容易。使用了音频/视频，评论人会有更多的时间和带宽来解释他们的思路、批评或质疑背后的原因。对于接收这些评论的学生来讲，他们感觉大家丰富的评论内容使他们受益匪浅，特别是与平时他们可能会收到的一两句文字评论相比。

还有，所有的学生都说 VoiceThread 非常直观，简单好用。使用相对"高端"的虚拟演示工具也提升了学生们的动力。所有的学生在这门选修课或其他课程中都使用过 Blackboard 的文字讨论板，所以有了发表和评论演示文稿的新方法令大家很兴奋，这可能也是参与率高的一个原因。大部分的学生都觉得使用视频和音频发表评论很有意思，乐趣更多，特别是与长篇的文字评论相比。相比在讨论板上阅读很多不是连着的文字评论，很多学生更喜欢"看和听"小组演示以及同学们的评论。最后，几名研究生计划现在将 VoiceThread 引进到他们自己的工作单位中，因为他们对它很满意，觉得它有用。

21.4.2　本科生与研究生使用 VoiceThread 的对比

从评论总数来看，本科生和研究生使用 VoiceThread 没什么差别，但是就使用评论形式而言，存在着显著差异。如表 21-2 所示，方差检验分析表明，研究生使用音频评论占评论总数的百分比要高于本科生，而本科生使用文本评论占评论总数的百分比要高于研究生。特别需要指出的是，研究生使用音频评论的比例几乎是文本评论的两倍（56% vs

28%），而本科生使用音频评论的比例只比文本评论稍高一点（45% vs 40%）。研究生比本科生使用音频更加得心应手。有几个学生说，在他们现在或是以前的公司里使用某种形式的音频/视频开会是家常便饭。

研究生好像在稍复杂的题目上思路更清晰，评论也组织得更好些。VoiceThread 能让用户收听他们刚刚录好的评论，然后删除（重录）或者上传。很多研究生说他们录一遍就传上去了，对于评论中有点"小毛病"也不太介意。本科生没怎么开过视频或音频会议，至少在工作或学生项目上没用过。有几个本科生说用语音评论有些挑战，因为他们都需要先想好要说什么。更多的本科生报告说上传之前他们要来来回回删好几次，因为他们好像也不太肯定音频或视频评论应该怎样才算好。与此同时，本科生很熟悉做项目的时候用文字做评论，或者用手机聊天和在社交媒体平台上进行社交。有些本科生还说用文字评论更省事。但是，他们也同意努力试试音频/视频是值得的，因为这些形式的评论更丰富，学习效果更好。

视频形式使用的频率最低，本科生和研究生都差不多是 15%。很多同学说用视频就是尝试一下新技术，也有很多人说用笔记本计算机上自带的摄像头很方便。但是有些学生说用视频评论比较费事，因为还要调整坐姿和镜头才能让脸出镜。有几个学生说他们很在意自己的形象，不想用视频，因为"刚起床，还没洗澡"。还有，这两个班的情况是作业都是到学期末的时候才完成的，在混合式教学的班里，同学们至少都相互认识了。所以，很多人认为比起音频评论来，视频评论并不能增加多少价值。

21.4.3 使用 VoiceThread 的挑战

因为 VoiceThread 评论是按提交的顺序播放的，如果评论过多，跟踪这些讨论就有点困难。虽然学生们是在别人的评论基础上发表自己的言论，但是因为每条评论不显示主题图标，当评论太多的时候跟帖就不那么容易了。另外，虽然用户可以通过点击的方式选看任何一条评论，但他们并不知道前面有什么样的讨论才导致了这条评论。因此，虽然 VoiceThread 提供了一个更有创意、内容更丰富、可以将思想和想法以视觉形式呈现的平台，但缺点是在某些方面缺少结构来管理讨论。另一个挑战跟班里的国际学生有关，这些学生还不太适应用英语学习，他们好像更常使用文字短信息。最后，有些学生不敢肯定音频/视频评论怎样就算是好的了，也不清楚评论该做多长才是合适的。

21.5 讨论

这项探索性的研究表明 VoiceThread 工具在促进社交学习和提高学生在线文稿演示的参与度方面有很大的前景。但是，像所有辅助学习的技术一样，教师需要认真思考如何使用以及在什么时候使用，才能最有效地帮助达到学习目标。这个工具似乎在线上和线下混合教学模式中很有效。研究中所使用的项目在线上学习周里使用很理想，但也可以在传统的面授课里使用，如果教师想加进体验和动手的成分，打破课堂演示的单调。此外，结果表明，VoiceThread 增加了学生们在虚拟演示中的社会存在感。在这项研究中，教师在课程接近尾声的时候将项目引出，这时候班里的同学已经有过互动了。如果在课程早期引入该工具，也许学生间的互动能够更理想，能在同学间增加自己的身份感，尽早被大家认识。

这个工具还可以通过增加学生之间、师生之间以及学生与内容之间的互动来实现社交学习。特别是，这项研究的对象是一个内容复杂的项目，包括分析（视觉、图表、表格）和建议，VoiceThread 很适合用于这类的项目。学生们能够在每页幻灯片上根据情境发表各种评论并能听到其他人的评论，这对他们的学习大有裨益。大多数学生都感觉相对于错综交杂的文字评论，以这种方式更容易捋顺各条评论之间的关系。教师需要想办法将 VoiceThread 这样的工具应用到其他能受益于社交学习的具有"复杂内容"的项目里，例如头脑风暴活动、案例研究和问答作业。

研究结果还表明，在使用诸如 VoiceThread 这样的新工具的时候，教师需要有结构地组织活动。虽然这些工具能够激发创造性，有些学生，特别是年纪轻的学生和国际学生，可能在创建音频和视频内容的时候需要更多的结构。例如，教师需要考虑作业设计的问题，例如，评论的时间长短是否要有限制？是不是要强制要求学生们使用某种形式的评论（例如视频），或者把各项要求都设成可选择的？怎样的评论就算是"好"了？特别关键的一点是，这个工具一定要好用，一看就明白，所以教师要提供详细的指南和培训。这项研究的一个局限性是参与的学生都是选修信息技术的，他们能够相对容易地掌握技术，这使得研究结果有失偏颇。如果将这个工具用于一门非技术课的一个类似的项目上将是一件有趣的事。

未来有关将富媒体用于在线讨论的研究可以着眼于技术渠道对信息内容的影响。这项探索性的研究只是将学生们留言的频率作为一种衡量标准。研究还可以关注富媒体对信息质量或有效性、信息的长度或持续时间以及产生的信息类型的影响。

最后，每个学生都有自己的学习习惯、性格特征和文化背景，对使用社交学习平台或许有所影响。例如，有些学生也许反对在公开场合批评其他学生，因为他们从小接受的教育都不允许这种做法。或者，有些学生可能比较害羞，觉得让全班同学看到自己的视频会感到别扭。因此，未来在这个领域的研究可以围绕个人学习特点和社交技术的关系展开。

21.6 结论

本章讲述的是 VoiceThread，一种基于云的社交演示工具，提高了商科课程中本科生和研究生的参与度。这个工具提高了用户的参与度和积极性，特别是与传统的基于文字的网上讨论板相比。而且，研究生比本科生更适应用语音做评论这种方式。

社交媒体技术在高校的课程中应用得越来越多，以提升学习成果。特别是在在线讨论的时候，使用音频和视频可以提升学生的参与度和学习效果。除了 VoiceThread 以外，诸如

Kaltura、Panopto 和 Brainshark 这样的流行社交演示软件平台都利用了丰富的媒体功能。高校教师有机会设计创新学习方式，并在不同的课堂环境内使用这些社交学习工具。

参考文献

Bisson, C., & Luckner, J. (1996). Fun in learning: The pedagogical role of fun in adventure education. *Journal of Experimental Education*, 9(2), 108–112.

Carvin, A. (2008, April 25). *SlideShare and VoiceThread: Not your father's film strip* [Web log post]. Retrieved from http://www.pbs.org/teachers/learning.now/2008/04/slideshare_and_voicethread_not_1.html. Accessed on December 4, 2014.

Caspi, A., & Blau, I. (2008). Social presence in online discussion groups: Testing three Conceptions and their relations to perceived learning. *Social Psychology of Education*, 11, 323–346. doi:10.1007/s11218-008-9054-2

DeGennaro, D. (2008). Learning designs: An analysis of youth-oriented technology use. *Journal of Research on Technology in Education*, 41(1), 1–20.

Durrington, V. A., Berryhill, A., & Swafford, J. (2006). Strategies for enhancing student interactivity in an online environment. *College Teaching*, 45(1), 190–193.

Flynn, J. L. (1992). Cooperative learning and Gagne's events of instruction: A syncretic view. *Educational Technology*, 32(10), 53–60.

Griffiths, M. E., & Graham, C. R. (2009a). The potential of asynchronous video in online education. *Distance Learning*, 6, 13–23.

Griffiths, M. E., & Graham, C. R. (2009b). Using asynchronous video in online classes: Results from a pilot study. *International Journal of Instructional Technology & Distance Learning*, 6, 65–76. Retrieved from http://itdl.org/Journal/Mar_09/article06.htm. Accessed on December 4, 2014.

Hartshorne, R., & Ajjan, H. (2009). Examining student decisions to adopt Web 2.0 technologies: Theory and empirical tests. *Journal of Computing in Higher Education*, 21(3), 183–198.

Hew, K. F., & Cheung, W. S. (2012). Audio-based versus text-based asynchronous online discussion: Two case studies. *Instructional Science*, 41, 365–380. doi:10.1007/s11251-012-9232-7

Jonassen, D. H. (1994). Thinking technology: Toward a constructivist design model. *Educational Technology*, 34(4), 34–47.

Kent, M. (2013). Changing the conversation: Facebook as a venue for online class discussion in higher education. *MERLOT Journal of Online Learning and Teaching*, 9(4), 546–565.

Kidd, J. (2013). Evaluating VoiceThread for online content delivery and student interaction: Effects on classroom community. In R. McBride & M. Searson (Eds.), *Proceedings of society for information technology & teacher education international conference 2013* (pp. 2158–2162). Chesapeake, VA: AACE.

Maloney, E. J. (2007). What Web 2.0 can teach us about learning. *Chronicle of Higher Education*, 53(18), B26–B27.

Miers, J. (2004). BELTS or braces? *Technology School of the Future*.

Moore, M. G. (1989). Three types of interaction. *The American Journal of Distance Education*, 3(2), 1–6.

Moore, N. S., & Filling, M. L. (2012). iFeedback: Using video technology for improving student writing. *Journal of College Literacy & Learning, 38*, 3–14. Retrieved from http://j-cll.com/files/38_3_MF.pdf. Accessed on December 4, 2014.

Orlando, J., & Orlando, L. (2010). Using VoiceThread to improve educational outcomes. In *Proceedings of the 26th annual conference on distance teaching and learning*. Madison, WI: The Board of Regents of the University of Wisconsin System. Retrieved from http://www.uwex.edu/disted/conference/Resource_library/proceedings/28642_10.pdf. Accessed on December 4, 2014.

Palloff, R. M., & Pratt, K. (2007). *Building online learning communities: Effective strategies for the virtual classroom* (2nd ed.). San Francisco, CA: Jossey-Bass.

Schlechter, T. M. (1990). The relative instructional efficiency of small group computer-based training. *Journal of Educational Computing Research, 6*(3), 329–341.

Seely Brown, J. (2000). *Growing up digital: How the web changes work, education, and the ways people learn*. Retrieved from http://www.johnseelybrown.com/Growing_up_digital.pdf. Accessed on December 4, 2014.

Smith, J. (2012). Facilitating enhanced self, peer and instructor-centered performance assessment with VoiceThread. In P. Resta (Ed.), *Proceedings of society for information technology & teacher education international conference 2012* (pp. 3075–3080). Chesapeake, VA: AACE.

Tu, C. (2011, October 11). *VoiceThread app on iOS* [Web log post]. Retrieved from http://etc647.blogspot.com/2011/10/voicethread-app-on-ios.html. Accessed on December 4, 2014.

Twigg, C. A. (2003). *Improving learning and reducing costs: Lessons learned from round 1 of the PEW grant program in course redesign*. Troy, NY: Centre for Academic Transformation, Rensselaer Polytechnic Institute.

Vygotsky, L. S. (1978). *Mind in society: The development of higher psychological processes*. Cambridge, MA: Harvard University Press.

Wenger, E. (1998). Communities of practice. Learning as a social system. *Systems Thinker*. Retrieved from http://www.co-i-l.com/coil/knowledge-garden/cop/lss.shtml. Accessed on December 4, 2014.

| 第 22 章
以"你知道什么"的调查开始你的课程

马蒂·马博瑞（Mahdi Majbouri）

22.1 引言

大家都知道，每门课程的开始都是最重要的环节之一，有时也是最具挑战性的环节。学生从众多的课程中挑选，教师介绍他们的课程，希望能吸引感兴趣的学生。很多时候，教师就是把教学大纲过一遍，结果把这么重要的一个环节搞得普普通通，想想就知道是怎么回事。有些学生已经阅读了教学大纲，有些根本就不来上第一节课，因为他们能想象到教师会讨论什么内容。在很多情况下，即便上完了第一节课，学生们也讲不清楚这门课对他们未来的职业或生活有什么帮助。因此教师们有时候会很困惑：如何能以互动的形式开始课程，从第一天开始就让学生们参与到主题讨论中来。

本章给出了一个能够增加互动性和参与度的解决方案：在第一天上课的时候，带来一套精心挑选的问题或短小案例，这些问题或案例涉及这门课要讲到的概念（我称之为"你知道什么"调查）。把问题发给学生，给他们几分钟的时间来回答。等他们完成以后，让学生带回家，等期末的时候再带来，比较一下自己在知识和技能上有怎样的提高。另外还可以添加一个问题，问问学生他们的学习风格是什么，这样能够帮助教师了解班里的学习风格的分布情况。

这个简单但有效的技巧能够同时实现四个目标：①清晰地向学生介绍课程内容，并设定期望值；②让学生亲自体验该课程对他们未来工作和日常生活的重要性，从第一天上课开始就让他们投入进来；③收集数据，了解课前学生的知识水平，等期末的时候，学生再来看这些数据，就知道自己学了多少；④在第一天上课的时候了解学生的学习风格，这有助于教师调整他们的教学风格。

对于创业领袖来说，个人和社会意识是创业思维与行动®的关键要素之一（Greenberg，McKone-Sweet 和 Wilson，2011）。这项"你知道什么"的调查就是针对这个关键内容，让学生清楚地看到自己的知识、经验和环境。这样的理解真实、深刻，学生能知道自己知道什么，知道自己认识谁，知道自己所处的复杂环境是怎样的，以及自己对这些能意识到多少。因此，从第一天开始，这门课就帮助学生发展成为一个善于思考的创业者。这个技巧可以应用到所有创业课中，各个学科的各门课程几乎都屡试不爽。作为百森商学院的一项创新，这是我们在发展创业教育中所应用的其中一项非传统体验式技巧。

本章的内容是这样组织的：首先，介绍了调查表的设计步骤，并举例说明；然后，讨论了了解学生学习风格的那个附加问题，并解释调查的管理；最后，做一个简短总结。

22.2 调查表

这项"你知道什么"的调查适用于所有类型的课程，但其形式取决于课程的学习目标。设计调查表的第一步就是要从下述主要三种形式中挑选一种形式：

- 基于案例基础上的：这样的调查要集结一些短小案例。每一个案例就是一种情形，里面存在一个或多个问题。调查表中简单说明情况，让学生提供解决方案或解释如何积极地找到解决方法。
- 常规调查表：这样的调查中有一系列问题，询问事实、概念和理论，就各种问题征询学生们的意见。
- 混合式：既有案例又有问题，是上述两种调查表的融合。

至于哪种格式的调查表更合适，取决于课程的性质及其学习目标。为了使设计的过程更简单易行，你应该根据学习目标将课程按下面的四种类型归类，这是根据布鲁姆的教育目标分类学划分的（Bloom，Engelhart，Furst，Hill 和 Krathwohl，1956；Bloom，1994；Gronlund，1991；Krathwohl，Bloom 和 Masia，1964），具体如下：

- 基于知识的：这些课程是概念和理论驱动的，要求学生学习和理解大量的事实、概念和理论。这些课程主要的学习目的是为学生提供新知识，让他们意识到自己以前不知道的东西，例如一些科学和人文课程。这些课程的所有学习目标都是以知识为基础的且有情感的。
- 基于技能的：这些课程几乎不讲事实和理论，而是应用以前的知识来培养解决问题的能力。许多商科、法学和医学中的高级选修课就是这方面的例子。这些课程的学习目标几乎都是基于技能的。
- 混合：这些课程是知识和技能的混合。管理学、法学、财会、金融、经济学、自然和社会科学以及人文学科中的初级、中级和高级的部分课程就属于这一类。这些课程的学习目标融合了知识和技能。

- 情感：这些课程的主要目的是改变学生的价值观、信仰、态度、抱负或行为。例如人文学科的某些选修课，如与社会、环境、经济责任和可持续性相关的课程。

确定课程类型最好的方法就是看课程目标。当课程目标是教授技能和应用知识的技巧时，这门课就是基于技能或混合的。与此类似，如果课程目标要求学生理解或解释概念和事实，这门课很有可能就是基于知识的。如果课程目标不清楚或不相关，老师要做的第一步就是要重新制定课程目标。请注意，从纯知识性的课程到纯技能性的课程之间有个区间，很多课程都介于两者之间，属于混合型。

等你找到了课程类型以后，再选择调查表的格式就容易了。如果课程是基于知识的，那么最好的选择就是常规调查表。如果课程是基于技能的，或混合型的，但一半以上的学习目标都是有关技能的，那么基于案例做出的调查表就是最合适的。如果混合型的学习目标中有关技能的部分不足 50%，那么使用混合型或常规调查表比较合适。跟情感相关的课程适合用混合格式。在设计调查问题的时候，你还可以再重新考虑格式问题。但最好是选定了以后就不要再变了，按照格式设计问题。

设计调查表的第二步，可能也是最重要的一步，就是选问题或写案例。你的指南依然是你的学习目标，要根据目标创建问题。问题或案例要对学生有一定挑战性、有趣、有明确答案。最好的问题或案例就是要像面试官在招聘员工时想考察课程里的概念时问的那样。下面，我简单地介绍一下这三个特点，并给出一些问题和案例的例子：

- 挑战性：问题应该有点费解。学生们应该意识到从这门课中能学到有价值的知识和技能。
- 相关性及与时俱进：问题应该很容易与学生个人或职业生活相关联。应该选取学生日常工作或生活中所面临的活动和挑战的例子。对于学生来说，看到不相关的问题是令人失望的，因为问题中所涉及的技术已经过时了，或已不存在了。要找到相关且是当下的问题，最好的来源是流行的报刊或最近出版的一些案例研究。
- 有明确的解决方案或（潜在的）解决方案的明确方案：问题应该有明确的解决方案；或者如果存在模糊性，寻求方案的方法应该是明确的。如果是仁者见仁，智者见智的问题，学习该课程的好处就没那么明显了。

按照上面的步骤创建出来的问题，学生就会觉得有意思，也能很好地达到练习的目的。问题最好是出自新闻故事、最近的案例研究、教材中的例子以及作业、讲义、测验和考试卷里的问题。

22.2.1 管理经济学-本科生和 MBA 学生

这门课教授的是如何将经济原理应用到实践当中。下面是它的一些学习目标：
- 使用市场均衡模型分析商业新闻。
- 理解和利用消费者行为。

- 在商业决策中估计需求并应用弹性。
- 了解成本和成本结构及其在商业中的应用。
- 在不同市场制定合理的定价策略。

这些学习目标里既有知识性的要求，又有技能性的要求，因此，最好在调查中使用一系列的简短案例，例如：

1）最近，出版商与亚马逊就电子书的定价问题出现了意见分歧。出版商认为电子书的价格应该高于亚马逊目前的定价。亚马逊不同意并声称如果价格上涨，出版商和客户都会有损失。你需要哪些信息来判断哪方是对的？

2）你已经投资了 250 万美元来开发一个有趣的产品。如果你在未来几个月内继续投资研发，它将在下一季度推出。盈亏平衡价格预计为 500 美元，但是就在今天，你听说你的竞争对手将推出一个具有类似功能（甚至更多）的新产品，价格为 300 美元。考虑到你已经投资了 250 万美元，你应该停止还是继续这个项目呢？

22.2.2 发展经济学

这门课是基于知识而不是基于技术的，因此应该用常规的调查表。在课程结束的时候，学生要能够做到以下几点：

- 解释贫穷国家和个人的社会经济特征。
- 了解经济增长理论及其应用。
- 描述和批判宏观经济发展陷阱的理论和这些陷阱的解决方案。
- 描述和批判微观经济贫穷陷阱的理论和这些陷阱的解决方案。

调查问题如下：

1）为什么你认为一些国家会贫穷，而有些国家不贫穷？
2）你认为可以做些什么来改善国家的贫困？
3）贫穷国家的穷人有什么问题？
4）你如何确定一项脱贫的措施是否有效？
5）什么是小额信贷？你认为小额信贷在改善贫困方面有效吗？

22.2.3 经济学和商业分析课程

这门课混合了知识和技能，学习目标如下：

- 理解数据、数据类型和应用程序。
- 使用各种技术和模型来解释数据，并描述这些技术的局限性。
- 应用各种模型从数据中推断有意义的模式。
- 使用数据进行预测和明智的决策。

建议调查使用基于案例的模式，例如：

1）假设你有一个城市的房屋销售价格数据，以及房屋的以下特征：房屋面积，卧室和浴室的数量，楼层，停车位数量，是否位于城市的首选街区，是否有车道、娱乐室、中央空调或完整的地下室，房子是否使用燃气取暖。城市中的一套新房子具有以下属性：房屋面积 3 000 平方英尺①，3 间卧室和 1.5 个浴室，2 层楼外加地下室，一个车道，没有娱乐室，使用燃油取暖，没有中央空调，有一个车位的车库，街区一般。你有足够的信息来说明这座要价 635 000 美元的房子是否划算吗？

2）假设你有一个国家 1980—2014 年的人均国内生产总值（GDP）的季度数据。你如何预测 2015 年第一季度的人均 GDP？

3）想象一辆汽车。它具有诸如马力、燃油里程、车内设施、GPS 导航仪、无线功能、颜色等特征。你如何了解客户对这些功能的需求呢？

22.3 了解学习风格

除了上面的调查，你可能想再多问一个问题，以了解学生们的学习风格。教育理论和研究总结出四种学习风格：同化（Assimilating）、聚敛（Converging）、适应（Accommodating）和发散（Diverging）（Kolb，1984，1999）。每一种风格都对应着下面的一个问题，并可以据此进行识别。你可以在调查表中使用这些问题，或与调查表分开，单独问学生。

下面的哪种陈述最好地描述了你的情况？请注意，我们每个人都是下列陈述的混合体从中选出一个最适合你的。

- 我对理念很感兴趣，对抽象概念感觉很容易。我可以理解各种各样的信息，将它们进行准确和富有逻辑的总结或分类。我善于学习逻辑健全但不一定具有实用价值的理论。
- 每当我学到一个新东西，我就试图找到它在实际生活中的用途。我喜欢解决问题，在遇到挑战时能很自然地应用到我的知识和技能。我对那些逻辑很缜密但没有实际用途的理论没有感觉。
- 我喜欢执行计划，和团队一起面对新的挑战。我相信逻辑的使用是有一定局限性的。我倾向于根据"直觉"而不是根据逻辑判断行事。在面对挑战的时候，我很乐意倾听别人的意见和感受，而不是擅自决定。
- 我非常希望听到各种意见和观点，以使自己能够从不同的角度看问题。我富有想象力、情感丰富，还具有广泛的文化爱好。我喜欢头脑风暴，可以很好地参与。我对人也很感兴趣。

---

① 1 平方英尺约为 0.093 平方米。

上面第一条说的就是"同化"这种学习风格。这种学习风格的人特别善于把概念抽象化以及对观察到的东西进行反思。他们喜欢听讲座，自己探索分析模型并花时间琢磨。这些人在与科学和信息相关的工作领域表现出色（Kolb，Boyatzis 和 Mainemelis，2001）。

第二条说的是"聚敛"这种学习风格。这种风格的学生擅长技术任务，愿意通过实验、模拟、个人游戏和实际应用来学习。

第三条说的是"适应"。这种风格的学生喜欢与大家一起体验。他们喜欢做团队项目，喜欢大家一起做作业，能够很好地向别人学习。班里的集体讨论很适合他们。

最后一种学习风格是"发散"。采用这种学习风格的学生喜欢参加正式的集体学习，倾听别人的意见，让大家给他提出反馈。

教师需要了解班里的每种学习风格的学生的分布情况，以便来调整自己的教学风格、练习、项目、测验和考试。

22.4 调查的管理

调查可以用纸和笔来进行。每个案例问题给 2~5 分钟，常规问题给 1~2 分钟。学生完成调查以后，把它带回家，等最后一节课的时候把它带来，比较一下通过一学期的学习，答案有哪些变化，都学到了什么。在最后一节课上，你甚至可以让他们给自己的答案打分，然后你把调查表收上来进行评估。你还可以在第一节课的时候把调查表收上来，最后一节课的时候再返还给他们。

当学生们看自己当初的答案的时候，你可以听到他们的笑声，时不时地还会有人发出惊讶的声音；还有人可能会把自己的答案给别人看，进行自嘲。对于教师这可能是一个激动人心的时刻，因为学生对这门课表示了信服，了解自己都学到了什么。你可以感觉到他们意识到自己的变化有多大，学习也取得了质的提升。教师此刻会觉得自己这学期所有的努力都是值得的，这种感觉好极了。

使用调查表这种简单的技巧也可以让学生们看到他们的学习对教师来说是何等重要。他们知道了你花了多少时间和精力来设计这门课，教会了对他们未来的职业、思维方式和个人生活有帮助的宝贵技能和知识。如果这个调查能使这门课给学生留下深刻印象，对教师就是最好的回报。有的学生可能毕业后会和你联系，告诉你调查中的某一个问题与他的工作特别相关。

应用现代技术，例如点击器或诸如 Blackboard 这类课程管理系统的在线调查工具，做有关学习风格的调查很容易，因为教师只需要了解每种学习风格的学生分布情况。用传统的纸笔也可以完成。但是结果要在上第二节课之前分析出来。在第二节课上，学生学到一些有关学习风格的内容也会觉得很有意思，问题可以有所变化。这一次可以把每一个陈述与一种学习风格联系起来，这样学生们就能对自己有了新的了解。

22.5 结论

本章讨论了在第一节课上的介入，可用来介绍课程、学习目标以及对学生的潜在价值。这种介入是名叫"你知道什么"的调查，问题涉及课程目标，跟找工作时被问到的题目差不多。介绍了调查表的设计步骤，并给出了一些例子。通过一个附加问题，可以帮助教师了解班里学生平时的学习风格分布情况。这项介入能够使学生对课程有一些现实的期望，了解要学习的内容有什么价值，以及在未来工作中如何应用。另外，还能使教师更清楚明了地告诉学生该课程的价值所在。

参考文献

Bloom, B. S. (1994). Bloom's taxonomy: A forty-year retrospective. K. J. Rehage, L. W. Anderson, & L. A. Sosniak (Eds.), *Yearbook of the national society for the study of education* (Vol. 93(2)). Chicago, IL: National Society for the Study of Education.

Bloom, B. S., Engelhart, M. D., Furst, E. J., Hill, W. H., & Krathwohl, D. R. (1956). *Taxonomy of educational objectives: The classification of educational goals. Handbook I: Cognitive domain.* New York, NY: David McKay Company.

Greenberg, D., McKone-Sweet, K., & Wilson, H. J. (2011). Entrepreneurial leadership: Shaping social and economic opportunity. In D. Greenberg, K. McKone-Sweet, & H. J. Wilson (Eds.), *The new entrepreneurial leader: Developing leaders who shape social and economic opportunity*. San Francisco, CA: Berrett-Koehler Publishers, Inc.

Gronlund, N. E. (1978). *Stating objectives for classroom instruction.* New York, NY: Macmillan.

Gronlund, N. E. (1991). *How to write and use instructional objectives* (4th ed.). New York, NY: Macmillan Publishing Company.

Kolb, D. A. (1984). *Experiential learning: Experience as the source of learning and development* (Vol. 1). Englewood Cliffs, NJ: Prentice-Hall.

Kolb, D. A. (1999). The Kolb learning style inventory. Version 3: Technical specifications. Boston, MA: Hay Group.

Kolb, D. A., Boyatzis, R. E., & Mainemelis, C. (2001). Experiential learning theory: Previous research and new directions. In R. J. Sternberg & L. Zhang (Eds.), *Perspectives on thinking, learning, and cognitive styles. The educational psychology series* (pp. 227–247). Mahwah, NJ: Lawrence Erlbaum Associates, Inc.

Krathwohl, D. R., Bloom, B. S., & Masia, B. B. (1964). *Taxonomy of educational objectives: The classification of educational goals. Handbook II: The affective domain.* New York, NY: David McKay Company.

第 23 章
"Quickfire"！利用限时的竞争性课堂活动提高学生的参与度

詹妮弗·贝利（Jennifer Bailey）和理查德·C. 汉纳（Richard C. Hanna）

23.1 引言

学生的参与度是一个对大学教育者至关重要的话题，因为很多理论都表明，参与和学习成果之间存在着积极的联系（Carini，Kuh 和 Klein，2006；Prince，2004）。参与就意味着积极的课堂表现。弗雷德里克斯（Fredricks）和麦考斯基（McColskey）（2012）特别总结了学生参与的三个层次：行为参与（参与水平和花在任务上的时间）、情感参与（对任务的兴趣）和认知参与（对任务的脑力关注）。这些行为的结果体现在学习成果的提高和学术表现上，这可以从更高的课堂测试成绩和标准化考试分数中得到证明（Carini 等人，2006；Faria，2001）。但是，当教授的内容较为复杂，教师就常常会遇到根本不听课的学生，他们往往表现出厌倦、冷漠、焦虑和抵抗的感觉和行为（Fullagar，Knight 和 Sovern，2013；Silver 和 Perini，2010；Sashittal，Jassawalla 和 Markulis，2012）。有四个主要因素被证明对促进学生参与课堂活动很重要（Parsons 和 Taylor，2011；Shernoff 和 Csikszentmihalyi，2009；Silver 和 Perini，2010；Strong，Silver 和 Robinson，1995）。第一个因素是课堂活动的挑战性，第二个因素是问题的相关性程度，第三个因素是完成活动所需的协作学习，第四个因素是与完成活动相关的快乐程度。因此，教师可以有机会通过掌控这些驱动因素来提高学生的参与度。学生们认为相比传统的上课机制，体验式练习更具娱乐性、挑战性、相关性和价值（Karns，2005），他们更愿意参与（Garrett，2011）。因此，我们提出了一种融合了这四个因素的体验式课堂活动，以提高学生的参与度。

我们的练习借鉴了真人秀节目《高厨》（Top Chef）里的"Quickfire"挑战模式，这是这个节目火起来的原因。与此节目的形式类似，学生参加比赛，他们的任务是将从课上学到的概念应用到实际决策中（即相当于使用一个"原料"作为决策的焦点），并且要在很短的时间之内执行。让学生们在规定时间之内比赛就是调整了任务的感知挑战水平（Roskes，2015）。另外，学生们在将概念直接应用到现实世界的问题方面也受到了挑战。因此，这个练习相对于学生课下面临问题的复杂性和模糊性，又增加了现实感和相关性（Erzurumlu 和 Rollag，2013）。我们所建议的活动都是要求学生以小组为单位完成的，通过加入协作学习的元素促进学习，提高参与度。最后，练习的游戏竞争部分在活动中加入了玩耍的元素，增加了娱乐性，因此参与程度更高。

培养学生成为未来的创业领袖，需要培养学生能够在两种互补的逻辑下工作的能力：预测逻辑和创造逻辑。预测逻辑是一种基于分析决策的过程，在这种过程中，可以根据规定的目标和约束条件确定最优解决方案。创造逻辑在未来不可知的情况下更适用，通过利用手中的资源塑造出新颖和原创的结果（Neck 和 Greene，2011）。为了使这两种情况都有所涉及，我们将介绍"Quickfire"练习的两个不同的应用：一个用于运营管理中的库存管理练习（偏重于量化的课程，以预测逻辑为主）；另一个用于营销传播中的广告信息战略练习（更偏定性的课程，以创造逻辑为主）。"Quickfire"练习的这种形式也符合百森商学院教授创业思维与行动®的理念，强调即便是在信息不全、情况不确定的情况下，也要采取明智行动的重要性，以及在时间限制下做出决策的重要性（Neck 和 Greene，2011），这也是企业家需要掌握的一项重要技能（Pittaway 和 Cope，2007）。下面，我们将介绍这两个练习，学生在练习前后填写的两个调查问卷中所表现出来的态度，以及我们所观察到的学生的参与度和取得的进步。

23.2 "Quickfire"应用1：运营与库存管理

我们选了一个量化性主题来说明"Quickfire"概念的第一个应用。该练习用于强化经济订货批量（Economic Ordev Quantity，EOQ）概念，这是本科生运营管理课程中讲到的库存管理原则。EOQ 概念的主要前提是当从供应商（或从生产环节）补充产品时，管理者可以使用该模型，通过确定最优库存订购量来将年度库存成本最小化。我们给学生介绍了库存锯齿（Inventory Sawtooth）的概念，让他们理解与每个订单的下达相关联的单位订单交易成本，与订单下达后与仓储和库存相关联的持有成本之间的权衡。

对教师来讲，这么复杂的概念在保持学生们的参与度方面面临着几项挑战。首先，EOQ 的概念是高度定量的，它增加了学生对数学问题解决和数值操作相关的焦虑感（Desai 和 Inman，1994）。其次，学生们普遍反映库存管理这个主题枯燥乏味。另外，因为库存管理的例子往往与学生的经验相差太远，所以他们很难理解其实用性和重要性。最后，学生们往往只会简单地死记硬背方程式，却很难深入理解库存管理的概念。因此，他们不能理解各种成本因素对管理的影响,并且难以将这一概念应用于更开放的问题和不同的环境中。

为了解决这些问题,我们设计了一个交互式的、与库存相关的"Quickfire"挑战。学生们扮演起创业者的角色,这名"创业者"正在几个潜在的业务间斟酌,他必须得考虑其库存预算的影响,进而决定是否要成立某一产品类型的公司。这项与提高学生参与度相关的课堂活动有三个目标:①增强库存管理这个主题的趣味性;②增强这个练习的现实性和相关性;③使学生从死记硬背公式转变成对库存管理概念的深入理解。

为了让学生积极参与进来,我们特地选择了跟学生们有关的高科技产品和与大学相关的产品。从实用角度出发,我们常常会给学生们列举一些过于简单的库存管理案例,他们可以通过死记硬背 EOQ 公式就能算出来,但是他们很难完全理解 EOQ 概念的强大用途。与此相反,在"Quickfire"练习中,我们给学生设置了一个更加现实的情景并带有大量的数据(共 6 页),让他们辨别哪些信息和哪些方程是相关和必要的,以便确定最佳产品类别。因此,该练习向学生提出了解决一个更开放的和模棱两可的问题的挑战,要求他们从问题应用转向对问题批判性的和深入的思考,并理解如何应用他们以前学到的知识(Hmelo-Silver,2004)。

参与"Quickfire"挑战的班级一共有 36 名学生。在参加"Quickfire"练习之前,他们已经上过两节库存管理基础课和 EOQ 概念课,上课的形式是讲座。在"Quickfire"挑战中,教师设计了三项潜在的业务,学生可以从中挑选一个:① 高端跑步外套,内置可穿戴音频技术;②高科技导航头盔,带有投射在面罩上的 GPS 系统;③人字拖鞋(见附录23A)。对于每个产品类别,我们都向学生提供了前四年该类别产品的历史需求、产品零售价格、每次交易订购费用和存货持有成本的信息。对于跑步外套这个产品,学生们还拿到了第二个订购选项的信息——如果以批量订购,可以以折扣价购买。然而,尽管批量订购策略使得单位成本较低,但是每笔交易的订购费用却高了。学生们拿到了一份共 6 页的讲义,上面有所有三个类别产品的数据。与其他库存管理练习相比,这个练习的独到之处在于,因为不是随着时间的推移做出多个库存管理的决策,而是针对单个产品,学生必须考虑库存相关成本对盈利的影响,进而从众多产品中选出一个进行投资(Umble 和 Umble,2013)。这样的情形跟学生将来成为领导者后所要面对的问题非常相似,到时可能就会用到这个知识。学生被分为 9 个小组,每组 4 人,进行比赛,在 20 分钟之内做出他们的最终投资决定。竞赛规则如下:

你在考虑开办一家新公司。有一位风险投资商来找你,主动为你提供足够的资金以满足你第一年的启动库存要求。你第一年的库存投资预算为 2 500 万美元。你必须选择投资哪类产品。风投要求你立即答复。你有 20 分钟的时间做决定,需要考虑的因素有:①投资产品的种类;②你每年从供应商那里订货的频率;③每次订购的数量;④你第一年的年库存成本和利润。获胜团队①不能超过投资商给出的 2 500 万美元的预算;②与其他团队相比,盈利最高。在盈利持平的情况下,先提交决定的团队获胜。

将学生放在创业者的位置来比较三家拥有不同潜在业务的公司，学生们可以看到库存管理理论在理解产品的盈利能力方面的广泛作用。教师故意选择零售价最低的产品（人字拖鞋）作为扣除库存成本后收益最高的产品，以强调不仅要考虑产品的收入潜力（零售价格），而且应考虑库存成本的重要性。另外，考虑到库存预算的限制，学生必须认识到，除了考虑持有成本和订购成本（EOQ 模型中的两个因素）外，他们还必须考虑从供应商处购买产品的库存采购成本。一般情况下，在课堂上和布置作业的时候，教师都会提前提供年需求量数据；但是在这个"Quickfire"练习中，教师提供的是连续四年每周的详细需求历史数据，因此，学生们需要通过计算销售增长的趋势来确定所需的信息，以预测未来的年度需求量，并考虑其销售预测对收入和最优 Quickfire 的影响。这些计算对他们的库存预算和产品盈利能力都有影响。

23.3 应用 1 的结果

为了评估"Quickfire"练习对学生参与水平的影响，我们设计了两个问卷调查，分别在活动前后填写。有关库存管理的"Quickfire"练习问卷的问题和结果请见附录 23B。活动前的调查结果显示，83%的学生认为自己理解了库存管理的基本原理；但是，52%的学生认为库存管理很复杂。活动后的调查结果表明，80%的学生说这个练习比传统的课堂讲授模式更有效。虽然 9 个小组中只有 3 个小组在规定时间内做出了最优产品的选择，但是这个练习让学生们看到了自己目前知识的不足，知道了哪里理解得还不透彻（Hmelo-Silver，2004）。学生们的定性评论也提到，"Quickfire"库存管理挑战的真实性为他们提供了机会，对该主题有了更深入的理解：

"Quickfire 库存管理挑战让我知道了如何在现实世界中应用这些概念，让我看得更明白了。"

"我作业做得还挺好的，但是当我做这个练习的时候感觉到了难度，还挺奇怪的。"

"虽然时间紧、任务重，但我觉得与预算相联系，比起一个干巴巴的数字显得真实多了。"

"最有意思的是你知道制约你的因素，例如预算。"

活动后的调查也显示，83%的学生认为团队结构使得这个练习更有乐趣；还有 68%的学生说，团队结构可以使他们较容易地请教其他同学关于困难概念的问题。Hmelo-Silver（2004）指出了协作学习策略的重要性，因为同学们要交流思想并坚持自己的想法，这就促进了他们的学习。使用协作学习机制作为一种提高学生的参与积极性的工具的好处在活动后的调查中有所体现：

"我喜欢团队练习，因为这是学生能参与学习的最好方式。"

令人惊讶的是，在活动前的调查中，有 51%的学生说他们喜欢和数字打交道，但是与现有的研究结果一致的是，有 54%的学生说在时间限制内完成定量任务让他们感到很紧张（Onwuegbuzie 和 Seaman，1995）。尽管如此，活动后的调查结果也证实了利用时间限制来增加练习的挑战难度，对提高学生的参与度是有效的。实际上，在活动后的调查中，有 40%的学生认同时间压力使得这个练习趣味性更强了。学生在完成练习后给的一些评论也说明了时间压力对提高参与度方面的好处。例如：

"我真的特别喜欢 Quickfire 挑战！这是一场充满乐趣的比赛，使我彻底地理解了库存管理的概念。"

"这项挑战很有意思，也很吸引人，从头到尾都充满了乐趣。"

"今天的课太好玩了！"

"今天我积极地参加了比赛。"

但是，研究结果也表明，在不参与、参与到焦虑之间必须要保持微妙的平衡（Fullagar 等人，2013）。虽然有 40%的学生认为时间限制使得这个练习更有趣味性，但也有另外 40%的学生不赞同。从学生在活动后的自由评论中我们看到，同样的因素，如时间限制，在增强了某些学生的参与兴趣的同时，也加重了另外一些学生的焦虑（Fullagar 等人，2013）。下面是部分的评论：

"时间太短。"

"我对库存管理还是有点拿不准，只记住了玩 Quickfire 游戏。"

"我因为听不懂，所以感到压力很大。"

23.4 "Quickfire" 应用 2：广告信息策略

我们说明"Quickfire"概念应用的第二个案例是在一个定性课上，目标是进行创作练习，产生新颖的成果。在营销传播中，一个关键的主题是确定广告活动的信息策略。

虽然这个主题讨论的问题都是大家所熟悉的（例如幽默使用策略），但是决策练习很复杂，因为要考虑到十个主要策略，而它们当中的大多数又有子策略（例如说服性策略包括比较信息和为什么要买的广告信息），每一条都有自己的优缺点和最佳使用时机。这些策略都是从课本里选出来的（O'Guinn 等人，2014），从最简单易行的口号，到最难实行的转型体验（参见附录23C，图 23C-1）。

在教授这个主题的时候，我们需要克服两个主要问题。第一，学生们往往会高估自己回忆起这些策略的能力，因为他们以前在广告里见过并且很熟悉。此外，因为选择很多，几个策略之间或者存在共同点，或者在现实生活中的广告里混合使用过，学生们常常混淆它们。另外，我们的经验表明，不管题目是什么，学生们往往会认为，阅读和背诵就等同于对材料的深入理解。实际上，他们的理解非常浅显。因此，当我们进行测验，在不同的背景下应用这些知识时，很多学生就会不及格。第二，也许是更重要的一点，当将策略应

第 23 章 "Quickfire"！利用限时的竞争性课堂活动提高学生的参与度

用到某个具体问题上时，学生们往往会选最显而易见的或最简单的信息策略来解决问题，而不会思考更富有创意的方案，这些方案也许更难以想象，但是效果会更好。例如，对于消费产品来说，最简单易行、明摆着的策略就是使用一句口号。但是，较难执行的策略，例如利用到社会焦虑（参见附录 23C，图 23C-1），可能会更加有效、更加有意思。最后这个问题是个真实的挑战，因为仅有几个学生会扩展思路，使用不那么显而易见的信息策略。如果他们自己没有体验过创造的过程，就不会理解深入思考的好处。因此，这个练习有两个学习目标。首先，提高学生区分和回忆不同信息的能力，在不同的情境下能应用所学知识。其次，说明最简单的（也许是最明显的）信息策略并不总是最富有创意的。

"Quickfire"挑战的练习是在一个由 15 人组成的班级上进行的，这些学生在学期开始的时候就被分成了 4 个小组（每组大约 4 人）。在练习开始之前，学生已经听了两个讲座，将信息策略的相关材料都学习过了，也观看了一些实例，了解了现实广告中使用的不同策略。在练习开始之前，学生们又按要求将这些材料复习了一遍。在"Quickfire"练习开始之前，教师做了个调查，收集大家对信息策略这个主题的意见和感受（参见附录 23D，表 23D-1）。就"Quickfire"挑战而言，教师设计了这个练习，来挑战学生获取大量的定性信息，并快速选出合适的解决方案。但是，里面也设计了一些障碍，要求学生跨出自己的舒适区。

为此，我们列出了 2014 年上市的七种消费品，这些产品主要是现有品牌的延伸，所以学生们不会觉得完全陌生。但是，这些产品确实是新的，所以学生们没有见过它们实际执行中使用的信息策略。在课程刚开始的时候，教师告诉同学们，他们将竞争一家消费品生产商的广告代理。为了能够获胜，就要看哪组的信息策略最有创意。一共有七项产品可供他们挑选。每组只能选一个产品，各组选项不能重复。团队要花几分钟的时间把自己心仪的选项进行排序，万一首选被别的队拿走了，还可以有备选。然后，各队抽签决定选择顺序。几分钟过后，等他们都排好了自己的顺序，教师便让他们按抽签顺序来挑选代言产品。每个小组做出选择之后，各组会拿到一张自己所选产品的工作表（以附录 23C，图 23C-2 为例），并指示他们为所选产品开发一个信息策略，并在单页上记录他们的决策。然后，他们会被告知，时间总共 8 分钟，立即开始！

时间一到，教师会给每组一道"难题"。教师还是借鉴《高厨》里的概念，在这个过程里加入一个新元素，要求学生立即做出反应，可能在形式上要做出调整。各组被告知，他们要把自己的方案传给右边的一组。教师给每组发一张新工作表，然后通知各小组，他们正在竞争的客户要了解每组对第一轮中使用的所有四种产品的看法，并要求每个小组对其他组的工作提出新的解决方案。难度就是不能重复别的组已给出的信息策略。同样，他们还是要在 8 分钟之内完成这项任务。一组做完再传给下一组。四轮过后，所有组就给所有产品都做完了策划，越往后越难，因为可选的信息策略越来越少，最简单的可能早就被用过了。等最后一轮结束的时候，各小组依次对每个产品进行展示，教师把结果记录在黑板上。等展示结束,学生们投票选出每个产品最好的策略。最后,学生们再填写一张有关"Quickfire"体验的活动后调查表,评价自己的感受(参见附录23D)。

23.5 应用2的结果

活动前的调查显示,一半以上的学生基本理解信息策略概念,对各种策略的应用很有信心。在实际的产品选择方面,几个小组选择了四种产品的信息策略:瑞士莲黑巧克力、无公害有机椰子水、好时的 S'mores 和优诺希腊酸奶棒冰(学生团队使用过的实际信息策略在附录23E中提供)。在整个四轮当中,学生们在四个产品上使用了各种信息策略,方式各异。在各组展示后,学生们投票选出他们认为最有效的且对观众最有吸引力的策略。根据同学们的投票,瑞士莲黑巧克力和无公害有机椰子水的最佳策略出现在第三轮,优诺希腊酸奶棒冰的最佳策略在最后一轮才出现。只有好时的 S'mores 的策略在第一轮就胜出了。教师也对这些策略进行了评估,根据他在营销传播方面的专业和学术经验,他赞同学生们的选择。但是教师向全班指出,好时的 S'mores 的第三轮策略对某些目标人群来讲可能更有吸引力。

活动后的调查结果显示,所有的学生都认为这项练习大大加深了他们对不同信息策略的理解,比做作业或在课上做案例分析更有帮助。学生们还认为,以小组形式做这个练习对理解各种策略有所帮助。因此,第一项学习目标就算达到了。

"Quickfire"练习的结果突出了利用施加时间压力来提高创造性任务参与度的几个机遇和挑战。在活动后的调查中,有 53%的学生说,因为有了时间约束,所以此项活动变得更有趣了。因此,"Quickfire"练习在利用时间压力和游戏的竞争性来提升学生的参与度方面是有效的。研究表明,在完成创造性任务时,时间压力成了一项积极的挑战,同学们很兴奋、有激情,创造性表现更好(Gutnick,Walter,Nijstad 和 De Dreu,2012;Roskes,2015)。实际上,与此结果相一致的是,其中的两个小组在第一轮的时候就试图尝试较难的策略,想赋予产品一些社会意义。第一轮的无公害有机椰子水和好时的 S'mores 的策略里就使用到了部分生活信息策略(参见附录 23C 和 23E,第一轮中的两个组使用了生活感悟赋予其社会意义)。另一方面,也有同学认为对创意任务施加时间限制使他们感觉到了一种负面威胁,这会引起焦虑并降低认知灵活性(Gutnick 等人,2012;Roskes,2015)。与此相关,安德鲁斯(Andrews)在 1996 年的时候指出,品牌经理在时间特别紧迫的情况下,往往会使用最简单、最缺乏创意的策略。与这一理论一致的是,在第一轮当中,有两个组选择的就是相对容易的策略(参见附录 23C 和 23E,第一轮中有两个组使用了策略2和4)。

当容易的策略已经被别人使用了以后,团队就要启动格子外思维,更加富有创意,以便选用操作起来有点难度的策略,这也就是为什么为某一产品做第三次和第四次尝试往往是最有创意的。罗斯吉斯(Roskes)(2015)说,虽然在时间压力下,开始的时候得到的结果往往很普通,但是诸如设置限制性目标这样的约束可以抵消这种影响,使结果更有创意。在讨论小组为每个产品制定的策略时，学生们开始意识到产品概念是可以以不同方式来传达的，品牌也不会丢失。因此，当挑战变得越来越难的时候，学生们就不得不使用稍难的策略，他们获得的回报是给产品想出了更富有创意的，往往也是更有效的策略。

23.6 结论

我们设计了一个体验式的学习练习，讲复杂主题的时候通过限制时间来增加挑战性，提高学生的参与度。本章我们举了两个例子，讨论了使用效果：一门是定量课程，另一门是定性课程。两门课的结果都是一致的。大多数的学生说，时间限制使课上练习更有趣、更愉快、更吸引人。但是，无论是定量练习还是定性练习，时间压力也给一些学生带来了焦虑，导致他们参与热情降低。有关时间压力对定量任务和创造性任务的影响，我们的研究结果与文献是一致的。昂乌戈布吉（Onwuegbuzie）和西曼（Seaman）（1995）发现，对于容易产生焦虑的学生，时间压力使他们失去了动力，影响了他们在定量任务上的表现。相关研究也表明，虽然时间压力可以在创造性任务中增强人的内在动力，使其表现更好，但是那些容易焦虑的学生却将时间压力视为一种消极威胁，在创造性任务中的动力降低，表现也差强人意（(Gutnick 等人，2012；Roskes，2015）。

在教授复杂学科和设计最佳学习体验的时候，教育者必须要处理几个相关的问题：无聊、参与和焦虑（见图 23-1）。当活动较为简单、毫无挑战性时，学生们会表现出无聊和冷淡情绪，结果就是不愿意参与（Sashittal，Jassawalla 和 Markulis 2012）。另一方面，当能力较差的学生面临难度较大的挑战时，他们可能也不愿意参与，表现会很差，因为他们感觉受到了威胁，没有做好迎难而上的准备，这增加了他们的焦虑水平。当水平一般的学生面对难度

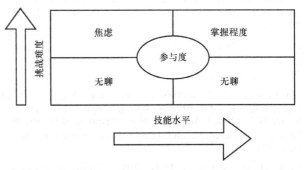

图 23-1 挑战和技能对无聊、参与和焦虑的影响
来源：改编自 Fullagar 等人，(2013)。

平平的任务时，他们的参与积极性会达到最高、全神贯注、努力掌握。这个最佳参与状态区域也被称为心流体验（Flow Experience）（Fullagar 等人，2013；Shernoff 和 Csikszentmihalyi，2009）。因此，对于能力强的学生，增加任务难度能够有效激发他们的兴奋点，摆脱无聊感，使其积极参与。但是，对于能力差的学生，提高任务难度会增加他们的焦虑水平，使他们不愿意参加。因此，我们的"Quickfire"挑战表明，教育者在为水平参差不齐的学生设计学习体验的时候，既要考虑到技能水平，又要考虑到可能的焦虑水平，而且必须用心平衡这些因素，以使学生的参与达到最佳状态。

参考文献

Andrews, J. (1996). Creative ideas take time: Business practices that help product managers cope with time pressure. *Journal of Product & Brand Management*, 5(1), 6–18.

Carini, R. M., Kuh, G. D., & Klein, S. P. (2006). Student engagement and student learning: Testing the linkages. *Research in Higher Education*, 47(1), 1–32.

Desai, K., & Inman, R. A. (1994). Student bias against POM coursework and manufacturing. *International Journal of Operations & Production Management*, 14(8), 70–87.

Erzurumlu, S. S., & Rollag, K. (2013). Increasing student interest and engagement with business cases by turning them into consulting exercises. *Decision Sciences Journal of Innovative Education*, 11(4), 359–381.

Faria, A. J. (2001). The changing nature of business simulation/gaming research: A brief history. *Simulation & Gaming*, 32(1), 97–110.

Fredricks, J. A., & McColskey, W. (2012). The measurement of student engagement: A comparative analysis of various methods and student self-report instruments. In *Handbook of research on student engagement* (pp. 763–782). New York, NY: Springer US.

Fullagar, C. J., Knight, P. A., & Sovern, H. S. (2013). Challenge/skill balance, flow, and performance anxiety. *Applied Psychology*, 62(2), 236–259.

Garrett, C. (2011). Defining, detecting, and promoting student engagement in college learning environments. *Transformative Dialogues: Teaching & Learning Journal*, 5(2), 1–12.

Gutnick, D., Walter, F., Nijstad, B. A., & De Dreu, C. K. (2012). Creative performance under pressure an integrative conceptual framework. *Organizational Psychology Review*, 2(3), 189–207.

Hmelo-Silver, C. E. (2004). Problem-based learning: What and how do students learn? *Educational Psychology Review*, 16(3), 235–266.

Karns, G. L. (2005). An update of marketing student perceptions of learning activities: Structure, preferences, and effectiveness. *Journal of Marketing Education*, 27(2), 163–171.

Neck, H. M., & Greene, P. G. (2011). Entrepreneurship education: Known worlds and new frontiers. *Journal of Small Business Management*, 49(1), 55–70.

O'Guinn, T. C., Allen, C. T., Semenik, R. J., & Scheinbaum, A. C. (2014). *Advertising and integrated brand promotion* (7th ed.). Stamford, CT: Cengage Learning.

Onwuegbuzie, A. J., & Seaman, M. A. (1995). The effect of time constraints and statistics test anxiety on test performance in a statistics course. *The Journal of Experimental Education*, 63(2), 115–124.

Parsons, J., & Taylor, L. (2011). Improving student engagement. *Current Issues in Education*, 14(1). Retrieved from http://cie.asu.edu/ojs/index.php/cieatasu/issue/view/12

Pittaway, L., & Cope, J. (2007). Simulating entrepreneurial learning integrating experiential and collaborative approaches to learning. *Management Learning*, 38(2), 211–233.

Prince, M. (2004). Does active learning work? A review of the research. *Journal of Engineering Education*, 93(3), 223–231.

Roskes, M. (2015). Constraints that help or hinder creative performance: A motivational approach. *Creativity and Innovation Management*, 24(2), 197–206.

Sashittal, H. C., Jassawalla, A. R., & Markulis, P. (2012). Students' perspective into the apathy and social disconnectedness they feel in undergraduate business classrooms. *Decision Sciences Journal of Innovative Education*, 10(3), 413–446.

Shernoff, D. J., & Csikszentmihalyi, M. (2009). Cultivating engaged learners and optimal learning environments. In *Handbook of positive psychology in schools* (pp. 131–145). New York, NY: Routledge.

Silver, H. F., & Perini, M. J. (2010). The eight C's of engagement: How learning styles and instructional design increase students' commitment to learning. In *On excellence in teaching* (pp. 319–344). Bloomington, IN: Solution Tree Press.

Strong, R., Silver, H. F., & Robinson, A. (1995). Strengthening student engagement: What do students want. *Educational Leadership*, 53(1), 8–12.

Umble, E., & Umble, M. (2013). Utilizing a simulation exercise to illustrate critical inventory management concepts. *Decision Sciences Journal of Innovative Education*, 11(1), 13–21.

附录23A　库存管理"Quickfire"练习文件样本

产品选项一

"电子爵士乐"跑步外套预装了最新版本的iPod Shuffle音乐播放器（见图23A-1），让你在整个跑步过程中享受快乐。外套的零售价格是250美元/件。你已经在澳大利亚找到了一家供货商，愿意生产夹克并以190美元/件的价格卖给你。由供应商制造和运输的每笔订单的成本为21 000美元，包括了从澳大利亚到美国的所有海运、海关和运输成本。一旦到了美国，你估计年持有成本约为20美元/件，包括所有仓储、保险和其他库存持有成本。澳大利亚的供应商还为你提供了在年初生产和运输一批货物的选择，以满足你全年的需求。如果你同意此安排，你将被收取一年一次性订购费250万美元。不过，为了让这次特别的交易更有吸引力，供应商还将为你提供40美元/件的折扣。也就是说，如果你同意一次性下个大订单，供应商将以150美元/件的价格卖给你。表23A-1是你所要服务的市场过去的估计需求量。现在的时间是2013年年初，你即将进入市场，并按2013年一年的销售量下单。

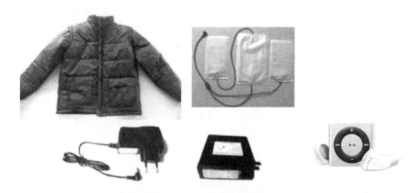

图23A-1　"电子爵士乐"跑步外套

表23A-1　2009—2012年跑步外套市场需求量（单位：套）

周	2009年	2010年	2011年	2012年
1	1 998	2 198	2 417	2 659
2	1 999	2 199	2 418	2 660
3	2 002	2 202	2 422	2 664
4	1 998	2 198	2 418	2 660
5	1 999	2 199	2 418	2 660
6	1 997	2 197	2 417	2 659
7	1 997	2 197	2 417	2 658
8	1 998	2 198	2 418	2 660
9	1 999	2 199	2 419	2 661

第23章 "Quickfire"！利用限时的竞争性课堂活动提高学生的参与度

（续）

周	2009 年	2010 年	2011 年	2012 年
10	1 996	2 196	2 415	2 657
11	2 002	2 202	2 423	2 665
12	2 001	2 201	2 421	2 663
13	1 999	2 199	2 419	2 661
14	2 003	2 203	2 424	2 666
15	2 003	2 204	2 424	2 666
16	1 997	2 197	2 416	2 658
17	2 003	2 204	2 424	2 667
18	2 000	2 200	2 420	2 662
19	1 999	2 199	2 419	2 661
20	2 000	2 200	2 420	2 662
21	2 001	2 201	2 422	2 664
22	2 000	2 201	2 421	2 663
23	2 002	2 203	2 423	2 665
24	2 002	2 202	2 422	2 664
25	1 998	2 197	2 417	2 659
26	2 002	2 202	2 422	2 664
27	2 000	2 200	2 420	2 662
28	1 997	2 197	2 416	2 658
29	2 001	2 202	2 422	2 664
30	2 000	2 200	2 420	2 662
31	2 001	2 202	2 422	2 664
32	1 999	2 199	2 419	2 660
33	1 997	2 197	2 417	2 658
34	1 999	2 199	2 419	2 661
35	2 000	2 200	2 420	2 662
36	1 998	2 198	2 418	2 660
37	2 000	2 200	2 420	2 662
38	2 002	2 202	2 423	2 665
39	1 999	2 199	2 419	2 661
40	2 001	2 201	2 421	2 663
41	2 001	2 201	2 421	2 663
42	2 001	2 201	2 421	2 663
43	2 004	2 205	2 425	2 668
44	2 002	2 202	2 422	2 664
45	1 999	2 199	2 419	2 661
46	2 000	2 200	2 421	2 663

(续)

周	2009年	2010年	2011年	2012年
47	2 002	2 202	2 422	2 664
48	1 998	2 198	2 418	2 660
49	1 999	2 199	2 419	2 660
50	2 001	2 201	2 421	2 663
51	1 997	2 196	2 416	2 658
52	2 001	2 201	2 421	2 663
总数	10 399	11 439	12 583	138 420

产品选项二

对于摩托车骑手来说，触摸屏导航仪和纸质地图不是很有用，而这个导航头盔就可以通过增强现实技术（AR）来解决这个问题，例如将全彩，半透明的图案投影在头盔的面罩上。它的配置包括一个可以语音控制的麦克风、一套耳机、一个用于调整图像亮度的光传感器、一块电池、一个重力传感器、陀螺仪以及用于头部运动跟踪的数字罗盘（见图23A-2）。你已经找好了一个可能的头盔市场，零售价2 500美元/个。你还在俄罗斯找好了一个供应商，进货价为1 900美元/个。另外，每笔订单加收1 000美元，费用包括所有海运、海关和运输成本。这个订购成本非常低，因为供应商渴望进入这个新市场，所以愿意承担大部分运输和制造安装成本。货到了美国以后，你估计每年的年持有成本约为19美元/个，包括所有仓储、保险和其他库存持有费用。现在的时间是2013年年初，你即将进入市场，并按2013年一年的销售量下单。

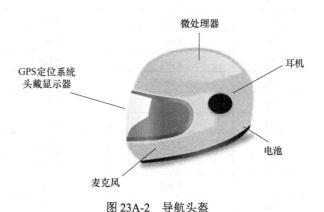

图23A-2 导航头盔

产品选项三

人字拖鞋是大学生生活必备品（见图23A-3）。你找到了一个市场，可以卖到2.5美元/双。你在牙买加找到一个供货商，可以以1.5美元/双的价钱卖给你。每笔订单收取21 000美元的费用，包括所有海运、海关和运输费用。货到了美国以后，你估计每年的年持有成本约为10美分/双，包括所有仓储、保险和其他库存持有费用。现在的时间是2013年年初，你即将进入市场，并按2013年一年的销售量下单。

图23A-3 人字拖鞋

附录 23B 库存练习前后的调查

表 23B-1 库存管理"Quickfire"调查问卷

序号	练习前的李克特量表（Likert-Scale）问题
Q1	我喜欢和数字打交道
Q2	我觉得库存管理是个有意思的主题
Q3	当我必须学习定量材料和数学概念时，例如库存管理，我会感到焦虑
Q4	当我在时间压力下工作时，我很焦虑
Q5	我能看到库存管理学习的实用性和重要性
Q6	库存管理知识将会对我未来的工作或职业很有用
Q7	我理解库存管理的基本原则
Q8	我理解各种库存管理方法的定义——经济订货批量、再订货点法、安全库存、单期报童模型等
Q9	库存管理是一个复杂的主题
序号	练习后的李克特量表问题
Q1	"Quickfire"练习是一个有趣的实践学习体验
Q2	我喜欢在"Quickfire"练习中与数字打交道
Q3	我在"Quickfire"练习期间感到焦虑，因为我要使用定量材料和数字
Q4	"Quickfire"练习强化了我对库存管理原则的理解
Q5	相比传统讲课或做家庭作业，"Quickfire"练习帮助我更好地应用特定的库存管理框架
Q6	"Quickfire"练习帮助我了解到库存管理学习的实用性和重要性
Q7	竞赛的时间压力使得"Quickfire"练习趣味性更强
Q8	"Quickfire"练习的团队结构使它更有趣
Q9	对于有难度的问题，"Quickfire"练习的团队结构使人们更容易就困难的概念提出问题

表 23B-2 库存管理"Quickfire"练习前问卷调查结果

分数	Q1	Q2	Q3	Q4	Q5	Q6	Q7	Q8	Q9
强烈反对	3%	0%	9%	9%	0%	0%	0%	0%	0%
反对	20%	3%	29%	14%	0%	6%	3%	11%	6%
中立	26%	20%	37%	23%	0%	17%	14%	34%	43%
同意	40%	63%	17%	40%	46%	51%	74%	49%	43%
特别同意	11%	14%	9%	14%	54%	26%	9%	6%	9%

表 23B-3 库存管理"Quickfire"练习后问卷调查结果

分数	Q1	Q2	Q3	Q4	Q5	Q6	Q7	Q8	Q9
强烈反对	3%	3%	9%	3%	3%	0%	17%	0%	3%
反对	6%	11%	26%	6%	9%	6%	23%	6%	6%
中立	11%	29%	20%	23%	9%	6%	20%	11%	23%
同意	37%	37%	31%	54%	51%	63%	23%	34%	31%
特别同意	43%	20%	14%	14%	29%	26%	17%	49%	37%

附录 23C 市场营销"Quickfire"练习文件样本

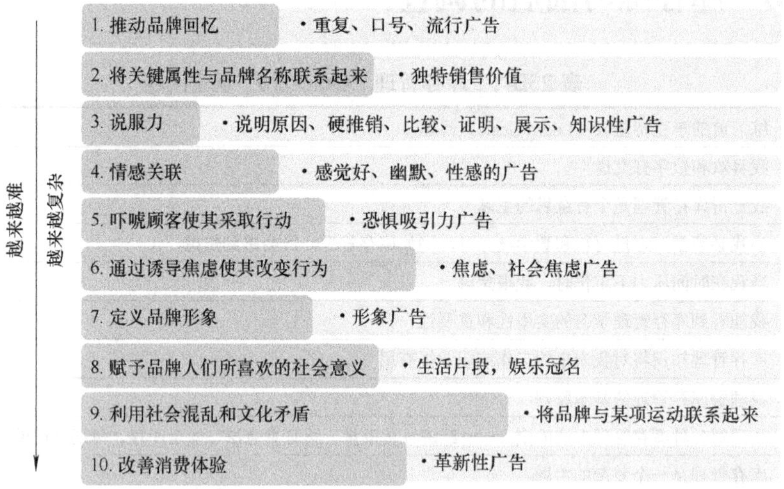

越来越难
越来越复杂

1. 推动品牌回忆 — 重复、口号、流行广告
2. 将关键属性与品牌名称联系起来 — 独特销售价值
3. 说服力 — 说明原因、硬推销、比较、证明、展示、知识性广告
4. 情感关联 — 感觉好、幽默、性感的广告
5. 吓唬顾客使其采取行动 — 恐惧吸引力广告
6. 通过诱导焦虑使其改变行为 — 焦虑、社会焦虑广告
7. 定义品牌形象 — 形象广告
8. 赋予品牌人们所喜欢的社会意义 — 生活片段、娱乐冠名
9. 利用社会混乱和文化矛盾 — 将品牌与某项运动联系起来
10. 改善消费体验 — 革新性广告

图 23C-1 常见信息目标和策略简介

目标市场：

目标：

信息策略：

解释：

番茄酱

图 23C-2 "Quickfire"练习工作表样本

附录 23D 信息策略练习前后的调查

表 23D-1 信息策略"Quickfire"练习调查问卷

序号	练习前的李克特量表问题
Q1	我觉得信息策略是个有意思的主题
Q2	当学习定性材料和概念时，例如信息策略，我感到无聊
Q3	当我在时间压力下工作时，我很焦虑
Q4	我能看到学习信息策略的实用性和重要性
Q5	信息传递策略的知识将对我未来的工作或事业很有用
Q6	我理解信息策略的基本原理

(续)

序号	练习前的李克特量表问题
Q7	我相信我可以在广告中正确应用信息策略
Q8	信息策略是一个复杂的主题
序号	练习后的李克特量表问题
Q1	"Quickfire"练习是一个有趣的实践学习体验
Q2	我喜欢在"Quickfire"练习中使用不同的信息策略
Q3	我在"Quickfire"练习期间感到焦虑,因为我要应用太多的概念
Q4	"Quickfire"练习强化了我对不同信息策略方法的理解
Q5	相比传统讲课方式或做家庭作业,"Quickfire"练习帮助我更好地应用特定的信息策略和方法
Q6	"Quickfire"练习帮助我了解信息策略学习的实用性和重要性
Q7	竞赛的时间压力使得"Quickfire"练习趣味性更强
Q8	"Quickfire"练习的团队结构使其更有趣
Q9	对于有难度的问题,"Quickfire"练习的团队结构使人们更容易就困难的概念提出问题

表 23D-2 "Quickfire"沟通练习前问卷调查结果

分数	Q1	Q2	Q3	Q4	Q5	Q6	Q7	Q8
强烈反对	0%	0%	0%	0%	0%	0%	0%	0%
反对	0%	47%	7%	0%	0%	0%	7%	7%
中立	0%	53%	20%	0%	13%	40%	40%	47%
同意	20%	0%	53%	67%	67%	47%	40%	40%
特别同意	80%	0%	20%	33%	20%	13%	13%	7%

表 23D-3 "Quickfire"沟通练习后问卷调查结果

分数	Q1	Q2	Q3	Q4	Q5	Q6	Q7	Q8	Q9
强烈反对	0%	0%	0%	0%	0%	0%	0%	0%	0%
反对	0%	0%	20%	0%	0%	0%	0%	0%	0%
中立	0%	0%	53%	0%	0%	13%	47%	7%	20%
同意	33%	47%	27%	53%	40%	60%	33%	60%	40%
特别同意	67%	53%	0%	47%	60%	27%	20%	33%	40%

附录 23E 学生的策略信息

表 23E-1 学生的策略

产品	第一轮	第二轮	第三轮	第四轮
瑞士莲黑巧克力	链接品牌属性:独特卖点是质量(2)	与其他巧克力品牌比较说服消费者(3)	情感关联:性吸引力——与性感女性及产品约会(4)	用口号推广品牌回忆(1)
无公害有机椰子水	社会意义:工作结束后饮用产品的生活片段(8)	说服消费者:为什么要饮用椰子水;罗列事实(3)	定义品牌形象,与健康生活联系起来(7)	链接品牌属性:独特卖点是健康(2)
优诺希腊酸奶棒冰	情感关联:性吸引力——性感女性食用产品(4)	说服消费者:与其他品牌酸奶进行比较(3)	链接品牌属性:独特卖点是健康(2)	品牌形象:希腊女神,经典优雅(7)
好时 S'mores	社会意义:家里人一起做饭的生活片段(8)	用口号推广品牌回忆(1)	情感关联:提高朋友的士气,感觉很好(4)	链接品牌属性:独特卖点是卓越的质量(2)

注:括号中的数字反映了附录 C 图 23C-1 中的难度顺序。阴影框代表学生投票选出的最佳策略。

第 24 章

用 SEERS 方法分析影响：使用生态研究项目评估产品生命周期可持续性

维基·罗杰斯（Vikki L. Rodgers）

24.1 背景

为了在当今这个自然资源急速消耗、气候条件不断变化和生态系统服务不断恶化的世界中取得成功，学生们必须清楚地了解他们的商业决策如何影响环境和未来的祖孙后代。在过去，商学院的学生一直与环境教育脱节（Becker，1997），直到最近，企业社会责任（Corporate Social Responsibility，CSR）政策和可持续发展战略已经成为许多大公司广泛接受的做法（Hall，Daneke 和 Lenox，2010）。此外，追求可持续发展现在是联合国、世界银行和世界贸易组织等国际组织的首要政策目标（Elliott，2012）。事实上，可持续性现在被认为是创新和企业成功的主要驱动力（Nidumolu，Prahalad 和 Rangaswami，2009）。

对于我们未来的商业领袖而言，意识到环境问题并认识到他们的选择将如何影响自然和社会是至关重要的。正如《第比利斯宣言》（1978）中所指出的，环境教育的目标是提供关于自然环境功能的知识以及认识和解决环境问题的技能。然而，环境教育还有责任和义务提高人们的认识和创造新的行为模式，以增加对环境和经济、社会、政治和生态相互依赖的关注（第比利斯宣言，1978）。最近，联合国可持续发展十年教育计划（UN Decade of Educational for Sustainable Development，DESD）指出，它的使命是"将可持续发展的原则、价值观和做法纳入教育和学习的各个方面……在环境完整性、经济可行性以及面向今世后代的公正社会方面创造一个更可持续的未来"（联合国教科文组织 2014）。有趣的是，

第24章 用SEERS方法分析影响：使用生态研究项目评估产品生命周期可持续性

已经有研究发现，简单地改变学生对环境问题的敏感性，对于塑造个人如何考虑他们的决定对环境的影响至关重要（Cordano，Ellis和Scherer，2003）。

在百森商学院，学生面临学习和实践创业思维与行动®的挑战，以创造经济和社会价值。创业思维与行动方法®包括三个组成部分：认知灵活性，自我和情境意识，以及社会、环境、经济责任和可持续性（SEERS）（Greenberg，McKone-Sweet和Wilson，2011）。真正的 SEERS 方法研究同时涉及社会、环境和经济视角中的协同效应和矛盾关系（Greenberg等，2011），这在标准的大学课程中通常很难做到。然而，我们的环境科学课程正好能够做到这一点。我们的科学课程旨在强调基于探究的学习和科学素养，作为科学知识和社会关注之间的相互作用（Furtak，Seidel，Iverson 和 Briggs，2012；Hurd，1958）。这里描述的项目旨在为学生提供使用SEERS来评价经济生产影响的机会。

24.2 产品影响项目

24.2.1 项目描述和后勤

产品影响项目（The Product Impact Project）模拟了在生命周期评估（Life Cycle Assessment，LCA）中进行的研究，测量产品生产的投入、产出、应用和分解（Curran，1993），并纳入了社会影响和经济考量。这个时长为一学期的项目旨在为我们名为"生态管理案例研究"的中级科学课程的学生提供足够的工作，他们会3～5人组成一个小组。本课程是专为商学院学生设计的应用生态学课程，着重理解自然资源管理的生态原则以及全球供需的不平等分配，强调人类经济生产对从自然和生产废物中提取资源的影响，并在每一轮都讨论了基于可持续发展的产品设计、供应链管理和废物产生的解决方案。

这个项目的目标是让学生通过研究和评估一个简单产品在生命周期不同阶段所产生的影响，来检查他们选择的简单产品的整体影响：①原材料提取；②制造和包装；③消费者使用；④生命结束或分解。我们指导学生选择相对简单的产品，以减少他们必须研究的不同原材料数量，并给他们充分的时间进行完整的和定量的分析。为了简化分析，交通运输、配送和能源使用被特意排除在这个项目之外，因为我们还有一门名为"可持续能源解决方案"的基础课程，专门讲的就是能源问题。学生们能够意识到运输、配送和能源使用是生命周期评估中的重要组成部分，但我们在这里不会讲到。

这个项目有两个可交付的成果和多个阶段的指导反馈，与课程的材料密切相关，鼓励学生在这学期的课堂上将讨论过的生态学概念整合到他们的项目中。对于第一个可交付的成果，学生必须进行深入研究，完成一份被广泛引用的书面报告，形成一个设计组合，详细说明其产品在每个阶段的生态和社会影响（见图 24-1）。图、表、流程图和计算表都应嵌入在文本中。图和表为学生提供了一个练习解释图表并从科学数据中创建图表的机会。为了鼓励对自然资源影响进行有重点和量化研究，该项目将生态影响分为以下几类：物理土地利用、生物多样性和整个生态系统的衰退、自然资源消耗、水和空气污染、固体废弃物产生以及社会影响（公众健康和劳动实践）。

对于第二个可交付成果，学生要提出一种改进方案，能够最好地减轻对环境和社会的负面影响。这种改进可以是产品本身的重新设计（见图 24-1，箭头 a）、替代生产/包装中使用的原材料（见图 24-1，箭头 b），或者利用废弃物作为原材料或能源（见图 24-1，箭头 c）等，例如"从摇篮到摇篮的设计"（McDonough 和 Braungart，2002）。他们必须证明提议的改进将如何具体地减少每个负面影响，并进行成本效益分析，以评估这种变化所带来的经济影响。学生通过创建一个课程演示或视频来完成这个项目的第二部分，这是为制作产品的公司设计的模拟推介项目。在演示或视频中，学生需要以图形的形式简要总结其书面计划组合的生态和社会影响，然后提供深入的分析、引用的研究和估算的成本效益分析，来证明他们的改革建议。

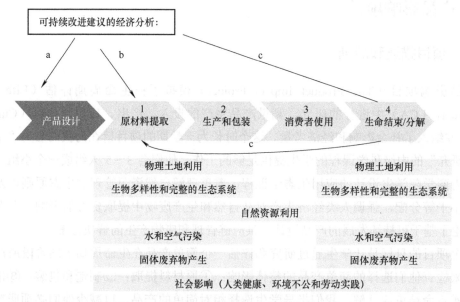

图 24-1 学生如何研究他们的日常产品的影响

注：不同生命周期阶段标记为 1～4，环境的哪些部分通常受这些阶段影响显示在下面方框中，指明可持续改进建议的三个可能领域显示为标记 A～C 的黑色箭头。

在学期开始时，学生报名选择他们最感兴趣的一类产品（例如美容产品、食品、玩具、家居用品）。然后，团队在该类别中选择一个特定品牌的产品，并决定他们将考察什么单位的产品，例如像这些单位包装的产品，5 盎司○的可伶可俐瓶装洁面泡沫，两升瓶装可口可乐，单个白色 2x4 乐高积木，或者一节金霸王 AAA 电池。

在这个提议阶段之后，学生大约需要一个月的时间来生成个人的大纲。大纲要求学生分成小组工作，准确展示他们所涉及的材料，并通过文本引用和参考书目展示一些初始研

○ 1 盎司=29.57353 立方厘米。

究。大纲汇总后交给教师以供其指导反馈，但是需要每一个学生负责自己小组大纲的一部分内容，这也给教师提供了一个机会，在学期刚开始的时候帮助管理团队合作的精神状态。虽然概要是不计分的，但是教师还是要给各组提供反馈意见，表明该组的整体进展情况，以及哪些部分需要转变方向或包括其他内容。

24.2.2 评分标准

在提交大纲大约一个月后，小组的书面设计组合到期。我们需要告知学生，设计组合的内容评分占 60%，细分为特定要求的部分，其余 40%的分数是研究和写作的质量（见表 24-1）。在提交设计组合一周后，各个小组要针对他们建议的一项改进创建一个简短的提案，以提高产品的可持续性。他们从教师那里得到反馈，然后大约花 3 个星期的时间制作一个 10 分钟的课堂演示。学生在演示文稿中与同学分享他们的发现，并综合其产品的整体环境和社会影响性。学生提出了如何提高可持续性的想法，并详细说明了与这种改进相关的经济成本。

表 24-1 书面设计组合评分量表与演示报告交付成果

书面设计组合评分量表		演示评分量表	
内容（60%）	写作质量（40%）	内容（60%）	演示（40%）
原始材料	写作风格	生态影响和解决方案	整体组织
生产和包装	文章的整体组织和连贯性	社会影响	演示者的专业精神和感召力
客户使用	图形使用和集成	经济成本	视觉辅助的质量
分解	研究参考（正确使用内部引用的数量和质量）	清楚和合理的建议	时间、语速和声调
社会影响		建议的可行性和创意	
背景（包括有关公司、产品、市场份额和目标市场的信息）和结论（其中包括总体发现的综合）		充分的研究	

学生通常会对提出的建议感到兴奋、精益求精，甚至会为这些建议据理力争，表现出明确的参与和积极的学习热情（Auster 和 Wylie，2006）。学生们给各组的演示相互打分，50%的分数来自教师，另外的 50%来自同学给出的平均分。演示的评分标准将分值分为内容和演示（见表24-1）。最后，学生通过填写一份评估小组成员对项目的贡献的调查来完成该项目。

24.3 学习目标和项目成果

24.3.1 项目式学习策略

该项目使学生能够将在课堂上学习的课程（例如栖息地退化、水污染或产品设计的可持续选择）直接应用于企业生产中的环境和社会外部性情景中。在项目的合作中，学生可以在一定程度上选择并掌控自己的学习，并有能力进行真正的调查和解决问题。以前的研究已经充分记录了项目式学习策略的益处，包括改进批判性思维、自我导向学习、团队沟通以及知识和技能的习得（Dochy，Segers，Van den Bossche 和 Gijbels，2003；Martello，Brabander 和 Gambill，2014）。类似于许多项目式学习的策略（Blumenfeld 等，1991），这个项目鼓励学生深入理解课堂讨论的生态学概念，要求他们学习、组织、综合和应用知识，然后制订计划并评估解决方案。这些高阶思维技能的应用对学生发展成高级批判性思想者是至关重要的（Bloom，Engelhart，Furst，Hill 和 Krathwohl，1956；Miri，David 和 Uri，2007）。

24.3.2　加入系统思维、概念图和预估

这个项目的另一个目标是让学生意识到自然和社会间复杂的相互作用和联系。自然环境是个庞杂的系统，因此通过间接影响和相互关系来识别生态影响需要基于系统的思考。这种思维方式指导学生通过观察系统内同步运动的部分来有效地解决困难的问题（Weinberg，1975）。哈丁（Hardin）（1985）讨论了"生态认知能力"的重要性，它考虑的是自然系统长久以来的复杂相互作用所产生的影响。他的观点强调，由于自然的相互联系和多个相互的因果关系，只改变自然界中的某一件事情是根本不可能的。因此，研究环境如何受到人类生产的影响，挑战学生发展生态系统的思维和解决问题的方式，这对未来的可持续发展至关重要。

当学生们试图追踪产品在环境中的全部影响时，刚开始的时候常常会感到不知所措。所以我们用了一节课的时间来创建一张概念图（Novak，1990）或流程图来描述他们产品的影响。学生在组内使用大型桌面记事本或白板一起工作，绘制他们产品的生命周期投入和产出，特别关注如何影响自然和社会。通常，这种可视化的方法有助于组织和推进他们的工作。

这个项目也培养了学生解决难题的能力，难题指的是信息不全或答案不唯一的问题。通常，学生无法找到产品或所使用的具体生产过程所产生污染的确切数量，因为出品公司并不会公开这些信息。而这当然也是项目的一部分。通常情况下，不只是简单地查找一个数字或者一个简单的答案。学生不得不利用他们所能获得的所有信息，引经据典，做出合理的估算。培养能够解决实际问题和具有批判性思维的人才，现实预估的能力也是非常重要的（Sriraman 和 Knott，2009）。我经常发现，学生们在刚开始的时候对此显得有些惴惴不安。但是一旦他们意识到如何陈述一个合理的假设和计算建模，他们就会脑洞大开，创意无限。有几个小组利用我们的实验室资源来衡量他们的产品，或者运行一个简单的测试加入其计算当中。随着未来变得越来越复杂，学生们需要适应做出合理假设和使用引用来预估答案。

24.3.3 项目的整体主题

学生团队选择了一些日用品进行评估并制定了许多有关可持续发展的创新建议。表 24-2 中提供了不同类别的产品的例子。这个项目和演示向学生突出了我们的经济生产周期的一些主要问题。学生开始意识到不同项目之间的一些相似之处，这丰富了我们的课堂讨论。

表 24-2　所选日用品的评估结果和可持续发展解决方案

产品类别	产品名称和品牌	主要环境影响	可持续发展解决方案
美容产品	伯特小蜜蜂唇彩	填埋或焚烧塑料唇膏管废物	使用纸质管进行包装（b）
美容产品	可伶可俐日间清新洁面泡沫	磨砂微粒从下水道冲入海洋后会产生纳米塑料废物	使用沙粒代替塑料微粒（b）
食品	Chobani 希腊酸奶	制造过程中产生大量有毒酸性乳清	在农业沼气池中使用酸性乳清以产生沼气作为能源（c）
玩具	芭比娃娃	填埋或焚烧玩具和石油原料的废物	转变到玉米基原料生物塑料（b）
家居用品	劲霸电池	重金属在原料提取和分解中的释放	重新设计电池，使用较少的重金属（a）
家居用品	Bic 圆珠笔	塑料套管往往不能回收，因为其不能与墨水部分分离处理	设计成咬合方式，使套管可以回收或者内部可以填充墨水（a）
其他	万宝路香烟	烟草植物及香烟中的农药和化学品残留	烟草生产过程中使用生物法进行害虫防治（b）

表 24-2 是项目示例的简要列表，包括类别、产品名称和品牌，学生找出的产品的主要影响及其拟订的可持续发展解决方案。可持续发展解决方案表示为 a、b 或 c，如图 24-1 所示。

学生们经常会发现，即使是那些被认为"对环境友好"和"对社会负责"的产品，也仍然具有重大的负面影响。一个例子是伯特小蜜蜂唇彩。虽然 99%的成分是天然材料，而且材料采购很合规，在零废弃物工厂生产，并且使用回收材料进行包装（Burt's Bees，2014），但调查该产品的团队还是对塑料回收过程中使用的能源和水，以及最终被丢弃的塑料包装管中使用的塑料的寿命终结等问题进行了详细的分析。作为一个解决方案，这个团队建议开发一个坚固的纸质管，以取代塑料，并消除相关的垃圾填埋。

消除或减少包装是可持续改进建议的另一个常见主题。学生们通常很快就能意识到产品过度包装带来的额外经济成本。许多团队提议，将石油塑料转换为生物塑料，如果这些材料是产品或包装所必需的。转而使用玉米基聚合物所带来的环境效益在减少自然资源使用、降低二氧化碳排放以及在产品生命终结时完全生物降解并达到零废弃物方面具有重要意义。正如我们在课堂上讨论的，学生们还必须认识到，将作为食品的玉米当作塑料来用就是从那些以玉米为生的人面前拿走了他们的食物，这同样会引起社会问题。许多团队还指出，生物塑料材料一般非常昂贵，可能导致食品价格上涨，就此我鼓励学生调查一些像 Stonyfield Farms 这样的成功公司，看看他们是怎么做的，以及他们获得了哪些收益。

最后，当我们开始讨论如何利用仿生学原理（Benyus，2002）来重新设计产品和过程以复制其自然性时,许多团队都对该项目进行了投入。虽然在这个项目有限的时间范围内进行完全的仿生设计会使得更改过多,但我们还是计划将生态管理课程中的案例研究与仿生学课程结合起来,并在两个课程中应用类似的小组项目。在这些综合课程中,我们将鼓励学生重新设计他们的产品,并重新设想当生态系统和社会影响被当作灵感来源而不是阻碍时,企业将如何运作。

24.4　结论

在百森商学院,科学课程有独特的机会可以忽略典型的学科边界,并将科学课程材料与相关的商业应用联系起来。这就允许开发能够利用科学发展批判性综合思维和解决问题技能的项目。项目还可以挑战学生,通过考虑重大社会和环境问题,在更大的背景下考虑他们的个人和未来潜在的商业角色。此外,项目可以通过整合相关商业技能(如生命周期评估和从摇篮到摇篮的设计)来激发学生的兴趣。这个项目使用科学探究促进解决问题的策略,并促使学生统一他们对社会、环境和经济影响的观点。成功的商业领袖越来越有必要将自己和他们的企业看作与自然世界相关联,并理解健康的生态系统如何能够发挥作用以实现财务的可持续性发展(Willard,2012)。

24.5　鸣谢

我非常感谢百森商学院积极鼓励创新的教学方式和学习策略。我还要感谢乔迪·斯凯弗(Jodi Schaefer)对我这份手稿的前期版本提出的有益建议。我还要感谢我这门课的学生,他们很积极努力地完成了上述项目。

参考文献 ▶

Auster, E. R., & Wylie, K. K. (2006). Creating active learning in the classroom: A systematic approach. *The Journal of Management Education*, 30(2), 333–353.

Becker, T. (1997). The greening of a business school. *Journal of Environmental Education*, 28(3), 5–9.

Benyus, J. M. (2002). *Biomimicry: Innovation inspired by nature*. New York, NY: Harper Perennial.

Bloom, B. S., Engelhart, M. D., Furst, E. J., Hill, W. H., & Krathwohl, D. R. (1956). *Taxonomy of educational objectives book 1: Cognitive domain*. New York, NY: David McKay Company, Inc.

Blumenfeld, P. C., Soloway, E., Marx, R. W., Krajcik, J. S., Guzdial, M., & Palincsar, A. (1991). Motivating project-based learning: Sustaining the doing, supporting the learning. *Educational Psychologist*, 26(3–4), 369–398.

第 24 章 用 SEERS 方法分析影响：使用生态研究项目评估产品生命周期可持续性

Burt's Bees. (2014). *Sustainability.* Retrieved from http://www.burtsbees.com/Sustainability/sustain-landing,default,pg.html

Cordano, M., Ellis, K. M., & Scherer, R. F. (2003). Natural capitalists: Increasing business students' environmental sensitivity. *Journal of Management Education*, 27(2), 144–157.

Curran, M. A. (1993). Broad-based environmental life cycle assessment. *Environmental Science and Technology*, 27(3), 430–436.

Dochy, F., Segers, M., Van den Bossche, P., & Gijbels, D. (2003). Effects of problem-based learning: A meta-analysis. *Learning and Instruction*, 13, 533–568.

Elliott, J. (2012). *An introduction to sustainable development.* New York, NY: Routledge.

Furtak, E. M., Seidel, T., Iverson, H., & Briggs, D. C. (2012). Experimental and quasi-experimental studies of inquiry-based science teaching: A meta-analysis. *Review of Educational Research*, 82(3), 300–329.

Greenberg, D., McKone-Sweet, K., & Wilson, H. J. (2011). *The new entrepreneurial leader: Developing leaders who shape social and economic opportunity.* San Francisco, CA: Berrett-Koehler Publishers, Inc.

Hall, J. K., Daneke, G. A., & Lenox, M. J. (2010). Sustainable development and entrepreneurship: Past contributions and future direction. *Journal of Business Venturing*, 25(5), 439–448.

Hardin, G. J. (1985). *Filters against folly: How to survive despite economists, ecologists, and the merely eloquent.* New York, NY: Viking.

Hurd, P. D. (1958). Scientific literacy: Its meaning for American schools. *Educational Leadership*, 16, 13–16.

Martello, R., Brabander, D., & Gambill, I. (2014). Paradigms, predictions, and joules: A transdisciplinary, project-based course approach to sustainability. *CUR Quarterly*, 35(1), 20–26.

McDonough, W., & Braungart, M. (2002). *Cradle to cradle: Remaking the way we make things.* New York, NY: North Point Press.

Miri, B., David, B.-C., & Uri, Z. (2007). Purposely teaching for the promotion of higher-order thinking skills: A case of critical thinking. *Research in Science Education*, 37, 353–369.

Nidumolu, R., Prahalad, C. K., & Rangaswami, M. R. (2009). Why sustainability is now the key driver of innovation. *Harvard Business Review*, 87(9), 56–64.

Novak, J. D. (1990). Concept mapping: A useful tool for science education. *Journal of Research in Science Teaching*, 10, 923–949.

Sriraman, B., & Knott, L. (2009). The mathematics of estimation: Possibilities for interdisciplinary pedagogy and social consciousness. *Interchange*, 40(2), 205–223.

Tbilisi Declaration. (1978). *Connect*, 3(1), 1–8.

UNESCO. (2014). *Education for sustainable development.* Retrieved from http://www.unesco.org/new/en/education/themes/leading-the-international-agenda/education-for-sustainable-development/mission/

Weinberg, G. M. (1975). *An introduction to general systems thinking.* New York, NY: Wiley.

Willard, B. (2012). *The new sustainability advantage: Seven business case benefits of a triple bottom line.* British Columbia, Canada: New Society Publishers.

| 第 25 章 |

性别主义和性别营销：探索市场营销课上的关键问题

维多利亚·L. 克里滕登（Victoria L. Crittenden）

性别偏见存在于大量的产品和服务中。在 21 世纪媒体所报道的最突出例子之一是儿童玩具，性别刻板印象预计会影响人们如何看待某件玩具以及什么人会去买它。美国幼儿教育协会（2014）探讨了带有性别特点的玩具的概念，研究人员展示了他们在玩具、儿童和游戏方面的发现。毫无意外的是，其中的一位研究人员总结说女孩玩具的外形都很吸引人，与养育和家务技能相关联；而男孩的玩具与暴力、好斗、竞技、刺激和危险有关系。但是性别歧视和刻板印象不只出现在超市的玩具货架上。"凝视"的力量在触达消费者的营销方法中比比皆是（Streeter, Hintlian, Chipetz and Callender, 2005）。例如，在某些挑逗性的广告中，性感的男性和女性倚靠着漂亮的汽车，伴着各种香味调情或端着酒杯互相打量。此外，外形上的吸引力（"人造健康"）为一些长期消耗品打开了新市场（Spindler, 1996）。

很多有关性别的观点都是社会建构而成的。例如，鲁克尔（Lucal）（1999）指出："一个人使用性别特征来引导他人判断自己是男是女。"营销人员按照这种性别归因，在市场细分过程中利用性别显示来挖掘目标消费者的性别统计。这种个人性别归因往往遵循传统的男性和女性的人口学规范，即我们社会中的两性系统（Fausto-Sterling, 2000）。鉴于这种两性系统规范，营销人员发送的性别信号简直是无处不在，犹如家常便饭，除非有人提醒，否则没有人会注意到（Lorber, 1994）。

一些人认为，营销人员的性别主义和性别歧视是受消费资本主义驱动的（Bordo,

1999）；但也有些人说，正是这样的消费资本主义导致了性别角色的界限模糊，因为相比两性刻板印象，消费者更愿意接受灰色地带（Sanburn，2013）。无论营销是出于何种动机，人们经常指责它是性别刻板印象的罪魁祸首，特别是因为市场细分是营销学概念的主要组成部分，在核心营销课开始的时候就会早早讲到。但是，有人可能会认为营销人员特别聪明，能够利用人类心理学和人口统计学来销售产品。

顶点营销课程（Capstone Marketing Course）⊖中的这个"性别主义和性别营销"项目的意图不是参加关于营销及其前提的优点（或没有优点）的辩论，而是要评估 21 世纪市场营销行动在性别问题上的作用。百森商学院的核心价值观之一是多元化：我们对于自己工作生活在一个多元化的终身社区中倍感珍惜。我们相信差异化使得百森社区变得更加丰富，并为大家共同成功提供必要的环境。我们欢迎并重视每个人及其观点，也尊重所有社区成员的利益。除了实现这一核心价值观，该项目还使我们能够探索全球和多元文化视角以及伦理、社会、环境和经济责任等学习目标。

25.1 文化的社会建构

在探讨营销手段中的性别主义和性别问题之前，在更广泛的社会情境内界定这个主题是很重要的，因为对这个话题的观点太多了，又相互交织。巴特勒（Butler）（1988）从现象学和女权主义理论的视角探讨性和性别。在这个框架内，她认为"身体的物质或自然维度的存在和真实性并没有被否认，而是被重新设想为不同于身体承担文化意义的过程"（520 页）。她还说："身体通过一系列随着时间的推移而被更新、修订和巩固的行为，最终成为其性别。（523 页）戴维斯（Davis）（2008）在她的著作中探讨了女权主义理论背景下的"交叉性"，并研究了概念的模糊性如何使研究人员以各种方式使用它。虽然围绕着交叉性有各种不确定性，它仍然提供了一种情境来了解性别、种族、社会实践、制度安排和文化意识之间的相互作用（Davis，2008）。有关这些交互作用，泰勒（Tyler）和科恩（Cohen）（2008）从酷儿理论（Queer Theory）⊖的深刻角度研究了巴特勒（Butler）（1988）的现象学的文化理解。酷儿理论认为，性别和性不能从单一的限制性的性取向来划分为二元性别，要考虑到生物学、语言学和社会学的分类方法（Sherry，2004）。在这些理论/概念框架的基础上，出现了关于两个传统性别和交叉的文化研究。

有关性别理论的社会背景（营销人员的操作环境），康奈尔（Connell）（1983）探讨了

⊖ Capstone 这一术语来源于完成建筑物或纪念碑的最终装饰顶盖或"帽石"。它是建筑物上最顶端、最后一块石头，功能是稳固建筑结构，代表建筑物完工。引申到教育，是指教育中最后、最巅峰的学习经验，如面向临近毕业的高年级学生的 Capstone Project，就是一种综合性课程，又称为顶点单元、顶点体验或高级研讨会。这里指的是营销课程后的顶点单元。

⊖ 酷儿理论（Queer Theory）是 20 世纪 90 年代在西方流行起来的一种关于性与性别的理论。它起源于同性恋运动，但很快就超越了仅仅对同性恋的关注，成为为所有性少数人群"正名"的理论。

男孩和成年男性在实践中身体的社会结构。卡里根（Carrigan）、康奈尔（Connell）和李（Lee）（1985）后期的著作进一步发展和修订了男性霸权气质的概念，并在讨论男性气质时谈论了同性恋问题。因此，贺恩（Hearn）（2004）强调，有必要研究带有性别特征的营销过程，特别是有关商业大众传媒、广告和劝导。

文化的性别化，特别是女性的性显性，长期以来一直是营销人员工具箱中有关消费主义的一个组成部分（Evans，Riley 和 Shankar，2010）。有史以来，女性一直是被"凝视"的对象，而不是凝视者（Bordo，1999）。但是，21世纪早期的性解放使得女性能够"凝视"他人并参与带有明显女性特征的消费实践（Evans 等人，2010）。但是，即便是明显的性别特征也会遇到交叉性，年龄、种族、性取向和外表在不同的语境下交互，因此，在营销材料中常常会展现交叉性。

但是根据波都（Bordo）（1999）所言，营销人员也会利用性的模糊性。通过这样做，营销人员就可以同时与同性恋和异性恋消费者对话，既使用男性又使用女性身体作为消费对象。因此，消费者就可以选择适合接受方的任何信息。但是，这的确引起了人们的质疑：营销人员在实际工作中是如何利用我们的文化社会建构的？

营销中的社会建构

只要我们相信我们所描述的东西和文字就是用来说明我们所看到的内容，我们看到的就是我们所描述的，两者之间就是有关联的。

——德鲁兹（Deleuze）（2006）

当视觉和声音与物质世界捆绑在一起的时候，营销人员就会将其表现出来。因此，营销人员所表达的有关产品或服务的信息对于接收方来讲就具有了一定的意义，而且这种表达是根植在我们的文化当中的（Barad，2003）。学习营销的学生常被教导，市场的成功取决于产品或服务的定位，使之在目标消费者的头脑中占据一个独特且有价值的位置（Kates，2002）。脑子里想着这一关键因素，市场营销中的表达就会充斥着产品定位，在语境化的文化框架中予以细致的解释（Holt，1997）。这些细微之处是围绕着消费展开的，这是营销的核心目的——直达产品/服务的目标市场的核心。

1. 消费——目标营销

根据纳瓦（Nava）（1991）的观点，消费文化对于女性来说具有特殊的意义，因为它倾向于使"女性"消费者优于"男性"生产者。因此，现代营销基本上依赖于传统的两性性别，并且理所应当地认为消费者是女性（Catterall，Maclaran 和 Stevens，2005）。正如桑德林（Sandlin）和毛德林（Maudlin）（2012）所指出的，消费女性化使得女性成为主要的目标消费者，特别是在家庭领域。与此相反，汤普森（Thompson）和浩特（Holt）（2004）发现，男性的日常消费习惯是基于男性阳刚之气的社会文化表达。浩特和汤普森（2004）描述了三个模型中的消费和男性气质：养家糊口者模型、反叛者模型和动作英雄模型。总的来说，结论是男人和女人是用不同的方法来做购买决策的（Kraft和Weber，2012）。

波都（Bordo）（1999，21页）说，营销人员长期以来一直利用的"男性气质"都是"中产阶级、工作努力、不说废话"。但是，她还强调了双重营销的概念，其中营销人员创造性地同时吸引了同性恋和异性恋消费者。因此，虽然主流营销中出现的是二元化性别，但同性恋市场已经构成了自己单独的细分市场（Penaloza，1996）。布兰切克（Branchik）（2002）记录了美国同性恋市场细分的三个阶段，认为在过去的100年中，企业一直在有意或无意地向同性恋消费者进行营销。这三个阶段是：地下阶段（1941年前）、社区建设阶段（1941—1970年）和主流阶段（1970年至今）。

2. 品牌和广告

葛瑞尔（Grier）和布鲁姆鲍夫（Brumbaugh）（1999）认为，营销人员和潜在消费者根据他们各自的文化、社会和个人经历可能会构建出不同的意义。用性别和性别歧视的不同含义来影响消费的两个主要领域是品牌和广告，特别是由于信息的解释是从性别视角推断的（Brown，Stevens和Maclaran，1999）。例如，梅纳德（Maynard）和泰勒（Taylor）（1999）发现，日本和美国杂志描绘少女的方式就很不一样，其差异源于这两个国家的自我和社会的中心概念有所不同。凯茨（Kates）（2004）认为，消费者共同创造品牌意义，他在北美同性恋社区的背景下探讨了品牌合法性的动态。图腾（Tuten）认为（2005，442页），"对同性恋友好——这个术语被广泛用于针对男女同性恋消费者的品牌营销讨论中"；她还认为，品牌利用"同性恋模糊"（即广告中的人的性取向不清楚）在广告中的吸引力，同时瞄准男女同性恋和异性恋的市场。博格森（Borgerson）、伊丝拉（Isla）、施罗德（Schroeder）和索尔森（Thorssen）（2006）指出，同性恋消费者受到广告商的关注也就是近几年的事情。斯特恩（Stern）（1999）指出，广告研究已经开始通过整合种族、阶级和性取向来采用多元化的意义，以便对更广泛的性别含义更加敏感。

以这种社会建构作为营销行动的背景，这里所讲的性别主义和性别营销项目旨在让商学院的学生意识到这类问题的存在，否则他们可能不会去探求这类问题。也就是说，我们的市场营销课程是让学生知道，有必要为某一目标市场特别开发营销内容和产品。遗憾的是，我们的市场营销课程不鼓励学生就同样的内容和产品做出不同的解释。

25.2 性别主义和性别营销的教学

百森商学院认识到了与不同文化、国家和能力的人合作的重要性。鲍尔（Bal）和朗格威茨（Langowitz）（2015）认为，百森商学院通过项目的学习目标、课程和课外活动以及日益多元化的校园社区，采用多层次的方法来实现多元化。但是回顾了百森商学院的市场营销课程大纲之后我们发现，虽然多元化是个全校性的主题，但在课程内容里主要讲的是不同国家的多元化。有意思的是，涉及性别的问题好像都留给女性创业领导力中心（Center for Women's Entrepreneurial Leadership，CWEL）了，该中心与市场营销课程的内容开发和授课之间没有一点交叉。此外大学里也有很多的同性恋、双性恋、跨性别、酷儿/质疑（LGBTQ），同样，在市场营销课程内容里没有出现过。为了弥合这一空缺，扩大营销部门对多元化问题的关注，我们开发了性别主义和性别营销项目，加在了本科顶点市场营销课程中。

25.2.1　性别主义和性别营销项目概览

这是一个以团队为单位开展的项目，成绩占总分的 30%，详见表 25-1。每个团队有 4～5 名学生，因为团队成员的组成被认为是成功的团队经验的重要因素（Crittenden 和 Hawes，1999），并且与这个团队项目的性质尤其相关，因此我们没有努力在团队中创建性别平衡，因为如果那样做了，就等于确认性别是二元的了。我们让学生们自组团队（教师根据实际需要提供帮助），结果是有五个团队是清一色的女生，还有两个团队全是男生，还有 10 支队伍有男有女。然而，因为其他与性别相关的分类在视觉上并不容易被看出来，这种两性性别的概念在课堂上并没有被提及或讨论过。例如，有些学生是校园 LGBTQ 小组的成员，但其会员资格并不代表其性取向。

表 25-1　项目描述

人们常常会埋怨市场营销是为性别定型的罪魁祸首。但是，也有人说营销人员只是非常聪明，能够利用人类心理学和人口统计学来销售产品。在这个项目中，我们将探讨营销人员是如何在当今市场上利用性别主义和性别营销的。 1）每组找一个产品或服务（"带有性别特色的对象"），至少在感知上定型性别。 2）用视觉演示来说明这个产品或服务所带有的性别特色。 3）根据视觉描述，写一篇小论文，说明：①产品或服务的哪些方面构成了性别主义或性别化；②为什么我们作为营销人员要利用这种性别主义或性别化；③讨论营销人员是否因加剧对性别的刻板印象而有罪的讨论。请务必参考课程材料（阅读书目、电影等）和任何其他外部资源（文章、人物等）。 小论文要求双倍行距，大约 5 页纸，加上视觉展示。一定要好好写，完成后需检查。每个小组还要在课堂上做一个演讲，算入总成绩。（各个小组的评估要由全组成员来完成，以评估每个成员对最终项目的影响。） 在 Blackboard 上的巴诺书店杂志（性别对象）对我们要做的这个项目做了简要介绍。但是，请记住，这一章不是由营销人员或商业人士撰写的，而是为性别研究课编写的。（因为杂志是本章中的对象，而不是本章的可行性主题。）

性别主义和性别营销这个主题被纳入了课程大纲，第一天上课的时候做了简要介绍。该主题的上课时间安排在了学期中间，阅读书单包括波都（Bordo）（1999）、桑伯恩（Sanburn）（2013）、斯宾德勒（Spindler）（1996）和特莱贝（Trebay）（2004）等人的著作。这些著作激发了大家的学习兴趣。内容分四次课讲完，首先讲的是性别分类和性别主义的定义，出处是 www.merriam-webster.com：性别分类——反映一种性别的经验、偏见或倾向多于另一种，反映或涉及性别差异，或对性别角色的刻板印象；性别主义——指的是行为、状态或态度，它们使得人们形成刻板印象，认为不同性别要扮演相应的社会角色。第四堂课是观看丽兹·坎纳（Liz Canner）的纪录片，名为《性高潮有限公司》（http://www.orgasminc.org）。此外，由

另一所大学的学生为文化研究课所写的一篇文章也贴到了 Blackboard 上（经学生同意），文中探讨了杂志也是有性别所指的，为百森商学院学营销的学生提供了案例，告诉他们做课堂项目的时候该做怎样的分析。

简而言之，这篇"杂志具有性别对象"的文章探讨了性别的建构，就像某家巴诺书店的杂志摆放所呈现的那样。这名学生得出的结论是：

- 主流零售商和杂志出版商指向明确，针对的是男性或女性。
- 杂志零售商和杂志出版商遵循的只是二元性别制。
- 供男性和女性阅读的杂志，封面如果是女性，都展现得很性感；而男性的展现形式就不同了。
- 杂志的摆放将女性感兴趣的完全分开。
- 巴诺书店的杂志摆放明确描绘了男性和女性的传统角色。
- 传统的角色建模在摆放布局中进行了例证。
- 杂志封面本身表明，社会中的性别压迫不是一个独立概念。

这篇样本文章不仅提供了一个在当前营销项目中应该追求的分析方法的例子，而且还激发了从文化角度讨论对杂志摆放的观点，但不涉及零售商为什么这么做的商业问题。因此，学生所看到的就是片面的、非市场性的问题。

25.2.2 学生项目

因为学生已经阅读了将杂志作为性别化对象的文章，小组项目就不能选杂志这个主题了。此外，因为课上已经花了大量的时间讨论玩具产品，所以这类主题也不能再用了。除了这些产品种类，其他产品和服务都可以作为小组的选题。

学生最后选择研究的产品/服务类型包括：

- 食品——五个小组选的是食品类（酸奶、可乐、糖果和冷冻食品），产品包括 Powerful Yogurt，胡椒博士、可口可乐、Yorkie、Hungry Man，以及 Lean Cuisine。
- 个人护理产品——五个小组考察了 Old Spice、吉列、多芬和 Axe 的产品，如沐浴露、卫生用品和剃须刀。
- 酒精——三个小组研究了酒类市场，考察了葡萄酒、啤酒和烈性酒产品的营销，也看了包括 Skinnygirl 和 Ketel One 在内的具体品牌。
- 儿童电影——一组选择的是流行儿童电影，以迪士尼为案例。
- 万圣节服装——一组分析了 Party City、Costume Super Center 和万圣节精灵网站，研究的是万圣节服装的促销和销售。
- 清洁产品——一组研究的是宝洁公司 Mr.Clean Magic Eraser 的市场营销。
- 健身产品——一组研究了多种蛋白粉和健康补品。

根据教师的观察，小组的成员组成决定了他们所青睐的产品种类。清一色是女生的团队选的产品包括胡椒博士、可口可乐、Powerful Yogurt、Skinnygirl 和万圣节服装。全是男生的团队可能更倾向于选择"男性气质"的产品。这两个队研究的是多夫的男性产品和 Old Spice 的产品。但是同时,男女混合的队也都研究了同样的或类似的产品种类,这样的话,就不太可能根据每组的二元制性别组成得出清晰的结论。

学生们对他们所选择的产品/服务和市场营销进行了各种各样的观察。下面是他们的小论文中的一些节选,包括:

- 营销人员利用两性刻板印象,产品的标语和描述符合人们对性别的普遍认识,即所有女性都想减肥,所有男性都想具有阳刚之气。
- 这家公司仍然相信刻板印象,认为家务事就应该由母亲来完成。
- 女性应该"性感"或"妩媚";男人就应该具有"男子气概"或"阳刚之气"。社会接受这些性别标签。
- 几乎所有男人的最大焦虑就是不够男人。
- 这家公司助长了建立在二元性别制、异性恋和传统性角色上的性别主义和性别歧视的社会观点。
- 这家公司并不羞于自己的"性销售"理念,因为它们还继续在自己的产品中使用高度性别化和带有性别偏向的材料,其社交媒体内容也不例外。

项目的总体目标是要提高人们对营销工作中的性别主义和性别歧视的意识,同时也要理解为什么营销人员要那样做。这个目标现在好像达到了。与文化研究课的学生的文章采取片面的方法,主要是在谴责商业行为不同的是,我们的意图是要将文化和商业视角相结合,使未来的营销领袖在追求成功的过程当中更加注意自己的行为。这样一来,学生们既愉快地参与了项目,又像他们在整个学期当中所说的那样——提高了意识。

25.2.3 反馈

教师们会依赖从学生对课程的评价里来获得反馈。这些反馈自然很重要,学生们都说这个性别主义和性别营销项目很有意思。但是,更重要的是有关学生意识的提高,他们在学期当中通过电子邮件交换看法。这些学生主动提出的评论包括:

- 上完今天的课,我觉得你可能会喜欢这些视频,如果你之前没看过的话。
- 也许你已经熟悉了这篇文章,但是今天的《纽约时报》上有一篇标题为《女孩玩具营销性别化》的文章。
- 希望你休息得不错。我在网上发现一个有趣的视频,讲的是角色逆转的性别营销,真心觉得对咱们的课有用。
- 这是我在课上和你说过的那篇文章的链接。
- 我在 AdWeek 上看到了也许是第一个从头到尾描绘一对同性恋夫妇的广告。非常健康和温暖的广告，我想你会喜欢的。
- 我偶然看到了一篇文章，可能你会喜欢。
- 我偶然看到了一篇文章，觉得你可能会对它感兴趣。它讲的是一个公司请芭比公司改造一个洋娃娃，身量按 19 岁大小的女孩子来做。他们还计划制作可弯曲的身体部位，如脚踝，使这个玩偶娃娃能够移动和"做运动"，而不是等着穿上高跟鞋。这在几个月前就开始了，也许你早已经听说过了，但是在学完了这门性别主义和性别营销课后，我觉得特别有意思。他们正是抓住了父母希望赋予女儿力量的心理趋势，传播了女孩也可以爱运动并变得体格强健的信息。
- 我不得不跑了趟药店，看看我发现了什么！
- 我在课程大纲上看到了这门课和它的主题，非常兴奋，特别是性别主义和性别营销项目。我在看完电影《虚假陈述》以后对这个主题产生了兴趣，期待参与更加详细的探讨。就这一点，我想来分享下面的这段剪辑。

根据这样的评论，好像可以看出，通过将这个主题纳入课程大纲、课堂讨论和小组项目/演示，大家对性别主义和性别营销问题的意识的确提高了。甚至在讲到这个主题/项目之前，大家就已经开始交流了。

小组项目的课堂展示是在两次课上完成的。这门课分成两部分，一共演示了四次，观众是来自全校的各部门的老师和管理人员，包括研究生院的副院长、女性创业领导力中心主任、参与式学习与教学中心的主任、历史和社会学部以及营销学部的教职员工。他们的反馈包括：

- 听你的课是我昨天参加的最好的活动！真应该拍张照片发到推特上。学生们真的是太棒了，给我留下了深刻印象。
- 我昨天非常荣幸听了同学们的演讲，他们太棒了！性别主义和性别营销项目使学生有机会选择他们感兴趣的任何类别的产品，并考虑可能是品牌定位基础的性别问题。学生们就所有恰到好处的营销细节做了精彩的分析，并清楚地介绍了品牌推介活动中与普遍刻板印象有关的问题。最令人惊讶的产品类别是什么？是冷冻食品！我认为这个选题使很多听众眼前一亮，即使是看似无害的冷冻食品或洗发水，居然也可以使其品牌定位高度性别化。学生的评论和提问都充满了洞察力。
- 这是百森商学院的一次伟大的学习体验。你们在课堂上所做的这些工作对于培养创新领袖和教育都太重要了。我本科学的是社会学，看到你的学生将营销课程与社会学问题联系起来，是相当有趣的。

25.3 结论

正如坦纳（Tanner）和沃林（Whalen）（2013）所指出的，优秀的教师都会想办法创新他们的课程。在百森商学院，创新对向学生传达价值观至关重要，教职员工在不断地开发创新项目和程序。这里所描述的性别主义和性别营销项目就是个创新案例，它试图把与我们作为营销人员如何开展业务相关的跨学科问题整合在一起。多次重复某些概念对学习效果很关键（Raska，Keller 和 Shaw，2014），这门营销课程实际上是将学校的其他部门具体所讲的多样性问题重新给学生讲了一遍（例如女性创业领导力中心，LGBTQ，艺术和人文课程）。

百森商学院的教师一直在不断创新，这不一定有助于获取某个项目重复使用的纵向数据，因为课程内容在不断变化。然而，学生和课堂观察员对这个项目的直接反应还是积极的。除了关于该项目的直接反馈，学校里的教师们也听说了该项目，因为学生们与其他教师分享了课程内容信息。例如，上营销课的一个学生与教授"历史中的性别"的教师相互分享了课程内容。

从实施的角度看，项目较难的部分是找到合适的阅读材料。一旦选定了这些材料，这个项目的实施就相对容易了，因为学生们都很兴奋，愿意参加这个跨学科但又以营销为中心的项目。我们商学院学生的价值观形成和社会化过程是通过课堂主题来塑造的，这个特别的项目触及到了太多领域，但百森商学院的学生在他们的本科教育过程中都已经适应了。

参考文献 ▶

Bal, A., & Langowitz, N. (2015). A multi-layered approach to diversity in management education. In V. Crittenden, K. Esper, N. Karst, & R. Slegers (Eds.), *Evolving entrepreneurial education: Innovation in the Babson classroom*. Cambridge, MA: Emerald Group Publishing Limited.

Barad, K. (2003). Posthumanist performativity: Toward an understanding of how matter comes to matter. *Signs: Journal of Women in Culture and Society*, 28(3), 801−831.

Bordo, S. (1999). Gay men's revenge. *The Journal of Aesthetics and Art Criticism*, 57(1), 21−25.

Borgerson, J. L., Isla, B., Schroeder, J. E., & Thorssén, E. (2006). Representation of gay families in advertising: Consumer responses to an emergent target group. *European Advances in Consumer Research*, 7, 143−152.

Branchik, B. (2002). Out in the market: A history of the gay market segment in the united states. *Journal of Macromarketing*, 22(1), 86−97.

Brown, S., Stevens, L., & Maclaran, P. (1999). I can't believe it's not Bakhtin!: Literary theory, postmodern advertising, and the gender agenda. *Journal of Advertising*, 28(1), 11−24.

Butler, J. (1988). Performative acts and gender constitution: An essay in phenomenology and feminist theory. *Theatre Journal*, 40(4), 519−531.

Carrigan, T., Connell, R. W., & Lee, J. (1985). Towards a new sociology of masculinity. *Theory and Society*, 14(5), 551−604.

Catterall, M., Maclaran, P., & Stevens, L. (2005). Postmodern paralysis: The critical impasse in feminist perspectives on consumers. *Journal of Marketing Management*, 21(5−6), 489−504.

Connell, R. W. (1983). *Which way is up?* London: Allen & Unwin.

Corporate Conspiracies. (2013). *Gender stereotyping*. Retrieved from http://corporateconspiracies.wordpress.com/2013/04/19/gender-stereotyping/

Crittenden, V. L., Crittenden, W. F., & Hawes, J. (1999). The facilitation and use of student teams in the case analysis process. *Marketing Education Review*, 9(3), 15−23.

Davis, K. (2008). Intersectionality as buzzword: A sociology of science perspective on what makes a feminist theory successful. *Feminist Theory*, 9(1), 67−85.

Deleuze, G. (2006). *Foucault*. London: Continuum.

Evans, A., Riley, S., & Shankar, A. (2010). Technologies of sexiness: Theorizing women's engagement in the sexualization of culture. *Feminism & Psychology*, 20(1), 114−131.

Fausto-Sterling, A. (2000). The five sexes, revisited. *The Sciences*, (July−August), 40(4), 18−23.

Grier, S. A., & Brumbaugh, A. M. (1999). Noticing cultural differences: Ad meanings created by target and non-target markets. *Journal of Advertising*, 28(1), 79−93.

Hearn, J. (2004). From hegemonic masculinity to the hegemony of man. *Feminist Theory*, 5(1), 49−72.

Holt, D. B. (1997). Poststructuralist lifestyle analysis: Conceptualizing the social patterning of consumption in postmodernity. *Journal of Consumer Research*, 23(4), 326−350.

Holt, D. B., & Thompson, C. J. (2004). Man-of-Action heroes: The pursuit of heroic masculinity in everyday consumption. *Journal of Consumer Research*, 31(2), 425−440.

Kates, S. M. (2002). Barriers to deep learning in student marketing teams. *Australasian Marketing Journal*, 10(2), 14−25.

Kates, S. M. (2004). The dynamics of brand legitimacy: An interpretive study in the gay men's community. *Journal of Consumer Research*, 31(2), 455−464.

Kraft, H., & Weber, J. M. (2012). A look at gender differences and marketing implications. *International Journal of Business and Social Science*, 3(21), 247−253.

Lorber, J. (1994). "Night to his Day": The social construction of gender. In J. Lorber (Ed.), *Paradoxes of gender*. New Haven, CT: Yale University Press.

Lucal, B. (1999). What it means to be gendered me: Life on the boundaries of a dichotomous gender system. *Gender and Society*, 13(6), 781−797.

Maynard, M. L., & Taylor, C. R. (1999). Girlish images across cultures: Analyzing Japanese versus U.S. seventeen magazine ads. *Journal of Advertising*, 28(1), 39−48.

National Association for the Education of Young Children. (2014). *What the research says: Gender-typed toys*. Retrieved from http://www.naeyc.org/content/what-research-says-gender-typed-toys.

Nava, M. (1991). Consumerism reconsidered: Buying and power. *Cultural Studies*, 5(2), 157−173.

Penaloza, L. (1996). We're here, we're Queer, and We're going shopping! A critical perspective on the accommodation of gays and lesbians in the U.S. marketplace. *Journal of Homosexuality*, 31(1−2), 9−41.

Raska, D., Keller, E. W., & Shaw, D. (2014). The curriculum-faculty-reinforcement alignment and its effect on learning retention of core marketing concepts of marketing capstone students. *Marketing Education Review*, *24*(2), 145–158.

Sanburn, J. (2013). *Selling to the other sex*. Retrieved from http://business.time.com/2013/06/19/transgender-marketing-12-campaigns-that-defy-sexual-stereotyping/

Sandlin, J. A., & Maudlin, J. G. (2012). Consuming pedagogies: Controlling images of women as consumers in popular culture. *Journal of Consumer Culture*, *12*(2), 175–194.

Sherry, M. (2004). Overlaps and contradictions between Queer theory and disability studies. *Disability and Society*, *19*(7), 769–783.

Spindler, A. M. (1996). It's a face-lifted, tummy-tucked jungle out there. *The New York Times*. Retrieved from http://www.nytimes.com/1996/06/09/business/it-s-a-face-lifted-tummy-tucked-jungle-out-there.html

Stern, B. B. (1999). Gender and multicultural issues in advertising: Stages on the research highway. *Journal of Advertising*, *28*(1), 1–9.

Streeter, T., Hintlian, N., Chipetz, S., & Callender, S. (2005). *This is not sex: A web essay on the male gaze, fashion advertising, and the pose*. Retrieved from http://www.uvm.edu/~tstreete/powerpose/index.html

Tanner, J., & Whalen, D. J. (2013). Teaching moments: Opening the pipeline to teaching innovations. *Marketing Education Review*, *23*(3), 265–274.

Thompson, C. J., & Holt, D. B. (2004). How do men grab the phallus? Gender tourism in everyday consumption. *Journal of Consumer Culture*, *4*(3), 313–338.

Trebay, G. (2004). Cultural studies: When did skivvies get rated NC-17? *The New York Times*. Retrieved from http://www.nytimes.com/2004/08/01/style/cultural-studies-when-did-skivvies-get-rated-nc-17.html

Tuten, T. L. (2005). The effect of gay-friendly and non-gay-friendly cues on brand attitudes: A comparison of heterosexual and gay/lesbian reactions. *Journal of Marketing Management*, *21*(3), 441–461.

Tyler, M., & Cohen, L. (2008). Management in/as comic relief: Queer theory and gender performativity. The Office. Gender, Work & Organization, *15*(2), 113–132.

第四篇

各中心在加强教育环境中的作用

第 26 章
百森商学院创业实践的核心：亚瑟·M. 布兰克创业中心

坎迪达·布拉什（Candida Brush）、安德鲁·科比特（Andrew Corbett）和珍妮特·斯垂美蒂斯（Janet Strimaitis）

26.1 引言

从很多方面来讲，这整本书都可以说是对百森商学院创业教育生态系统中某些核心部分的内部审视。书到此处，您已经读过了前面有关教育学术的创新过程、跨学科教学、创新教学技术的相关章节，这些共同构成了百森商学院创业思维与行动®的基础范式。本章，我们通过探讨亚瑟·M. 布兰克创业中心的创业实践及项目，来将讨论的重点从课程转移到实践。本章我们将讨论创业教育生态系统的另外两大部分内容：课外项目和应用研究。

百森商学院从 1978 年开始开展创业教育、创业实践项目和课外教学活动。创业被列为全体学生的学习目标，意味着 100%的学生都要参加创业课程㊀。一年级学生需参加两学期的百森管理与创业基础（FME）融合课程，这门时长为一年的课程将融入企业经营的内容，为学生们从一开始就打下扎实的创业基础。在整个学年中，两位专职的教职员工，同时也是行业专家，向学生全方位讲授创业学、市场营销学、财务管理学、组织行为学、信

㊀ 百森商学院的 MBA 项目连续 21 年被《美国新闻和世界报道》（US News and World Report）评为创业教育第一名，同样地，它的本科项目也连续 18 年获此殊荣。在 2014 年，百森商学院被全球创业中心联盟评为杰出创业加速器。同年，《财富》杂志首次进行大学排名，百森商学院名列全美第一。

息系统和运营等内容，同时也会强调这些职能在企业中的综合作用。整个班级最多由 40 名学生构成，每 10 人分成一组，每个小组将得到由学校提供的最多 3 000 美元的贷款作为启动资金。创业的想法来自学生，无论他们销售实际的产品还是提供某种服务，都鼓励他们思考他们的创业项目如何满足顾客的某种需求。创业团队还与当地社会服务机构建立了合作伙伴关系，强调企业社会责任的重要性。每支创业团队都要无偿贡献总共 80 小时的社区义务服务，所产生的收益也将全部为社区组织所有。自 1999 年以来，这些参加百森商学院管理与创业基础课程的本科生创业团队为当地慈善事业捐献了近 50 万美元。在研究生方面，4 个不同 MBA 项目的学生还有一门必修的创业课程，其中包含了创业思维与行动®（ETA®）的基本要素，以及以实践为基础的创业活动方法。就读管理学科硕士的学生将参与一个时长为两个学期的团队授课课程，学生将成为创业团队的一分子，共同为解决一个问题而界定、设计和发展创业项目或者提出倡议。

虽然创业是全体学生的必修课，但必修课只展示了我们的部分特色。在亚瑟·M. 布兰克创业中心（简称布兰克创业中心），我们一直在思考下面这个重要的问题：一所大学的"创业教育"在多大程度上是发生在课堂上的？据我们所知，之前还没有人正式研究过这个问题，但是初步的研究告诉我们，这个比例很低（Newman, 2013）。探究这一问题的重要性在于，它会促使学者们更深入地思考，我们的学生是如何以及在哪里学习创业并实践它的。大多数全日制本科生每周要上 15~17 个小时的课，此外还要有 30 小时的学习和做作业时间。除去睡觉、吃饭和休闲活动的时间，学生们每周大概有 50~60 小时的时间用于课外活动。

考虑到所有这些，百森商学院的领导层深入思考了课外创业课程项目及其与课程体系的一致性。百森商学院的创业中心和研究所是校园里学生们学习和实践创业的地方，而布兰克创业中心在其中最受欢迎。我们将其视为校园创业实践活动的"心脏"，不仅是因为它举办了一系列创业活动⊖，还因为在这里学生们可与其他学生或创业校友共同融入创业实践活动。

在本章的后续内容中，我们将首先简要描述一个创业教育生态系统，并阐明百森商学院创业教育生态系统的独特性。以这个框架作为指导原则，我们将概括布兰克创业中心的课外课程项目，并以约翰·E 和爱丽丝·L. 巴特勒创业加速器（简称巴特勒创业加速器）为例。然后，我们在关注该中心的其他研究计划之前，会先把注意力转移到中心的应用研究项目并重点强调其学术方面的贡献（成功跨代创业实践项目，即 STEP）。在这两个案例中，我们通过强调其与校园内外生态系统的其他部分的共生关系，探讨如何将这些研究计划与百森商学院大的机构目标相结合。

26.2 创业教育的生态系统观

"生态系统"一词是从物理和环境科学文献中发展而来的。在一个特定的环境中，生态

⊖ 活动月历显示，布兰克创业中心平均每月举办 20 多场活动。

系统包括了所有物理和生物的因素，以及它们之间相互联系、相互依存的关系（Tansley，1935）。克里斯托弗森（Christopherson，1997）将生态系统定义为"在一定区域内，由所有植物、动物和微生物与环境中所有非生物因子共同作用的自然系统"。生态系统包括生命体和非生命体，它们或大或小、或天然或人造、或范围有限，它们之间存在着重要的相互依存的关系，并且它们总是处在不断的动态变化之中。

创业生态系统的定义是：有健康的文化、强有力的政策和领导力、充足的资金、高质量的人力资本、有利于创业的产品市场，以及一系列制度和基础设施来支持创业发展的区域（Isenberg，2010）。世界经济论坛（2013）确定了以下几个类似的组成部分：市场、文化、教育培训、监管框架和基础设施、融资和金融、人力资本。在这些情况下，区域或社区的努力与发展一个充满活力的生态系统是息息相关的。一般来说，创业生态系统被当作是社会和经济问题的一种解决方案（Xavier，Kelley，Kew，Herrington 和 Vorderwulbecke，2013）。网络上的讨论和大众媒体上的文章都描述了大学、金融界、服务提供者、教师及企业家之间的互动促进了经济发展和创新的内容。菲特斯（Fetters）、格林尼（Greene）、赖斯（Rice）和巴特勒（Butler）提出了以大学为基础的创业系统的概念（University-based Entreprenewrship Ecosystems，U-BEE's）。正如菲特斯等人（2010）所指出的，大学是全球经济发展的中心，为发展创业社区提供基础设施、资源和方法。他们认为创业生态系统的进化和发展需要知识和创新的专业化。继奥莱特（Aulet，2008）之后，他们认为，创业生态系统的相关方面是机构目标的一致性、对大学和其他区域资源的获取、研究计划的协调，以及商界和地方政府的参与等因素。他们认为创业生态系统的必要维度包括治理、创新、基础设施和文化。他们的书中分析了三所大学，这三所大学都将重点放在了创业生态系统中的创办企业。这些案例研究包括大学内部活动以及社区中的外部交互的细节，并为那些对创造或扩展 U-BEE 感兴趣的政策制定者、管理者、教育者及实践者提供适当的建议。U-BEE 包括多个层次的个人（学生、教师、员工、实践者和行政人员）、团体（教师、学生）、组织（孵化器、中心）、活动和社区利益相关者（政府、政策制定者、企业、出资人）。U-BEE 的中心是围绕课程、课外活动和研究活动开展的内部创业活动。

百森商学院的创业教育生态系统

创业教育系统是 U-BEE's 的核心组成部分，但主要专注于校园或学校以及直接与创业活动相关的部门内部的创业活动。内部创业活动是镶嵌在社区和学校中的，并且是由一个"域"组成的，这个"域"包括课程、课外活动和研究，这些是高校在创业方面从事的主要活动（Alberti，Sciascia 和 Poli，2004，Brush，2014；Kuratko，2005）（见图26-1）。

第 26 章　百森商学院创业实践的核心：亚瑟·M. 布兰克创业中心

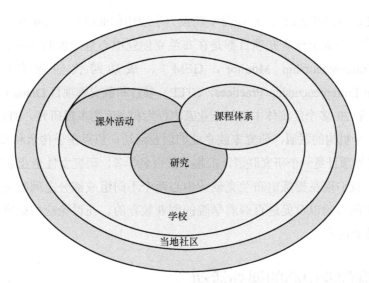

图 26-1　内部创业教育生态系统

下面，我们来描述创业教育生态系统的三个维度：体系、课外活动和研究，并且思考这三个维度在百森商学院是如何相互关联的。

1. 创业课程体系

课程体系是由学科、项目或学位的集中课组成的，是一套课程和内容。这些课程都有一个教学大纲，指定了学习目标、主题和评分标准，这就涉及决定使用哪些教学材料、案例、练习、教学方法、理念和交付机制。这些课程与学校在课程体系中对创业的定义密切相关。在创业课程体系中，我们要决定各门课程和学科要讲哪些理论，以及如何融合。百森商学院的所有学生都学习创业课；在许多核心课程中，创业思维是一种测量方法，它被用来评估学生的学习成果。百森商学院有一个独立的创业部门，有 50 多名教师，他们都有一定的创业经验。

2. 创业课外活动

这些活动全都不是为了获得学位而设定的，而是为了丰富学生们的学习体验。活动包括但不限于项目、俱乐部、生活体验、工作坊、嘉宾演讲、论坛、商业竞赛、社交活动和其他活动。课外活动决策的重点在于领导力（教师和员工）、资源、服务对象、教师的激励机制和资源分配的选择。在百森商学院，大量的资源（空间、资金）被投入到学生参与的创业活动中。创业加速器中的教师顾问也在课堂上教学，以此确保课上所学的概念与课外活动的一致性。

3. 创业研究

百森商学院的研究包括广阔领域中的理论和应用问题，但主要集中于"在多种组织背景下，与创业活动和/或新经济活动相关的参与者、行动、资源、环境影响，以及业主经理

· 307 ·

及其商业的特征、行动和挑战"。百森商学院致力于应用创业研究,在师资、资金及员工方面给予全力支持。三大全球研究项目都是在布兰克创业中心里面做的——全球创业观察项目(Global Entrepreneurship Monitor,GEM)、成功跨代创业实践(Snccessful Transgenerational Entrepreneurship Practices,STEP)项目和戴安娜项目 Diana Project。其中,GEM 是一个研究 70 多个经济体中初创企业家的行为和态度的多国研究。STEP 项目是来自世界各地区 42 个机构的联盟,研究家族企业的创业活动,焦点在于传承和长久性的问题的商业贸易。戴安娜项目是一个研究联盟,汇集了数百名学者,研究女性企业家的成长经历。

展望未来,我们现在提炼出布兰克创业中心两个不同组成部分之间的关系,展示它们是如何提升学生的体验以及促进百森商学院的创业教育的。在讨论应用研究之前,我们先来看看课外活动的内容。

26.3 布兰克创业中心的课外活动

百森商学院的布兰克创业中心致力于通过创新的课外活动项目和全球合作研究计划来拓展多种类型的创业实践,激发和传播创业思维与行动®。该中心为百森商学院创业生态系统中的课程部分提供了基础,同时也是创业部员工办公的地方。大家近距离办公,会有很多机会开展正式或非正式的合作。布兰克创业中心的每个项目都和学院的创业部(系)课程以及学院本身更广泛的课程目标相一致。课外活动项目为学生们提供了一个出口,在培育、支持性的环境中实践他们的创业理念。实践环境为他们提供了在教室里通常体验不到的实实在在的学习体验。在这种环境下,他们获得了自我认知,同时还获得了发展自己的创业理念的机会,也获得了将自己培养成企业家的机会。布兰克创业中心课外活动的有效性或许在两个活动中得到了最好的展现:火箭营销和 B.E.T.A(百森创业思维与行动®)挑战赛。

火箭营销(Rocket Pitch)是安排在深秋时节的年度盛事,主要参与人员是来自百森学院(以及我们在当地的合作伙伴学校富兰克林·欧林工程学院和韦尔斯利学院)的大学生创业者。同学们把他们的商业理念推销给他们的同学、教师、企业家、投资者和来自波士顿创业生态系统的其他利益相关者。火箭营销要求学生在 3 分钟之内通过 3 张幻灯片把自己的创意讲清楚,最后呼吁大家采取行动。活动在校内多个房间里同时进行,一个接一个,观众只听不提问。活动结束后,主办者会举办开放的联谊招待会,这样一来,听众就有机会直接和创业者接触。

布兰克创业中心的 B.E.T.A.挑战赛(Babson Entrepreneurial Thought and Action® Challenge)是现代版的商业计划竞赛。正是因为认识到学生和初创企业者不太适合使用正式的商业计划书来与利益相关者沟通和联系,所以布兰克创业中心于 2012 年启动了B.E.T.A.挑战。其应用和展示的重点不在于创业者计划要做什么,而是迄今为止他们都采取了哪些行动,取得了哪些具有里程碑意义的成果,以及在这些成果的基础上,他们准备采取的下一步行动计划是什么。竞赛分成本科生、研究生和校友三组，每组的获胜者获得 20 000 美元的现金奖励，外加企业赞助商提供的"实物服务"。

火箭营销和 B.E.T.A 挑战赛是布兰克创业中心举办的课外活动的实际案例，而巴特勒创业加速器则展现了学生和他们的初创企业每天朝气蓬勃的工作情况。因此，加速器可谓是课程和课外活动之间相互关联典范的实时展示。

巴特勒创业加速器

巴特勒创业加速器通过其董事、顾问、教师和相关合作伙伴（律师、会计师和其他本地服务提供商）的员工，帮助本科生、研究生和校友将他们的想法从最初的概念发展成蓬勃发展的企业。加速器每年吸收近 400 名参与者，孵化 300 多项新生商业概念。通过组织项目和活动，加速器的内容用以支持和融合正式的课堂课程。它也是一个渠道，让学生更容易接触到百森创业生态系统的其他部分和波士顿地区的创业生态系统。学生能将他们在教室中所学到的东西应用到实践中，并在真实世界中对他们所学的理论知识进行验证。与此同时，他们还能得到教师顾问、经验丰富的企业家和其他商业伙伴的指导。

巴特勒创业加速器是生态系统的一个重要部分，因为它提供了一个安全且支持培育的系统，允许学生以最小的成本采取行动（财务、声誉等）并以最大的学习投入推进他们的想法。大多数学生来到加速器时带来的产品和服务想法、概念、新商业模式和新生业务都没有持续下去，而是随着时间推移重新进行了规划。通过他们自己的行动和体验，我们教授学生一种创业方法（创业思维与行动®），来探索和发展他们自己的想法。虽然加速器每年都会产生一些新的创业公司，但是我们的主要目标是培养具有创业思维与行动能力的个人。通过探索和追求创业理念的实际应用，无论他们目前的想法是否已经成熟，是否能够启动，学生们在此过程中都成长成为创业者。鉴于这一点，加速器结构分为三个不同的阶段：探索、追求、启动和成长（见图 26-2）。

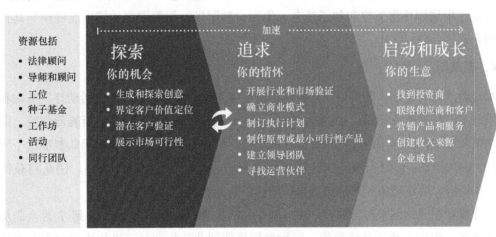

图 26-2 百森商学院巴特勒创业加速器框架

1. 探索

大多数加速器的参与者都是从探索阶段开始的。有些学生来到加速器时只是有个想法，渴望成为一名企业家，但对怎么创业没有概念。鉴于此，所有参与者都需要对自己的能力做一些自我评估。我们也让他们重新熟悉在课堂上和校园其他地方所学过的创业思维与行动®的基础内容。探索阶段的初始活动是指导学生更好地理解"他们是谁""他们知道什么"和"他们认识谁"这些问题，以便为开发和筛选他们的初始想法奠定基础。

探索阶段有助于学生自我认知和探索自己的幼稚想法。这个阶段的目标是发现学生的想法是否是一个真正的机会以及是否可行。参与者在加速器导师或顾问的指导下开展同行指导。他们可以获得免费共享的工作场所，有机会举办非正式聚会，参加研讨会。一旦学生能证明他们的概念是可行的，就将进入追求阶段。

2. 追求

参与者在追求阶段除享有与探索阶段相同的资源外，还会得到更多的支持。加速器通过一个分析阶段模型来解析它的资源，当学生推进他们的创业概念时，他们所能享用的资源就会更加具体和具有针对性。在探索阶段，许多辅导都是以小组为单位的；而追求阶段的辅导小组人数会少些，通常是一对一的。追求阶段的目标是让学生通过建立商业模型和组建团队真刀真枪地干起来。学生专注于诸如原型开发、深入的客户访谈和创建实施计划等活动，他们也可以申请种子基金和孵化器工位。

3. 启动和成长

启动和成长阶段是加速器项目的最高层次，但对于百森商学院的创业者来说，这仅仅是起步。在这里，参与者专注于创造出经常性收入来源，把他们的公司发展成可以自我维持的状态。创业者完善他们的团队，锁定供应商和客户，或许还可以找到投资商。另一项重点工作就是路演、商业计划和低成本创业（Bootstrapping）。参与者可以获得一对一的咨询，也可以申请孵化器工位和种子基金。作为一种回报，学院期望他们也能够指导其他的早期创业者。

4. 暑期创业计划

加速器项目将持续一整个学年（9月至来年4月），并为暑期的创业活动打下基础和准备初步方案。暑期创业计划（Summer Venture Program，SVP）支持来自百森商学院、欧林工程学院和韦尔斯利学院的一些最有前途的学生，每年有多达15个学生团队参加这个为期10周的集中培训。该培训旨在加速发展他们的创业活动。在这10周中，团队将获得住房、工作场所、咨询服务和其他资源以帮助他们的业务发展。

尽管暑期创业计划参与者放弃了实习和工作的机会，选择从5月中旬到7月全职从事他们的业务，但这一承诺是值得的，因为参加暑期创业计划项目可以加快他们走上市场的速度或帮助他们做出判断——当前的创业状况是需要修改完善还是需要放弃。该项目结束的时候同学们要做展示，展现他们为项目所做的辛勤工作，向专业投资者和当地社区展示自己所取得的成就和学习成果。

巴特勒创业加速器有两个非常重要的特征，在大多数的大学为学生创业提供的课程支持、加速器、孵化器和学生活动中都不常见。首先，加速器的所有导师都是授课教师，拥有实实在在的创业经验。这意味着课程的知识转移和课外实践是相一致的。其次，该加速器项目与课程内容完全呼应。本科生和研究生的课程都是以与加速器的探索、追求、启动和成长三阶段相同的方式组织的。课程通过设计思维、创意生成和探索机会的各个方面帮助学生探索想法。随后的课程是教授可行性分析、原型设计及团队组建。最后，学生通过创业行动实践，也就是"启动和成长"从而完成课程。换句话说，课程中教授的概念、讲义和材料与课外活动提供的完全对应。重要的是，该课程并不强调单一的形式或途径，学生可以在任何情况下（家庭、企业、小型、新型、大型、社会企业）通过任何途径（自力更生、收购企业、技术转让、特许经营等）完成他们的创业计划。换句话说，课程和课外活动紧密结合，强化学生在课堂内外实践创业精神，该实践侧重于采取行动，从结果中学习以及从这些试验中构建概念或公司。我们将这个方法称为"行动—学习—构建"（Act-Learn-Build）。

26.4 布兰克创业中心的应用研究

研究在百森商学院整合课程和课外活动方面发挥着重要的作用。作为1981年成立的世界上首屈一指的创业研究大会——百森商学院创业研究大会（Babson College Entrepreneurship Research Conference，BCERC）的创始机构，百森商学院提供了一个论坛，通过热烈的对话和演讲将来自世界各地的研究人员连接起来。每年，BCERC都会吸引超过350名学者和200多篇论文的报告。此外，在过去的15年里，百森商学院领导了三个全球协作（跨年、跨国、跨大学）研究项目致力于解决上述创业问题的不同方面，分别是：戴安娜项目、GEM项目和STEP项目，戴安娜项目于1998年启动，旨在调查促进全球女企业家及其企业增长的因素，尤其是能够促进或限制女企业家为全球经济做出充分贡献的因素。每隔一年举办一次的戴安娜国际论坛，吸引了来自世界各地的100多名顶尖研究人员分享自己的研究成果和方法。最重要的是，黛安娜项目将这些内容传达给各种研究、教育机构和政策受众。

GEM项目是在1999年由百森商学院和伦敦商学院联合创建的。从最初有10个参与国，运行了15年后，该项目目前已经扩展到包括70个经济体。全球创业观察是世界上规模最大、发展最完善的创业研究项目。GEM项目的独特之处在于，与大多数衡量新企业和小型企业的创业数据不同，GEM项目研究个人在创业和管理企业方面的行为。

GEM 项目团队由独家研究项目的成员组成，这个团队整合了参与创业研究的一些世界上最知名的研究人员和机构的集体性知识。多年来，GEM 项目的数据影响了世界各国的经济政策。

百森商学院创业教育生态系统的独特之处是 STEP 项目。正如加速器证明了课程和课外活动之间的联系，STEP 项目突出了研究活动与百森商学院创业生态系统中课程和课外活动的承诺和一致性。这里我们将深入探究 STEP 项目。

STEP 项目

家庭是全世界商业组织的主导形式，它们在社区和国家的社会和经济财富创造中发挥着主导作用。STEP 项目于 2005 年由百森商学院与欧洲 6 个学术分支机构合作建立，它是一个全球性的应用研究项目，旨在探索家族企业的创业过程，并产生可立即适用于家族领导的解决方案。为了实现持续的增长和连续性，他们必须传承创业思维和能力，使他们能够代代相传，不断创造新的财富流。STEP 项目对家族式企业进行了前沿研究，积累了可应用的创业实践，并提供共享的学习环境。

该项目还调查了家族如何通过冒险、更新和积累产生新的经济活动。参与 STEP 项目的学者对创业理论和受家庭影响的财富创造之间的实际联系非常感兴趣，他们的机构致力于探索性地研究和寻找实践解决方案，以了解家族如何在发展成长的过程中积累自己的创业财富。

STEP 项目旨在：

1）对全球商业家族的创业能力和贡献进行前沿研究。

2）形成一系列创业应用实践，促进家族企业延续和增长。

3）提供一个共享的学习环境，在这个环境中，研究人员和教师与家族企业的领导进行互动，以产生立竿见影的解决方案。

STEP 项目在世界四个地区——欧洲、拉丁美洲、亚洲和北美洲运行。每个地区虽使用相同的模型，但以独立的团体组织其研究收集和传播。目前有 42 个机构参与该项目，每个分支机构要成为一名好会员，必须完成三个案例研究。该项目最近启动了一项多国、多受访者调查，以调查家族企业的创业活动。

从定性研究案例开发出来的 STEP 研究模型（见图 26-3）包括了影响家族企业的创业行为的内部和外部因素，以及家族成员在领导和管理企业中的作用。因为这是一个应用型的研究项目，所以每年都会举办区域峰会，参会人员来自各家族企业和学术界，并会举办研讨会向家族展示研究的主要发现。

在百森商学院，超过 40%的本科生表示自己来自家族企业[一]。据研究生招生办公室估

[一] 根据百森商学院在 2013 年和 2014 年对管理和创业基础课程大一新生的调查。

计，研究生的比例也大致相同。因此，STEP 研究是课程、课外活动和高管教育活动的组成部分。

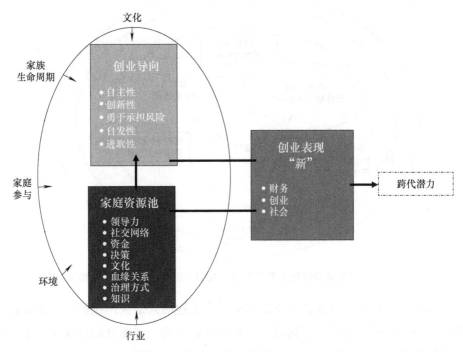

图 26-3　STEP 研究模型

布兰克创业中心的家族创业研究所（Family Entre Preneurship Institute，IFE）为研究生和本科生的家族创业俱乐部提供支持，并通过课外活动为学生提供一些项目。高管教育活动由学生、家长和校友参加，目的是帮助了解创业精神如何在家族企业中发挥作用，以及如何通过创业领导力来发展他们的企业。

除了家族创业研究所（IFE）和家族创业俱乐部，研究生和本科生都开设了家族创业课程。教授这些课程的教师直接参与 STEP 研究项目，并能够将自身收获、研究成果和最佳实践直接带入课堂。

26.5　结论

本章简要概述了布兰克创业中心的许多项目和活动。然而，对于读者来说，有趣的不仅仅是学生创业者参加的活动的清单，而是这些活动如何整合在一起。正如我们所展示的，从创业生态系统的角度来看，发展创业中心或创业研究所需要与校园生态系统的其他部分和更大的环境保持协调和一致。

重要的不仅是为学生提供什么项目，而是这些项目如何与生态系统的所有其他部分相联系，以加强他们。我们展示了巴特勒创业加速器和 STEP 项目，以表明布兰克创业中心在为我们生态系统中的所有利益相关者创造新知识和学习方面所做的贡献（见图 26-4）。

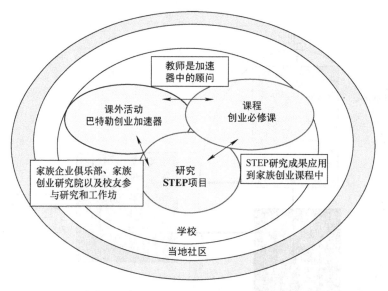

图 26-4　百森商学院创业教育生态体系中各组成元素的整合与协调

对于那些第一次开发创业课程或重新评估现有课程的人来说，我们强烈建议首先检查你所处的整个生态系统。同样重要的是，其他人要认识到，试图复制百森商学院的生态系统或任何其他学院或大学的生态系统都是徒劳的（Corbett，2011）。

树立标杆是重要的第一步，但每个学校必须使用自己的"自由裁量权，同时认识到自己独特的资源和使命"（Corbett，2011，29-30 页），以便制定适当的课程和课外活动。只有明确地与机构的使命和目标相一致，才能"契合"生态系统的需求，并开始为你的校园打造真正的创业之心。

参考文献 ▶

Alberti, F., Sciascia, S., & Poli, A. (2004). Entrepreneurship education: Notes on an ongoing debate. *Proceedings of the 14th annual international entrepreneurship conference*, Naples, Italy.

Aulet, B. (2008). *How to build a successful innovation ecosystem: Education, network and celebrate.* Retrieved from http://www.Xconomy.com. Accessed on October 14, 2008.

Brush, C. G. (2014). Exploring the concept of an entrepreneurship education ecosystem. In D. Kuratko (Ed.), *Innovative pathways for university entrepreneurship in the 21st century* (Vol. 24, pp. 25–39). Advances in the Study of Entrepreneurship, Innovation and Economic Growth. Bingley, UK: Emerald Group Publishing Limited.

Christopherson, R. W. (1997). *Geosystems: An introduction to physical geography*. Upper Saddle River, NJ: Prentice Hall.

Corbett, A. C. (2011). Finding your own way: Entrepreneurship course development, strategic fit, and the problems of benchmarking. *International Journal of Entrepreneurship and Small Business, 13*(1), 18−31.

Fetters, M., Greene, P., Rice, M., & Butler, J. (2010). *The development of university-based entrepreneurship ecosystems: Global practices*. Northampton, MA: Edward Elgar Publishing.

Isenberg, D. J. (2010). How to start an entrepreneurial revolution. *Harvard Business Review*, June, *88*(6). Reprint R100A.

Kuratko, D. F. (2005). The emergence of entrepreneurship education: Development, trends and challenges. *Entrepreneurship Theory and Practice*, 229(5), 577−598.

Newman, E. L. (2013). *A theory on becoming entrepreneurial: A student's developmental journal to a creation-driven mindset*. Doctoral Dissertation, University of Pennsylvania − School of Education, Philadelphia, PA.

Tansley, A. G. (1935). The use and abuse of vegetational concepts and terms. *Ecology, 16*(3), 284−307.

Xavier, S. R., Kelley, D., Kew, J., Herrington, M., & Vorderwulbecke, A. (2013). *Global entrepreneurship monitor: 2012 global report*. Wellesley, MA: Babson College.

第 27 章
艺术与创业者：索伦森艺术中心

贝丝·温斯特拉（Beth Wynstra）

27.1 大学校园的艺术与商业：历史一瞥

一个多世纪以来，美国大学校园中的商业与艺术之间的关系一直吸引着教职员工和学生的兴趣。20 世纪初，当美国大学首次设立艺术表演系和相关中心时，教授戏剧文学、视觉艺术、表演和剧作的教师被要求考虑，如何将他们各自所研究的领域与新兴的大学目标相联系——让美国学生为就业做好准备，特别是在管理岗位上。正如香农·杰克逊（Shannon Jackson）所说：

19 世纪末到 20 世纪初是一个充满斗争、变化、紧缩和更多争论的时期，因为美国的各个大学要努力应对它们与变化中的美国社会的关系……正如许多高等教育历史学家所证明的那样，这一时期也将迎来"专业主义"的时代，一种不同但普遍反映教师对学生的教育目标的理解，以及他们对自己作为"职业学者"的认识的经济和话语结构。

事实上，在百森商学院成立的时候（1919），美国各地的高等院校都专注于如何为学生毕业后开启职业生涯做好准备。随着大学开始向女性、移民、非裔美国人和"工业资产阶级和工人阶级的孩子"敞开大门（杰克逊，2001），高等教育机构不再是那些既有时间又有资源的白人男性的特权领域。相反，高等院校正在成为一个更广泛的人群聚集的地方，因此，在这里不仅要认真学习，还要认真做好准备。包括艺术在内的所有学科都开始批判性地思考课堂内容与实际应用之间的具体联系。杰克逊继续阐述道：

由于美国的大学日益扮演着帮助学生进入管理阶层的角色，所以学术界努力在所谓职业之外保持独立的社会地位，同时在专业范畴内使自己在课程和制度上合法化。

从事和艺术领域相关职业的人们，必须在高等院校经过专业的培训才能使自己拥有正规的从业资格，但那些在顶尖高校从事艺术教育的工作者，并不回避他们所面对的这种专业培训的挑战。乔治·皮尔斯·贝克（George Pierce Baker）是美国戏剧历史上有一个很重要的人物，他对课堂内容和专业领域之间的联系很感兴趣。贝克于 1924 年创办了耶鲁戏剧学院。他的职业生涯始于哈佛大学，任英语系修辞学教授，后来创建了著名的英语 47 工作室（English 47 Workshop），这是一个剧本创作项目，包括尤金·奥尼尔（Eugene O'Neill），托马斯·沃尔夫（Thomas Wolfe）约翰·梅森·布朗（John Mason Brown），约翰·里德（John Reed）和哈利·弗拉纳根（Hallie Flanagan）（美国联邦剧院项目总监），都是在这里打磨出了自己的处女作。贝克是一位革命性的戏剧教授，他的教学法强调对人文关怀和经济关怀。贝克的英语 47 工作室的学生，人称贝克的十二门徒（Baker's dozen），从这里走出去后，都能创作出既具有商业价值又饱含艺术批判性的成功作品。换句话说，他的学生学会了如何在特定时间创作一些吸引特定观众的作品。马克·霍丁（Mark Hodin）认为：

在英语 47 工作室中，他（贝克）让学生们确信，满足传统的观众的欲望和期望与他们成为文学艺术家的野心并不矛盾。恰恰相反，正如在公开场合的成功演讲，掌握修辞情境使"超越物质之上的个人心灵"更能得以表达。

贝克的课堂将经济问题与艺术问题相结合。他让他的学生成为创业者，创造出满足和超出观众欲望的原创艺术作品。他在教授学生剧本创作技巧时，也关注学生的职业前途。贝克的教学策略具有丰富的成功经验，他杰出的学生们肯定能够跨越艺术和商业的不同而取得成功。而像耶鲁戏剧学院这样的机构，如今仍然能培养出具有丰富的商业和艺术领域知识的毕业生。

27.2 大学校园里的艺术与商业：20 世纪与 21 世纪

1991 年，《哈佛教育评论》出版了一本《艺术即教育》。在引言中，编辑们提出：

对于学生和教师来说，艺术可以是表达、交流、创造、想象、观察、感知和思想的形式。艺术对于倾听、思考、解决问题、形式与功能的匹配以及决策等认知技能的发展是不可或缺的。艺术激发自律和专注。

——比舍利（Bucheli）、戈德堡（Goldberg）和菲利普斯（Phillips）（1991）

这种观点使 20 世纪末和 21 世纪初的艺术教师与 20 世纪初的前辈们处于不同的地位。在著名的学术出版物（如《哈佛教育评论》）以及更受欢迎的杂志和期刊对艺术教育的巨大好处和所进行的广泛研究的鼓舞下，艺术教师和领导层发现他们的任务不再仅仅是将课堂内容与专业领域联系起来（Clapp 和 Edwards，2013；Merrion，2009）。相反，他们的作用变得更加微妙和复杂。虽然一些艺术教师可能仍然觉得他们必须在大学校园里证明自己的存在，并反对有损艺术声誉的、说艺术是不务正业的言论，但大多数情况下，顶尖大学校园的艺术仍然享有突出和显著的地位。2014年11月，《纽约时报》曾报道：

> 尽管为社区服务的艺术项目还在与公众的漠不关心做斗争，但美国精英校园已经从衰退中崛起，乘着数十亿美元架构起的雄心勃勃的建筑艺术设施浪潮。随着大学重申了艺术在全面教育中的重要价值，当前的建筑潮流逐年下雨……

——罗素（Russell）（2014）

但是，在享受这些财政资源和最先进的设施的同时，也带来了重要的责任。例如，"全面教育"的今天必须考虑到在过去25年里技术和媒体的巨大飞跃。因此，艺术也必须跟上大学里展示的作品、艺术教学方式以及艺术的产生方式的进步。艺术在不断变化的教育环境和不断发展的课程中发挥什么作用？戏剧、舞蹈和绘画如何帮助学生适应越来越多的专业领域的艺术和行业碰撞？艺术在培养年轻企业家方面有什么独特的经验？这些正是理查德·W.索伦森（Richard W. Sorenson Center）中心（简称索伦森中心）的领导团队每天都在探索的问题。

索伦森中心位于百森商学院这样一个没有专业的戏剧或视觉艺术系的学院，但作为一个强大的跨学科的通识课程项目，中心服务于学生、教师、工作人员和社区成员的需求。以百森商学院的使命为指导，同时怀揣着艺术与商业相融合会受益无限的坚定信念，我们的产品和活动寓教于乐、引人入胜。通过索伦森中心，以及校园内其他教师和工作人员的工作，百森商学院证明了创造性思维和深思熟虑的表现是创业的关键，以及商业战略是成功的艺术创意的基础。百森商学院的艺术项目反映了这个有趣的互惠关系。

27.2.1 索伦森中心：创业思维与行动的实验室

索伦森中心于1997年建成，旨在扩大和增强百森商学院的艺术和文化建设，同时，作为商业和人文艺术领域的学术课程中创新思维和创业实践的范例。该中心设有一个最先进的拥有441个座位的舞台剧院、舞蹈排练室、乐队和音乐练习室。索伦森家庭视觉艺术中心设有陶瓷/雕塑工作室、黑白摄影实验室、绘画工作室、艺术家常驻工作室和学生画廊。

1997—2013年，索伦森中心由一位导演监管，他通过访问表演艺术家和视觉艺术家以及支持教师发起的活动和学生表演团体，制作了一系列节目。2013年秋季，索伦森中心发生了翻天覆地的变化。因为百森商学院迎来了英联邦莎士比亚剧团（Commonwealth Shakespeare Company，CSC），学院的剧院作为剧团的新的常驻剧院，索伦森中心也迎来了一个新的领导结构和团队。CSC的艺术总监史蒂芬·梅勒尔（Steven Maler）担任索伦森中心主任。英语助理教授贝丝·温斯特拉（Beth Wynstra）成为中心的第一任教务主任。CSC副艺术总监亚当·桑德斯（Adam Sanders）担任该中心的第一副主任。

这种新的领导结构旨在确保为索伦森中心的所有利益相关者和受众提供服务。梅勒尔负责确保索伦森中心的项目与学院的目标和百森商学院院长的愿景保持一致；温斯特拉确保索伦森中心制作的作品、展品和表演支持百森商学院的学术课程，并与教师的研究和教学兴趣相关；桑德斯与百森商学院的学生团体合作，使这些团体制作的作品更加严谨和专业。百森商学院驻场艺术家丹妮尔·克尔马（Danielle Krcmar）则继续她的工作，为校园内的视觉艺术节目和展览创造更大的知名度。

新的领导团队在 2013 年秋季发起的首批项目之一是对校园内的主要利益相关者做一系列访谈。这些访谈由顾问珍妮特·贝利（Janet Bailey）执行。受访者包括来自商科和文科的教师以及不同部门的工作人员，如财政援助、学生活动、健康保健部门，以及担任重要行政职务的个人，如本科学院院长。领导团队从这些访谈中得到的反馈是，他们对百森商学院的艺术节目有很大的兴趣，但是这项工作的市场宣传不足、支持不足，也没有很好地融入课程。他们强烈希望看到校园内开展更专业、更高水准的活动。

以访谈的反馈以及百森商学院的特色创业思维与行动®（ETA®）建立的参数为参考，百森商学院的领导团队开始制定新的艺术使命。创业思维与行动®是一种 CSC 论，它教授本科生、研究生和高管通过深入了解商业基础和严格分析进而学会平衡行动、实验和创造力，并作为创造经济和社会价值的理想方式（参见 Greenberg，McKone-Sweet，Wilson）。索伦森中心的领导团队认可（并将继续认可）百森商学院提供的独特的教育经验，因此我们的愿景和目标反映了该学院独特的创业教学方法。

2014 年春天，索伦森中心的领导团队以百森艺术（BabsonARTS）的名义发起了一个活动季。百森艺术包含表演、展览、电影和对话，这些活动旨在娱乐、扩展和补充课堂体验，并且聚焦全球问题、社会和环境问题、创作过程和艺术的商业行为。我们的使命既要满足学生的受教育需求，还要提高百森商学院作为一个重视创新和创造力的机构的声誉。

27.2.2 百森艺术：前两季

百森艺术的第一季（2014）是令人兴奋的，有戏剧、视觉艺术、舞蹈、电影和音乐等各种各样的艺术形式。百森商学院的剧院和 CSC 为百森社区定制了一些新的和特殊的活动和作品。CSC 致力于为大波士顿地区的人们带来重要的当代的莎士比亚作品，最著名的是他们在波士顿公园的免费表演，每年夏天都能吸引数千人。在百森商学院，CSC 的艺术家为学生、教职员工提供了一些声音、形体和即兴创作工作坊。安东尼·拉普（Anthony Rapp），著名的 CSC 校友和演员，因扮演百老汇热门剧《吉屋出租》（Rent）中的马克（Mark）而成名，来到校园公映电影版的《吉屋出租》。上映电影本身是校园现有斯特恩（Sterns）家庭电影系列的一部分，但拉普的到来对学生来说就相当于上了一堂大师课，大家还倾听了拉普与百森商学院的名为"火箭高音"的无伴奏合唱团一起演唱的《吉屋出租》的主题曲《爱的季节》。大师课让 10 名学生选择歌唱或独白的方式完成表演并得到拉普的现场反馈。虽然其他机构的大师课也允许学生与著名的演员或艺术家互动，但在百森商学院的大师课中，参与者可以拥有讨论和评论等更近距离的体验。

百森艺术以新的和创新的方式支持现有的教师倡议。据2013年的采访反馈，由教师主导的演艺和视觉艺术节目没有得到很好的宣传。通过提供更系统的营销方法，索伦森中心的领导团队能够提高项目在校园内外的知名度。这些市场营销努力得到了回报，不仅获得了更高的受众数量，而且在媒体上的形象显著提高。索伦森团队还与校友会办公室合作，为区域校友创造参与机会。一些最初有缺陷的项目也得益于百森艺术不断增加曝光度的新举措。如，空空间剧院（The Empty Space Theater，TEST），这是一家由教师指导的戏剧公司，旨在制作与社会相关的戏剧和音乐剧，传授并扩展课堂课程；汤普森（Thompson）访问诗人系列节目，该节目聚集各国诗人到校园朗诵他们的作品，并与学生互动；全球电影系列，该项目一年选取4部电影，由电影制作人和学者通过对话和活动进行。

索伦森团队开发了一个新的项目，旨在反映百森商学院学生在艺术和商业相碰撞的职业生涯中所感兴趣的事务：艺术与商业对话。这些对话邀请杰出的艺术领袖到校园里讨论领先的非营利组织面临的挑战。对话在午餐时间举行，学生和百森社区的成员可以与艺术领袖进行亲密的交谈。索伦森团队致力于确保我们邀请来的是所有艺术学科的代表人物，并确保对话包括对成功的艺术活动中所包含的商业敏感度和创业精神进行了广泛的描述。校园里的教师们开始要求将这些对话变成课程的一部分，因为学生有机会更好地了解自己在百森商学院里学到的内容不仅适用于专业领域，而且是十分必要的。2014年的春天，百森艺术与美国当代艺术研究所所长吉尔·梅德韦杰夫（Jill Medvedow）、亨廷顿剧院总经理迈克尔·马索（Michael Maso）、独立策展人佩德罗·阿朗索（Pedro Alonzo）进行了对话。这些对话由索伦森团队的工作人员或教师主持。

百森艺术举办了两场视觉艺术展览，分别叫作Kiyomiziu和SURGE，并提供了几堂绘画和雕塑的大师课。索伦森团队，特别是温斯特拉和桑德斯，特意将项目融入学生体验中。桑德斯与贝特西·纽曼（Betsy Newman）教授和凯瑟琳·凯利（Kathleen Kelly）教授密切合作，将莎士比亚作品活灵活现地带入了课堂。桑德斯在2014年春季学期期间多次观摩了纽曼和凯利的课程，并带领学生参加了关于语言、形体和声乐能力的研讨会。虽然桑德斯对学生的工作集中在对莎士比亚作品的学习上，但学生在身体和声音的感知和批判性阅读中获得的经验教训，对他们将来在任何领域或职业都有帮助。通过与教师、艺术和历史基金会（Arts and History Foundation，AHS）的课程、学生俱乐部和百森LGBTQ行动小组的合作，我们将索伦森中心的许多其他倡议和项目纳入了学生体验。

最后，百森艺术安排了来访艺术家的演出，包括由百森商学院校友吉米·肯特（Jamie Kent）和古典吉他手克林·瑟蒙德（Colin Thurmond）在百森商学院格拉文教堂演奏拉丁音乐；萨维恩·利伯莱希特（Savyon Leibrecht）的以色列舞台剧《亲爱的西格蒙德和卡尔》（Dear Sigmund and Carl），这是艺术和历史基金会基础课程中的特色活动；还有查尔斯·布什（Charles Busch）带来的具有卡巴莱风格的歌舞表演。

2014年春季和2015年秋季，索伦森团队意识到我们的基础设施有缺陷，不能有效地推广和宣传我们的活动。于是，索伦森团队聘请了一名市场营销协调员，作为百森艺术的所有推广和广告以及特定活动的指定负责人，从而确保了所有运作都是专业的，并符合百森品牌形象。我们聘请了一名观众服务经理，在每次演出时处理票务和前台事务，以确保观众受到礼貌和专业的招待，并遏制剧院中的不恰当行为，这个职位对于剧院的安全保障至关重要。索伦森团队制作了引导标识，使校外的游客能够较容易地找到剧院，我们也在剧院的建筑物上设立了更突出的标志。我们与信息技术和市场营销的工作人员合作，创建了一个更好看、功能更强大的网站，还制作了更具吸引力的宣传手册。我们拥有一套专业的票务和客户关系管理系统，这使我们能够完成票务请求并跟踪有关受众和营销活力的有用信息。

在2014年春季学期结束时，我们进行了一次全校调查，以评估大家对我们工作的反馈，并为未来的工作展开设想。此次调查收到了500多份回复，校园上下表现出了对艺术的极大兴趣和支持。调查的一些反馈引用如下：

"索伦森的艺术活动活跃了校园的文化生活，帮助学生和教职员工融入校园，并且丰富了校园生活。他们引发我思考，让我在百森商学院感到很愉快。"

"我喜欢艺术与商业对话。作为一名渴望成为艺术领袖的研究生，这些都是有价值的、相关的和鼓舞人心的。我也认为这是一个重要的话题。百森商学院以创造力和创业精神而闻名，这与艺术密切相关，但实际上艺术在百森商学院并不是主流学科。"

"我喜欢一切与安东尼·拉普有关的访问和电影活动。晚上最特别的部分就是百森合唱团与安东尼一同歌唱。那个夜晚是个美好的夜晚。这是一次有品位、令人大开眼界、亲密互动和令人愉快的活动。"

这项调查以及几次非正式的对话和会议帮助我们指导了2014年秋季项目。

2014年秋季的一些亮点包括由布鲁克·亚当姆（Brooke Adams）和托尼·夏尔赫布（Tony Shalhoub）主演，由萨缪尔·贝克特（Samuel Beckett）创作的《快乐时光》（Happy Days），CSC将其在校园里进行了展示，吸引了1000多名观众来到百森商学院，并引发了大量的新闻媒体关注。CSC的艺术家在秋季继续教授大师课，但换了一个新的标题："公共演讲者的工具箱"。这个系列课程为在校学生提供声音和演说、形体和演讲技能几方面的指导。百森艺术继续开展艺术与商业对话活动，邀请了美国芭蕾舞剧院的比尔·泰勒（Bill Taylor），百老汇制片人斯普林·西尔金（Spring Sirkin）以及人类艺术家（Artists for 组织的 Humanity）苏珊·罗德逊（Susan Rodgerson）。苏姗对话的时候校园里还有人类艺术作品展。最后，百森艺术继续将教师项目作为索伦森中心支持现有的和全新的计划的优先事项。

CSC的校外工作对于扩大百森商学院的知名度变得越来越重要。CSC每年夏天在波士顿公园举办作品展示，大批百森商学院的教职工以及校友都去观看，凸显了百森的标志。秋季，CSC通过"芬威公园的莎士比亚"（Shakespeare at Fenway Park）活动来庆祝它成立二十年周年，引起了当地和美国全国观众的关注。在这个活动上，百森商学院院长凯利·希莉（Kerry Healey）发表了讲话，使人们认识到CSC是落户在百森商学院的。

27.2.3 展望未来：艺术作为创业实践的一部分

索伦森团队不仅对将表演和制作带进校园充满热情，同时也对百森商学院这样一个独特地方的艺术项目的成功和不足进行了反思。有这样几项原则影响我们的项目决策：

- 我们的活动跨越几个学科和类别，由多个组成部分。
- 我们打算每次活动都有对话、问答、艺术家演讲环节，或提供一些其他机会，让百森社区里的人能够与到校园里来的艺术家互动。
- 大多数情况下，我们规划项目的时候，至少会与一位，往往是多位，教职员工紧密合作，以此来增加在校内的认知度，确保我们的活动与学校的学术是相关的。
- 我们建立了一个教职员工咨询委员会，旨在指导我们提供优质的艺术项目，确保项目能够与课堂相关并扩展教学体验，补充教师和工作人员的研究和教学兴趣并向百森社区的成员提供所有艺术学科的体验机会。

2015年春季的活动继续围绕艺术和百森商学院的使命的交织而精心打造。我们上演了Basetrack Live，这是屡获殊荣的En Garde Arts戏剧公司与第8海军陆战队第1营的士兵和家属合作的戏剧。这部作品通过多媒体、现场管弦乐以及戏剧表演等多种表现形式来表达对战争的关注。百森艺术将放映百森驻场电影制作人马力·玛吉欧（Mary Mazzio）的电影《水下梦想》（Underwater Dreams）。这个片子记录了一个来自亚利桑那州的机器人团队，主要由非法移民的孩子组成，他们建造了一个水下机器人并在加州大学圣巴巴拉分校得奖的故事。公映还包括小组讨论环节，玛吉欧、百森商学院设计专业的教师及百森商学院分管国际和多元文化教育的副校长的小组讨论，他们将讨论电影中的移民问题。而整个春季活动将以百老汇主演、著名电视和电影明星杰瑞米·乔丹（Jeremy Jordan）的一场特别的卡巴莱歌舞表演结束。

我们相信，我们已经建立起了一套项目原则指导我们在未来做出选择，并且我们有专业的工作人员和体系来为项目提供支持。我们打算继续与教师和学生团体合作，以确保我们能够满足他们的需要，举办既受欢迎又丰富多彩的活动，这些活动增强了课程建设，并提高了学院的知名度。我们还与校友和发展办公室合作，成立了一个非受托的咨询委员会，其成员将提供资源、关系和专业知识，帮助我们对学院产生更大的可持续影响。

当我们展望百森艺术的未来时，整个索伦森团队致力于找到更多方式来突出艺术与创新和创业精神的交汇点，并探索这种交汇的巨大收益。今天的商业领袖需要良好的沟通能力、设计意识，并考虑用多种方式完成项目和计划，艺术培训为学生做好了应对这些重要任务的准备。百森商学院似乎是美国唯一一所鼓励艺术和商业的协同发展，并且为更大的校园社区塑造艺术项目季的院校。

参考文献

Bucheli, R., Goldberg, M. R., & Phillips, A. (1991). Symposium: Arts as education. *Harvard Educational Review*, 61(1), 25.

Clapp, E., & Edwards, L. (2013). Expanding our vision for the arts in education. *Harvard Educational Review*, 83(1), 5−14.

D. Greenberg, K. McKone-Sweet, & H. J. Wilson, Entrepreneurial thought and action: A methodology for developing entrepreneurial leaders. Retrieved from http://www.babson.edu/executive-education/education-educators/babson-insight/articles/pages/entrepreneurial-thought-action-methodology-developing-entrepreneurial-leaders.aspx.

Hodin, M. (2005). 'It did not sound like professor's speech': George Pierce Baker and the market for academic rhetoric. *Theatre Survey*, 46(2), 232.

Jackson, S. (2001). Professing performance: Disciplinary genealogies. *TDR*, 45(1), 86.

Merrion, M. (2009). A prophecy for the arts in education. *Change*, 41(5), 16.

Russell, J. (2014). On Elite campuses, an arts race. *New York Times*.

| 第 28 章 |

中心正在践行的创业思维与行动®：一个有关百森商学院刘易斯研究所课程设计、书籍创作和不断探索的故事

雪莉·凯泽（Cheryl Kiser）和珍妮尔·舒伯特（J. Janelle Shubert）

这是一个故事，讲的是作为教育者、从业者和学生，我们如何将创业思维与行动®作为指南针，指引我们围绕知识概念、教学和学习的过程，以及学院和大学中心扮演的角色进行真正的创新。像所有美好的故事一样，这个故事里也有丰富多彩的人物、高潮迭起的场景和一个美好的结局。除了《时间》（*Time*）和《热心无知》（Enthusiastic but Untentional Ignorance），故事里没有真正的反派，虽然有很多个男女主角。

按讲述故事的传统，它是一次冒险、一场探险、一趟旅程、一次寻宝，一切都始于2011年，现在仍在进行中。为了便于理解，我们使用百森的创业思维与行动®的关键要素来描述这个故事，以说明我们在第一年的行动，在第二年的实验和修订，以及我们对未来的研究和规划。

在开始之前，我们想提供一个非常透明的免责声明：现实是我们的旅程从来没有这么轻松！我们一开始按图索骥，结果迷失了方向，也经历了一些困惑。徘徊过后，我们发现了新的路径。我们寻求向导，遇到了指明新方向的同行者；有些干脆加入了我们的队伍，组成了一个远征部落。我们开辟了路线和导航图，在行进的路上又放弃了原有的路线和规划。最后，我们在地平线上看到了一个地方，是一个我们出发时无论如何也不会想到的地方。只有当我们往回看时，才能完全体会到我们的旅程和冒险是如何与创业思维与行动®紧密联系在一起，这是百森成就领导力教育的基石。

第 28 章　中心正在践行的创业思维与行动®：一个有关百森商学院刘易斯研究所课程设计、书籍创作和不断探索的故事

在接下来的"章节"中，我们邀请您不要只是单纯地阅读和欣赏一个好故事，而是加入我们，并在下一阶段的征程中共同前行。欢迎各位探险家！

28.1　一个足以让我们开始的欲望（2011 年）

这么说吧，机会并不是"在一个黑暗的风雨交加的夜晚"出现的，事实上，那是在 2011 年春天，一个人们热切期待的温和日子。百森商学院 MBA 课程当时的院长找到了刘易斯研究所（Lewis Institute）的执行主任雪莉·凯泽（Cheryl Kiser），商量创建一门专门针对 MBA 学生的战略领导力的实验性选修课。那次谈话刚开始，这位院长就接受了其他机构的一个职位，他建议简·舒伯特（Jan Shubert，时任女性创业领导力中心的执行董事和 MBA 核心课程"百森咨询联盟计划"的联席主席）加入雪莉的这个实验选修课。我们立刻热情地同意了。

在我们的第一次对话中，双方很快意识到，虽然我们两个都有强烈的再次合作的愿望（我们已经在一起做过其他项目和计划），来创建一个有关领导力的实验选修课，但真正点燃我们激情的却是当时我们提出的一个相当简单的问题："世界需要怎样的领导力来促进社会价值的创造？"我们并不是没有看到这种领导力的"战略意义"，我们的确看到了。但是，即便在早期集思广益的阶段，我们发现萦绕在我们脑海里的领导力还是我们内心所珍视的那种，而且我们发现这种领导力与百森商学院和刘易斯学院的使命、价值观和资源正在以一种新的和令人兴奋的方式紧密结合在一起。

我们的下一个发现是我们都被称为"行动学习"和"生活案例"的教学力量所吸引，并强烈地感受到这种力量。（总的来说，百森商学院的研究生课程支持广泛且丰富的课程和项目，并在体验式学习办公室的监督下开展。）我们希望学生在课堂上不要只阅读或"讨论"领导力。我们希望他们看到、听到并且能够真正地以实质性的方式与真正的领导者交流，从真正的公司的真实的、实质性的、内容繁杂的问题出发。同样，我们希望这些公司的代表，尽管已经是公认的创造社会价值的领导者，能以共同创造的学习精神加入这个班级，不仅愿意分享他们和组织所做过的（以及正在做的）事情，还要讲如何去解决这些复杂的问题。他们曾经面临过，或正在面临，或预测未来会面临怎样的领导机会和挑战？他们"作为领导者的日子"看起来和感觉如何？而且，最重要的是，他们想要或需要从学生那里听到和学到什么？

说实话，在这一点上，我们的"有趣的想法"看起来像一个混搭的"演员工作室"，一个实践的学习实验室，一个研究生研讨会和一系列充满活力的面对面谈话，以被打断、插话、挑战和笑声结束。我们现在要做的就是把这个变成一种包含学分的东西，并在完成百森 MBA 课程时计入学分。所以我们在页眉处写了"引领社会价值：进入最高管理层"，然后就开始运行了。

28.2　从手中的资源或我们知道什么和认识谁，以及"可承担的损失"入手（2011 年）

2011 年的夏天，我们上演了第一个伪反派短片《时间》。我们将在同年 10 月下旬为

MBA 学生推出这个时长为半学期的实验选修课（为期 7 周，每周 3 小时）。因为准备时间非常短，所以我们无法奢求能气定神闲地用几经推敲的"学术"方法来设计课程。研究生课程办公室不断地（以尽可能婉转的方式）要求我们提供课程描述，我们也知道需要尽快向我们计划拍摄的日程繁忙的高管们发出邀请。因此，像所有优秀的创业思维与行动®的践行者一样，我们深吸了一口气，从我们所拥有的资源开始：我们知道什么？我们认识谁？如何在这个旅程中招募他人？我们能够"承担得起的损失"是什么——做这件事有怎样的风险？

雪莉带来了宝贵的资源，包括一大盒名片以及一些公司深厚的关系。这些公司在创造社会价值的路上已经走了很远，早就超越了企业社会责任的范畴（雪莉喜欢称其为"企业社会相关性"）。作为波士顿学院企业公民中心的前任董事总经理，雪梨也一直在这个领域的最前沿创造着基础知识；她不仅"看到"，还积极地创造了我们想要遵循的智力发展路线图。虽然简在这个领域认识的人没有那么多，但她也有几十年与企业界高管建立关系的经验，并拥有 30 多年在行动学习环境和创造"真实案例"中设计和教学的学术和专业经验。

在某些情况下，在创业思维与行动®过程中，"你知道的事"和"你认识的人"是相互关联但又非常独立的元素。对我们来说，这些是高度相互依存并最终相辅相成的。我们所知道的东西将我们与认识的人联系起来，他们知道我们所不知道的事情，认识我们所不认识的人。"事（什么）"和"人（谁）"迅速变成一个"认知的良性循环"，既令人兴奋又富有成效，（再次坦率地说）但有时也会特别复杂。

但是除了这些不可忽视的"手中的资源"之外，为我们正在践行的创业思维与行动®铺垫了最坚实基础的是百森商学院的环境，以及将刘易斯研究所作为我们的支持平台。当我们开始这段旅程时，刘易斯研究所刚成立了两年，但是它已经在百森商学院的创新领域取得了令人瞩目的成绩，并启动了声势浩大、雄心勃勃和鼓舞人心的对外计划。学校方面，几十年来，百森商学院都有一个正式和非正式的传统，在课堂里做出"尝试"（实验选修课只是其中一个），这就允许小规模的"用户测试"（半学期选修），然后可以通过各种方式发展成为"正规"课程。

正如在本书的其他部分所描述的那样，学校也有着鼓励和支持学科渗透和跨校园合作的悠久传统。这让刘易斯研究所（一个非学术中心）不只是获得"许可"，而且是很容易可以在研究生管理部门的学术保障下，顺利带头提出一个课程。当然，这对百森商学院来说没有伤害。总的来说，百森商学院这个地方到处都是在各自的研究、教学、实践中践行创业思维与行动®的人，他们绝对可以（并已经）在各个层次和关键环节提供建议、支持、灵感和院际参与。

这种环境也帮助我们理解了什么是我们"承担得起的损失"——我们可以冒什么样的风险。首先，我们拥有刘易斯研究所以及百森商学院的召集力，这是我们可以利用的资源。我们的学生团体都充分掌握了创业思维与行动®基本原理。我们有一个校级使命，要教

第28章 中心正在践行的创业思维与行动®：一个有关百森商学院刘易斯研究所课程设计、书籍创作和不断探索的故事

育"……能够在各个地方创造巨大经济和社会价值的创业领袖。"

即使在我们最热情和最乐观的初期阶段，虽然我们知道"失败"在某种程度上可能是不可避免的，但我们也知道，除非违反法律或道德，设计或交付课程的"失败"会被容忍，视作为"实验"和"学习"的过程，学校会鼓励——甚至期待——我们从中学习，然后再次尝试。这就是百森商学院。

28.3 行动——2011年课程启动

如果你是那22名学生之一，参加了第一次课程的学习，或者是来自2011年秋季我们所邀请的6所机构的最高管理层客人，那么您所使用的大纲的简易版就在附录28A中。附录28B是我们在2011年课程迭代中包含的企业高管名单。

除非你也在设计一个明确关注社会价值创造的课程，否则我们希望此概述的细节有趣且有益，但不是必须的。相反，倒是设计过程的"大局"观，对我们具有（并将继续具有）重要意义，我们也希望你们持续探索创业教育。

对我们来说，这意味着不断设计和重新设计教学法（我们将如何教，谁是"学生"，以及他们如何学习），扩大和深化内容的范围（社会价值创造和"领导力"的定义在不断演变），以及面对知识传播的前景的变化（同样快速增长的对来自不断扩大的利益相关者的信息的渴求）。但也许对我们这段历程最重要的，是对如何与环境相匹配和利用环境的力量有了更细微的理解——就我们的情况而言，这指的是刘易斯研究所和百森商学院。

28.4 行动、学习、重复、在我们认识什么（和谁）的基础上——2012年的重新设计

2011年实验选修课的成果令人满意。它得到了学生们非常有力和积极的评价与反馈、来自高管的热情支持以及来自其他利益相关方（内部和外部）的问题和参与。我们也与出版社签约，将我们最初设想的只是为百森商学院学生编写的学生手册改编成一本书。

学生、教师和学院也从中获得了意料之外的附加值（虽然在百森商学院的环境中，这种情况完全可以理解）。那些参与课程的机构管理人员也来了兴致，对有机会与百森商学院打交道而兴奋不已。他们迅速开始通过一系列更广泛的活动成为合作伙伴，包括刘易斯研究所支持的项目，应用于课程体系中的广泛案例（在百森商学院之外），并签约成为MBA核心课程（百森咨询联盟计划）的机构合作伙伴。所有这一切，都为学生创造了实习甚至是就业的途径。

2012年，第二次实验选修课招收了25名学生。基于2011年的成功，我们将课程名称更改为"社会价值创造问题"，并稍稍修改了合作伙伴组织名册（见附录28B）。最终，我

们在教学上几乎没有什么改变，除了说明学生的作业（单独和团队的"可交付成果"）将按合约收录于"书"中。

然而，在 2012 年，为了争取利益相关者的认可和支持，我们对教学的内容进行了多次补充和修改，包括更加重视领导力的特征和沟通的力量（明确点说，就是"叙事"）。回过头来看，我们可以看到，虽然我们仍然受到每次课 3 小时，共 7 次课的约束，而且仍然需要交付基本相同的学生成果，我们还是极度热情地延展了主题内容，这源自课堂上的讨论、与学术界和企业界同事以及潜在合作者的互动。说每次 3 个小时的课是"活动密集型"，那只能算是轻描淡写！

28.5 行动、学习、再学习、重复——前进的方向

那么，之后发生了什么？好消息是，尽管有时发展速度极快并需要紧急调整，2012 年的迭代还是非常"成功的"——学生评价很好，企业参与度和热情都很高。在课程结束后的一年，书籍完成并发行《创造社会价值：领导者与变革指南》，（*Creating Social Value: Leaders and Charge*）。它一经发行，立刻售罄，并被 Ashoka 和 Net Impact 等组织采用，获得奖项提名。

我们还获得了学院和研究生院的批准，从 2015 年秋季学期开始，社会价值创造作为常规的集中选修课（Intensive Electives）[⊖]向学生开放（关于集中选修课建议的概述见附录 C）。我们相信，这个新的授课安排将与我们的愿望更为一致，即提高这个领域的思想领导力，更全面地整合合作伙伴与百森商学院学生和教职人员，构建一个更加强大的实践体验式学习平台。

我们的课程已经有 40 多个"校友"、10 多个企业合作伙伴、1 个充满活力的"合作者"以及不断扩大的读者群，我们现在还拥有一个更大的"部落"以及一个更大、更多样化的平台。在许多方面，我们所取得的成功是无论如何也没有想到的。然而，在其他方面，也可以说我们"失败了"。幸运的是，在百森商学院，对"失败"的解释是这样的：我们采取行动、实验、学习。这也意味着我们可以（并将）在支持和鼓励下继续学习和行动。

28.6 怀揣强烈的意愿，利用手中的资源重头再来

2011 年，我们带着共同的激情，从我们所知道的东西及我们所认识的人开始我们的工作。这正是我们现在所思考和规划的。2015 年推出一门集中选修课。我们现在所知道的（我们旅程中的"太棒了"的瞬间）对学术思想领导力和教学肯定有着多种含义，但也许最

⊖ 集中选修课（Intensive Electives）是百森商学院提供的 1.5 学分的选修课，通常是在星期五晚上和星期六、星期日进行。

第 28 章　中心正在践行的创业思维与行动®：一个有关百森商学院刘易斯研究所课程设计、书籍创作和不断探索的故事

重要的、有些令人尴尬的后知后觉是，思想领导力和教育学可以而且应该通过对所处运营环境更有意识、更深思熟虑的认识，并与运营环境协调一致，而得到显著提高。我们过去和现在都是在一个可以想象得到的最灵活的、富饶的教育实验室里思考、设计、教学和学习。当我们为下一阶段的旅程重新设置我们的指南时，我们将聚焦在五个广泛且具有挑战性的"前进的要点"。这五个要点中的每一个都代表了对我们已经开始构思，我们对社会价值创造的激动人心的思想领导力机会的思考和认可。这五个要点中的每一个也都可以作为一个创业思维与行动®指南，不仅指导我们现在的教学，还提醒我们更有意识地将教什么、教谁、如何教以及在什么背景下教这些不可分割的变量编织在一起。

前进要点一：社会价值的创造是一个新兴的、不断发展的、已经变得非常活跃的知识探索领域。

我们以共同的激情和兴趣为最初的起点，创造出一门课程，进而编成了一本书。但当我们从一个非常不同的切入点重新开始这段旅程时，我们知道这次不仅仅是一门课程或一本书。概念、思想领导力的影响和机会令人沉醉！我们承认，在探索和创造知识新路径方面，我们已经有了一定的经验。我们也完全同意，这个新的起点有必要更加深思熟虑和有意识地利用刘易斯研究所和百森商学院的召集力，总体上鼓励和支持我们的同事的跨学科活动、学术研究和跨行业的"最佳实践"共享。

展望未来，我们希望扩大和加强与百森商学院其他中心（例如布兰克创业中心、卡特勒投资与金融中心、百森高管教育中心和女性创业领导力中心）同事的积极合作。我们希望创造更多相互协作和互惠互利的合作机会（例如大会、专题讨论会、工作坊和案例撰写），展示各种创造社会价值的案例。

前进要点二：社会价值是共同创造的

这与先前的"总结"一致，但重点更突出，还有所扩展。我们的旅程是一个例子，我们强调教"什么"和写"什么"，甚至"我们如何教"。在创建课程和书籍的过程中，我们亲身了解到（真正学习到的），我们展示和研究的公司都不是在真空中创造社会价值的。在每一个例子中，解锁社会价值是公司领导层、利益相关者和更广泛的社会范畴的复杂力量共同创造的过程。我们了解到，公司，无论是营利性的还是非营利性的，无论是大的还是小的，都是通过充分考虑其动议对经济、环境和社会方面的影响而创造了可持续的社会价值。我们还了解到，关于这个主题的一门课程、一本书、一个研讨会、一次对话也应该尽可能地反映这种共同创造和整合。

除了上述的启发外，我们还希望通过以下方式在 2015 年的选修课中反映这种现实：①与百森商学院不同学科的同事围绕其研究兴趣进行更多的前期设计的合作；②构建课程，使我们的嘉宾/合作伙伴组织有机会花充足的、有意义的时间，与我们的学生共同创

造，真正合作，以找到棘手问题的解决方案；③使用同样的结构为我们的嘉宾/合作伙伴创造更多机会让他们在百森与其他人一起工作，分享"最佳实践"，相互学习，共同创造"学习型社区"。

前进要点三：社会价值创造的成功取决于可访问性和设计良好的基础设施。

在两年的课程设计和教学以及收集和整理书籍信息的过程中，我们看到了无数个组织曾经产生过的但最终被放弃了的有关社会价值创造的想法。通常，这些被遗弃的试点或项目是组织没有发现、使用或创建基础设施来支持它们导致的结果；也就是说，领导力、广泛的人才基础、财政资源，或嵌入和传播思想的过程都缺失了。有时，失败是由于该想法没有与公司的使命、整体业务战略及其价值观有着清楚且明确的联系的结果。有时候，创意或想法因为需要参与进来的那些人缺乏"自主权"而变得暗淡或失败。

展望未来，我们希望加强我们自己的基础设施建设，并为创意、最佳实践、持续实验和学习创造更强大的可访问性和自主权。一个令人尴尬的事实是，在我们提供的这两次成功课程中，虽然我们在课堂上度过了愉快的时光，效果很好，但知道这件事的同事或校外的合作者太少了！

在上一节中，我们勾画了一些前进计划，以加强内部合作和修改课程本身的结构，但我们希望通过更积极主动的沟通，更好地与百森商学院内部的同事和合作者以及百森商学院外部的人员分享课程的内容以及与世界级领导者接触的途径来增强我们自己的基础设施建设并且增强可访问性。我们还希望包含"范围蔓延"，正如我们从几个组织合作伙伴那里了解到，这样会不可挽回地破坏基础设施，混淆理解，从而影响可访问性。在我们的这两次课程的实施中，社会价值创造的大的知识图景和时间受限的课程主题跨度太大，往往令人绝望地模糊和混淆。我们的经验告诉我们，作为知识探索和研究，以及与组织合作的实时学习和创新的主题，社会价值创造几乎没有边界，拥有无限的潜力。百森商学院和刘易斯研究所内的基础设施完全适合增强这一范围和潜力。另一方面，同样的经验告诉我们，基础设施非常重要，课程中涉及的主题和问题将始终受到课程开课的周数和课程中每个课程的小时数的限制。坦率地讲，我们现在设计的密集体验式学习课程的基础设施不能也不应该支持更广泛的知识学科的无限延伸。我们希望做出明智的选择。

前进要点四：社会价值的创造需要重新定义"领导力"，以及领导力教育和发展的新模式。

随着时间的推移，在课程经过两次迭代的过程中，我们和学生在倾听作为社会价值创造的领导者描述他们的角色和责任的时候，都很着迷。可以肯定的是，这些领导者的领导力中有一些元素带有"真实的领导力""变革型领导力""创新"和"变革管理"等理论标志。几乎所有的故事中都有"深厚的专业特长"和"成功的业绩纪录"的主题。

第 28 章　中心正在践行的创业思维与行动®：一个有关百森商学院刘易斯研究所课程设计、书籍创作和不断探索的故事

但是，最终能引起学生和领导者之间产生共鸣，是社会价值创造的"领导力"，其核心是如何使一个创业者能从根本上了解并使用创业思维与行动®。所以，向前迈进，我们渴望创造出一种学习方式帮助学生和领导者发现，如何通过行动而发展出一种新的思维模式，而不是思考出一种新的行为方式。我们渴望设计的不仅仅是一门以社会价值创造为中心的课程，还是一个让企业成为创业者组织内部活生生的实验室的课程。我们渴望的不仅仅是创造有时限的课程，还是创建一个由利益相关者和解决问题者组成的充满活力的社区。最后，向前迈进，我们期望创造一个学习环境，让学生有更多的机会，更多的激励，更多的回报，让他们将创业思维一直推进到领导创业行动。

前进要点五：社会价值创造需要一种较强的叙事能力，甚至是一种新的语言。

在聆听我们的合作伙伴描述他们如何努力寻找合适的方式来讲述他们创造社会价值的故事的两年中，并且在我们花费了无数小时"转录和翻译"这些故事收录书中之后，我们发现了两个关键的事情。第一个关键是，我们发现了引人入胜的故事的强大力量，它能够让人感同身受。众多领导者分享了创建信息过程中令人难以理解的挑战，包括创建在组织内部引起共鸣并与核心业务保持一致的信息，以及在组织内部的多个、复杂且往往不可能协调的利益相关者之间，组织与客户、供应商、社区，甚至竞争对手之间，以及偶尔在全球范围内创建具有相关性和共鸣的信息。第二个关键是讲好我们自己故事的重要性，有关我们正在探索的知识领域，我们用来促进在该领域中学习的教学法，以及不断扩大的基础设施——合作伙伴的"部落"，包括同在这段旅程中的伙伴、同事、学习者和合作者。

我们在这里所讲的故事就开始。我们想要保持故事的活力和生命力，包括①保持对这个领域中正在使用的快速变化的语言和正在发展的"情节"（知识路径）的开放和好奇；②培养我们与现有角色（我们的学术和机构伙伴）的关系，同时继续"试镜"更多的角色，并为他们出现的新故事提供场所；③扩展"叙事模板"，包括在跨学科研究中与同事进行更深入的合作；④通过为学生创造更多的发声机会来激发和丰富故事内容。

28.7　去做吧

在社会价值创造这门选修课的两次实验中，学生们要么在第一次上课时轻松地走进教室，对"做好事的"和战胜资本主义的贪婪抱有天真乐观的态度；要么相反地，悄悄溜进教室，心里对努力保持怀疑态度，认为他们所看到的所谓创造社会价值只不过是"粉饰"或"水中花，镜中月"。在七周的时间里，他们的知识得到了扩展，他们的观点也有很大的波动，有时甚至在一次三个小时的课里，就能明显地体现出来。根据他们的书面作业和课程反馈，他们当中的许多人随后为刘易斯研究所创建的博客，以及我们与他们进行的对话，我们了解到，他们中的大多数人在结课后走出教室的那个晚上，非常清楚地明白自己

从合作组织的领导者身上学到的东西的复杂性，同时，他们被组织、社区以及他们自己作为未来的领导者的可能性所鼓舞。

让百森商学院的 MBA 学生与世界上这个领域的主要参与者一起应对围绕社会价值创造的一些重大的、难以想象的复杂和纠结的问题，给了学生和领导者机会反思和检测自己的关于社会价值创造的知识和信念、他们的好奇心和探索能力，以及他们在这个领域的领导力优势和抱负。在我们作为学者和实践者的旅程中，我们开始认识到，社会价值创造超越了慈善事业，并坚信其在最强劲的情况下，超越了三重底线。一路上，我们以深刻和令人信服的方式认识到，创造社会价值对企业是至关重要的——推动着组织内部和外部的创新。成功时，它将社会困境与商业模式相结合，创造新的市场机会。它就像熔炉，锻造出新的领导品牌。

如前所述，百森商学院的"业务"是教育出"……在各个领域创造巨大经济和社会价值的创业领袖"。当它成功时，它也是关于"协调一致"的，将社会问题与组织能力相结合以拉动创新，无论是在学院内部还是在外部世界。它创造了新的"知识市场机会"和真正的专业机会。这是一个强大的熔炉，锻造未来强大的领导者。

我们使用创业思维与行动®开设一门课程然后出了一本书，实验和学习以及重新设计和重新创造的故事，也是一个关于"商业"要素中协调和平衡的故事。这是一个与我们正在探索的社会价值创造的基本面保持一致的故事。这是一个反映我们希望更好地理解组织领导问题现实的故事。这（尽管有时不如我们想象的那样成功）同样是一个反映我们教学生的创业思维与行动®"路径"，帮助他们准备好在百森商学院以外的世界加以应用的故事。

但是，归根结底，我们讲的是一个非常独特的运营环境的故事——刘易斯研究所和百森商学院。它允许我们去尝试，鼓励我们，尽量为我们清除障碍，为我们提供资源，让我们"尽管去做"。正是因为如此，我们做了，而且还会继续做下去。

参考文献 ▶

Kiser, C., Leipziger, D., & Shubert, J. J. (2014). *Creating social value: A guide for leaders and change makers*. Sheffield: Greenleaf Publishing Limited.

第28章 中心正在践行的创业思维与行动®：一个有关百森商学院刘易斯研究所课程设计、书籍创作和不断探索的故事

附录28A 2011年"引领社会价值：最高管理层内部"大纲

学习目标

- 获得对现代组织创造社会和经济价值的多种方式的广泛且深刻的理解。
- 展示识别和评估（定性和定量）一个组织"事做好"和"做好事"的能力。
- 评估建立驱动和影响社会价值创造的领导力所需的技能和能力。
- 创建一个资源组合，可以指导组织内部社会价值创造的过程，包括如何协调、整合、衡量和传达社会价值创造。

过程和成果概述

每周，课程都会请来一位企业高管作为嘉宾，嘉宾主要来自私企，其中许多人也有在非营利组织或初创企业的工作经验，他们中的大多数有政治/政府间机构和建立跨部门联盟的丰富纪录。

每个高管嘉宾将提交两三个他们想和同学们进行深入讨论的有关领导力的挑战或机会，并分享他们公司的最佳实践方法和发展强大领导力的思路。

每个星期的课都会：

- 由指定的"牵头小组"指导，该小组将对行业和公司进行高水平的简报分析，介绍高管嘉宾及其背景或经验，并负责主持会议。
- 将团队和个人的准备及贡献相结合，使课堂气氛活跃、讨论激烈，促进学习。
- 通过对高管嘉宾的详细研究和发人深省的问题，为课堂做出个人贡献。
- 以个人和团队为单位，完成最终项目报告。

评价要求

- 牵头小组要负责介绍高管嘉宾、主持讨论、准备2~3页的高水平行业和组织分析，最晚应在课程开始48小时之前发布到Blackboard课程网页上，以便全班都能为讨论内容做好准备。牵头小组将被要求审查这些，课后酌情修订，并将这些分析纳入最终项目报告。
- 每人每周要提交3~5个他们希望与高管嘉宾进行讨论的问题。这些问题应该集中在领导力的机会上，必须在每次课程开始前的24小时提交，并张贴到Blackboard课程网站。牵头小组将有权选择提出的问题。（10%）
- 每人每周需准备一份书面的备忘录（最多一页）给高管嘉宾，内容是从讨论中产生的意见和建议。这些将由指导教师审查，如果需要修改，学生修改完成后将电子版

转发给嘉宾。这些备忘录要在与嘉宾交流后的一周内完成。（15%）
- 个人出勤包括按时上课和积极参与，充分参与每个活动、对话、探索和辩论。每个人都要促进同学和嘉宾的参与和学习，讨论问题和分歧具有专业标准，缺席或不能在截止日期完成作业时，要通知教师和他们的同学。（25%）
- 最后的项目要求学生与他们的团队进行合作，并以个人身份为名为《百森学生探索当今世界企业领导力》的出版物提供第一期内容。这将是一份书面报告，汇集了来自每次课的主题、高层嘉宾的观点、商业机会的重点分析和一系列针对企业、学生和教育工作者的建议。（30%）

附录28B 合作伙伴组织和商业领袖名单（组织名称按字母顺序排列）

2011年的课程和书籍

Jon Carson，CEO，BiddingForGood

2011年和2012年的课程和书籍

Dave Stangis，Vice President - Public Affairs & Corporate Responsibility at Campbell Soup Company；President，Campbell Soup Foundation，Campbell Soup Company

2011年的课程

Deborah Holmes，Americas Director，Corporate Responsibility，Ernst & Young

2011年和2012年的课程和书籍

John Viera，Global Director of Sustainability，Ford Motor Company

David Berdish，Executive-in-Residence at Virginia Commonwealth University，formerly Social Responsibility，Ford Motor Company

书籍

Mike Brady，CEO，Greyston Bakery

Ariel Hauptman，Director of Business Development & Benefit Corp Chair，Greyston Bakery

2012年的课程和书籍

Kevin Thompson，Director of Marketing–IBM Commerce，Mobile and Social for North America，IBM

书籍

Eric Hudson，Founder & CEO，Preserve

2011年和2012年的课程和书籍

Shainoor Khoja，Managing Director at Better Business Enterprise Ltd as well as Managing Director，Roshan Community，Roshan

第 28 章　中心正在践行的创业思维与行动®：一个有关百森商学院刘易斯研究所课程设计、书籍创作和不断探索的故事

2012 年的课程和书籍

Rachel Weeks，Founder and CEO，School House

2011 年的课程

Holly Fowler，Senior Director，Sustainability & CSR，Sodexo

2012 年的课程和书籍

Shawn Grensch，Co-Founder and CEO at iAMroyalist Inc.，formerly，SVP Marketing，Target

Nate Garvis，Founder of Naked Civics，formerly of Target

2012 年的课程和书籍

Lynnette McIntire，Director，sustainability，UPS

2011 年和 2012 年的课程和书籍

Rose Stuckey Kirk，President，Verizon foundation，Verizon

Kathy Brown，President and CEO，The Internet Society. Formerly，Senior Executive Verizon

Chris Lloyd，Executive Director _ Public Policy and Corporate Responsibility，Verizon

附录 28C　2015 年 "引领社会价值创造" 集中选修课大纲

2015 年秋季学期

两个为期两天半的课程（周五晚上至周日晚上）。计划早餐、午餐和晚餐活动将邀请百森商学院的同事和合作者参加，因为他们的研究和项目倡议与合作伙伴的行业和挑战相关。

第 1 周：

周五晚上：

- 概述/介绍课程、社会价值创造的领域以及要探索的教学框架。作为学生与创业思维与行动®的践行者，大家也要做自我介绍。

周六：

- 与来自三个合作伙伴组织的高管/领导进行互动。合作伙伴将与学生分享他们的故事，参与有关他们所面临的领导力挑战的直接对话，并为学生提供实时"案例"以帮助他们解决问题。

周日：

- 学生团队（在教师协助下）将以"设计思维工作室"的形式与合作伙伴组织的客户接洽，为合作组织提供真正可行的选择和机会，以应对创造社会价值的挑战。

第 2 周：

周五晚上：
- 复习和反思第 1 周的内容以及领导力发展的个人期望。

周六：
- 与来自三个合作组织的高管/领导进行互动。形式同第 1 周。

周日：
- 学生团队、合作机构和学院辅导员，形式同第 1 周。

第29章
女性创业领导力中心：商学院校园内外性别启蒙的创建

苏珊·杜菲（Susan Duffy）、马乔里·费尔德（Marjorie Feld）和南·朗格威兹（Nan Langowitz）

29.1 想象和创造一种可能

> 我的创意如花一样绽放……
>
> ——摘自女性申请人给百森商学院的信（1999年）

1999年秋天，一个特别工作组为了一个简单的问题聚集在一起：百森商学院能为女性做什么？这个问题是由院长提出来的，是因为认识到尽管百森商学院接收女性学生已经超过30年，虽然在校园里看到女学生、女教师和女员工已经习以为常，但事实上当我们与同类本科和研究生水平的竞争院校相比时，在女性学生人数方面我们还处于劣势。于是学院迅速决定创建一个针对女性领导者的奖学金，并为受助者创建了一个女性领导力项目。但长期的解决方案并不清晰，后来就成立了被称为女性领导力指导委员会（Women's Leadership Steering Committee，WLSC）的工作组。由大约40个人组成的工作组分头去寻求一些可能的解决方案：百森商学院能为女性做什么？当各个分支委员会重新集合，分享发现时，就产生了建立一个中心的想法。然后，正如现在，我们知道自己正在持续创新和发展的旅程中行进。WLSC的报告里这样写道：

> 尽管许多问题仍然没有答案，但我们知道，吸引学生的本质在于教育环境。拟建该中心是将使百森商学院成为创造教育环境的领导者，该环境有意为女性在商业世界的成功做准备……我们坚信，通过在百森商学院特意为女性创建一个这样的项目，我们将会吸引来

更多的女性，并增加她们成功的可能。我们也相信，这样一个项目能丰富所有人的教育环境，包括女性和男性。就像新的角度可能会创造新的知识和理解力一样。通过有意关注女性在商业、创业和相关的生活追求方面的进步，百森商学院可以在教育管理和实践中一个至关重要的问题上——怎样更充分地利用女性的才能，发挥其领导作用。

WLSC 注意到最近出版的《认真对待女性》(Taking Women Seriously, Tidball, Tidball, Smith 和 Wolf-Wendel, 1998)一书中明确了女子学院成功的因素，这些因素可能转移到男女同校的环境中。其中有一个概念，就是有一个可以听到并尊重女性声音的地方，这个地方以关注女性问题为中心，而不是将女性问题边缘化，具有积极的同伴群体和对发展的支持，树立教师和工作人员中的女性榜样，并对学生的梦想和成就寄予很高的期望。这些成为工作组为中心以及创建一个性别开明的校园社区设想的主要影响领域。虽然女权主义学者最近认为，性别差异的研究者需要"考虑组织作为培养社会文化背景的载体，如何塑造这些差异"等问题（Ely 和 Padavic, 2007），但百森商学院近 15 年来一直致力于通过中心的建设来重塑校园环境。

本章着重阐述了后来被称为百森商学院女性创业领导力中心的关键发展节点。旅途中有曲折，也有教训。我们希望有关旅程的故事和教训的分享对那些寻求改变其机构教育背景的人具有指导意义。

29.2　从手中的资源开始：行动、学习、建设

每一个创业尝试都始于一个抱负，并需要从一系列手头所拥有的资源开始行动。WLSC 的报告提出了使我们能够建立一个强大中心的明确愿望和一系列可能的活动。我们早期的重点是改变校园里的性别构成。我们希望提高学生中女性的数量，在校园活动中多请女性嘉宾来给学生们做讲座，在教职员工中多树立女性模范榜样。该中心的早期活动集中于招生、活动和研究，这些活动将突出女性在商业和创业方面的成功和进步。女性领导力项目是在每年入学时为一些选拔出来的女性本科生和研究生创建的。该项目包括提供奖学金给予经济支持以及提供有关领导力发展的辅助课程。我们的导师计划很快便成为女性领导力计划的核心。在这个计划中，每个女学生跟随一名成功的女性导师，后者通常是校友或学院的友人。项目随着时间的推移不断发展，但仍然是为女生提供的重要服务，现在发展成面向整个校园的项目了。此外，女性领导力项目还计划举办一系列活动：利用现有项目，例如百森创业俱乐部每年举办的"女性创业"(Women Building Business)或商界女研究生年度"商界女性"(Women in Business)会议；其他新开发的项目是为了扩大影响范围，提高女性企业领导人在商业领域的知名度。虽然有关项目的制定和共同发起的策略已经展开，但是这种强大的项目组合还在不断塑造今天的校园环境。除了这些组合活动，有关女性在商业和创业中的作用和影响的研究也越来越多。这项工作是由百森商学院的教师进行的，有时也与外部组织合作，这种方式让寻求职业发展的女性看到机会和挑战。

这些早期行动为建立和深化中心的工作提供了强有力的平台，对改变校园性别构成的关注产生了重要的效果。百森商学院本科中的女性人数从 1999 年的仅占 34%增长到 2014 年接近男女比例平衡。同样，在同一时期内，女性 MBA 研究生人数从 24%增长到 34%。在百森商学院的课堂上女教师作为学生榜样的比例越来越大。2014 年，全职教师中的女性占到 36%，而 2000 年这一比例约为 25%。女性教职工的组成也发生了变化。2000 年，百森商学院女性教师占主导地位的学科是通识学科，而现在商学院的女教师占到了 32%，这明显高于《彭博商业周刊》(Choi，2014) 报道的顶尖 MBA 商学院中的 21.4%的女性比例。（在过去 10 年中，AACSB 认证学校的全职教师的平均女性比例一直在上升，从 2002 年的 20.8%上升到了 2009 年的 25.3%。见 Barber 和 Palmer，2009。）

校园氛围也发生了变化，对比中心成立时每年举办的少数"……中的女性"活动，现在每周都将举办以女性领导者和榜样为主题的活动。虽然仍然需要注意确保女性作为课堂嘉宾、活动小组和学生主办的会议的演讲者，但是公平地说，女性展开对话不再像以前一样如战斗般艰难。专注于女性和性别问题的研究活动也蓬勃发展。该中心从一开始就受益于校园中至少有十多名研究人员的参与，他们对商业中的女性以及社会和组织中的性别问题有浓厚兴趣。在该中心成立的第一个 10 年中，这个教师团队的学者增加到 21 名，他们的工作款项来源于内部资助的 19 个夏季津贴、6 个课程发布、2 个主要研究奖和 2 个外部赠款。因此，中心出版了 13 份研究报告，举办了 8 次研究型专题讨论会；此外，个别教师还出版发表了许多文章、出版了一些书籍。

为了展示中心及其相关活动和研究，我们建立了一个专门的网站，这有助于使这项学术工作被校内外所了解。此外，中心开展了重要的外联工作，与外部组织合作，并欢迎各方参与活动。这些合作扩大了百森商学院作为商业和创业中的女性研究和专业知识来源的地位和影响力。通过该中心的倡议，百森商学院成了福特基金会（Forte Foundation）[1]的创始学校，成为 Springboard Enterprises[2]的支持者（承办他们的一些工作坊和风险资本论坛）；与波士顿联邦储备银行 Federal Reserve Bank of Boston 合作，传播和讨论女性创业观察项目（GEM Women）数据；与美国联邦研究所（The Commonwealth Institute）合作，研究和传播关于女性 CEO 的研究成果；与美国女性商业研究中心（Center for Women's Business Research）合作举办关于女性企业家的研讨会；并与安永公司（EY）一起开展"成功创业女性"项目。到第一个 10 年结束时，中心已与超过 31 家组织合作，丰富了与志同道合的机构之间的联系，并增强了其影响宏观就业环境的能力。

《商业道德》杂志（Ibeh，Carter，Poff 和 Hamill，2008）发表的一项研究表明，可以通过一些维度来评估研究生商学院的女性教育，诸如女性所占百分比、该机构是否设有中心、提供的教育类型、提供助学金或奖学金的情况、外部合作伙伴关系，以及事件和活动。在第一个 10 年中，我们中心在这些方面均取得了较高的成绩。

---

[1] 福特基金会（Forte Foundation）是一个专注于女性领导力提升的非营利组织。
[2] Springboard Enterprises 是一个致力于通过获得基本资源和全球专家社区来加速由女性领导的创业公司发展的非营利性组织。

29.3　机构支持的经验教训

正如在关于女性企业网络的学术研究（Donnellon 和 Langowitz，2009）中所看到的那样，在组织环境下赋予女性权力的一个关键因素是高层领导对资源的持续投入和对活动的赞助。在中心第一个十年结束时，面对的主要挑战是资源的限制以及机构内部的战略问题。曾经处于领先地位的项目需要更新和重新构思。预算和人员编制都被缩减了，这也带来了执行中心使命的挑战。在 2008—2009 年经济衰退之后，机构领导层的改变也使得学院的战略愿景进行了更新。该中心受到审查，教务长要求对其进展、定位和潜力进行审查。学校成立了一个新的工作组，花了半年的时间对中心进行评估并提出建议。这个"2020 年工作组"得出结论，中心需要"重新聚焦和重新投资，它已经面临资源不足和杠杆不足的问题了。有一种观点认为，在百森商学院，女性领导力和参与权问题已经得到了解决，但事实并非如此。我们的确取得了一些进展，但仍有许多工作要做，其中蕴含着巨大的机遇"。建议要求给中心加人，明确中心的战略重点，使其与大学的战略保持一致，将中心的使命重新定位为致力于在百森商学院校内外发展和推动女性创业领导。百森商学院凭借自己更新的机构使命获得了发展势头，即"在各个地方教育出能创造巨大经济和社会价值的领导人"。根据这个使命，中心振兴获得了充足的支持。大学校长、教务长和院长对工作组的研究成果表示欢迎，并承诺提供资源来制定中心的第二部行动方案。

29.4　大家的中心

2011 年，中心进行了重新构想，聘用了一位新的执行主任，并任命了一名教工主任——为了中心的这项工作，她停了两门课。两位领导人共同带来了一系列专业知识，涵盖商业、通识、教学法和项目开发、研究和运营等方面。两人的合作之所以能无缝地进行，主要是因为他们都致力于中心潜在的变革力量：他们经常谈到在商学院为女性争取平等的分配权和资源这项工作，会在更广阔的商业世界中转变成更大的平等权。现在的问题是，如何在中心的生活中开始这一新篇章。两人决定像百森商学院的创业思维与行动®传统中不断成长的早期创业企业那样来领导这个中心：尽可能多地了解当前的状态，然后开始一系列小的、灵活的实验，推动中心向前发展。

他们把工作组的报告作为路线图，首要任务包括制订一个与大学完全一致的战略计划，建立一个管理团队以指导中心的发展，并执行一系列振兴的方案，从而为百森商学院及其他机构带来价值。作为转型的信号，中心更名为女性创业领导力中心（Center for Women's Entrepreneurial Leadership，CWEL），以便与百森商学院更大的使命和声誉相一致。有了新名字和变革的使命，中心的新领导团队开始亲自从校园社区中了解人们对未来机遇的想法。

鉴于中心新篇章的高调开启，这个团队在校园的各个角落都很受欢迎。在 2011 年秋季，伴随着校长这位强大盟友的加入，中心希望寻找更多的盟友和支持者，他们开始了与不同学院的利益相关者的"倾听之旅"。他们还会见了教职员工和学生领袖，以收集有关校园的期望和需求信息。在校园收集"倾听之旅"的数据时，他们越来越意识到校园内跨群体合作的作用，因为他们发现，他们反对性别歧视和男性主导的等级制度的工作，必然导致他们围绕其他主义和重叠的等级制度制定新的优先事项和规划。该团队加入了多元化和包容委员会（Diversity and Inclusion Council），以及 LGBTQ 行动小组。为了确保中心与所有主要的利益相关者之间进行持续的对话，内部咨询委员会应运而生。这些行政人员、教师、工作人员、学生和校友都愿意担任中心的大使，每学期召开一次会议，了解中心活动的详细进展，并根据要求就中心所面临的关键挑战提供建议。

29.5 CWEL 行动二：行动中的创业思维与行动®

新团队的第二项任务是将"倾听之旅"中产生的数据整合成一个有凝聚力的战略，与百森商学院的使命和创业思维及行动的各种承诺相一致。这要求中心处理两套相互关联的活动：通过以女性为中心的教育项目、活动和研究，使女性为领导世界做好准备；同时通过针对女性和男性的倡议，培育一个"性别思想开明"的校园和更广阔的商业环境，所有人在其中都能茁壮成长，使世界能为女性成为世界的领导者做好准备。经过多次迭代，CWEL 制定了三个具有指导性和前瞻性的战略目标：
- 成为美国女性企业家领导力培训、教育和研究领域的领导者。
- 成为性别开明和包容的商学院的思想和行动权威。
- 朝着实现可持续收入模式的积极方向进步。

中心的使命也根据新的优先事项进行了更新。

百森商学院女性创业领导力中心（CWEL）教育、激励和赋权女性创业领袖充分发挥其潜力，为自己、所属组织及社会创造经济和社会价值。该中心通过创新的教育项目和活动，支持并广泛传播关于女企业家领导者的独特技能和经验的研究。此外，CWEL 将支持和促进性别平等作为全世界个人和各种规模组织的发展战略。

战略和使命中提出的愿望要求对所有项目和活动进行评估，并就中心的产品组合做出艰难的决定。因为整个校园对 CWEL 的感知价值主张的意见广泛，这项工作变得更加复杂。该团队还着手开发新产品，与百森商学院在任何环境下都适用的"学习实验室"思维、行动和实验方法更加紧密地结合。他们还做出了坚定的承诺，积极为学院成为创业教育领导者的使命做出贡献。这意味着通过广泛的思想领导力和开发具有未来可复制和规模发展潜力的项目，来接受外部品牌建设的挑战。

鉴于中心新愿景的范围，团队决定首先重点重建中心对学生、教师和工作人员的内部价值主张，然后在更广泛的创业生态系统中重新成为思想领袖和教育家。为了执行这项战略，CWEL 正式请求并获准多聘请两名工作人员。这两个职位都是在两年临时合同基础上获得批准的，并明确要求要想变成永久职位就必须用业绩证明其成功。我们聘请了一位项目副主任来重新设计项目组合，一位外联和沟通副主任负责重塑品牌和重新介绍中心，首先是面向内部社区，然后是面向外部社区。百森商学院投资于机构建设是为了建立价值和声誉，可以肯定的是，许多利益相关者也深信中心可以成为促生校园内外广泛文化变革的催化剂。舞台已准备就绪了。

作为一个致力于创业思维与行动®的机构的学习实验室，该中心准备采取行动、学习、建设循环的方法以进入它的第二个十年。该团队使用现有预算的资源在小范围内试行了新项目。创新尝试取得不同的成功，但都转变为中心如何通过有价值的学习向前发展，以更好地服务学生、教师和工作人员。新扩大的 CWEL 团队制定了一套所有活动的共同要素方案。这些要素包括支持所有教学方案，以便使正式的学习目标能够与能力培养成果相辅相成，如建立社交网络连接。此外，所有以学生为中心的课程都包含同伴榜样，CWEL 与其他校园或外部团体合作，以最大限度地利用资源、扩大覆盖面和影响力。有了这些参数，中心的第二个行动方案中便激增了下文中所描述的项目和倡议。这项工作涉及将女性的创业潜力转变成各种创业影响，以及为今天和明天创造具有开明性别思想的领导者。

29.6　CWEL 的项目组合

项目改变始于对原有本科女性领导力计划的全面重新设计。使用基于能力的方法，更名后的 CWEL 学者计划为学生四年的本科生涯提供了持续的学习和发展体验，为学者问责制设定了新的要求，并让学者成员共同创造了许多学习体验。中心和招生团队使计划的申请人群体多样化的努力获得了成功，学生群体看起来更像是一个世界，曾经的弱势群体和国际学生更多了，最终受到了整个学院的赞扬。

该中心工作的重要组成部分是为 CWEL 团队和其他人的有挑战性的和重要的对话提供空间和实时学习实验室。为实现这些目标，该中心制作了一系列有关女权主义者的电影，其中的主题从性别和美国政治、瑜伽艺术，到实践和商业的爆发。该中心成立了一个自称为"性别正义联盟"（Gender Justice League）的本科生小组，该小组每月一次在晚间与两位教师会面，讨论校园的发展。每学期，他们会召集两次教师性别研究午餐会，期间会有一两位教师介绍的性别影响研究。重要的是，该团队邀请教职员工成为这些聚会的观众，有意模仿中心所承诺的包容性和非等级性方法。这个聚会围绕对性别主题的承诺建立了一个社区，并鼓励合作。它还在校园内重建了一个坚实的 CWEL 联盟。其中的一些项目是由中心的教师研究基金资助的，通过百森商学院教师研究基金在内部分发。

第29章 女性创业领导力中心：商学院校园内外性别启蒙的创建

许多教职员工表示，他们希望看到性别融合更广泛地纳入课程。考虑到这一点，中心领导人为第一年研讨会（First Year Seminar，FYS）创立了一个关于性别的模块，所有新入学的本科生都需要修这一学分的课程。这个名为"性别作用"的模块包括一个体验性的练习和一系列基本的性别课程，内容涉及女性和男性的哪些属性会受到奖励和惩罚，特别是在商业环境中。许多工作人员积极评价了这些课程对后期在 FYS 讨论大学文化的影响。CWEL 团队认为这种方式很成功，许多教师和工作人员作为第一年研讨会的参与者，可以和他们一起接触到大量的学生，并提醒他们中心的教育资源是面向所有人的。本着同样的精神，该中心赞助了几个项目，使人们注意到男性在性别启蒙方面的作用。著名的女权主义者杰克逊·卡茨（Jackson Katz）把他的旁观者教学法带到了校园里，谈论了男性在消除对女性暴力方面的作用。他的课程要求对象是所有的校园运动员。该中心还为中心的男性盟友举行了会议，并就如何向在校男生传递信息和资源进行了头脑风暴。此外，覆盖全校的性别评估提供了关于校园内扮演各种角色的男女人数的基础数据，从第一年管理和创业的基础课（FME）的企业总裁，到学生政会领袖，再到参与百森商学院著名的火箭营销、风险加速器和夏季创业计划的参与者。这些数据显示，男女学生之间在领导力方面存在显著差异，这进一步加强了 CWEL 的使命感，强调更广泛地解决女性发展和性别动态问题，还给 CWEL 带来了更多创新。到中心方案二执行的第二年，打破现状成为新的口头禅。百森商学院有一个独特的机会，可以超越对创业过程的关注，朝着改变创新领导力的方向努力。CWEL 将引领这条道路。

29.7 重写剧本

受阿尔弗雷德·班杜拉（Alfred Bandura）的自我效能概念（1994 年）的启发，中心开始挑战有关创业成功的传统定义和视角。如果想要使世界受益于全体公民的创新领导力，就有必要从惯常的白人、男性、创业英雄的范式转变为更具代表性且性别平衡的成功模式。创业领袖需要在未知的领域中行动，班杜拉发现不管他们的能力如何，只要人们相信自己有能力获得成功，都是促使目标向前推动的重要驱动力。建立这种自信的一个重要方法是观察他人的行为：所有学生都应该通过接触那些看起来和听起来都与他们相像的榜样的学习机会来建立自己的信心。由于行业的男性特质，改变商学院的榜样形象是个不小的挑战。事实上，CWEL 早期做的一项工作就是研究商业媒体中女性企业家的缺位（Langowitz 和 Morgan，2003）。幸运的是，在百森商学院，CWEL 得到了教师和行政部门的全力支持，开始努力解决客座教师中男性多于女性，在所需课程阅读中以男性案例为主，以及在广泛的校园活动中男性占主导地位的问题。学生们很快也加入了进来，在 MBA 举办的高端"论坛"会议组织中实现了男女性别平衡。百森商学院广受赞誉的创业论坛可能是美国第一个没有专门针对女性，但是实现了男女发言人数持平的大型创业会议。

打破性别平衡最重要的举动可能要数为高潜质的创业女生设置的一个新的加速器项目。（Women Innovating New，WIN）WIN Lab 是一个为期九个月的女性企业家孵化项目，旨在加速创业发展，从创意到启动大型风险企业。以早期 CWEL 关于女性的有效创业教育方法的研究（Langowitz，Sharpe 和 Godwyn，2006）为基础，WIN Lab 通过提供一个行业前所未有的替代方案，挑战了许多人认为的传统风险加速器模型优先适用于男性的规范，并发展了各种女性创业领袖的独特技能和经验。该实验室与传统项目在下面这几点上有所区别：①人员：榜样、专家和教练；②过程：协作学习和以社区为中心的教学法；③地点：发现、反思和改变的安全区。WIN Lab 的经验还明确地解决了创业过程中个人层面的性别因素（即能力感知、失败推演和成长抱负）；制度层面（即获得资本、行业规范和同质风险）。这种独特的风险加速模式正在创造一个新的企业家渠道，这些人将能够给她们的社区、国家乃至世界创造至关重要的经济增长。

从一开始，WIN Lab 就与中心的更广泛的战略目标相一致，既建立声誉又要创建可供复制的项目。在该项目执行的第二年，该实验室就被评为波士顿 2014 年教育领域"火焰 50"之一，此奖项是对该地区内的创新和改变游戏规则影响力的认可；它也最终入围 2015 年美国小企业与创业协会（United States Association for Small Business and Entrepreneurship）教育学奖的"杰出专业创业项目"类别。2015—2016 年，在确保了它在波士顿的地位后，WIN Lab 将执行一个长达 5 年的面向美国 5 个城市的全国增长计划，因为它在同时考虑补充百森商学院的国际影响战略。

中心的其他项目，例如年度女性历史月庆祝活动，也提供了评估性别环境、评估手中资源和采取行动的机会。2013 年 3 月，随着身体形象问题不断出现在女学生中，该中心举办了一场不同于以往任何时候的时装表演：设计师完全是女性企业家，在不同形体、背景、能力、性别和年龄的模特在 T 台上展示了她们的生活和美丽。同年，一个有关"职场父母"的小组展示了一项关于保持工作和生活平衡的微妙任务的研究和生活体验，观众把房间挤得水泄不通，包括教职员工、学生和校友。这个小组的一个自然成果是与"职场父母"的人力资源部合作，为在职父母提供服务：一个名为"父母连线"的员工资源小组，已经为人父母的百森商学院员工充当彼此的资源。

从中心的历史中选出有意义的日子加以纪念，安排相关的活动，例如年度女性教师聚会和南·朗格威兹（Nan Langowitz）女士重大影响奖，该奖项旨在表彰上一年对百森社区产生重大积极影响的女性学生、教师和工作人员。其他人拓展了新的领域，例如将教师顾问与百森商学院女性 MBA 协会相匹配。该项目支持这些研究生设计一个由女性高层领导者参与的丰富多彩的活动日程表，为其提供资助，给她们提供发展新技能的机会（例如谈判、战略关系网络和筹集资金），以及发展资源网络。该中心还重新与外部社区合作，主办和共同赞助女性领导者、企业家的教育活动。

29.8 研究、思想领导力和品牌建设

从成立之初，研究就一直是 CWEL 使命的一部分，范围从资助为学术做出贡献的学术出版物到撰写有利于从业者和决策者的第三方赞助的应用报告。值得注意的是，在中心的团队中从来没有专门的研究人员，而是提供研究支持，召集校园学者之间的对话，偶尔也会将教师的学术成果翻译成可访问的高质量的报告。除了提供研究津贴，CWEL 团队的工作还包括寻找资助伙伴、充当项目经理、设计和管理研究报告的制作，以及通过成熟的媒体策略加强研究成果的宣传。这种方式通过增加教师研究的渠道、促进机构品牌建设、创造收入，以及加深与赞助伙伴的关系，来促成结果的最大化。像中心的其他工作一样，为应用研究议程找到合适的应用领域需要进行一系列实验。最近的成功案例是众望所归的《戴安娜项目报告：女性企业家 2014：在风险投资中弥合性别差距》（Brush，Greene，Balachandra 和 Davis，2014）出版。这项研究在投资者之间引发了一场重新反思性别和资本的运动，为百森商学院带来了 10 亿次媒体曝光，并将成为至少两篇学术文章的基础。更多的工作正在进行中。

29.9 CWEL：现实与超越

在撰写本章之际，百森商学院即将迎来 CWEL 成立十五周年纪念日。回顾女性领导力指导委员会的时代，中心的建立肯定在校园中发挥了重要作用。根据 2020 工作小组的建议，中心重新调整了工作重心，重新获得了资金支持，为社区内更广泛的变革做出了贡献。15 年来，中心开展了多元化和深化的学生项目，进行了全校范围的对话，拓展和资助了学术研究，开发了新的教育组成部分，支持和丰富了创业领导力的发展，提高了话语权，更加关注学术界和更广泛的创业生态系统。一直延续的主题是通过改变学生、教师和工作人员的观点，创造一个性别思想开明的校园社区。事实上，该中心的工作提供了关于组织可以做些什么来塑造行为和理念的经验教训，其重塑商业校园环境的工作为解决性别在教育和更广阔的世界中的角色树立了一个重要的榜样。

参考文献

Bandura, A. (1994). Self efficacy. In V. S. Ramachaudran (Ed.), *Encyclopedia of human behavior* (Vol. 4, pp. 71–81). New York, NY: Academic Press.

Barber, B. M., & Palmer, D. (2009). *Women faculty in US business schools* [Electronic copy]. Retrieved from http://ssrn.com/abstract=1490084. Accessed on October 2009.

Brush, C., Greene, P., Balachandra, L., & Davis, A. (2014). *DIANA report:*

Women entrepreneurs 2014: Bridging the gender gap in venture capital. Babson College. Retrieved from http://www.babson.edu/Academics/centers/blank-center/global-research/diana/Documents/diana-project-executive-summary-2014.pdf.

Choi, A. S. (2014). Faculties at Elite business schools still skew heavily male. *BloombergBusinessweek.* Retrieved from http://www.businessweek.com/articles/2014-02-20/faculties-at-elite-business-schools-still-skew-heavily-male. Accessed on February 20, 2014.

Donnellon, A., & Langowitz, N. (2009). Leveraging women's networks for strategic value. *Strategy and Leadership, 37*(3), 29–36.

Ely, R., & Padavic, I. (2007). A feminist analysis of organizational research on sex differences. *Academy of Management Review, 32*(4), 1121–1143.

Ibeh, K., Carter, S., Poff, D., & Hamill, J. (2008). How focused are the world's top rated business schools on educating women for global management? *Journal of Business Ethics, 83,* 65–83.

Langowitz, N., & Morgan, C. (2003). Women entrepreneurs: breaking through the glass barrier. In *New perspectives on women entrepreneurs* (Vol. 3). Research in Entrepreneurship and Management. Greenwich, CT: Information Age Publications.

Langowitz, N., Sharpe, N., & Godwyn, M. (2006). Women's business centers in the United States: Effective entrepreneurship training and policy implementation. *Journal of Small Business and Entrepreneurship, 19*(2), 167–182.

Tidball, M. E., Tidball, C. S., Smith, D. G., & Wolf-Wendel, L. E. (1998). *Taking women seriously: Lessons and legacies for educating the majority.* American Council on Education/Oryx Press Series on Higher Education. New York, NY: Praeger.